임술민란과
19세기
동아시아
민중운동

임술민란과 19세기 동아시아 민중운동

배항섭·손병규 책임 편집

임술민란의 발생배경이 삼정 三政의 문란과 깊은 연관성이 있음은 주지의 사실이다. 특히 삼정 가운데서도 환정還政이 주요 원인으로 알려져 있다. 그 이유의 하나는 환곡 운영과정에서의 향리 포흠을 둘러싼 갈등 때문이며, 다른 하나는 환곡 포흠을 비롯한 다양한 명목의 잡세가 결가結價 속에 포함되었기 때문이다. 그런데 환곡이 19세기에 와서 특히 문제가 된 이유는 당시의 시대적 상황과 밀접한 관련을 맺고 있다. 첫째는 흉년으로 인한 미징수 환곡의 지속적 증가 현상이며, 둘째는 향리층을 비롯한 중간관리층의 부정행위이며, 셋째는 환곡 이자가 국가 재정에 충당되는 비중의 증가이다. 특히 지방에서는 재정의 부족분을 대부분 환곡의 운영으로 충당하고자 하였기 때문에, 환곡 운영을 둘러싼 민관民官의 갈등은 피할 수 없는 문제였다. 단성민란의 발생배경 역시 환곡과 밀접한 관련을 맺고 있었다. 단성은 지역의 협소함과 척박함에도 불구하고, 환총還摠이 10만석이나 되었기 때문이다. 이러한 사정에 놓여있었기 때문에 단성지역에서의 민과 관 사이에 환곡을 둘러싼 첨예한 대립은 피할 수 없었다. 특히 단성의 사족들은 비옥한 토지를 소유하면서 그 지역의 민들에게 강한 영향력을 행사하고 있었다. 따라서 부세수취를 둘러싸고 사족을 대표로 하는 민과 향리를 대표로 하는 관 사이의 대립은 예견된 것이나 마찬가지였다. 단성민란은 이러한 양자간의 갈등이 전면에 드러난 대표적인 사건이라 할 수 있다. 본 글은 위의 사실들을 염두에 두고 단성민란을 전후한 시기의 단성현 향리가문의 변화여부, 향리층에 대한 당시 사회의 인식, 향리층의 관계망 등을 살펴보았다.

성균관대학교
출 판 부

성균관대학교 동아시아학술원 인문한국연구소는 동아시아의 다원성과 보편성을 통일적으로 파악하는 새로운 모델의 개척·소통·확산을 통한 한국 인문학의 창신創新을 목표로 연구를 진행하고 있다. 구체적으로는 동아시아 사람들이 살아 온 삶의 양식, 그리고 그러한 삶의 양식을 규정하기도 하고 거기에 규정되어 변화해오면서 사람들의 생활에 틀을 제공해 준 질서, 다양한 삶의 양식이나 질서 속에서 이루어진 동아시아 사람들의 사유를 탐구함으로써 동아시아의 새로운 역사상을 구성하고 그것이 가진 세계사적 독자성을 해명하는 데 목적을 두고 있다.

<동아시아문명총서>는 이상과 같은 문제의식을 가지고 진행해온 동아시아학술원의 연구성과를 시리즈로 엮은 것이다. 본서는 임술민란 150주년을 기념하여 동아시아학술원이 개최한 <19세기 동아시아의 민중운동과 조선사회>에서 발표되었던 8편의 글(배항섭, 쓰다 츠토무須田努, 송양섭, 김경란, 송찬섭, 임혜련, 권기중, 홍성화)에 중국의 태평천국 연구에 대한 최근의 동향을 살핀 글(싸오쯔리肖自力·천야링陳亞玲), 한국과 일본의 민중운동을 비교한 글(조경달), 19세기 삼정문란이 가진 의미를 재조명한 글(손병규)을 보태어 엮은

것이다.

　1862년에 일어난 임술민란은 "민란"의 시대라고도 하는 19세기 조선에서 일어난 대표적 민중운동 가운데 하나로 삼남 일대를 중심으로 약 80여개 고을에서 발생하였으며, 30여년 뒤인 1894년에 일어나는 동학농민전쟁을 예고하는 사건이기도 하였다. 임술민란 연구는 1980년대에 활발하게 이루어진 적이 있으나, 그 이후로는 연구자들의 관심으로부터 멀어지면서 연구들이 많이 축적되지 못했고 신진연구자들도 거의 배출되지 못하고 말았다. 임술민란 150주년이 되는 2012년에도 학계의 주목을 받지 못하였고, 그것을 기념하는 변변한 학술행사조차 거의 개최되지 못하였다. 성균관대 동아시아학술원에서 치른 상기의 행사 외에는 2012년 11월에 개최된 역사학대회에서 한국사연구회가 "1862년 농민항쟁 150주년 기념"이라는 부재를 단 분과학회 발표를 한 것이 눈에 띠는 정도였다. <한국사 속의 소통과 공론의 장>이라는 주제로 개최된 이 학술회의에서도 임술민란과 관련이 있는 발표는 6편 가운데 2편에 불과하다.

　임술민란뿐만 아니라 민중운동 전반에 대한 학계와 사회의 관심이 20여년 전에 비해 크게 퇴조하였다. 이러한 연구상황은 중국이나 일본에서도 마찬가지이다. 태평천국운동을 비롯한 19세기 중국의 민중운동이나 도쿠가와 막부 말기 일본의 이키(一揆) 등의 민중운동 연구 역시 최근 들어 연구관심이 급격히 떨어지고 있다. 이와 같이 민중운동에 대한 연구가 퇴조하게 된 원인은 나라마다 차이가 있지만, 크게 보아 국내외 정세가 격변하면서 학문적 관심 분야에도 변화기 일어났기 때문이다. 예컨대 한국의 경우 1980년대 후반 이후 정치적 민주화가 크게 진전되었고 현실 사회주의가 붕괴되는 등의 국내외적 정세변화, 같은 시기에 포스트 모더니즘, 포스트구조주의를 비롯한 다양하고 새로운 학문 조류가 밀려들어 왔다는 점 등을 들 수 있을 것이다. 이 책에서도 일부 다루고 있듯이 중국과 일본도 국제정세의 격변이나 새로운 학문 조류의 내습이라는 면에서는 한국과 유사한 상황을 맞고 있다.

　　그러나 민중운동에 대한 사회적·학문적 관심이 크게 퇴조한 핵심적 요인은 무엇보다 국내외적 정세의 격변이나 다양하고 새로운 학문 조류의 거센 도전에 대응하여 민중운동을 새롭게 이해하려는 연구자들의 노력이 미흡했다는 점을 깊이 자성하지 않을 수 없다. 그 동안 민중운동사 연구는 서구적 경험을 준거로 한 발전론적 역사인식에 입각하여 민중운동이 역사의 진화론적 전개 과정을 증명해주는 표상이라는 점을 선험적으로 전제하여 왔다. 그래서 민중운동은 한 사회의 사회경제적·정치적 모순의 표현이자 그 모순을 극복하고 한 단계 발전된 사회를 향해 나가려는 민중의 의지의 표현이라는 면을 밝히고자 노력해 왔다. 물론 민중운동이 그러한 점과 전혀 무관한 것은 아닐 것이다.

그러나 민중운동은 다만 한 사회의 모순을 표출하는 면만 지닌 것이 아니다. 거꾸로 당시 사회를 역투사하여 조명할 수 있는 창구가 되기도 한다. 민중은 자신들의 생각을 글로 거의 남기지 못했다. 그런 점에서도 민중운동은 중요한 의미를 가진다. 민중운동이 전개되는 시공간에서야 말로 일상적인 삶 속에서 잘 보이지 않던 민중의 생각이 집중적으로 드러나기 때문이다. 따라서 특정한 사회나 시기에 발발하는 민중운동의 요구조건이나 투쟁양상에서 드러나는 민중의 행동양식이나 생각은 다만 사회구조나 지배체제, 지배이념에 규정된 것일 뿐만 아니라, 거꾸로 그것은 당국이나 지식인들의 기록에서는 잘 볼 수 없거나, 그것만으로는 확인하기 어려운 당시 사회의 이면이나 밑바닥, 혹은 은폐되어 있는 구조, 의식 등을 확인할 수 있는 중요한 단서가 된다. 이 책의 제2부에서는 민중운동이 가진 이러한 점에 주목하여 삼정문란으로 표현되는 19세기 조선의 재정이나 지방관청의 식리문제, 임술민란 전후 삼정이정청을 둘러싼 정국의 동향, 향리 가문의 변화와 사회적 네트워크 문제 등을 중점적으로 다루었다.

또한 민중의식은 지배이념에 규정되면서도 그와는 다른 고유한 성격을 가지고 있다. 이른바 "근대이행기"에도 민중의식은 부르주아의 그것과 다른 측면을 가지고 있었다. 민중의식은 이론으로서의 '서구'가 구성해 놓은 단선적 발전 과정에 입각한 접근으로는 포착하기 어려운, 복잡한 갈래들이 얽혀 있는 독자적 영역을 가지고 있었다. 이는 민중의 생활세계나 의식이 국가권력이나 지배층에 온전히 포섭될 수 없는, 지배적 가치나 이념만으로는 이해하기 어렵고 또 거기에 쉽사리 회수되지도 않는, 상대적 자율성과 독자성을 가지고 있었음을 의미한다. 이 점에서 특히 본서에서 다루는 바, 19세기 혹은 이른바 "근대이행기"의 민중운동과 민중의식에 대한 연구는 특권화된 "근대", 그리고 근대중심적·서구중심적 역사인식에 의해 배제되거나 억압·왜곡되었던 민중의 삶과 의식을 재조명하고, 거기에 숨겨져 있는 다양한 가능성을 새롭게 발견해나갈 수 있는 계기가 될 것이다. 민중사가 서구중심주의를 극복하고 근대/전통의 이분법적 이해를 넘어서서 근대를 재사유하고 상대화하는 하나의 방법이 될 수 있는 것도 이 때문이다.

　본서는 이상과 같은 문제의식에서 준비된 것으로 크게 3부로 구성되어 있다. 제1부에서는 연구성과의 급격한 감소를 요체로 하는 한·중·일 삼국의 19세기 민중운동사 연구의 최근 상황이 초래된 배경이나, 그 속에서 이루어지고 있는 새로운 가능성들, 그리고 민중운동사를 진전시키기 위한 새로운 방향 모색 등을 다루고 있다.

배항섭의 「임술민란의 민중상에 대한 검토」는 우선 기왕의 민중운동사 연구가 근대·서구중심적, 발전론적 역사인식에 입각하여 민중운동의 근대 지향성을 강조하였음을 비판적으로 검토하였다. 또 민중은 저항의 주체일 뿐만 아니라 상황에 따라서는 억압하는 쪽에 가담하기도 하지만, 그렇기 때문에 오히려 특정한 체제나 이데올로기에 일방적으로 회수되기 어려운 존재라는 점을 지적하였다. 그런 점에서 "근대 이행기" 민중의 생각과 행동 은 서구가 구성해 놓은 발전론적 역사인식을 극복하고 근대중심주의를 넘어 서 새로운 역사상을 구축하는 데 중요한 단서가 될 수 있다는 점에서 발전론 에 입각한 근대지향의 민중상은 재고되어야 한다는 점을 강조하였다. 또한 동아시아라는 시각이 서구중심의 근대적·발전론적 역사인식을 근원적으로 재성찰하기 위한 하나의 방법이라는 점에 주목하여 근대중심적·서구중심 적 역사인식을 돌파할 수 있는 하나의 방법으로서 동아시아적 시각, 동아시 아 각국의 민중운동사에 대한 비교사적 연구의 필요성을 제기하였다.

쌰오쯔리(肖自力)·천야링(陳亞玲)이 쓴 「최근 10년간의 태평천국사 연구」 는 지난 2011년 12월 26일~28일에 중국 광저우에서 개최되었던 <태평천 국 기의(起義) 160주년 학술연토회>에서 발표된 글을 번역한 것이다. 이 글은 2002년 이후 10년 간 이루어진 중국학계의 태평천국 연구동향을 살피고, 태평천국이 진보적 의미를 가진 혁명인가, 아니면 거대한 파괴·퇴보의 성격을 가진 전란이고 재난인가 등을 둘러싼 논쟁을 검토한 것이다. 1950년대에서 1980년대까지 최전성기를 구가하였던 태평천국사 연구는 1990년대 이래 연구가 감소하였지만, 여러 가지 면에서 새로운 진전도 이루었음을 지적하고 있다. 특히 주제 면에서 정치사·군사사 등 전통적 분야가 아니라 사회사·지역사 연구가 현저하게 활발해지고 있으며, 새로운 이론과 방법의 도입에 따라 다양한 해석이 이루어지고 있다고 하였다. 쌰오쯔리는 현재 중국 화남사범대학 교수이며, 천야링은 화남사범대학 대학원생이다. 모두 태평천국을 전공분야로 하는 연구자들은 아니지만, 오히려 그렇기 때문에 태평천국 연구를 둘러싼 중국학계의 다양한 논의와 연구의 흐름을 객관적으로 살펴보는 데는 도움이 될 것이라 생각한다. 이 자리를 빌어 번역·게재 요청을 흔쾌히 수락해준 쌰오즈리 교수에게 사의를 표한다.

쓰다 츠토무(須田努)의 「'전후 역사학'에서 이야기된 민중이미지를 지양한다」는 일본의 '전후 역사학' 속에서 '운동사' 연구가 어떻게 전개되어 왔는지를 개관하고, '현대 역사학' 속의 민중사·운동사' 연구가 취해야 할 연구 방향을 모색한 글이다. 그에 따르면 '전후 역사학'은 발전단계론을 기반으로

하여 투쟁하는 민중을 서술한 계급투쟁사→ 인민투쟁사로 이어지면서 1960
년대부터 70년대에 걸쳐 많은 연구성과를 도출해내었다고 한다. 1980년대
에 이르러 계급투쟁사→ 인민투쟁사라는 연구는 와해되고, 민중사·민중
운동사 연구가 생겨났지만, 현재는 민중사·민중운동사 연구를 전공하는
일본사 연구자는 극히 드물어졌다고 한다. 이어 그는 자신의 최근 연구를
기초로 앞으로의 민중사 연구 방향에 대한 몇 가지 생각을 제시하고 있다.
특히 그는 민중이란 실체가 아니라, 개념일 뿐이라는 점에 대한 자각과, 그에
따라 민중사 연구에서는 연구자의 주체적 입장이 무엇보다 중요하다는 점,
그리고 비교사의 필요성과 일국사를 넘어선 민중사 연구의 가능성을 제시하
였다. 공사다망한 중에도 학술대회에 참가하여 발표해주고, 논문을 보내준
쓰다 츠토무 교수에게 감사드린다.

　　제2부에는 임술민란을 통해 조선사회의 재정이나 지방관청의 식리문제,
정국의 동향, 향리층의 동향 등을 다룬 6편의 글이 실려 있다. 손병규의
「19세기 '삼정문란'과 '지방재정위기'에 대한 재인식」은 19세기 지방 재정
상황을 조선왕조 재정 시스템의 속성과 그 장기적 변동 가운데서 관찰하여
위기론적 인식을 비판적으로 재고해보고자 한 글이다. 조선왕조는 전제주의
적 재정이념을 현실화하기 위해 재정을 중앙집권화하는 과정을 경험해왔다.

18세기에는 지역별 세목별 총액을 설정함으로써 각종 국가권력기관의 개별적이고 분산적인 재원확보활동을 제한했는데, 이것은 지방관아의 자립적 재정운영을 보장하는 것이었다고 한다. 이와 같이 조선후기의 재정은 중앙의 집권적 재정부분과 지방의 자율적 재정부분이 병행하여 상호보완적인 관계에 있었기 때문에 임술민란을 야기한 것으로 이해되어 온 19세기의 삼정문란도 재정상의 위기로만 인식하기보다는 이러한 재정운영시스템과 관련하여 재인식되어야 한다고 하였다. 이 글에 따르면 오히려 왕권를 중심으로 재정시스템의 일원화를 도모한 1894년의 갑오개혁이야말로 조선왕조의 이원적 재정시스템에 '위기'를 초래하였다고 한다.

송양섭의 「임술민란기 부세문제 인식과 삼정개혁三政改革의 방향」은 임술민란 당시에 제시된 삼정에 대한 개혁론과 삼정이정청을 통한 정부의 수습책을 통해 민란 이후 19세기 말에 이르는 부세제도 전반의 변화와 개혁의 방향에서 임술민란 당시의 논의들이 차지하는 의미를 가늠해 본 글이다. 이 글에 따르면 19세기 삼정의 문제는 국가적 사회적 안정을 저해하는 중대한 요인이었음에도 불구하고, 정부에서는 이를 수수방관해 오던 상황 속에서 임술민란은 이에 대한 사회적 여론수렴과 이를 토대로 한 정책의 입안이라는 과정을 거치면서 삼정의 문제를 개혁의 중심과제로 부상시키는 결정적인 역할을 하였다고 한다. 이 시기에 삼정 각 부문에서 제기된 주요한 논의는 이후에도 중요한 개혁과제로 이어지면서 대내외적 상황의 변동에 따라 정책으로 시도되거나 실현되는 경로를 밟게 되었으며, 특히 임술민란을 계기로 응지삼정소와 삼정이정청에서 제기된 삼정과 관련된 주요 사안은 이후 갑오개혁에 이르는 부세제도 개혁의 방향에서 중요한 의제로 설정되었다고 하였다.

　김경란의 「임술민란 전후 전라도의 군정軍政운영과 식리殖利문제」는 임술민란 당시 전라도 농민봉기의 배경으로 군정운영의 파행성이 많이 지적된다는 점을 단서로 삼아 전라도 지역의 군포계 운영과 군정 운영의 특성을 임술민란과 연결하여 파악한 글이다. 전라도 지역의 군정문제는 기본적으로 '군다민소軍多民少'의 발생에서 비롯되었으며, 이 문제를 해결하기 위해 다양한 방법이 모색되었는데, 특히 군포계軍布契가 가장 일반적인 방식이었다고 한다. 고산과 영암의 군포계 운영방식을 분석한 결과, 군포납부를 위해 면面단위에서 조직된 면계面稧를 중심으로 식리활동이 이루어졌음을 확인하고 있다. 또한 18세기 중반 이후 액수가 고정된 중앙정부로의 군포상납액을 채워주어야 하는 지방관청의 절박함이 군포계를 통한 식리 운영의 목적이었다고 이해하였다. 요컨대 지역의 상황을 고려하지 않은 채 고정화된 세액은 군정 문제의 가장 근본적인 원인이었던 것이다. 이 때문에 지방군현에서 군포계 등의 식리활동을 하는 과정에서 파행적 군정 운영이 이루어진 것이 임술민란의 중요한 원인으로 작용하였다고 하였다.

송찬섭의 「1862년 삼정이정청三政釐整廳 구성과 삼정이정책」은 농민항쟁의 수습을 위해 설치된 삼정이정청과 삼정이정책에 대한 재조명을 통해 농민항쟁 이후 중앙정계의 동향과 중앙 권력층의 농민항쟁에 대한 대책의 흐름을 살핀 글이다. 삼정이정청이 구성되는 과정, 여기에 참여한 인물들의 성향과 활동에 대해 관련 자료를 망라하여 새롭게 접근하였고, 구체적인 활동과 이정절목이 마련되는 과정, 그리고 이 정책이 어떻게 활용되었는지를 살펴보고 있다. 또한 이정청을 주도한 세력과 이정절목을 작성한 중심인물이 누구인지, 그리고 이렇게 작성되었던 절목이 왜 곧바로 파기되고 말았는지의 문제에 대해서도 다루고 있다. 특히 '파환귀결罷還歸結'을 중심으로 하는 이정정책을 둘러싸고 안동 김씨 세력을 비롯한 좌의정 조두순과 영부사 정원용 등 중앙정계 핵심인물들 간에 일어났던 논쟁을 구체적으로 살펴보고 있으며, 이정청의 개혁정책이 실패한 원인을 당시 조선 정부의 재정상황이나 국가운영체계의 개혁수행 능력 등과 관련하여 이해하고자 하였다.

임혜련의 「철종대 정국과 권력집중 양상」은 1862년 농민항쟁이 발생배경과 그에 대한 대책 논의 과정을 철종대 정국의 동향과 관련하여 살펴본 글이다. 이에 따르면 철종대의 정국은 왕이 될 준비가 없이 즉위하였기 때문에 무엇보다 왕으로서의 정통성을 확보하려기 위해 노력한 철종, 그리고 오히려 이를 이용하고 견제하며 권력을 독점해 간 안동 김문 양가에 의해 조성되었다. 임술민란이 발생한 시기는 안동 김문이 자신들의 가문의 위상이 강화된 가운데 철종의 인척과 종친들을 제거하여 지배 체제를 유지하려던 무렵이었다고 한다. 그러나 이들의 관심사는 백성들의 고통과 그에 대한 해결이 아니었으며, 그들의 권력획득과 보존이 우선이었다는 것이다. 다만, 민란 발생에 따라 민의를 알게 됨으로써 삼정이정청을 설치하고 이정의 의견을 널리 구하여 폐단을 해결하려 노력하였던 점은 의의가 있지만, 결국 삼정의 문제보다는 권력의 유지가 우선되는 한 그 노력은 성공하기 어려웠기에 임술민란에서 제기된 문제들을 해결하지 못하였던 것으로 파악하였다.

　　권기중의 「단성민란과 향리층의 지속과 변동」은 권력의 하수인이자 행정 실무자였던 향리들이 어떤 방식으로 민란의 시대라는 위기 상황에 대처하고 있었는지, 그리고 중앙과 지방의 지배세력들은 그들을 어떻게 인식하고 있었는지를 살펴본 글이다. 그에 따르면 단성 민란 과정 속에서 민들의 주된 공격 대상이었던 향리층은 민란 이후에도 여전히 전통적 향리가문을 중심으로 군현의 행정을 전담하였다고 한다. 필자는 이 두 가지 점에 주목하였다. 하나는 여러 세대를 거치면서 익혀온 전문행정능력에 대한 중앙 및 지방정부의 신뢰이며, 다른 하나는 지역 내외의 여러 세력과 맺고 있었던 네트워크가 그것이다. 민란주도층은 향리 포흠의 핵심인물들을 처벌할 것을 주장하였지만, 중앙정부나 지방수령의 입장에서는 기존의 행정조직을 통한 민의 통치가 급선무였기 때문이라는 것이다. 또한 필자는 단성 향리들은 조세문제를 둘러싸고 적대적 관계에 있었던 지역사족과도 일종의 네트워크를 형성하려고 노력하고 있었다는 점에도 주목하고 있다.

　제3부에는 19세기 중국과 일본의 민중운동을 다룬 두 편의 글을 실었다. 19세기에는 조선뿐만 아니라 중국과 일본에서도 민란과 유사한 형태의 민중운동이 빈발하였다. 홍성화의 「1841~42년 종인걸鍾人杰의 난을 통해서 본 청대 지방사회」는 1841년에서 42년에 걸쳐 43일 동안 호북성에서 일어난 종인걸의 난을 중앙정부와 지역사회의 관계라는 맥락에서 살펴보고 있다. 종인걸의 난은 그 보다 앞서 일어난 백련교白蓮敎의 난이나 태평천국 운동 등에 비하면 규모면에서나 영향력면에서 도저히 비교할 수 없는 소규모의 것이지만, 이 반란은 지역사회와 밀접한 관련을 맺고 발생한 것이었다고 한다. 19세기에 들어 청조는 인구 증가로 인해 커져 가는 국가행정의 공백을

메우기 위해 서리胥吏와 신사紳士에게 더욱 큰 권한을 부여하였다. 이들은 민중들에게 정규세액보다 더 많은 부가세와 과외징수를 자행하였으나, 국가권력, 특히 당시의 지방행정시스템으로는 이들의 부정부패를 막을 현실적인 능력이 없었다고 한다. 결국 이러한 과정 속에서 서리와 신사의 대립이 폭력적으로 비화한 사건 가운데 하나가 '종인걸의 난'이라고 하였다.

조경달의 「조선의 민본주의와 민중운동－근세일본과의 비교」는 『比較史的にみた近世日本－「東アジア化」をめぐって』(須田努との共編著, 東京堂出版, 2011年 5月)에 실린 「朝鮮の民本主義と民衆運動－近世日本との比較」를 번역한 글이다. 이 글에서는 민중운동에서 드러나는 민본주의에 대한 인식의 차이를 통해 한국과 일본의 민중운동 및 민중의식의 차이를 비교하고, 나아가 그를 단서로 양국의 통치원리에 대해 비교사적으로 살펴본 글이다. 앞부분에서는 임술민란에 대한 위정자들의 언설을 통해 조선의 민본주의가 정치원리라는 면에서 차지하는 의미를 살폈고, 뒷부분에서는 동학농민군의 <무장포고문>과 1837년(天保 8년)에 일어난 오오시오 헤이하치로의 난(大塩平八郎の亂)의 격문을 비교하여 양국의 민본주의에서 보이는 차이점을 드러내고 있다. 결론적으로 이 조선에서는 유교가 국가사회의 원리로서 존재하였고, 민본주의는 당연히 사람들에게 내면화되어 있었지만, 일본에서는 그렇지 못

하여 통치 수단으로서의 측면이 농후하였다고 지적하였다. 이 자리를 빌려 글의 번역·게재를 허락해준 일본의 동경당출판사와 조경달 선생께 감사드린다.

이 책은 여러 가지 면에서 불비한 점이 적지 않다. 그러나 이 책이 임술민란이라는 민중운동을 통해 당시 조선사회의 다양한 모습을 역투사하고, 19세기에 중국과 일본에서 일어난 민중운동과 비교함으로써 임술민란이 가지는 의미나 성격을 새롭게 이해하는 계기가 되었으면 한다. 또 한 이 책이 임술민란을 비롯한 민중운동에 대한 새로운 접근 방법을 모색하고, 19세기 조선사회를 동아시아라는 맥락에서 새롭게 인식할 수 있는 작은 단초가 되기를 기대해 본다.

2013년 4월
성균관대학교 동아시아학술원
배항섭

차 례

2부 19세기 조선사회와 임술민란

3부 19세기 동아시아 민중운동의 실상

1부

동아시아 민중운동사 연구의 현재

임술민란의 발생배경이 삼정三政의 문란과 깊은 연관성이 있음은 주지의 사실이다. 특히 삼정 가운데서도 환정還政이 주요 원인으로 알려져 있다. 그 이유의 하나는 환곡 운영과정에서의 향리 포흠을 둘러싼 갈등 때문이며, 다른 하나는 환곡 포흠을 비롯한 다양한 명목의 잡세가 결가結價 속에 포함되었기 때문이다. 그런데 환곡이 19세기에 와서 특히 문제가 된 이유는 당시의 시대적 상황과 밀접한 관련을 맺고 있다. 첫째는 흉년으로 인한 미징수 환곡의 지속적 증가 현상이며, 둘째는 향리층을 비롯한 중간관리 층의 부정행위이며, 셋째는 환곡 이자가 국가 재정에 충당되는 비중의 증가다. 특히 지방에서는 재정의 부족분을 대부분 환곡의 운영 으로 충당하고자 하였기 때문에, 환곡 운영을 둘러싼 민관民官의 갈등은 피할 수 없는 문제였다. 단성민란의 발생배경 역시 환곡과 밀접 한 관련을 맺고 있었다. 단성은 지역의 협소함과 척박함에도 불구하고, 환총還摠이 10만석이나 되었기 때문이다. 이러한 사정에 놓여있 었기 때문에 단성지역에서의 민과 관 사이에 환곡을 둘러싼 첨예한 대립은 피할 수 없었다. 특히 단성의 사족들은 비 옥한 토지를 소유하면서 그 지역의 민들에게 강한 영향력을 행사하고 있었다. 따라서 부세수취를 둘러싸고 사족 을 대표로 하는 민과 향리를 대표로 하는 관 사이의 대립은 예견된 것이나 마찬가지였다. 단성민란은 이러한 양 자간의 갈등이 전면에 드러난 대표적인 사건이라 할 수 있다. 본 글은 위의 사실들을 염두에 두고 단성민란을 전 후한 시기의 단성현 향리 가문의 변화여부, 향리층에 대한 당시 사회의 인식, 향리층의 관계망 등을 살펴보았다.

임술민란의
민중상에 대한 검토

근대지향성에 대한 반성과 동아시아적 시각의 모색

배항섭(裵亢燮)*

1. 머리말

민중운동사 연구는 사회현실이나 그와 밀접한 관련을 가지며 변화해온 역사인식과 연동되면서 다양한 민중상을 그려왔다. 특히 1980년대에는 민중운동사가 역사학의 중요한 분야 가운데 하나로 자리 잡으면서 많은 연구성과를 축적하였고, 한국의 역사상을 한층 풍부하게 하는 데 크게 기여하였다. 그러나 민중운동사 연구는 1990년대에 들어서면서 크게 퇴조하게 된다.

<표 1>[1]에서 확인되듯이 임술민란을 비롯한 19세기 민중운동사 연구는 1980년대 후반을 정점으로 뚜렷이 하락하고 있다. 특히 1990년대 초반에는 1980년대 후반에 비해 논문편수가 절반 이하로 줄어들었다. 다만 2000년대

---

* 성균관대학교 동아시아학술원 인문한국(HK)연구소 교수.

[1] 국사편찬위원회 홈페이지에 올려놓은 <한국사연구휘보>(2012년 6월까지)에 게재된 논저목록을 '민란, 1862년, 농민항쟁, 농민운동, 민중운동, 반란, 亂, 홍경래란, 평안도농민전쟁, 변란, 이필제란' 등으로 검색한 수치이다. 동학농민전쟁연구는 제외했다. 학위논문은 석사, 박사 모두 포함하였고, 교육대학원의 학위논문은 대상에 포함시키지 않았다.

에 들어 단행본이 상대적으로 증가하고 논문 편수도 1990년대에 비해 거의 줄어들지 않은 것을 말 수 있다. 이런 현상은 2000년 이후 민중운동사에 대한 관심이 크게 저하된 최근의 연구 분위기에 비추어 볼 때 의외의 결과이다.

〈표 1〉 19세기 민중운동사 연구 상황

	일반	홍경래란	1800~1861	1862년 농민항쟁	변란	1863~1893	1895~1910	계
1970년 이전		논문 2		논문 4 학위논문 1				논문 6 학위논문 1
1970년대 (1971~1980)	논문 2	논문 2		학위논문 1		논문 1		논문 5 학위논문 1
1980년대 전반 (1981~1985)	논문 4	논문 4	논문 1	논문 5 학위논문 2	논문 1 학위논문 1		논문 4 학위논문 1	논문 19 학위논문 4
1980년대 후반 (1986~1990)	단행본 1 논문 7		논문 1	단행본 1 논문 12 학위논문 4	논문 3	논문 3	논문 8 학위논문 1	단행본 2 논문 34 학위논문 5
1990년대 전반 (1991~1995)	단행본 2 논문 4 학위논문 2	논문 2	논문 1	논문 4 학위논문 2	학위논문 1	논문 2	논문 1	단행본 2 논문 14 학위논문 5
1990년대 후반 (1996~2000)	단행본 1 논문 3 학위논문 1			논문 1	논문 2	논문 1	논문 4	단행본 1 논문 11 학위논문 1
2000년대 전반 (2001~2005)	단행본 1 논문 1	논문 2		단행본 2 논문 3	논문 2	단행본 1 학위논문 1	논문 2	단행본 4 논문 10 학위논문 1
2000년대 후반 (2006~2010)	논문 3			논문 6		논문 3	논문 2	논문 14
계	단행본 5 논문 24 학위논문 3	논문 12						

그러나 그 내용을 들여다보면 단행본의 경우 이미 1980년대부터 민중운동

사를 연구해오던 연구자들이 그 동안의 연구결과를 묶어서 발간한 경우가 대부분임을 알 수 있다. 논문의 경우에도 대체로 이전부터 연구해오던 연구자들이 발표한 것이 대부분이다. 1980년대에 민중운동사 연구를 주도하던 연구자들 가운데 일부가 2000년대에 들어서도 꾸준히 민중운동사 관련 논문을 발표하고 있는 것이다. 특히 주목되는 부분은 1990년대 후반부터 민중운동사를 주제로 한 학위논문이 전무한 데서 알 수 있듯이 민중운동사연구는 신진 연구자들로부터 회피되고 있다는 점이다.

민중운동사에 대한 연구관심이 크게 떨어진 것은 중국이나 일본에서도 마찬가지이다. 우선 중국의 경우 그 동안 중국 근대의 '3대혁명' 가운데 하나로 평가되면서 중국근대사 연구에서 가장 중요한 연구주제 가운데 하나였던 태평천국에 대한 관심이 2000년대에 들어 연구 논저가 크게 줄어들고 있다.

〈표 2〉 1980년 이래 태평천국연구상황[2]

시기	논문수	연평균	연구서 (자료집포함)	연평균
1980~989년	1,157	115.7	74	7.4
주요학술지 『역사연구』 『근대사연구』	38 17 21			
1990~2001년	1,216	101.3	137	11.4
주요학술지 『역사연구』 『근대사연구』	47 16 31			
2002~2011	850	85	54	5.4
주요학술지 『역사연구』 『근대사연구』	8 1 7			

2 陳亞玲·肖自力, 「최근 10년 간의 태평천국사 연구」, 본서 수록논문 참조.

1990년대에 들어 연구논저의 편수가 1980년대에 비해 거의 절반 혹은 그 이하로 급감한 한국이나 일본과 비교해볼 때 변화하는 시기가 상대적으로 뒤지고 변동 폭도 덜하지만, 2000년대에 들어 뚜렷한 하향세를 보이고 있다. 특히 주요학술지인『역사연구』와『근대사연구』에 발표된 논문편수는 1990년대에 47편에서 2000년대에 들어 8편으로 대폭 감소하고 있어서 그 변화가 더욱 실감난다. 또 저서의 경우 전체 연구성과에 비해 감소 정도가 더욱 심한데, 그나마 2002년 이후 연구서 54권 가운데는 기왕에 발간되었던 저작을 수정하여 다시 낸 것이 적지 않다. 이러한 변화와 관련하여 중국사회과학원 근대사연구소장 부핑(步平)은 개혁·개방 이후 수십 년 동안의 중국근대사 연구동향이 민족해방을 목표로 혁명을 추구하였던 혁명사 패러다임에서 경제건설을 중심으로 하는 현대화 노력으로 대체되었음을 지적하고 있다.[3] 연구 관심이 과거 신민주주의혁명사관에 기초한 '혁명사담론'에서 '현대화담론'으로 이동하였다는 것이다.[4]

최근 들어 민중운동사연구가 급격히 퇴조한 것은 일본에서도 마찬가지이다. 그 동안 19세기 일본민중운동사를 정력적으로 연구해 온 수전노須田努가 1950년대부터 1990년대까지를 10년 단위로 나누어 각 시기별로 발표된 민중운동사 관련 논문편수를 조사한 결과는 <표 3>[5]과 같다. 여기서는 1970년대의 급증과 1990년대의 급감이 두드러지는데 이러한 변화 역시 동구권 사회주의의 붕괴와 일본의 경제성장, 신자유주의의 대두 등 국내외적 정세의 변화와 밀접한 관련을 가진다고 진단하였다.[6]

---

3 김형종,「청대후기 정치사연구동향과 쟁점」,『중국의 청사편찬과 청사연구』, 동북아역사재단, 2010, 170~171쪽.

4 최근 한국에서 나온 2000년대 중국학계의 태평천국연구 동향에 대해 쓴 김성찬도 유사한 진단을 하고 있다[김성찬,「新世紀 初頭(2000-2012年) 中國 太平天國史學界의 苦惱와 實驗的 挑戰」,『중국근현대사연구』55, 2012].

5 須田努,「運動史硏究 "原体驗"」,『歷史學硏究』816, 2006, p.33. 전후의 근세 운동사는 계급투쟁사 → 인민투쟁사 → 민중운동사를 총칭한다.

시기	1950년대	1960년대	1970년대	1980년대	1990년대
건수	637	682	1,499	1,538	662

앞서 살펴보았듯이 한국에서 최근 들어 민중운동사가 급격히 줄어든 것은 국내외적 환경 변화와 밀접한 관련이 있다.[7] 1989년 이후 일어난 구소련의 붕괴와 동구 사회주의의 붕괴, 남북관계의 진전과 민주화의 성취 등 국내외 정세의 격변에 따라 사회변혁에 대한 기왕의 논리나 전망이 설득력을 잃었다는 점, 한국변혁운동의 현실과 추이 등에서 찾을 수 있을 것이다. 다른 한편 민중운동사의 퇴조는 민중운동사 연구의 역사의식이나 접근 방법 등의 면에서 간과할 수 없는 문제가 자리 잡고 있었기 때문이라고 생각된다. 국내외적 정세변동은 역사발전단계론에 입각하여 생산력과 생산관계의 변화를 파악하고, 그에 조응하여 투쟁하는 민중상을 기축으로 역사를 이해하는 방식과 그것이 가지는 현재성에 대해 회의하게 만들었으며, 변혁(주체)로서의 민중이라는 말 자체가 적지 않은 연구자들과 시민들로부터 외면되고 있는 실정이다.

최근 들어 투쟁하는 민중상만이 아니라 일상적인 삶 속에서 형성된 그들의 문화에 대한 이해, 인류학, 사회학 등 관련 학문분과의 참조, '지역사'에

---

6 1980년대까지 일본민중운동사 연구동향과 시기별 특징에 대해서는 須田努,『イコンの崩壊まで』, 靑木書店, 2008 참조 1980년대 이후에 대해서는 須田努, 「'전후 역사학'에서 이야기된 민중이미지를 지양한다」, 본서 수록논문. 성균관대학교 동아시아학술원 HK사업단,『임술민란 150주년기념 학술대회-19세기 동아시아의 민중운동과 조선사회』, 2012년 8월 참조.
7 19세기 민중운동사연구에 대한 최근의 연구사 정리로는 송찬섭, 「중세해체기 농민항쟁 연구와 서술방향」,『역사학연구』18, 2008; 배항섭, 「조선후기의 민중운동」,『새로운 한국사 길잡이』, 지식산업사, 2008a; 배항섭, 「조선후기 민중운동 연구의 몇 가지 문제 - 임술민란을 중심으로」,『역사문제연구』19, 2008b 등이 있다.

대한 관심의 제고 등이 제기되고 있다. 근대사분야에서는 포스트 모더니즘 등의 영향 속에서 단일한 정체성을 가진 통일적 집합체로 이해된 기왕의 민중상을 비판하면서 다양성·중층성에 입각한 새로운 민중상이 모색되고 있다.[8] 임술민란 연구에서도 최근 들어 임술민란를 비롯한 조선후기 민중운동 연구에 진력해온 재일 사학자 조경달의 책이 번역 소개된 바 있다.[9] 국내에서도 지배층의 민란에 대한 대응 등 그 동안 접근되지 않았던 주제에 대한 천착이 이루어지거나,[10] 민란이라는 "농민 저항의 정치"가 만들어 낸 새로운 "법 담론"을 살펴본 연구,[11] 정치문화의 면에서 민란의 민중의식에 접근한 글 등[12] 새로운 연구들이 축적되고 있다.[13] 그러나 여전히 임술민란에 대한 연구는 크게 위축되어 있으며, 새로운 시각을 둘러싼 활발한 논쟁도 거의 없는 실정이다.

역사연구 가운데 민중운동사는 특히 현재성·실천성의 측면이 강하다. 그러나 변화된 정세에 따라 민중운동사 연구의 현재성·실천성을 재조정하

8 한국근대의 민중사연구의 새로운 경향과 고민에 대해서는 이용기, 「미군정기의 새로운 이해와 '사회사'적 접근의 모색」, 『역사와 현실』 35, 2000; 허영란, 「민중운동사 이후의 민중사」, 『역사문제연구』 15, 2005; 허수, 앞의 글, 2006; 이용기, 「민중사학을 넘어선 민중사를 생각한다」, 『내일을 여는 역사』, 2007 겨울호; 허수, 「일제시기 농민운동 연구의 동향과 모색」, 『역사문제연구』 20, 2008; 허영란, 「일제시기 생활사를 보는 관점과 민중」, 『역사문제연구』 20, 2008 등 참고.
9 조경달 지음, 허영란 옮김, 『민중과 유토피아』, 역사비평사, 2009.
10 송찬섭, 「1862년 농민항쟁기 파견관리 李參鉉(1807~1872)의 활동」, 『역사교육』 109, 2009.
11 김선경, 「19세기 농민 저항의 정치 : 1862년 농민항쟁, 官民 관계 위기와 법 담론」, 『역사학연구』 16, 2006.
12 趙景達, 2009, 「政治文化の變容と民衆運動-朝鮮民衆運動史の立場から」, 『歷史學研究』 859(增刊號); 배항섭, 「19세기 지배질서의 변화와 정치문화의 변용 -仁政 願望의 향방을 중심으로-」, 『한국사학보』 39, 2010a 참조.
13 최근에는 임술민란 150주년을 맞아 『한국사학보』에 <임술민란기 三政의 문제와 정국동향>이라는 특집으로 4편의 논문이 실리기도 했다. 논문의 제목과 필자는 「임술민란기 부세문제 인식과 三政改革의 방향」(송양섭), 「1862년 三政釐整廳의 구성과 삼정이정책」(송찬섭), 「임술민란 전후 全羅道의 軍政운영과 殖利문제」(김경란), 「철종대 정국과 권력 집중양상」(임혜련) 등이다.

거나 새로운 시각을 확보하는 것은 간단한 일이 아니었다. 이를 극복하기 위해서는 지금 왜 민중운동사연구가 필요하며 무엇을 할 수 있는가? 민중운동사연구를 어떻게 진행할 것인가? 등에 대한 고민과 노력이 요청되는 시점이다. 이 글에서는 주로 1980년대 임술민란 연구가 그려낸 민중상을 특히 근대지향성과 토대반영론이라는 두 가지 점에 초점을 맞추어 반성적으로 검토하고 새로운 민중상을 구성하기 위해 동아시아 비교사적 시각의 필요성에 대해 몇 가지 생각을 제시해보고자 한다.

2. 근대지향이라는 시각

일제 강점기 식민사학자들은 민란의 원인을 조선왕조 말기의 부패와 가렴주구에서 찾았기 때문에 민란의 성격도 그에 대한 반발로 일어난 자연발생적인 폭동으로 이해하였다. 일제 강점기 사회경제사학자들은 마르크스주의의 역사이론을 수용하여 민란을 봉건적 통치계급과 농노적 농민, 혹은 봉건지배계급 대 농민대중 간의 계급투쟁이라는 시각에서 이해하였다. 그러나 계급투쟁으로 규정하면서도 민란을 조선사회의 체제적 특성이나 변화와 적극적으로 연결하여 접근하지 못하였기 때문에 민란의 발발원인으로도 대체로 관리의 탐학을 강조하는 데 그치고 있으며, 사회경제적 변화나 민중의식의 성장 등에 대해서는 주목하지 못하였다.[14]

민란을 바라보는 시각은 1956년 김용섭에 의해 중요한 전기를 맞게 된다. 김용섭은 19세기 후반의 민란, 특히 민란의 발생 배경은 한국사의 발전과정에서 봉건적 관료체제가 붕괴하고 근대적 사회가 태동되어 가는지의 여부를

---

14 이에 대해서는 배항섭 앞의 글, 2008b 참조.

가늠할 수 있는 중대한 위치를 차지한다고 하여 새로운 시각에서 바라보고자 하였다. 그래서 그는 종래의 연구들이 민란발생의 원인을 삼정의 문란과 지배층의 주구, 그에 따른 피지배층의 빈곤화에서만 파악하여 온 점을 비판하고 내면적인 사회경제상의 발전과정에서 성장되어 온 민중의식에 주목할 필요가 있다는 점을 강조하였다.[15] 여기에는 사회발전과정과 민중의식 에서 "근대지향성"을 찾아보려는 의도가 개재되어 있었다고 생각한다.

민중운동사가 활발하게 연구되는 1980년대에 들어오면 역사발전단계론에 입각하여 임술민란을 근대지향성이라는 맥락에서 본격적으로 이해하기 시작한다. 예컨대 1950년대에 제시한 문제의식의 연장선에서 농업사를 중심으로 조선후기의 사회경제상의 발전과정을 정력적으로 연구해 온 김용섭은 임술민란에 대해 "지주제를 부정하는 토지개혁의 구호를 정면으로 내세우"지 못하였고, 이에 따라 "반봉건운동으로서는 아직 본궤도에 진입하지 못하고 있었"다고 평가하였다.[16] 이러한 이해는 조선사회가 봉건사회이고 그 물적 토대를 이루는 기본적 생산관계는 지주— 소작관계였다는 점에서 '제대로 된 반봉건투쟁', 곧 근대 자본주의사회를 전망할 수 있는 투쟁이 되기 위해서는 지주제에 대한 전면적 공격이 전제가 되어야 한다는 당위적 인식이 투영되어 있다. 역사발전단계론을 선험적으로 전제하고 그에 조응하는 '온전한' 발전단계를 지향하지 않는 점을 "미달"이나 "한계"로 지적한 것이다.

또한 조선후기 민중운동사 연구를 주도해 온 정창렬은 임술민란에 대해 국가·국왕에게 민본 이데올로기에 명실상부한 내용 실체를 담아줄 것을 요구한 운동이었음을 지적함으로써 민중의식을 새로운 시각에서 파악하고자 하였다. 이는 민중의식을 계급=계급의식이라는 맥락, 곧 토대반영론적

---

15 金容燮, 「哲宗朝 民亂發生에 對한 試考」, 『歷史教育』 1, 1956.
16 金容燮, 「朝鮮王朝 最末期의 農民運動과 그 指向」, 『韓國近現代農業史研究』, 一潮閣, 1992, pp.362~363.

시각이나 수탈에 대한 저항이라는 논리 속에서 파악하던 기왕의 연구와 전혀 다른 접근으로 연구사적으로 중요한 의미를 가진다고 생각한다. 그러나 그 역시 농민들이 "소극적, 잠재적으로나마 농민자치제를 지향하는 방향에서 삼정을 개혁함으로써 그 내용, 실체를 삼으려고 하였다는 사실은, 그 민본 이데올로기가 근대적인 방향으로 성장, 발전해 갈 수 있는 가능성을 스스로 간직하고 있었음을 드러낸다"거나,[17] 민중은 자기 고유의 계급적 이익을 가지고 있는 사회경제적 계급이기보다는 봉건적인 여러 구속과 제약에 저항하는 주체로서의 연합체였다고 하면서는 스스로를 새로운 문화, 사회적 담당주체로 의식하지 못하였고, 인간해방에 대한 지향이 지배적인 반면, 사회적 해방에 대한 지향은 부차적이었고 민족으로서의 자기 인식도 매우 낮은 수준이었고 이해하였다.[18] 근대지향적 민중상을 전제로 하고 있음을 알 수 있다.

1986년에 발간된 『한국민중사』에서도 임술민란은 "19세기 말의 자주적 근대화를 예비하는 민족운동의 주체세력이 형성되는 과정"으로[19] 이해되었다. 같은 무렵 이영호도 임술민란에 대해 개항 이전 단계에서 국내의 계급적 모순을 해결을 중심으로 한 반봉건투쟁의 최고단계에 이른, 근대사회로의 변혁을 요구하는 아래로부터의 농민운동이었다고 하여[20] 근대사회를 지향하며 투쟁하는 민중상을 그리고 있다.

이상과 같이 조선후기를 봉건사회해체기로 파악하는 기왕의 민중운동사 연구에서는 주로 민중들이 근대를 지향하였고, 그를 위해 투쟁하는 존재 혹은 그럴 가능성이 있는 모습을 부각시키는 방향에서 접근되었다. 근대 지향과 무관하거나 오히려 근대에 반대한 요소들은 아직까지 농민운동이

---

17 鄭昌烈, 「조선후기 농민 봉기의 정치의식」, 『韓國人의 生活意識과 民衆藝術』, 성균관대 출판부, 1984.
18 정창렬, 「백성의식, 평민의식, 민중의식」, 한국신학연구소 편, 『한국민중론』, 1984.
19 『韓國民衆史』 2, 풀빛, 1986, pp.38-40.
20 이영호, 「1862년 진주농민항쟁의 연구」, 『韓國史論』 19, 서울대 국사학과, 1988.

본궤도에 오르지 못했기 때문에 나타난 한계인 것으로 해석되거나, 아니면 아예 외면되거나, 나아가 근대를 지향하는 것으로 왜곡된 역사상이 구축된다. 이러한 역사인식은 서구적 경험을 준거로 한 역사발전단계론이라는 '외부적 시선'을 전제함으로써 오히려 민중운동이나 민중의식에 대한 내재적 접근, 곧 민중운동과 민중의식을 운동의 발발배경이나 전개과정, 투쟁양상, 요구조건 등 내부로부터 접근하지 않는 결과를 초래해 왔다. 이에 따라 형성된 민중상 역시 선험적으로 규정된 역사발전과정이나 그에 따라 주어진 "역사적" 임무를 충실히 따라 가거나 수행해야 하는 규범적 존재로만 그려질 뿐이다. 민중이 일상생활 속에서 한편으로는 체제와 지배이념에 규정되면서도 광범위한 생활 현장을 살아가면서 쌓아온 경험 속에서 체득한 고유한 의식세계나 행동양식에 대한 천착을 어렵게 한다. 그러나 근대이행기 민중의 의식에는 오히려 근대에 대한 반대와 저항의 성격을 가지는 측면이 한편으로는 강하게 표현되고 있었음을 상기할 필요가 있다.[21] 근대이행기의 민중운동은 부르주아의 운동과는 다른 독자적 측면을 가지고 있었으며, 이점에서

---

21 예컨대 임술민란을 겪은 지 30여년이 지난 뒤에 발발한 동학농민전쟁 당시에도 농민군은 근대가 아니라 반근대를 지향했다는 주장이 제기된 지오래이다. 동학농민군의 '반근대' 지향을 처음으로 제기한 연구자는 조경달이다. 조경달은 이미 1983년에 농민군의 지향을 반자본주의·반식민주의(반침략)를 동시에 지향하는 반근대를 내포하는 변혁운동이라고 하였다(조경달, 「갑오농민전쟁의 지도자=전봉준의 연구」, 『조선사총』 7, 1983). 이러한 견해는 최근의 연구에서도 이어지고 있다(조경달 지음, 박맹수 옮김, 『이단의 민중반란』, 역사비평사, 2008). 이러한 견해는 민중운동의 자율성과 민중문화의 독자성을 강조하는 입장에서 동학농민군의 지향을 이해하고자 한 것으로 동학농민전쟁상에 대한 새로운 이해를 촉구하는 중요한 의미를 가진다. 다만 민중의식을 "전근대"의 울타리 안에서 있는 것으로, "근대적인 것"과는 대립적인 것이라는 측면에서만 파악하는 것은 문제이다. 중요한 것은 민중의 고유한 문화는 지배체제나 이념은 물론, 관습 등 민중의 삶을 규정한 다양한 요소들에 영향을 받고 있었으며, 그 지배체제나 이념, 관습이 어떠했느냐에 따라 "서구적 근대"에 대한 태도에도 차이가 있었다는 점, 또한 민중의식이나 문화가 근대와 조우하면서 어떻게 대응하며, 스스로를 어떤 방향으로 변용해 나갔는가 하는 점을 확인하는 데 있다고 생각한다(여기에 대해서는 배항섭, 「근대를 상대화하는 방법 : : 민중사에서 바라보는 근대」, 『역사비평』 88, 2009 참조).

민중은 국가권력이나 지배층에 온전히 포섭될 수 없는, 전근대적 혹은 근대적 가치관으로 환원하기 어렵고 또 거기에 쉽사리 포섭되지 않는 자율성과 독자성을 가진 존재였다. 그 바탕에는 근대 혹은 전근대라는 개념 속으로 수렴되지 않는, 그들이 살아가는 방식과 그 속에서 형성된 문화가 있었기 때문이다.[22]

이러한 이해는 '근대이행기' 민중운동의 경험이나 의식이 근대를 상대화하는 전략적 자원으로 활용될 수 있음을 의미한다. 근대는 신분제나 인신적 예속, 공동체적 질곡으로부터 "해방"과 "자유"를 가져다주었지만, 그 대가는 공동성의 해체에 따른 생존 기반의 붕괴와 개인에 대한 무한 책임의 귀속을 가져왔다. 공공성의 파괴, 개개인 간의 치열한 생존경쟁을 효율성이라는 이름으로 모든 사회 구성원들에게 강요하는 신자유주의는 그러한 근대가 현재 내밀고 있는 초상이기도 하다. 이 점에서 향촌사회의 일상적 삶 속에서 획득되어 있었거나, 민중운동 과정에서 나타난 민중의 공동성 내지 연대 등 근대에 의해 억압된 가치나 민중의 세계관 등에 대한 재발견은 자본주의 근대의 현재 얼굴인 신자유주의를 비판하는 중요한 계기가 될 수도 있다. 때문에 민중 의식과 행동을 근대 혹은 전근대라는 선험적 개념에 맞추어 규정해버리는 태도는 문제가 있다. 농민들의 고유한 의식세계에 대한 새로운 접근은 민중상을 재구성하고 민란의 성격을 재해석하는 데도 관건이라고 생각한다.

3. 토대반영론적 시각

앞서 언급했듯이 일제시대 식민사학자들의 연구나 식민지시기 사회경제

---

22 배항섭, 「'근대이행기'의 민중의식 : '근대'와 '반근대'의 너머」, 『역사문제연구』 23, 2010b.

사학자들은 민란을 조선사회의 체제적 특성이나 사회경제적 변화와 적극적으로 연결하여 접근하지 못하였다. 사회경제적 변화와 민중의식을 적극적으로 연결하여 파악하고자 한 것 역시 김용섭의 연구가 최초였다. 이후 그가 민란의 사회경제적 배경을 제시하기 위해 조선후기 농업변동과 모순구조에 대한 연구에 진력하여 해방 후 한국사연구의 수준을 크게 진전시킨 획기적인 연구성과를 제출해 온 사실은 잘 알려져 있다. 이러한 연구들은 민중운동사와 관련하여서도 민란발생의 원인을 삼정의 문란과 지배층의 주구, 그에 따른 피지배층의 빈곤화에서만 파악하여 오던 기왕의 연구와는 다른 새로운 접근방법을 제시했다는 점에서 중요한 의미를 가지는 것은 물론이다.

그는 최근 그 동안 축적된 자신의 연구와 임술민란 관련 연구성과를 종합적으로 정리하여 임술민란의 발생배경과 성격에 대해 구명한 논문을 발표하였다. 이 글에서 그는 민란의 발발 배경으로 농촌사회의 변동과 그에 따른 계급대립의 심화, 신분제의 동요와 사회평등의식의 성장, 부세제도상의 변화, 새로운 사상의 대두, 향촌사회의 질서변화, 몰락농민의 사란의식思亂意識의 형성 등을 망라하여 지적하고 있다. 그러나 삼정을 비롯한 수탈은 민란발생의 계기적 원인에 불과할 뿐 심층원인은 농촌사회의 분해와 모순의 심화 등 체제적·구조적 모순에 있었으며, 그들은 결국 농업개혁·토지개혁을 바랐다고 하였다. 농민들은 농업개혁·토지개혁을 주장하지는 않았지만, 요호부민이나 양반사족, 향리층에 대한 보복으로 그들의 농업개혁·토지개혁의 욕구를 표출하였다고 하였다. 또한 운동주체인 농민들의 그러한 욕구를 보다 분명히 파악하고 변호한 것이 진보적 지식이었으며, 진보적 지식인들에 의한 농민개혁·토지개혁 주장이 그것이라고 하였다.[23]

그러나 이것은 서구적 경험에 근거한 "보편적 발전법칙"에 입각한 접근이

---

23 金容燮, 「哲宗朝의 民亂發生과 그 指向 -晉州民亂 按覈文件의 分析-」, 『東方學志』 94, 1996, pp.106~109 참조.

자 전형적인 토대반영론적인 시각이라고 볼 수 있다. 앞서 언급했듯이 그는 조선사회가 봉건사회이고 그 물적 토대를 이루는 기본적 생산관계는 지주─소작관계였다는 점에서 '제대로 된 반봉건투쟁'이 되기 위해서는 지주제에 대한 전면적 반대가 제시되어야 했다는 인식을 선험적으로 전제하고 있었다.[24] 이러한 시각에서는 민중운동의 원인이 주로 경제적 구조 분석을 통해 접근되며, 투쟁과정에서 보이는 요구조건이나 지향도 분석된 원인으로 환원된다. 민중의식도 토대에 조응하여 모순의 심화에 따라 성장해 나가는 것으로 이해한다.

사회경제적 모순의 심화→ 민중의 사회의식과 정치의식의 성장→ 반봉건운동이라는 도식으로 접근하는 이러한 연구들은 "농촌사회 구성의 변화는 조선에서의 근대를 향한 변혁주체의 성격을 규정하"고,[25] 민중운동이 "궁극적으로 지향하는 새로운 사회건설의 방향을 사회경제적 측면에서 해명하는 것을 과제로 삼는다"는 데서도 알 수 있듯이 전형적인 토대반영론의 시각을 보여준다. 특정 시기의 민중운동을 역사가 한 걸음 발전된 단계로 나아가고 있음을 증명해주는 현상으로 이해하는 시각이다. 이러한 시각에서 민중은 다만 역사의 단계적 발전을 증언하는 증인으로 호출되는 수동적 존재에 불과하다. "자기 고유의 계급적 이익을 가지고 있는 사회경제적 계급이기보다는

---

24 이러한 이해는 서구의 경험을 기준으로 조선사회에서 봉건성을 찾으려는 노력의 결과이다. 그것이 피식민지의 경험과 식민사학을 극복하려는 과정에서 나온 고뇌의 결과이기도 하다는 점에 사학사적으로 중요한 의미를 가지는 것도 사실이다. 그러나 프랑스나 영국 등에서는 근대시민혁명 이후 혹은 근대적 정치변혁 과정을 거치는 속에서 나타나는 토지소유구조의 배타성이나, "시장친화적" 매매관습을 일찍부터 가지고 있던 조선후기의 지주작인 관계가 어떤 점에서 "봉건적"인지에 대해서는 회의적이다. 또 설사 그것이 "봉건적"이라고 하더라도, 그에 대한 본격적인 반대가 제기되어야 "한계"를 가지거나 "미숙한" 민중운동이 아니라 "온전한" 민중운동이라는 논리는 서구적 경험과 조선사회의 경험을 비대칭적으로 비교하고 서구적 경험에 비추어 조선사회를 재단한다는 점에서 서구중심적이다. 조선후기의 토지소유구조와 매매관습에 대한 비교사적 검토는 배항섭, 「조선후기 토지소유 및 매매관습에 대한 비교사적 검토」, 『한국사연구』 149, 2010c 참조.

25 『韓國民衆史』 2, 풀빛, 1986, pp.78~79.

봉건적인 여러 구속과 제약에 저항하는 주체로서의 연합체였으며, 스스로를 새로운 문화, 사회적 담당 주체로 의식하지 못하였"다는 정창렬의 지적에서 알 수 있듯이[26] 선험적으로 주어진 역사발전의 궤적을 향해 달려가지 않는 한 민중의 능동적 행위자로서의 가능성은 압살된다. 개별행위자는 어떤 상황에 의해 규정되기만 하는 것이 아니라 동시에 그 상황의 생산에도 참여한다는 점에서 초개인적 구조를 중시하는 사회결정론의 시각은 민중운동뿐만 아니라 한 사회에 대한 인식에도 불충분하고 위험하다.[27]

이와 관련하여 일본 민중운동사 연구자인 후카야 카즈미(深谷克己)의 견해가 주목된다. 그는 민중운동사의 의의에 대해 운동 그 자체에 대한 이해만이 아니라 "운동과 투쟁을 만들어 내고 있는 각 사회의 각 시대 고유의 깊은 지반과 의식 구조에 관심을 기울이고자 하는" 것이며, "운동을 시대와 사회의 전체성을 표상하는 것으로서 인식하려는" 것임을 지적하였다.[28] 각 사회의 각 시대 고유의 깊은 지반과 의식 구조를 가지며, 운동은 각 사회의 각 시대 고유의 깊은 지반과 의식 구조에 규정되지만, 거꾸로 그것을 규명하는 창이 될 수도 있다는 것이다. 토대반영론적인 시각으로는 민중운동 연구가 가진 이러한 의미를 제대로 살리기 어려울 것임은 물론이다.

민중은 경제적인 요소뿐만 아니라 다양한 사회적 요인을 포함한 생활감각 속에서 고유한 문화를 형성해 나간 존재이다. 또한 민중은 지배이념이나 체제로부터 자유로울 수 없었지만,[29] 다른 한편 지배엘리트와는 구분되는 독자적인 문화영역이나 의식세계를 가지고 있었다. 그것은 사람들이 행동하

---

26 鄭昌烈, 「百姓意識, 平民意識, 民衆意識」, 韓國神學研究所 編, 『韓國民衆論』, 1984.
27 알랭 투렌 지음, 조형 옮김, 『脫産業社會의 社會理論 : 행위자의 복귀』, 이화여대출판부, 1994, p.13.
28 深谷克己, 「民衆運動史研究의 今後」, 深谷克己 編, 『民衆運動史―近世から近代へ』五, 青木書店, 2000, p.12.
29 E. P. Thompson, Customs in common(Penguin Books, 1993), pp.6-7.

는 맥락을 제공하는 관습과도 밀접한 관련을 가진다.[30] 실제로 세계사적 경험에 비추어 볼 때도 '근대이행기'의 민중이 관습에 호소하는 방식으로 자신들의 요구를 정당화하는 것이 일반적이었고, '구법'에 근거한 요구는 저항을 철저하게 급진적인 형태로 이끌기도 하였다.[31] 이러한 사실은 생산관계나 사회체제가 유사하다하더라도 그들의 삶을 지탱해온 관습이나 구법에 따라 민중의식은 다양할 수 있었음을 시사하는 것이기도 하다.[32]

따라서 민중운동에서 드러나는 민중상도 그들의 일상을 둘러싼 관습이나 사회적 환경과 관련하여 내재적으로 접근해 가야 할 것이다. 그것은 민중의 삶의 공간이자 민중운동이 일어난 현장이기도 한 향촌사회 지배질서의 변화에 대한 연구가 경제환원론적인 시각을 극복하고 전개양상, 요구조건 등에 대한 한층 풍부한 이해에 크게 도움을 줬다는 데서도 확인된다.[33] 민중운동에 가담한 '소민'들은 대체로 생계를 잇기 위해서라도 경제적으로 좀 더 많은 것을 확보하기 위해 다양하게 애를 쓴 생산자이자, 수탈당한 사람들이다. 그러나 그들은 다양한 정체성을 가진 사람들이고, 시대나 지역, 사회적 조건에 따라 한결같을 수는 없다. 이러한 '소민'들의 생각과 행동 그들의 세계관을 더욱 잘 이해하기 위해서는 무엇보다 특정한 시간과 장소에서 그들이 보여준 정치적 경제적 행위와 사회구조 및 향촌질서와 그들의 문화와 그것들 간의 관계 등에 대해 엄밀히 파악해야 한다.

---

30 에릭 홉스봄, 金東澤 외 옮김, 『抵抗과 叛逆 그리고 재즈』, 영림카디널, 2003, pp.232~236.; E. P. Thompson, "The Moral Economy of the English Crowd in the Eighteenth Century", Past and Present, No. 50(Feb. 1971). pp. 78-79; 조오지 뤼데, 박영신·황창순 역, 『이데올로기와 民衆의 抵抗』, 現象과 認識, 1993, pp.46-57, p.71 참조.

31 Paul H. Freedman, Images of the medieval peasant, Stanford University Press, 1999, p.298.

32 민중운동의 이러한 측면에 대한 보다 상세한 내용은 배항섭, 앞의 글, 2010b 참조

33 대표적인 연구성과로 安秉旭, 1986 「19세기 壬戌民亂에 있어서의 '鄕會'와 '饒戶'」『韓國史論』14; 金仁杰, 1989 「朝鮮後期 村落組織의 變貌와 1862年 農民抗爭의 組織基盤」『震檀學報』67; 고석규, 1999 『19세기 조선의 향촌사회연구』, 서울대학교 출판부 참조.

예컨대 제임스 스코트를 참고하여 말하자면 동남아시아의 농민반란에서 농민들은 토지의 재분배 요구나 조세의 납부 자체를 반대한 것이 아니라 약속된, 혹은 합의된 액수를 넘어선 지대나 조세 수탈에 반대한 것이었다.[34] 19세기 중국 양쯔강 하류지역의 항조운동에 대해 분석한 베른하르트 역시 흥미로운 연구결과를 내놓고 있다. 그에 따르면 소작인들이 집단적으로 항조 운동을 벌일 때 구체적 이유가 무엇이든 관계없이 그들은 지주층(상층 신사지주, 하층신사지주, 평민지주)를 공격하였다고 한다. 그러나 소작인들은 맹목적으로 지주를 공격한 것은 아니었고 "공정"이라고 할 있는 기준으로 공격대상을 선택했다는 것이다. 대표적인 것이 수흉조收凶租, 곧 현지의 일반적 기준을 넘는 정액세定額稅 쟁취하는 행위, 시가보다 더 높은 기준으로 지대 절가折價를 정하는 행위, 흉년 때 감세를 거절하는 행위, 자신들은 국가로부터 감세를 받았으면서도 그 혜택을 소작인들에게 나누어주지 않는 행위 등을 한 지주가 주요 공격 대상이었다. 또한 지주가 공정한지 아닌지는 징세액 뿐만 아니라 징수할 때의 태도도 마찬가지로 중요하였다. 만약 지주가 밀린 지대를 눈감아준다면 높은 지대를 받더라도 그다지 무겁게 여기지 않지만, 지주가 경작인의 경제상태를 고려하지 않고 밀린 지대의 납부를 재촉한다면 아무리 낮은 지대라도 큰 부담으로 여긴다는 것이다. 농민의 생계유지와 관련된 활동에 대한 지주의 참여 정도 역시 지주에 대한 소작인들의 평가에 중요한 요소로 작용했다고 한다.[35]

---

34 이에 대해서는 제임스 스코트, 『농민의 도덕경제 : 동남아시아의 반란과 생계』, 아카넷, 2004 참조. 또한 E. P. Thompson의 고전적 연구에 의하면 18세기 영국에서 일어난 식량폭동의 핵심은 식량과 밀가루를 강탈하는 데 있었던 것이 아니라 민중들이 판단하기에 상인들이 가격을 지나치게 비싸게 정하여 폭리를 취한다는 데 있었다[E. P. Thompson, op cit "The Moral Economy of the English Crowd in the Eighteenth Century", Past and Present, No. 50(Feb. 1971)]. 이 역시 같은 맥락에서 이해할 수 있을 것이다.

35 Katheyn Bernhardt, Rents, Taxes, and Peasant Resistance: The Lower Yangzi River, 1840-1950(Stanford University Press, 1992), pp.75-76. 최근 중국의 한 연구에서도 항조운동에서

물론 이상과 같은 연구성과들의 입론을 그대로 따르자는 것은 아니다. 민중의 삶을 둘러싸고 있던 관습이나 지주제에 대한 농민들의 인식에 대한 세밀한 분석이 요구된다는 것이다. 물론 지주제가 농민항쟁의 발발에 어떤 식으로든 영향을 미쳤을 것이다. 나아가 지주의 부당한 수탈이 직접적인 원인을 제공한 경우가 있었을 수도 있다. 그러나 그것이 곧바로 지주제에 대한 반대로 연결된다는 것은 별개의 문제이다. 현재까지의 연구에서는 대체로 조선사회가 봉건사회이고 그 물적 토대를 이루는 기본적 생산관계는 지주-소작관계였다는 점을 전제하고, '제대로 된 반봉건투쟁'이기 위해서는 그 모순의 담지자인 농민들이 당연히 그에 반대하였을 것이라는 생각이 선험적으로 전제되었다는 혐의를 버릴 수 없다. 여기서는 농민들의 삶이나 생산활동과 가장 밀접한 관련을 가지던 토지소유구조나 매매관습 면에서 조선의 경우 서구나 일본(관동, 동북)과는 물론 중국(강남)과도 커다란 차이가 있었음을 지적해 둔다.[36]

4. 동아시아 비교사적 시각

또 하나 조선시대 민중운동과 민중상에 대한 진전된 이해를 위해서는 비교사적 시각, 특히 서구가 아니라 역사적 경험이라는 면에서 오래 동안 관계

보이는 농민들의 요구를 베를하르트와 유사하게 이해하였다. "지주와 소작농민 간의 기본적인 규칙은 '田主出田, 佃戶出力, 田主納稅, 佃戶輸租.'이었다. 이 규칙은 지주와 소작농민 양자 관계가 존재하는 기본전제이다. 소작농민이 지배납부를 거부하는 이유는 지주가 '相資之義'를 어기고 농민들한테서 부가세를 받기 때문이다. 다시 말해서 소작농민이 지대납부에 저항하는 근본적인 목적은 지주와 자신 간의 관계인 '百世不易之常經'을 바꾸려는 게 아니라 지주가 이런 '常經'을 위반한 데 대해 타격을 가하기 위해서였다."는 것이다(劉永華, 「17 至18 世紀閩西佃農的抗租-農村社會与鄕民文化」, 『中國經濟史研究』, 1998年 第3期).
36 배항섭, 앞의 글, 2010c 참조.

를 가져왔을 뿐만 아니라 유사한 점도 많은 동아시아 각국 간의 비교는 비단 민중사에 대한 진전된 이해를 위해서 만이 아니라 서구중심적 역사인식에서 그려진 동아시아상과는 다른 동아시아 역사상을 새롭게 구성하기 위해서도 반드시 요청되는 과제라 생각한다. 더구나 앞서 언급했듯이 민중운동의 의의 는 운동 그 자체에 대한 이해에만 있는 것이 아니라, 거꾸로 운동이 발생한 각 사회의 각 시대 고유의 깊은 지반과 의식 구조를 규명하는 창이 될 수도 있다는 점을 고려할 때 민중운동에 대한 비교사적 접근은 더욱 절실하다.

예컨대 지배체제의 작동원리나 강도, 지배이념의 통합과 지배력, 향촌사회 의 편성원리나 국가권력과의 관계, 엘리트의 존재양태, 국가권력이나 엘리트 와 민중의 관계 등은 민중운동의 구성원리나 사상적 기반 등의 면과 밀접한 관련을 가지는 것이다. 이러한 점과 중요한 관련이 있는 조선의 특징으로는 조선사회가 유교이념의 확산이나 강도 면에서 일본은 물론 중국보다 더 밀도 높은 "유교의 나라"였다는 사실이다. 최근 알렉산더 우드사이드가 지적한 바에 따르면 18세기 무렵 인구가 7~800만이었던 조선은 600개가 넘는 서원 을 가지고 있었다. 이는 같은 시기 중국이 가진 서원의 1/3에 불과하였지만, 조선의 인구가 중국의 1/30에 불과하였다는 점을 고려하면 인구대비 서원의 밀도는 조선이 오히려 10배정도 높은 것이었다.[37] 유교이념의 지배력은 국토 면적의 차이나 총인구에서 차지하는 엘리트의 비중이라는 면에서도 조선과 중국은 비교된다. 엘리트의 범위 설정이 애매하다는 점, 엘리트의 정치적, 사회적 역할이 같은 것이 아니었다는 점 등의 면에서 난제가 있지만, 중국 신사의 경우 태평천국 이전에는 110만 명 정도였고, 가족 구성원을 모두 포함할 경우 거의 550만 명에 달했는데, 이는 총 인구의 1.3%에 달하는 규모이다. 신사층이 급증하는 태평천국 이후에도 신사층의 총 인구 대비

---

37 Alexander Woodside 지음, 민병희 옮김, 『잃어버린 근대성들』, 너머북스, 2012, p.66.

비중은 1.9%에 그치고 있다. ???/로 증가하였다.[38] 이에 비해 조선의 양반은 호적으로만 파악할 때는 19세기에 들어 60~70%까지 비중이 올라간다. 물론 19세기의 호적에 나오는 직역은 신뢰하기 어렵고, 직역란에 유학幼學 등으로 표기된 사람도 양반으로 보기 어렵다는 점은 최근의 연구들에 의해 밝혀지고 있다. 그러나 호적상의 신분 표기가 비교적 현실을 그대로 반영하였던 것으로 여겨지는 18세기 초반에도 양반의 비중은 이미 10%를 상회하였다.[39] 이러한 차이는 민중운동의 사상적 기반과 관련하여 커다란 차이를 보일 수 있는 객관적 조건으로 작용했다고 생각된다.

미야지마 히로시는 한국과 중국, 일본의 촌락사회가 개폐성의 정도 등에서 중요한 차이를 보인다고 하였다.[40] 이는 민중의 일상적 삶의 공간이 향촌사회 내부의 관습 면에서도 중요한 차이가 있었음을 의미한다. 그러한 차이가 민중의식의 형성에 어떤 관련이 있었는지에 대한 내부로부터의 분석이 필요할 것이다. 예컨대 명청시대 휘주지방의 가규가법을 비롯한 촌규민약村規民約에서 가장 심한 처벌조항은 향촌이나 종족 밖으로 몰아내는 것이다.[41] 일본에도 <촌추방村追放>이라는 촌정村椗이 있었다.[42] 조선의 경우 그러한 규약이 거의 보이지 않으며, 그러한 규약이 있다 하더라도 얼마나 실현되었는지에 대해서는 회의적이다. 조선의 경우 향약은 가입이 자유의사에 따랐던 만큼 향규를 범한 자에 대한 최고 수준의 처벌도 출약黜約에 그쳤고, 심할

38 Chang, Chung-Li, The Chinese Gentry : Studies on Their Role in Nineteenth-Century Chinese Society(Seatle: University of Washington Press, 1955), pp.139~141.
39 이준구, 「18·19세기 신분제 변동 추세와 신분 지속성의 경향」, 『한국문화』 19, 서울대학교 한국문화연구소, 1997 참조.
40 宮嶋博史, 1994, 「東アジア小農社會の形成」 『長期社會變動－アジアから考える(6)』, 東京大學出版會; 2003, 「동아시아 소농사회론의 사상사 연구」, 『한국실학연구』 5.
41 卞利, 「明淸徽州村規民約和國家法之間的沖突与整合」, 『期華中師范大學學報(人文社會科學版)』第45卷 第1期, 2006.
42 渡辺尚志, 1987, 「近世村落共同体に關する一考察－公同体の土地關与への仕方 を中心に」 『歷史評論』 451.

경우 관에 고발하여 징치할 따름이었다.[43] 중국과 일본의 경우 추방이라는 조항이 있었지만, 그것이 가지는 의미는 향촌사회의 조직이 혈연적이었는지, 지연적이었는지, 조직과 소속 농민과의 관계, 곧 토지소유나 생산활동, 일상적 삶과 관련하여 어떤 권리나 이점을 가졌는가 등에 따라 달라진다. 향촌사회가 공동체적 집단 일체감이나 결합도가 긴밀하고 정도는 더욱 높을수록 배타성은 더욱 강하지만, 이러한 결합도의 강고함은 민중운동 전개양상 면에서 동원강제 면 등에서 커다란 차이를 보일 수밖에 없다.

한편 필자가 확인한 바에 따르면 농민들의 삶이나 생산활동과 가장 밀접한 관련을 가지던 토지소유구조나 매매관습 면에서 조선은 일본과는 물론 중국과도 커다란 차이가 있었다. 이에 따라 19세기 혹은 '근대이행기' 민중운동에서 보이는 요구조건이나 지향과 관련하여 적지 않은 차이를 보이고 있었다.[44] 또한 19세기 후반 베트남과 조선의 민중운동에서 보이는 토지문제 관련 요구들은 토지의 공전제公田制 유무와도 밀접한 관련을 가지고 있었다.[45] 베트남(북베트남)의 경우 공전제의 경험은 향촌사회가 국가권력으로부터도 매우 큰 자율성을 획득해 있었다는 제도적, 관습적 특징과 아울러 베트남 농민들의 문화와 가치규범에 '균등주의'를 강하게 각인해 놓았다.[46] 때문에 토지개혁에 대한 요구가 조선에 비해 훨씬 강력하게 제기되었다.

같은 지주제라 하더라도 그를 둘러싼 사회적 환경이나 조건은 민중의식에도 중요한 영향을 미친다. 예컨대 중국 푸젠성(福建)의 경우 종족조직의 발달과 종족 간 토지소유의 불균등은 항조투쟁의 성격이나

43 「鄕約節目」, 『호서문화연구』 6, 1987.
44 배항섭, 앞의 글, 2010b; 앞의 글, 2010c.
45 배항섭, 「19세기 조선과 베트남의 토지개혁론에 대한 비교사적 검토 -토지소유를 둘러싼 제도와 관습의 차이를 중심으로-」, 『역사학보』, 206, 2010d.
46 吉田恒, 「農民の價値規範と土地所有-ドイモイ後の北部ベトナムにおける土地使用權集積の事例-」, 東京大學 新領域創成科學硏究科 國際協力學專攻 修士論文, 2008.

대립구도 등의 면에 중요한 영향을 미쳤다. 1950년 푸젠성 농민 협회의 조사에 따라 민시에서 약 50% 이상의 토지가 종족 조직 등 향촌사회의 다양한 조직의 공유지로 편입되었다. 이런 토지 공유화의 과정은 대체로 16세기 이래 4세기에 걸쳐 이루어졌다. 이 과정에서 각종 지방 단위의 조직 간에는 불균형이 초래되었다. 크고 부유한 종족(예컨대 현성에서 부유한 종족과 큰 읍 주변에 명문거족 등)은 보통 더 많은 토지를 장악할 수 있지만 외지고 먼 산촌이나 현성 교외의 작은 종족은 토지를 잃고 소작농민이 될 가능성이 컸다. 이러한 불균형은 대규모의 부재지주를 대두시키면서 항조투쟁, 종족 간 갈등과 투쟁을 야기했다.[47] 조선의 경우 중국과는 부재지주의 비중이나 종족조직의 존재양태,[48] 종족 간 갈등 등의 면에서 차이가 있었으며, 이 역시 민중운동의 양상이나 성격에도 영향을 미쳤을 것으로 보인다.

또 임술민란과 직접관련이 있는 것은 아니지만, 그 동안 동학농민전쟁 연구에서는 비교사의 중요성을 시사하는 몇 가지 문제제기가 있었다. 정창렬 은 동학농민전쟁은 "봉건 말기 반봉건운동으로서만 전개된 것이 아니라, 선 진 자본주의의 침략으로 인한 민족적 위기 속에서 반침략 운동으로서도 전개 되었다. 따라서 고전적 형태로 근대사회·근대민족을 형성한 서유럽의 농민 봉기·농민전쟁과는 그 구체적 조건을 달리하는 속에서 동학·농민전쟁이 일어났다."는 점을 지적하며 동학농민전쟁을 봉건적·민족적 위기극복과 민 족형성 과정이라는 맥락에서 살펴볼 곳을 제안했다.[49] 오길보도 동학사상과

---

47 劉永華, 「17 至18 世紀閩西佃農的抗租-農村社會与鄉民文化」, 『中國經濟史研究』, 1998年 第 3期.

48 예컨대 명, 청시기의 휘주 종족들은 거의 대부분이 방대한 공공재산을 가지고 있었다. 여기 에는 종족의 祀堂, 族田, 祀田, 學田, 墳山 등이 있었는데 이는 종족제도의 존재와 발전의 물질적 기초였고 종족이 제사를 지내고 교육, 문화 활동과 취약한 종족구성원을 구제히여 경제적으로 지탱하게 해주는 기반이었다. 때문에 종족공공재산을 보호하기 위한 공약은 종족의 구성원들에게 상당한 규제력을 가지고 있었다(卞利, 「明淸時期徽州的宗族公約研究」, 『中國農史』 2009년 3월.

농민전쟁의 관계를 둘러싼 논쟁 사운데 제기된 바, 엥겔스의『독일농민전쟁』에 대한 이해에 기반을 둔 "종교적 외피론"에 대해 조선은 종교가 민중들의 생활과 관련하여 가지는 의미 면에서 서구와 달랐고, 정치체제면에서도 서구와 달리 중앙집권적 정치체제였으며, 독일농민전쟁 당시의 독일에 비해 상품화폐경제가 상당히 발달해 있었고, "1811~12년 평안도 농민전쟁"도 종교적 외피를 쓰지 않았다는 점 등을 들어 비판하였다.[50] 안병욱 역시 중앙집권적 통제 하에서 행해진 수취제도가 전국에 걸쳐 동질적인 성격을 지니고 있다는 점, 지방의 5일장을 중심으로 형성된 전국규모의 유통경제권이 형성되어 있었던 점 등을 지적하며 종교적 외피론에 대해 오길보와 같은 맥락에서 비판적 입장을 취하였다.[51] 위에 언급에 세 사람의 견해는 그에 대한 동의 여부를 떠나 민중운동 발발 당시 조선과 서구가 처해 있던 객관적 조건이나 역사적 경험 면에서의 차이에 주목하고 있다는 점에서 비교사적 연구의 필요성을 시사하는 제안이라는 점에서 주목된다.

한편 앞서 언급했듯이 민중은 지배이념이나 체제로부터 자유로울 수 없었다. 오히려 민중의 삶과 생각은 기본적으로 체제나 지배이념 크게 규정되었다. 그렇다 하여 민중의식이 지배층의 의도대로 주조된 것은 아니다. 한편으로는 지배체제나 이념에 규정되면서도 어긋남이 있는 존재 혹은 규정됨으로써 새로운 가능성을 그 안에서 발견해나가는 존재가 민중이었다고 생각한다. 이러한 점을 고려할 때 지배이념 강고함, 피지배층을 포섭하는 사회 정치 문화적 조건의 차이, 엘리트의 존재양태의 차이, 그에 따른 포섭정도의 차이 등에 대한 비교도 조선시대 민중의 지향과 민중상을 새롭게 이해하는 데

---

49 鄭昌烈,「東學과 農民戰爭」, 韓國史研究會 編,『韓國史研究入門』, 知識産業社, 1981, 449쪽

50 오길보,「갑오농민전쟁과 동학」,『역사과학』 3, 1959.

51 안병욱,「갑오농민전쟁의 성격과 연구현황」,『한국근현대연구입문』, 역사비평사, 1988, 44쪽.

도움을 줄 것이다.

5. 맺음말

현실 사회주의 체제의 붕괴되고 포스트 담론이 유행하면서 일국사적, 서구 중심적, 발전론적 역사인식에 대한 회의와 비판이 제기되어 왔다. 근대사 분야에서는 이와 관련하여 활발한 논쟁도 일어났다. 역사문제연구소 민중사 반이나 역사학연구소의 새로운 민중사 심포지엄이 있었으나, 대체로 근대사 연구자들이 중심이 었다. 그러나 전근대 19세기 연구에는 상대적으로 그러한 충격이 즉각적이지 않았고, 기왕의 역사인식틀에 대한 비판도 활발하게 일어나지 않았다. 민중운동사연구도 마찬가지였다. 일부 새로운 접근이 시작되고 있으나, 그를 둘러싼 논쟁이 일어나지는 않았다.

기왕의 민중상에 대한 핵심적 비판 가운데 하나는 단일한, 집합적 통일체로서의 민중상을 전제함으로써 민중 내부의 다양성이나 마이너리티를 억압하는 기제로 작동된다는 것이다. 민중 구성의 다양성에 대한 인식은 이전에도 없었던 것이 아니지만, 최근의 논의는 기왕의 민중상에 대한 본격적인 비판이라 할 수 있다. 새로운 모색의 과정이라 생각한다. 민중은 내부적으로 충돌하기까지 하는 다양한 정체성을 지닌 존재이다. 저항의 주체일 뿐만 아니라 상황에 따라서는 억압하는 쪽에 가담하기도 한다. 그러나 중요한 점은 그러한 다양성이 있기 때문에 특정한 체제나 이데올로기(국민국가)에 전일적으로 일방적으로 회수되기 어려운 존재라는 것이다. 따라서 다만 다양성을 나열하는 데서 그쳐서는 안 되고, 그러한 다양성을 무기로 하여 어떤 새로운 가능성이 드러나든가, 내포되어 있었는가를 적극적으로 확인할 필요가 있으며, 다양성을 묶어서 전체적으로 파악할 수 있는 고민이 필요하다. 이것은 서두에서 언급했듯이 민중운동사연구가 필요하며 무엇을 할 수 있는가? 민중운동사연구를 어떻게 진행할 것인가?라는 질문에 대한 대답과 따로 떼어서 생각할 수 있는 것은 아니라고 본다.

한편 반드시 민중사에 국한 될 것은 아니지만, 동아시아라는 범주는 일국 사적 인식 벗어나 새로운 역사를 이해한다는 점에서 최근 관심을 받고 있다. 필자는 동아시아라는 시각이 서구중심의 근대중심적·발전론적 역사인식에 대한 근원적 성찰을 위한 하나의 방법이라는 점에 주목하고 싶다. 물론 동아 시아 각국 간에도 적지 않은 차이가 있다. 차이는 차이대로 분명히 해야 할 것이다. 동아시아를 범주로 한 역사상을 의미있는 것으로 만들어나가기 위해서도 요청되는 일이다. 차이를 외면한다거나 축소하면서 그려진 동아시 아 역사상은 사상누각일 것이기 때문이다. 그를 위해서도 비교사적 시각은 반드시 요청된다.

그러나 분명한 것은 동아시아 각국 간의 차이는 동아시아와 서구 간의 차이에 비하면 작고, 공통성은 많다. 동아시아적인 시각, 동아시아 비교사적 시각은 서구적 경험을 토대로 서구의 시선으로 구성된 동아시아상이 아니라 동아시아 역사를 내재적으로 새롭게 파악해 가기 위한 불가결한 전제라고 생각한다. 특히 근대를 추구한 엘리트와 다른 독자적인 내용을 가지고 있던 근대 이전 혹은 '근대 이행기'의 민중의 생각과 행동은 서구가 구성해 놓은 발전론적 역사인식을 극복하고 근대중심주의를 넘어서 새로운 역사상을 구 축하는 데 중요한 단서가 될 수 있다. 이점에서도 발전론적 역사인식에 입각 하여 구축된 근대지향의 민중상은 재고되어야 한다.

최근 10년간의 태평천국사 연구

싸오쯔리(肖自力)* · 천야링(陳亞玲)**

1. 머리말

태평천국사는 이미 한 세기에 가까운 연구의 역사를 가졌으며, 1950년대에서 1980년대까지는 최전성기를 맞아 당시 역사연구의 "다섯 송이의 황금꽃" 가운데 하나로 불렸다. 1990년대 이래 태평천국사 연구는 한 동안 인기를 잃었지만, 다른 한편 여러 가지 면에서 중요한 진전을 이루었다. 이 글에서는 주로 2002년 이래 10년 간 태평천국사의 학술연구 상황을 소개하고자 한다. 태평천국의 종교조직에 관해서 계속 "拜上帝會" 혹은 "拜上帝敎"로 부르는 학자도 있고, "上帝會" 혹은 "天敎" 등으로 개칭하는 학자도 있어서 이 글에서는 원문을 그대로 살린다는 원칙에 따라 통일시키지 않았다.

---

* 중국 화남사범대학 교수. ** 화남사범대학 박사과정.

2. 총체적 평가와 거시적 연구

과거 10년 동안 학자들은 여러 가지 새로운 이론을 도입하여 태평천국에 대한 인식에 있어서 많은 새로운 진전을 거두었다. 왕명전王明前은 태평천국 연구의 전통적·주류적 방법인 계급분석법에 여러가지 방법론적인 잘못과 구조적인 결함이 있음을 지적하였다. 그는 사회운동이론을 사용하여 "정치적 계기"라는 시각에서 태평천국 봉기를 살펴보았고, 태평천국운동의 "투쟁 구조"와 "정치 아이덴티티"를 분석하였으며, "중간연락 메커니즘"의 시각으로 태평천국정치를 살펴보았다. 그는 적극적이고 개방적인 새로운 태평천국 연구의 틀을 만들고자 시도하였다.[1] 채소경蔡少卿도 중국학자들의 태평천국봉기에 대한 기존의 연구가 대부분 계급투쟁 이론을 많이 사용한 점을 지적하였다. 그는 "천년왕국" 개념을 활용하여 태평천국 봉기를 홍수전洪秀全의 기독교신앙에서 봉기의 준비까지, 금전金田봉기에서 천경天京의 건도까지, 건도建都 후 천년왕국의 건립에서 태평천국 천년왕국운동의 실패까지 등 네 단계의 기독교 천년왕국운동으로 구분하였다. 그는 태평천국운동이 중국 특색을 가진 "실패한 기독교 천년왕국운동"으로서, 단지 종교적인 겉옷만 걸친 혁명이 아니라, 홍수전이 기독교 천년왕국에 대해 매우 집착하며 추구하였다고 하였다.[2] 료승廖勝은 태평천국이 민중들의 생활, 안전, 귀속歸屬 등 세 가지 면의 심리적인 요구를 만족시키고 보장해주는지의 여부가 태평천국 초기의 강력한 심리동인이자 직접요적인 요소라고 하였다. 태평천국 초기의 번창은 태평천국이 이 세 가지 면에서 민중의 요구를 만족시키고 보장해준 점과 관련되고, 후기의 쇠락과 패망은 민중의 심리적인 요구를 만족시키고 보장해

---

1 王明前, 『階級分析論的貧困 - 社會運動理論基礎上太平天國研究重建的嘗試』, 『人文雜誌』, 2009年 第3期.
2 蔡少卿, 『太平天國起義與千年王朝』, 『學術研究』 2002年 第8期.

주지 못하였기 때문이다.[3] 이는 인류 요구 차원의 이러한 이론에 대한 미국 심리학자 매슬로우(A.H. Maslow)로부터 영향과 시사를 받았음을 보여주고 있다. 비슷한 연구로는 위만뢰魏萬磊가 프로이드의 정신분석 이론을 이용하여 홍수전이 오래 앓았지만 치료하지 않다가 사망한 일, 그리고 태평천국이 패망으로 귀결된 이유에 대한 심리적인 요소를 분석한 것이 있다.[4]

21세기에 들어 학자들의 태평천국에 대한 평가는 점차 긍정과 부정이라는 양극대립적 경향성을 보이게 되었다. 2004년 이후 『探索과 研究(探索與研究)』는 여러 학자의 논문을 연속적으로 실으면서 "태평천국은 중화민족의 큰 재난인가" 등의 문제를 둘러싸고 격렬한 논쟁을 벌였다. 유일병劉一兵의 「근대농민전쟁사연구近代農民戰爭史研究에 대한 재검토─태평천국운동太平天國運動의 사례(反思近代農民戰爭史的研究─太平天國運動爲例)」은 홍수전에 대해 "나라와 민중을 구제한 자"로 높이 평가하는 데 동의하지 않을 뿐만 아니라, 태평천국의 경제, 사회와 문화의 본질은 등급주의적 몽매주의적이고 거대한 파괴성을 가지고 있다고 주장했다.[5] 방지광方之光의 「홍수전洪秀全과 태평천국太平天國의 평가評價 문제에 대한 재검토(再談洪秀全與太平天國的評價問題)」는 태평천국을 부정하는 다양한 관점에 대해 전면적으로 반박하면서 태평천국에 대한 긍정적인 평가를 고수하였다. 특히 그는 『자정신편資政新編』에서 서양의 총과 대포를 도입한 점, 용굉容閎(1928~1912)이 태평천국에 대해 오래된 습관을 타파하고 국가를 혁신하려 했다고 한 주장을 인용하면서 태평천국이 중국의 근대화를 방해한 것이 아니라 촉진한 것이고 "어느 정도 중국의 진보를 추진하였다"고 주장하였다.[6] 모가기茅家琦는 태평천국의 역사적인 기여, 시대특징, 만

---

3 廖勝, 『民衆心理需求與太平天國的興亡』, 『史學月刊』 2005年 第10期.
4 魏萬磊, 『洪秀全久病不醫的精神分析』, 『長江論壇』 2007年 第2期; 『天平天國敗亡的集體心理分析』, 『史學月刊』 2006年 第10期.
5 劉一兵, 『反思近代農民戰爭史─以天平天國運動爲例』, 『福建論壇(人文社科版)』 2002年 第1期.

청정부와의 관계, 종교문제 등 네 가지 면에서 태평천국을 살펴보았다. 그는 태평천국이 왕조를 바꾼 사실이 가진 정의로운 성격을 긍정하였으며, 이른바 "정치적 邪敎조직"이라는 종래의 정의가 역사적인 현실에 부합하지 않는다고 하였다.[7] 장개원章開沅은 태평천국의 공과에 대해서 과분하게 칭찬하거나 구차하게 평가하는 것이 모두 적절하지 않고 실사구사적 서술이 필요하며, 청나라 통치에 대한 태평천국의 용감한 도전이 역사의 진전을 촉진하였다는 점에서 "파괴한 공"이 있다고 주장하였다.[8] 대안강戴鞍鋼도 최근 일부 학자의 태평천국에 대한 평가가 하나의 극단에서 다른 극단으로 치닫고 있다는 점에서 매우 불공평하다고 지적하였다. 그는 역사연구가 역사현실에서 벗어나 관념적으로 앞서가는 것을 삼가야 하고, 태평천국의 공과功過와 시비를 둘러싼 논쟁에 집착할 필요가 없으며, 대신 시각을 바꿔 태평천국에서 보편적으로 존재한 사회문제(특히 부패문제)와 그 흥망 간의 내재적인 관계성을 분석해야 한다고 주장하였다.[9]

태평천국 평가에서 보이는 양극대립 현상에 관하여, 이금전李錦全은 태평천국사에 대한 주관적인 인식과 서술 가운데 네 가지 견해를 분석한 후 태평천국의 역사적 성격 규정이 양극으로 분화되어 나가기보다는 반제반봉건의 큰 전제 아래 태평천국운동이 어떠한 성취들을 거두었고, 또는 어떠한 실수들을 보였는지에 대해 살펴봐야 한다고 지적하였다.[10] 심위빈沈渭浜은 비록 태평천국을 부정하는 반욱란潘旭瀾이 "다른 분야의 입장에서 역사를 논하"고

---

6 方之光,『再談洪秀全與太平天國的評價問題 - 爲金田起義155周年而作』; 中國社會科學院近代史硏究所政治史硏究室, 蘇州大學社會學院編,『晚晴國家與社會』, 社會科學文獻出版社, 北京, 2007年.
7 茅家琦,「走出"14年(1850——1864)"的思想束縛, 以廣闊的視角觀察太平天國歷史」,『淸史硏究』 2007年 第1期.
8 章開沅,「從淸史編撰看太平天國」,『江海學刊』 2006年 第6期.
9 戴鞍鋼,「太平天國再認識」,『學術爭鳴』 2011年 第3期.
10 李錦全,「對轟求全太平天國歷史定位的商討」,『中山大學學報(社會科學版)』 2004年 第6期.

54 임술민란과 19세기 동아시아 민중운동

필봉이 예리하지만, 진실을 추구하는 그의 태도를 말살하거나 부정할 수 없으며, "鬼化"를 반대함으로써 "神話"를 옹호해서는 안 된다고 주장하였다.[11] 방지광方之光은 나중에 다시 글을 썼는데 "是非", "功過", "正邪" 세 가지 측면에서 태평천국사 연구의 주요한 차이점을 서술하였다. 그는 여전히 태평천국에 대한 긍정적인 태도를 견지하지만, 서로 다른 시각의 연구가 태평천국에 대한 더 깊고 넓은 이해에 도움이 되기 때문에 전면부정론자에 대해서 관용적이고 평등한 태도를 취해야 한다고 주장하였다.[12]

10년 이래 태평천국에 대한 거시적인 전문 저술이 많이 출판되었다. 곽의생郭毅生은 『천국홍양天國洪楊 − 태평천국사강의太平天國史講義』를 편집·출판하였다. 이 책은 저자가 중앙민족대학교에서 50년 간 강의한 소감을 반영한 성과물이다. 따라서 이 책에는 양수청楊秀淸, 석달개石達開, 홍인헌洪仁軒, 두문수杜文秀 등 인물, 『천조전무제도天朝田畝制度』, 정도천경定都天京, 천경사변天京事變, 『자정신편資政新編』, 착전교량着佃交糧, 벽화壁畵 등 제도와 사건 등을 포함한 태평천국의 중요한 문제들을 분석한 글은 물론, 저자의 글을 포함하여 이미 발표한 여러 대표적인 글과 논문, 예컨대『인민일보人民日報』가 태평천국혁명 100주년을 기념하여 실은 시사적인 글, 범문란范文瀾이 태평천국봉기 105주년을 기념하여 발표한 글 등도 수록되었다.[13] 사식史式의『태평천국불공평太平天國不公平』은 태평천국사에 관해서만 다룬 학술저술은 아니다. 이글에서 저자는 "태평천국의 본래 모습을 밝히"자는 취지에서 태평천국의 주요 문제를 검토하였고, 태평천국을 미화하는 경향성을 비판하였을 뿐만 아니라, 진승陳勝, 황소黃巢, 이자성李自成, 장헌충張獻忠 등을 포함한 역대 농민봉기들도 검토

11 沈渭濱,『清史纂修與天平天國的歷史地位−對<清史·通記>纂修的幾點意見』,『探索與爭鳴』2007年 第2期.
12 方之光,『太平天國史研究的新進展』,『廣西師範大學學報(哲學社會科學版)』2009年 第4期.
13 郭毅生主編,『天國洪楊−天平天國講義』, 中央民族大學出版社, 北京, 2009年.

하여 2000년 동안의 농민봉기가 공통적으로 극복하기 어려운 약점을 가지고 있으며, 농민봉기가 만세萬世의 태평太平 세상을 가져올 수는 없다고 주장하였다.[14] 그 이외에 왕경성王慶成은 1985년에 쓴 제1판『태평천국太平天國의 역사歷史와 사상思想(太平天國的歷史和思想)』을 수정하고 출판하였다. 증보판은 적지 않은 내용을 수정했을 뿐더러 최근에 작성한 여러 편의 논문과 글을 새로 수록하였다.

그리고 하춘도夏春濤이 "비전공 학자들의 연구"라고 부른 연구들도 10년 이래 연이어 나타났다. 작가 혁련발발대왕赫連勃勃大王(본명 梅毅)이 쓴『극락極樂의 유혹誘惑 – 태평천국太平天國의 흥망興亡(極樂誘惑 – 太平天國的興亡)』이라는 책에는 전면적으로 태평천국을 부정하는 경향이 나타났다. 이 책에서는 홍수전을 "邪教主", "暴君", "惡魔"라고 부르며 심지어 히틀러에 비유하였고, 짙은 문학적인 색깔과 강한 개인적인 감정을 드러내었다. 하지만 저자가 많은 문헌자료를 참고하고 인용하면서 사실을 보여주었고, 사리에 맞는 진정성이 보이므로 상당한 가치가 있다. 이러한 비전공학자 심지어 비학자가 쓴 통속적인 작품으로는 도단방陶短房의 『태평천국太平天國은 公平하지 않다(這個太平天國不公平)』(1—2), 월영장하月映長河의 『욕망慾望은 양날의 칼이다 – 태평천국太平天國의 인성人性에 대한 고찰(慾望是把雙刃劍 – 太平天國的人性透視)』 등이 있다.[15]

14　史式,『天平天國不太平』, 重慶出版社, 重慶, 2004年.
15　赫連勃勃大王,『極樂誘惑 – 太平天國的興亡』, 華藝出版社, 北京, 2008年; 陶短房,『這個天國不太平』(1-2), 中華書局, 北京, 2010——2011年; 月映長河,『慾望是把雙刃劍 – 太平天國的人性透視』(1-2), 重慶出版社, 重慶, 2011年.

3. 태평천국의 사회사·지역사 연구

사회사연구의 대두와 활발한 진행에 따라 태평천국의 사회문제에 관한 연구도 과거 10년 동안 주목할 만한 성과를 거두었다. 주로 태평천국 시기의 여성, 군중軍中 유동幼童, 동자군童子軍, 신사紳士 단체, 령인伶人, 인구, 사회풍습, 사회치안, 도시 관리 등의 문제를 언급하였다.

여성 연구에 있어서는 90년대 연구에 기초하여 최근 사학계에서 태평천국에 진정한 의미에서의 여성 해방이 존재하지 않았다는 점을 더 분명하게 확인하였다. 하춘도夏春濤는 두 편의 논문에서 태평천국이 비록 여성의 지위 문제에 관해서 진보적인 사상을 제출하였고, 개별적으로 칭찬 받을 만한 입장을 취했으며, 일정 시기와 일정 정도에서 일부 여성의 처지를 개선시켰지만, 남존여비와 남자=밖, 여자=안이라는 전통적인 구조에 실질적인 변화가 일어나지 않았다고 지적하였다. 사실은 태평천국이 여전히 순수하게 남성 중심이고, 여성이 남성에게 완전히 종속되는 사회임을 보여주었다. 홍수전 등의 인물들에게는 기본적으로 근대적 의미의 남녀평등과 여성 해방의식이 없었고, 또 싹틀 수 없었을 것이라고 하였다.[16] 태평천국 통치지역에서 일정 정도 여성의 자유, 과부 재가 등의 현상이 확실히 존재했다는 점에 대해 료승廖勝은 지방 민속이라는 시각에서 탐구하였다. 그는 태평천국의 여성이 생산노동, 연애혼인, 사회교재, 인간관계, 여성미 및 종교활동 등의 면에서 확실히 일정한 자유정신을 보여주었지만, 이는 주로 광서廣西 객가客家와 장족壯族 여성의 풍습 및 기독교의 영향 등 종교적 요인 등에서 나온 것이고, 태평천국이 여성 해방에 관한 주관적인 조치를 취한 것은 아니기 때문에 태평천국 여성해방의 근거로 삼을 수 없다고 주장하였다.[17] 태평천국이 과부

---

16 夏春濤, 『太平軍中的婚姻狀況與兩性關係探析』, 『近代史硏究』 2003年 第1期; 『太平天國婦女地位問題再硏究』, 『淸史硏究』 2004年 第2期.

의 재가를 허락하는 것에 대해서도 객관적으로 여성해방을 어느 정도 추진한 것이 확실하지만, 이는 또한 광서廣西 객가客家와 장족壯族의 재혼 풍습이 태평천국으로 이어지고 광서지방의 풍습이 태평천국에 반영된 것으로 봐야 한다고 주장하였다.[18] 태평천국이 "철저히 노예제를 폐지하자"고 한 주장에 관해서도 료승廖勝 등은 부정적인 의견을 보였다. 그들은 태평천국에는 인도적人道的이지 않은 노비제도가 존재하였고, 많은 여성을 "국가"의 노예, 가내 노예, 성노예로 삼아서 박탈·유린하였고 태평천국 여성의 지위가 매우 낮았다고 하였다.[19]

이상과 같은 연구 시각이나 경향과 달리, 후죽청侯竹靑은 주로 군사투쟁의 필요에서 태평천국 건도 초기의 여성 정책을 분석하여 일정한 긍정성을 부여해주었다. 그는 남경에서 수도를 건립한 이후, 중대한 군사투쟁의 필요 때문에 태평천국 지도자가 남녀 별영別營정책을 전체 도시로 확대시켰고, 다른 한편으로는 지속적으로 여성에게 군인이 될 것을 협박하였다고 하였다. 그러나 물자공급의 압력에 따라 태평천국이 최종적으로 남녀별영 정책을 포기하고 가정을 회복시키면서 많은 여성이 준군인準軍人에서 다시 가정부녀家政婦女의 역할로 복귀하였다고 하였다. 이러한 조치는 군심軍心을 안정시키면서 골치 아픈 여성문제도 기본적으로 해결하였으며, 태평천국이 군사적 위기를 넘기고 전기前期의 군사적 승리를 거두는 데 기초가 되었다는 것이다.

태평천국 군대에 적지 않은 어린 아동들이 줄곧 존재하였다는 사실에 대해 과거에는 주목하지 않았다. 반욱란潘旭瀾은 아동이 관심과 보호를 특별히 받아야 할 존재라고 지적하였다. 하지만 과거에 태평천국 연구는 이를 회피

---

17 廖勝, 『太平天國婦女自由問題之民俗釋論－兼論婦女自由不能作爲天平天國婦女解放之論據』, 『人文雜誌』 2004年 第1期.
18 廖勝, 王曉南, 『天平天國的婢女問題』, 『史林』 2008年 第5期.
19 侯竹靑, 『太平天國奠都之初的婦女問題』, 『社會科學輯刊』 2007年 第3期.

하여 언급하지 않거나 진옥성陳玉成 등 한 두 명의 사례를 근거로 일반화하였음을 지적하였다. 태평천국은 아동을 군대의 공급원으로 여기거나 내시로 삼았기 때문에 아동의 신심身心에 극심한 상처를 주었는데, 이와 같이 정권을 탈취하기 위해 아동을 이용하고 해친 행위가 매우 끔찍하였다는 것이다.[20] 후죽청侯竹靑은 종군從軍에서 유동幼童이라는 "정밀하고 색다른" 연구 시각에서 태평천국사에 대한 다른 해독이 가능하다고 주장하였다. 그는 10여 년간의 군사투쟁에서 유동幼童이 줄곧 존재하였고, 후기 군대에서 유동幼童의 수가 급격히 증가하였는데, 이는 군민軍民관계에 심대한 영향을 주었으며, 후기 태평천국군이 도시와 농촌을 효과적으로 통제하지 못하게 된 중요한 원인이기도 하였다고 주장하였다.[21]

신사紳士와 령인伶人도 기존의 태평천국사회사 연구에서는 거의 언급하지 않은 두 개 사회단체이다. 장덕순張德順은 강남 신사단체와 태평천국의 문화적 소통을 검토하여 이러한 소통의 강약이 태평천국의 생존에 영향을 미쳤다고 주장하였다.[22] 증범안曾凡安은 태평천국의 통치 아래 있던 연극인들의 생활과 연극행위를 고찰하여, 이러한 특수단체가 태평천국에서 살아간 독특한 생존모습을 묘사하였다.[23]

태평천국과 인구문제도 10년 사이에 적지 않은 연구자에 의해 주목받았다. 2006년 소주대학교에서 개최한 "晩淸 국가와 사회" 국제학회에서 두 편의 논문이 태평천국과 인구 문제를 다루었다. 강도姜濤의 『태평천국전쟁太平天國戰爭과 만청인구滿淸人口(太平天國戰爭與滿淸人口)』는 태평천국과 인구문제에 관한 여러 주요 문제를 다루었다. 그는 태평천국 전쟁시기(1850~1878년)

---

20 潘旭瀾, 『太平軍種的童子軍』, 『山西文學』 2005年 第12期.
21 侯竹靑, 陳志鋼, 『軍中幼童 : 對太平軍戰爭史的另一種解讀』, 『求索』 2008年 第11期.
22 張德順, 『太平天國與江南士紳群體文化互動述論』, 『江西社會科學』 2002年 第6期.
23 曾凡安, 『太平天國治下的伶人與演劇』, 『中山大學學報(社會科學學報)』 2003年 第5期.

가 아편전쟁 이후 중국에서 일어난 세 차례의 인구감소 가운데 하나라고 할 수 있으며, 인구통계자료의 결여가 태평천국전쟁시기 인구손실에 관한 연구 부족의 주요원인이라고 하였다. 그리고 인구과잉이 태평천국전쟁을 초래했는지 등과 같이 "오래된" 문제에 대한 그의 견해는 부정적이다. 저자는 1850년 전후 중국인구가 4.5억에 이르렀을 것으로 추산하고, 전쟁과 인구감소에 대해 추산하는 연구계획을 소개하였다.[24] 화강華强과 채굉준蔡宏俊은 반세기 이래 하병체何炳棣, 박금사珀金斯, 시견아施堅雅, 조문림趙文林, 사숙군謝淑君, 강도姜濤, 왕육민王育民, 조수기曹樹基, 갈검웅葛劍雄, 로우路遇, 이중청李中淸, 왕풍王豊 등 국내외 여러 학자가 태평천국 시기의 인구 손실에 대해 추산한 다양한 견해를 상세히 소개하고, 태평천국 전쟁이 일으킨 인구 이주문제에 주목하였다. 마지막으로 2000만에서 1억에 이르는 태평천국 시기의 인구감소 규모에 관한 기존의 5가지 견해에 의문을 제시하였다. 그 이유는 청대 인구 통계 숫자의 신빙성 문제, 태평천국전쟁이 일으킨 인구손실이 2차 세계대전의 그것을 초과할 수 없다는 점, 또 이러한 사망인구가 모두 전쟁으로 인해 발생한 것일 수 없다는 점 등이다.[25] 후죽청侯竹靑은 태평천국의 인구손실 문제는 주로 전쟁 이전의 인구통계제도와 인구데이터, 전쟁 당시 인구손실규모 그리고 인구손실을 초래한 요인 등 세 가지 측면을 포함한다고 주장하였다. 그는 기존의 연구에 적지 않은 문제가 내포되어 있는데, 하나는 모호한 인구손실 개념은 연구에서 제시된 인구손실 데이터의 신뢰성이 떨어질 수밖에 없게 만든다는 점이다. 또 하나는 자료의 불완전과 방법의 단순함으로 인해 기존의 연구손실 연구가 거시적인 연구를 중심으로 이루어져서 미시적

---

24 姜濤, 『太平天國戰爭與晚淸人口』; 中國社會科學院近代史硏究所政治史硏究室, 蘇州大學社會學院編, 『晚晴國家與社會』, 社會科學文獻出版社, 北京, 2007年.

25 華强, 蔡宏俊, 『太平天國時期中國人口損失問題』, 中國社會科學院近代史硏究所政治史硏究室, 蘇州大學社會學院編, 『晚晴國家與社會』, 社會科學文獻出版社, 北京, 2007年; 蔡宏俊, 『太平天國戰爭中人口損失硏究述評』, 『南京政治學院學報』 2007年 第2期.

인 연구가 결여되어 있다는 점이다.[26] 따라서 인구손실 문제의 미시적인 연구를 추진하기 위해서 그는 태평천국 건도建都 전후 남경南京 인구수가 갑자기 감소하는 원인을 분석하여 당시 남경의 도시인구가 농촌인구보다 손실이 더 많고, 도시인구의 손실은 주로 민중의 대대적인 도망으로 인해 발생한 것이기 때문에 모든 책임을 태평천국에 돌릴 수 없다고 주장하였다.[27]

태평천국시기 혹은 통치지역의 사회풍습에 관해 이연방李娟芳은 태평천국이 사회를 개조하는 독자적인 사상과 정책을 가지고 있었음을 지적하였다. 강남지역에서 태평천국은 퇴폐하고 사치스러운 사회분위기를 바꾸기 위하여 엄격한 형법을 사용하였고 연주도기煙酒賭妓 등 악습惡習과 루습陋習을 금지시켰다고 하였다. 이 글은 또 이러한 조치에 따라 민간에서 생긴 적극적인 영향, 그리고 이러한 조치를 끝까지 실시하지 못했던 이유를 분석하였다.[28] 풍습개량에 있어서 태평천국은 관棺으로 매장하는 풍습도 금지하였는데, 주미朱薇는 잔혹한 전쟁환경과 목재 공급원의 제한, 또는 태평천국의 종교신앙과 일정한 관계가 있다고 주장하였다.[29] 서건운徐建雲은 주로 태평천국의 문서자료를 이용하여 태평천국에서 아편을 끊을 것을 권한 점, 창기와 여성의 전족을 금지한 점, 민간 의사를 태평군영에 흡수하여 군중들에 대한 위생작업을 전개한 점 등을 포함한 위생조치를 살펴보았다. 이러한 위생조치들은 혁명전쟁의 발전과 태평천국 군민의 심신 건강에 중대한 의미를 가지고 있다고 하였다.[30]

후죽청侯竹靑은 태평천국 건도建都 초기 천경天京의 사회치안을 연구하여 태

---

26 侯竹淸, 『太平天國戰爭時期人口損失硏究述評』, 『社會科學輯刊』 2010年 第4期.
27 侯竹淸, 『太平天國奠都前後南京人數劇減原因探析』, 『安徽史學』 2010年 第3期.
28 李娟芳, 『太平天國在江南地區的移風易俗擧措及其影響』, 『江西社會科學』 2002年 第3期.
29 朱薇, 『淺析太平天國之禁棺葬』, 『廣西師範大學學報(哲學社會科學版)』 2003年 第3期.
30 徐建云, 『論太平天國所奉行的進步衛生措施及其價値』, 『南京中醫藥大學學報(社會科學版)』 2007年 第1期.

평천국에서 만들고 선포한 순사제도巡査制度, 빙증제도憑證制度, 구령제도口令制度, 검문과 밀탐密探를 포함한 치안정책들이 천경에서 유효하게 집행되었고, 태평천국이 정치·군사적 난관 극복을 보장해 주었다고 하였다.[31] 천경의 도시관리에 대해서는 후죽청侯竹靑이 인구관리, 사회교양정책, 경제관리, 사회질서관리, 도시방위 건설, 방위업무 등의 측면에서 서술하였다. 그는 건도 초기 태평천국이 실시한 天京의 도시 관리에 대해 긍정적으로 평가하였다.[32]

지역 연구는 최근 시작되었는데, 태평천국의 지역사에 관해서도 적지 않은 성과가 제출되었다. 가숙촌賈熟村은 10년 이래 발표한 일련의 논문을 통해서 성택진盛澤鎭, 천경天京, 상해上海, 상주常州 등의 지역에 대해서 연구하였고, 이런 지역에서 모두 복수의 정권과 여러 군정軍政 세력이 존재하였으며, 격렬하고 복잡한 투쟁이 있었기 때문에 모두 태평천국의 중요한 구성부분이라고 지적하였다.[33] 왕명전도 마찬가지로 일련의 논문을 통해서 태평천국이 소주蘇州의 3개 현, 상숙常熟과 강서江西의 3개 지역에서 수행한 정치적인 실천을 검토하였다. 소주의 3개 현에서는 일반적으로 "租賦를 경감하는" 정책을 실행하였고, "着佃交粮"을 실시할 때 전농佃農을 특별히 우대해주었다. 상숙常熟에서는 향관제도鄕官制度가 잘 시행되었고, 향관국鄕官局이 "地租粮米"를 대신 거둠으로써 업호業戶가 스스로 조租와 량粮을 내던 권리를 부정하였다. 강서에서는 "구래의 地租를 참작하여 세금을 내는" 과도적인 형식을 취하였고, 태평군 장령將領이 이전의 공부貢賦를 징수하는 방식에 미련을 가지고 있었기

---

31 侯竹淸,『太平天國時期奠都初期的天京地區治安政策』,『廣西師範大學學報(哲學社會科學版)』 2003年 第7期.
32 侯竹淸,『太平天國奠都之初天京城市管理硏究』, 廣西師範大學碩士學位論文, 2005年.
33 賈熟村,『太平天國時期的盛澤鎭』,『廣西師範大學學報(哲學社會科學版)』2002年 第4期;『太平天國時期的天京地區』,『廣西師範大學學報(哲學社會科學版)』2003年 第7期;『太平天國時期的上海地區』,『廣西師範大學學報(哲學社會科學版)』2010年 第4期;『太平天國時期的常州地區』,『江南大學學報(人文社會科學版)』2006年 第5期.

때문에 전통적 지방행정을 혁신하려는 노력이 방해를 받았다.[34] 왕흥복王興福은 태평천국이 절강에서 활동한 사실을 연구한 저서인『절강浙江에 있어서의 태평천국太平天國(太平天國在浙江)』을 출판하였다. 이 책은 많은 소중한 초본抄本과 초건抄件을 이용하였고, 군사, 정치, 경제, 문화 등의 면에서 태평군이 절강에서 수행한 혁명활동과 업적을 서술하였다. 그리고 태평천국이 절강을 공격한 후 여성의 지위가 뚜렷이 향상되었고, 태평천국의 충격으로 인해 절강의 자작농이 크게 늘었으며, 태평천국이 그 관할지역에서 실시한 가벼운 노역과 적은 세금 정책은 상인과 일반 서민에게 이로운 것이었다는 점 등 중요한 관점을 제시하였음으로써 태평천국의 절강성에서의 활동이 미친 다양한 영향을 서술하였다.[35] 지자화池子華는 태평천국시기 하남河南 연장회聯庄會의 항량항관抗粮抗官 사건을 서술하였다. 그는 태평천국 시기 하남河南, 산동山東, 안휘安徽, 직예直隸 등지에서 통치자의 의지와 상반된 현상과 지방조직들이 보편적으로 존재하였고, 비록 그들이 청에 대항하는 하나의 큰 세력으로 합류하지는 못했지만 청군에 대한 커다란 견제력이 되었으며, 그들이 태평군, 염군捻軍의 활동과 호응하며 청정부의 통치에 엄중한 위협이 되었다고 주장하였다.[36]

지역연구에서는 많은 학자들이 태평천국 봉기 전야의 광서廣西에 초점을 두었다. 하춘도夏春濤는 광서가 도광道光 말년 장강長江 이남에서 사회적 모순이 가장 날카로우면서도 청나라의 통치력이 약한 지역이었기 때문에 태평천국이 발생할 필연성이 있었을 뿐만 아니라, 나아가 금전金田봉기 자체도 정당성을 지니고 있었다고 하였다.[37] 유해봉劉海峰은 배상제회拜上帝會가 도광道光

---

34 王明前,『太平天國蘇州三縣農村政治研究』,『蘇州科技學院學報』 2006年 第4期;『太平天國常熟縣農村政治研究』,『常熟理工學院學報』2006年 第5期;『太平天國江西農村農村政治研究』,『江西師範大學學報』2006年 第5期.
35 王興福,『太平天國在浙江』, 社會科學文獻出版社, 北京, 2007.
36 池子華,『太平天國時期河南聯莊會事件述論』,『歷史檔案』2007年 第3期.

29년에 비약적으로 발전한 것은 그 해에 청정부가 각 주현州縣의 전량錢糧을 철저하게 조사한 사실이 전국적 소동을 불러일으킨 일과 큰 관련이 있다고 지적하였다.[38] 일본학자 키쿠치 히데아키菊池秀明는 19세기 전반기 개간사업의 발전에 따라 광서에서 이민을 중심으로 한 토지개간사업의 중견세력인 새로운 사회 엘리트가 나타났지만, 청정부가 이러한 신흥세력의 중요성을 충분히 인식하지 않고 오히려 억압을 함으로써 정부 발언권을 독점하던 과거科擧 엘리트와 비과거非科擧 엘리트 간의 모순을 심화시켰다고 하였다.[39]

홍수전 또는 태평천국이 우상偶像이나 사묘社廟를 파괴하는 행동에 관해서 하춘도夏春濤와 당효도唐曉濤이 각각 종교적 시각과 "조직제도의 원인" 면에서 분석하였다. 전자는 태평천국의 정책을 기독교 및 상제교가 일신교一神教로서 상제만 떠받들고 우상숭배를 배척하는 성격 때문이라 하고, 세 단계를 나누어 태평천국이 우상을 파괴하는 전체 과정을 검토하여 이 행동의 부정적 측면과 부정적 영향을 중심으로 분석하였다.[40] 후자는 새로운 방법을 창안하여 봉기 전에 홍수전이 광서廣西 심주부潯州府에서 사묘를 부순 행동에는 종교적인 연원이 있을 뿐만 아니라, 홍수전이 상제교를 숭배하기 위해 비밀결사를 통해서 "正統"적인 촌사村社 신명神明을 때려 부수고, 지방의 권위 및 생존공간을 쟁탈하려는 의도도 있었다고 주장하였다.[41] 이 연구는 사회사의 측면에서 관련 문제에 대한 인식을 풍부하게 하고 제고하였다.

---

37 夏春濤, 『金田起義前夜的廣西社會』, 『福建論壇』 2007年 第5期.
38 劉海峰, 『道光二十九年清查州縣錢糧積欠與太平天國運動的爆發』, 『河南師範大學學報(哲學社會科學版)』 2008年 第6期.
39 (日)菊池秀明著, 梁雯譯, 『太平天國前夜的廣西社會變動－以台灣故宮博物館所藏檔案史料爲中心』, 『清史研究』 2008年 第4期.
40 夏春濤, 『太平天國毀滅偶像政策的由來及其影響』, 『廣西師範大學學報(哲學社會科學版)』 2002年 第2期.
41 唐曉濤, 『神明的正統性與社、廟的地域性－拜上帝會毀廟的社會史考察』, 『近代史研究』 2011年 第3期.

4. 태평천국의 정치사·경제사 연구

정치사연구는 태평천국사 연구의 핵심이자 주체로서 자리를 잡아왔는데, 최근 10년 간 태평천국의 성고聖庫제도, 문서제도, 정권의 성격 및 평가, 정치제도의 객가客家 연원 문제, 반만反滿 등 중요문제에서 새로운 진전을 이루었다.

성고聖庫제도는 태평천국 연구의 전통적 과제로서 과거에 "군사공산주의" 공급제도 혹은 "전시공산제도"로 간주되어 왔다. 2005년 구양약봉歐陽躍峰은 "聖庫제도"에 관한 과거의 학설이 "역사사실과 너무 떨어져 있다"고 하며 태평천국의 생활필수품 분재방법을 "聖庫제도"라고 할 수 없을 뿐만 아니라, "군사공산주의"도 아니라고 기존의 학설을 비판하였다. 그는 등급, 성격, 직능, 물자공급원 등 네 개 면에서 결코 "聖庫"가 아닌, 태평천국의 "國庫"에 대해 서술하였다.[42] 몇 년 뒤, 오선중吳善中은 성고聖庫제도가 태평천국의 근본적인 제도라고 간주하는 다른 의견을 제출하였다. 그는 태평천국이 공공소유 창고를 모두 "聖庫"로 통칭하였기 때문에 공공생활필수품의 공급제도를 "聖庫제도"라 불러도 좋고, 『천조전무제도天朝田畝制度』에서의 "국고"가 바로 "성고"라고 하였다. "군사공산주의"에 대한 이해에서도 오선중吳善中은 다른 의견을 제출하였다.[43] 또 그는 태평천국이 "人無私財"에 대해 규정한 적이 없고 단지 개인이 소유하는 사재에 대해서 제한을 두었을 뿐이라고 지적하였다.[44] 가숙촌賈熟村은 태평천국에 일종의 "進貢制"가 존재하였다는 의견을 제출하였고, 태평천국 이전에 사람들이 홍수전에 대해 진공進貢을 해

---

42 歐陽躍峰, 『"聖庫制度"考辨』, 『近代史研究』 2005年 第2期.
43 吳善中, 『太平天國聖庫制度辨正』, 『近代史研究』 2011年 第1期.
44 吳善中, 殷定泉, 『太平天國"人無私財"問題辨析』, 『揚州大學學報(人文社科版)』 2007年 第4期.

야 했고, 봉기 초기에 홍수전 등이 전리품戰利品에 대해 반드시 성고聖庫에 상납되어야 한다고 강조하였음을 지적하였다. 비록 나중에는 이러한 상납을 강조하지 않았지만, 정치생활에서 뇌물로 관직을 매매하는 부패행위가 여전히 성행하였으며 이는 다른 측면에서 태평천국이 결국 실패하게 된 중요한 원인이 되었다고 하였다.[45]

주종병朱縱兵의 새로운 저서『태평천국太平天國 문서제도文書制度에 대한 재고찰(太平天國文書制度再研究)』은 그의 옛 저서인『태평천국문서제도太平天國文書制度』을 바탕으로 새롭게 출간한 것이다. 이 책은 주로 종교문서 체계, 군정문서 체계, 경제문서 체계 및 특수문서 체계 등을 포한한 태평천국의 문서체계를 소개하였고, 문서구성원 특히 고급문서 구성원의 공급원, 구성, 지위와 역할, 문서기구, 문서관제 및 고시 등을 검토하였으며 각종 문서 체제, 격식, 내용의 변화에 대해서도 언급하였다.[46]

관제官制는 정치제도의 주요형식이다. 왕명전王明前은 태평천국 관제의 기본원칙 및 전후 변화를 검토하여, 태평천국의 관제는 객가 사람들이 태평천국의 주요 엘리트계층을 이루게 된 사회구조를 반영하고 있으며, 광서廣西 객가의 "老兄弟"라는 세습귀족적 특권을 강화하려고 한 것이라고 주장하였다. 전기에 태평천국의 실제지도자인 양수청楊秀清은 의식적으로 관작官爵이 가지는 특권성을 강조하고 그의 구체적인 직능을 약화하려고 하였다. 후기에 들어, 관제에서 변화가 일어나 한편으로 귀족계층의 확대 추세가 일어나고, 다른 한편으로 天京 중앙과 지방 제후 권력투쟁이 격화하게 되었다.[47] 주종병朱縱兵은 "侯相"이라는 태평천국의 특수 관직을 살펴보았는데, 이는 인명도

---

45 賈熟村,『太平天國的進貢制』,『廣西師範大學學報(哲學社會科學版)』2008年 第5期.
46 朱從兵,『太平天國文書制度再研究』, 合肥工業大學出版社, 合肥, 2010年.
47 王明前,『太平天國官制的基本原則與前後期變化』,『廣西師範學院學報(哲學社會科學版)』 2007年 第2期.

아니고 "侯"나 "相"이 되는 부류도 아니며 만청滿淸 통치계급 관료사회에서의 "侯相"과도 다르다며, 태평천국 중 후작侯爵과 육관승상六官丞相 관직을 가진 사람들에 대한 통칭이라고 하였다.[48]

태평천국의 정체에 관해서 기존에 많은 토론이 있었고 "군주제", "虛君制", "軍師負責制" 등 여러 설이 제시되었다. 최근에는 "神權정치" 혹은 "신권정체"에 대해 집중적으로 토론되었다. 왕국평王國平은 "神權정치"의 본질은 종교적 지도권력이 최고였으며, 종교권력이 정치권력을 능가하는 국가정체체제이라고 주장하였다. 태평천국의 정치와 종교의 관계 꽤 복잡하다. 전기에는 신권정치의 형식으로 나타났고, 후기에는 비신권정치로 나타났다. 총체적으로 태평천국의 정체는 신권정치가 아니었다. 그 정체에서 보이는 여러 가지 분명하지 않은 현상들은 신권정치의 환영일 뿐이라고 하였다.[49] 왕입성王立誠은 태평천국 정권이 구축한 핵심관념인 홍수전의 천명론天命論이 결국 태평천국의 정권근대화를 방해하는 효과를 가져왔다고 주장하였다.[50]

태평천국 정치제도의 연원에 관해서는 왕명전王明前과 류좌천劉佐泉이 모두 객가적 요소가 미친 중요한 영향을 주목하였다. 왕명전王明前은 태평천국의 정치가 중국 전통문화와 서양 기독교문화를 모두 계승한 면이 있으나, 서양 문화의 영향을 강조하기보다 태평천국이 광서 객가의 근거지인 산간지역에서 발원한 점을 주의해야 하고, 객가 문화와 객가의 족군族群 심리가 태평천국의 정치에 더 깊숙이 영향을 끼친 점을 주목해야 한다고 주장하였다.[51] 류좌천劉佐泉은 수정하여 출판한 『태평천국太平天國과 객가客家(太平天國與客家)』라는 저서에서 태평천국의 흥기興起는 객가 사람들을 주체로 한 것이고, 이민을

---

48 朱從兵, 『太平天國侯相考』, 『史學月刊』 2002年 第12期.
49 王國平, 『太平天國政體與"神權政治"』, 『史林』 2002年 第4期.
50 王立誠, 『洪秀全的天命論與太平天國的政權建構』, 『復旦學報(社會科學版)』 2002年 第1期.
51 王明前, 『太平天國政治的文化繼承』, 『學術探索』 2005年 第5期.

목적으로 하였다고 하여 "移民復古風"을 제출하였다. 즉, 봉기의 동기, 기본적인 군중과 태평군, 태평천국의 모든 특징이 이민이라는 흔적을 지닐 수밖에 없으며, 태평천국 봉기는 사실 "客家武裝移民"이라는 것이다.[52] 하지만 두 사람은 "客家武裝移民"의 관점에 있어서 다른 의견을 보였다. 왕명전王明前이 단편적으로 태평천국의 흥기와 객가 사회의 연원만을 강조하여 태평천국 봉기가 가진 반청 정치혁명의 지향과 배상제교라는 신앙이 봉기단계에서 수행한 역할을 소홀히 하면 안 된다고 주장하였다. 그는 태평천국이 처음부터 청왕조의 전복을 주요 정치목적으로 한 농민봉기였다고 주장하였다.[53] 장영명張英明과 주로周璐는 1850년대에서 1920년대까지 서양학자가 객가와 태평천국의 관계에 대한 연구한 초기연구들을 소개하였다.[54]

태평천국의 반만反滿 측면에 관해서는 신중국 성립 초기에 태평천국운동이 한족이 만족에 반항한 민족주의 투쟁으로 규정하는 관점이 잘못되었음을 비판하였고, 그 뒤에 사학계에서는 이 문제에 대해 거의 언급하지 않았다. 강도姜濤는 태평천국이 한때 반만反滿적 강령이 들어있는 문서인『봉천토호격포사방奉天討胡檄布四方』을 선포하고, 남경을 점령한 뒤 기인旗人을 살육한 바가 있지만 후기에 와서는 반만反滿정책에서 현저한 변화가 있었다고 하였다.[55]

태평천국의 경제문제는 태평천국에 관한 전체 연구사에서 상대적으로 약한 분야이다. 최근 10년 동안에도 이에 관한 연구 성과가 여전히 많지 않았고, 주로 전부징수田賦徵收, 군민매매軍民賣買, 세관해관稅關海關, 화폐정책 등의

52 劉佐泉,『太平天國與客家』, 河南大學出版社, 開封, 2005年.
53 王明前,『論太平天國政治的客家淵源－兼辦"客家武裝移民"說』,『廣西社會科學』2006年 第5期.
54 張英明, 周璐,『西方學者早期對客家與太平天國關係之研究』,『廣東教育學院學報』2005年 第3期.
55 姜濤,『關於太平天國的反滿問題』,『清史研究』2011年第1期.

문제를 언급하였다. 임제모林齊模는 태평천국 전쟁이 안휘安徽의 구질서에 파괴적인 타격을 가져왔으며, 전부징수의 두 가지 요소인 인구와 토지 및 그들의 관계에 심대한 변화를 일으켰다고 주장하였다. 전쟁이 끝난 후에 청정부는 비록 전부제도를 중건하기 위해 노력하였지만 성공하지 못했고, 따라서 전후 안휘安徽의 전부제도에 무제도적無制度的인 혼란을 가져왔다고 하였다.[56] 이혜민李惠民은『태평천국太平天國은 북방 평민백성과 어떤 방식으로 매매하였는가(太平天國是怎樣與北方平民百姓做買賣的)』이라는 글에서 태평천국군이 북벌北伐 이후 소재지 거주민의 물력과 인력에 대해 무상징용無償徵用을 하였는데, 이는 정치와 군사투쟁의 수요에 따른 것이었다고 하였다. 평민백성이 스스로 무상으로 재물을 "기여"하려는 행위가 있었지만, 주로 상품교환의 매매관계였으며, 태평군은 어려운 시기에 아주 높은 가격으로 평민 재물을 구입하는 방법을 통해서 민중의 지지를 얻으려고 하였다. 이는 정치에 이득을 가져온 정책으로서 태평군과 평민백성 간에 청군에게 겹겹이 포위된 상황 하에서도 태평군에게 군수물자가 제공되는 비밀 양식糧食 통로가 유지되도록 하였다고 하였다.[57] 왕국평王國平의『천조전무제도天朝田畝制度』에 대한 연구는 주로 경제적인 면에서 이루어졌는데, 그는 역사상의 "均田制"에 비해서『천조전무제도天朝田畝制度』는 "桑田"이나 "永業田" 사유와 비슷한 규정이 없다고 하였다. 그는 "分田"과 "均耕"은 단지 노동자의 노동조건과 노동강도를 평균적으로 나눔으로써 생산물의 균분과 공유를 이루려는 것이었으며, 이른바 "平均分配土地"라는 것은 잘못 이해한 것이다고 지적하였다.[58] 고소량高小亮은 태평천국 세관과 해관의 건립은 국가 성립 이후 대외관계의 산물이고 국가주권의 표현이라고 지적하였다. 태평천국의 해관은 제도적으로 아직 초보적이고 불

56 林齊摸,『舊制度的危機－太平天國戰爭對安徽田賦徵收的影響』,『安徽史學』2002年第3期.
57 李惠民,『太平天國是怎樣與北方平民百姓做買賣的』,『淸史硏究』2003年第2期.
58 王國平,『(天國田畝制度)新議』,『江海學刊』2005年第1期.

완전한 낮은 단계에 있었고, 관세關稅의 성격에 있어서 해관이 징수하는 관세는 주로 "외부관세"를 표명하고 있지만, 그 본질은 "내부관세"라고 하였다.[59] 오보화吳保華는 태평천국시기의 금은金銀화폐의 유통과 관리, 유통 은량銀兩의 종류와 화폐정책을 서술하였다. 그는 태평천국 후기에 들어 화폐정책이 점점 해이해지고 게다가 중국 안팎에서 이루어진 반동세력의 경제적·군사적 봉쇄로 인해 태평천국 통치지역의 물가가 상승하고 화폐구매력이 떨어졌으며, 태평천국의 정치, 경제, 군사가 이에 의해 심하게 약화되었고 결국 태평천국 정권의 멸망을 초래하였다고 지적하였다.[60]

5. 태평천국의 문화와 종교문제 연구

장철보張鐵寶 등이 쓴『태평천국太平天國의 문화文化(太平天國的文化)』는 남경출판사에서 나온 "十朝古都 문화시리즈" 가운데 하나로서 태평천국의 문화문제를 다룬 첫 번째 전문 저서이다. 이 책은 태평천국의 문화적 배경, 종교문화, 정치문화, 전장典章제도와 건축, 사회정책과 풍습, 문학과 교육체계, 민중예술 등 중요 문화문제에 대해서 소개하고 검토하였다.

환홍운宦洪雲은 태평천국의 사상문화의 핵심 가치 문제에 주목하여 태평천국이 중국역사상 규모가 큰 농민봉기였고, 근대중국의 정치, 경제, 군사제도와 대외정책, 민중의식 등 여러 면에서 아주 중요한 영향을 미쳤다고 지적하였다.[61] 유학조劉學照는 기존에 지나치게 태평천국이 반공反孔 및 전통문화에 대한 충격만 강조한 점에 대해서 전통문화가 태평천국에 미치는 영향을 검토

---

59 高小亮,『論太平天國的稅關與海關』,『關係師範大學學報(哲學社會科學版)』2009年第3期.
60 吳保華,『論天平天國的金銀貨幣及其貨幣政策』,『錢幣文論特輯』2006年第2期.
61 宦洪云,『太平天國思想文化核心價値述評』,『南京社會科學』2006年第8期.

하였다. 그는 태평천국이 중국 농민전쟁 발전과정에서 절정을 이루는 것이고, 사상모델을 보면 역대 농민전쟁의 "奉天承運", "改朝換代", "太平救世"의 전통적 변혁모델을 전습하였다고 할 수 있으며, 이는 전통문화가 태평천국에 깊숙이 영향을 미친 중요한 면이라고 하였다. 『천조전무제도天朝田畝制度』에서의 토지 균분, 향관鄕官 건설과 같은 제도의 직접적인 연원은 『주례周禮』인데, 이는 유가문화의 깊은 영향을 보여주는 것이라고 지적하였다.[62] 임지걸林志杰은 태평천국의 문화교육이 평등성, 전통성, 창조성, 종교성 등 특징을 지니고 문화와 교육개혁에는 진보와 낙후가 공존하는 양면성을 지니고 있다고 주장하였다.[63]

종교문제는 최근 10년간 태평천국사 연구에서 가장 활발하게 연구된 영역인데 가장 많이 논의된 것은 태평천국의 종교가 "邪敎"인지의 문제였다. 1990년대 초 『태평천국종교太平天國宗敎』라는 책이 출판된 이후, 하춘도夏春濤는 10여 년간의 연구를 걸쳐 태평천국종교문제를 다루는 새로운 책 『천국天國의 추락-태평천국太平天國 종교宗敎에 대한 재고찰(天國的殞落-太平天國宗敎再研究)』을 출간하였다. 그는 태평천국 종교에는 끊임없이 변동하는 발전과정이 있었으며, 상제교에는 각 단계의 내용에서 약간의 변이가 일어나면서 기능과 효과도 서로 달랐다고 강조하였다. 그는 홍수전이 종교를 이용하여 봉기를 일으킨 정의성과 합리성을 긍정하였고, 동시에 홍수전 및 상제교의 역사적 한계와 오류를 실시구사적으로 비판하였다. 이 책의 마지막 부분에서는 21세기 초 이래 제기되기 시작하였지만, 아직 일치된 결론을 내지 못한 문제, 곧 태평천국이 "邪敎"라는 학설에 해서 집중적으로 분석하였다. 그는 이 학설은 입론에 있어서 뚜렷한 결함을 가지고 있으며, 태평천국의 상제교

---

62 劉學照, 『太平天國與傳統文化略議』, 『廣西師範大學學報(哲學社會科學院)』 2002年第7期.
63 劉志杰, 『試論太平天國文化與教育改革的特點』, 『廣西師範大學學報(哲學社會科學版)』 2002年第3期.

는 사교가 아니라고 주장하였다.[64] 그 이전에 하춘도夏春濤는 『태평천국太平天國 종교宗教의 "사교"설"邪敎"說에 대한 고찰(太平天國宗敎"邪敎"說辯正)』이라는 글을 발표하여 태평천국의 종교가 "邪敎"라는 학설에 동의하지 않으면서, 이렇게 "홍수전이 "裝神弄鬼"하며 태평군 내부에 대해 전례 없이 엄격한 통제를 실시한 단편적 사실을 태평천국 종교가 '사교'라는 증거로 삼는 것은 너무나 단순한 이해"이며, "당시의 역사적 배경과 객관사실을 벗어나는" 방법이라고 하였다.[65] 왕국평王國平은 이와 같은 관점에서 종교와 사회 면에서 구체적인 분석을 하였다.[66] 진온천陳蘊茜는 나름대로 "사교"라는 개념을 정의하고, 그를 기초로 태평천국의 "상제교"가 사교의 본질이나 특징을 지니지 않았다고 주장하였다.[67] 이에 반해 일부 학자는 태평천국 종교가 사교이라는 관점을 고수하였다. 예컨대 사식史式은 다섯 가지 면에서 종교와 사교의 차이점을 구분한 뒤 그의 결론을 도출하였는데, 태평천국 배상제교는 틀림없이 사교라고 하였으며, 또한 마르크스가 태평천국에 대해 부정적으로 발언한 내용을 인용하여 홍수전이 농민봉기의 지도자이라는 사실에 반대하였다.[68]

태평천국 종교조직의 명칭도 최근 10년 간 지속적으로 학자들의 주목과 논쟁을 불러 일으켰다. 왕국평王國平은 태평천국의 "天"자가 내포한 다섯 가지의 의미를 요약하였다. 법과 제도의 측면에서 고찰하면 "天敎"나 "배상제교"가 태평천국에서 자칭自稱한 것이라는 설에 동의하기 어렵다며 "상제교"는 타칭他稱이라고 하였다.[69] 장영명張英明은 이상의 견해에 동의하지 않으며

64 夏春濤, 『天國的隕落－太平天國宗教再研究』, 中國人民大學出版社, 北京, 2006年.
65 夏春濤, 『太平天國宗教"邪敎"說辨正』, 『山西大學學報(社會哲學辦)』 2002年第2期.
66 王國平, 『關於太平天國宗教的幾點看法』吗『廣西師範大學學報(哲學社會科學版)』 2002年第2期.
67 陳蘊茜, 『太平天國的上帝教是邪敎嗎？』, 『廣西師範大學學報(哲學社會科學版)』 2008年第1期.
68 史式, 『恢復太平天國本來面目』, 『文史天地』 2008年第1期.
69 王國平, 『太平天國的"天"和"天敎"－兼談太平天國宗教的正名』, 『史學集刊>2002年第2期.

만약에 제도(주로 避諱禮制)의 각도에서 고찰하면 "天敎"는 자칭自稱이라고 하였다.[70] 하춘도夏春濤는 태평천국이 종교에 대해서 공식적으로 명명하지 않았고, 간혹 "천교"라고 불렀으며, 다만 적지 않은 사람들이 "배상제회"의 이름에 따라 "배상제교"라고 불렀을 것이라고 추측하는 것은 적절하지 않다고 주장하였다. 풍운산馮雲山이 만든 종교조직은 원래 "배상제회"가 아니라 "상제회"라고 불러야 하며, 태평천국의 종교조직이 확실히 존재하였는데, 태평천국의 문헌에서 "상제회"를 언급하지 않았다고 하여 종교조직이 존재하지 않은 것은 아니라고 하였다.[71]

『성경聖經』이 홍수전과 태평천국에 미친 영향에 관하여 장영명張英明, 서경명徐慶銘은 『성경聖經』의 마씨馬氏 역본譯本에 번역된 "上帝"라는 명칭을 예로 들어 『성경聖經』이 홍수전에 미친 구체적인 영향을 살펴보았다. 중국과 서구 문화의 차이가 홍수전으로 하여금 『성경聖經』에 대한 여러 가지 오해를 일으켰고, 결국 기독교와 구별되는 "신앙중심"을 형성하여 신종교를 창조하는 길을 걷게 되었다는 것이다.[72] 그러나 태평천국이 간행한 『성경聖經』이 "마씨 역본"인지 아니면 "곽씨역본"을 저본底本으로 인쇄한 것인지에 관해서 두 가지 관점이 존재하고 아직 정론이 없다. 조효양趙曉陽은 중구과 외국의 문헌자료를 정리함으로써 두 가지 관점을 지지하는 문헌을 분석하였고, 『성경聖經』 한역본의 교감비교를 통해서 태평천국이 인쇄해낸 『성경聖經』 저본底本이 "곽씨역본"이고 이러한 발간활동은 『성경聖經』의 한역漢譯 사업을 촉진하는 역할을 하였다고 주장하였다.[73]

---

70 張英明, 『太平天國宗敎正名問題商榷』, 『江西師範大學學報(哲學社會科學版)』 2004年第1期.
71 夏春濤, 『"拜上帝會"說辨正』, 『近代史硏究』 2005年第5期; 『"拜上帝會"說再辨正』, 『福建論壇(人文社會科學版)〉>2009年第2期.
72 張英明, 徐慶銘, 『論(聖經)馬氏譯本對洪秀全的影響-以"上帝"譯名爲例』, 『廣西師範大學學報(哲學社會科學版)』 2005年第1期.
73 趙曉陽, 『太平天國刊印聖經底本源流考析』, 『淸史硏究』 2010年第3期.

태평천국 종교사상의 기원에 대해서 진보기秦寶琦가 발표한『태평천국太平天國의 "작은 천국"－중국에서 "인간천국" 종교사상宗教思想의 실천實踐(太平天國的"小天堂"－"人間天堂"宗教思想的中國實踐)』이라는 글은 태평천국 "人間天堂"의 종교적 이상－소천당小天堂이 농민 및 기타 하층민중의 현세에 대한 불만과 미래의 아름다운 삶에 대한 기대를 반영하였고, 명청시기 비밀교문秘密教門에서 숭봉하던 "白陽世界" 교의와 다른 바가 없기 때문에 "秘密洋教門"이라고도 할 수 있다고 하였다. 태평천국의 "人間天堂"이라는 종교이상의 실천은 정권을 탈취한 뒤 교주와 고층인사들에게는 "人間天堂"의 호화스러운 삶을 지낼 수 있게 하였지만, 많은 신도와 봉기참가자들은 여전히 박탈과 압박의 삶을 지냈다.[74] 조춘신趙春晨은 태평천국이 근대 초기기 중서 문화교류의 산물일 뿐만 아니라 중서 문화교류의 추진에 커다란 역할을 하였지만, 태평천국이 "天朝上國"이라는 관념, 신권정치 등의 속박으로 인해 근대화의 길로 나가거나 중국의 근대화를 촉진할 수 없게 된 점은 분명하다고 지적하였다[75]. 이금전李錦全은『태평천국太平天國의 종교사상宗教思想과 중서문화中西文化의 관계關係(太平天國宗教思想與中西文化的關係)』라는 글에서 홍수전의 종교사상이 완전히 서양기독교에서 온 것이 아니라, "기본적으로 중국 전통사상·문화와 서양으로부터 배운 것이 결합된 산물"이고 "배상제교의 평등평균사상은 원시기독교의 계시를 받음과 동시에 봉건사회에서 일어난 농민혁명의 본능과도 같은 가치관을 반영하고 있다"고 지적하였다.[76] 송덕화宋德華는 배상제교와 중서문화가 기원을 같이하면서도 서로 다른 복잡한 관계가 있음을 지적하였다. 그는 "배상제교는 중서문화를 결합하는 과정에서 대개 기독교에 대한

---

74 秦寶琦,『太平天國的"小天堂"－"人間天堂"宗教理想的中國實踐』,『清史研究』2010年第4期.
75 趙春晨,『太平天國與近代早期的中西文化交流』,『廣州大學學報(社會科學報)』2002年第9期.
76 李錦全,『太平天國宗教思想與中西文化的關係』; 太平天國與中西文化學術研討會編,『太平天國與中國文化－紀念太平天國起義150周年論文集』, 廣東人民出版社, 廣州, 2003年.

의존과 기독교를 비튼 종교정신을 동시에 갖추었으며, 중국전통문화를 계승하는 동시에 중국 전통문화의 인문정신을 질식시켰다고 하였다.[77]

6. 최근 10년간 태평천국사 연구의 주요 특징

최근 10년간의 태평천국사 연구를 요약하면, 아래와 같은 주요 특징이 있다.

우선, 태평천국을 어떻게 평가할 것인가 하는 점이 학술 토론과 연구의 초점이 되었다. 이 문제는 주로 태평천국이 근대중국의 출현과 관련하여 위대한 진보적 의의를 가지는 혁명인가, 아니면 거대한 파괴 혹은 퇴보의 성격을 가지는 전란이고 큰 재난인가하는 점을 포함한다. 태평천국운동은 충분히 긍정되어야 하는가, 아니면 철저히 부정되어야 하는가. 사실 이런 문제는 과거 20여 년간 줄곧 존재해 왔고, 토론도 격렬하였다. 대략 1980년대부터 태평천국 정권의 성격에 대한 토론을 계기로, 학계에서는 태평천국과 그 지도자들을 부정하는 목소리가 들려오기 시작했다. 21세기 들어서 태평천국에 대한 전체적인 평가가 낮아지는 경향이 더욱 현저해졌다. 물론 이러한 전반적인 연구 분위기 속에서 적지 않은 학자가 객관적이고 공정한 연구 입장을 고수하는 연구를 제출하여 "홍수전의 도리에 맞지 않는 행동 때문에 풍운산馮雲山, 석달개石達開, 홍인간洪仁玕 등이 포함된 태평천국의 모든 사람을 부정할 수 없으며", 태평천국 종교에 대한 충분한 연구와 이해를 하기 전에 "邪敎"를 빌어 태평천국을 전반적으로 부정할 수 없다는 점을 강조하였다. 물론 필자가 생각하기에 긍정론자들의 견해를 전반적으로 부정할 수는 없지

---

77 宋德華, 『拜上帝敎 : 中西文化畸形結合的産物』, 太平天國與中西文化學術硏討會編, 『太平天國與中國文化－紀念太平天國起義150周年論文集』, 廣東人民出版社, 廣州, 2003年.

만, 부정론자들의 견해 또한 역사적인 합리성을 갖추고 있다는 점에서 기왕의 연구들이 무조건적으로 태평천국을 높이고, 심지어 "신격화"하는 경향에 대해 교정하려는 하나의 노력이라고 생각한다. 이러한 격렬하고 반복되는 논의는 태평천국이 가진 본래의 모습과 복잡성을 복원하고, 연구의 발전을 촉진하는 과정이었다.

한편 최근 10년의 기간은 한 동안 유명한 "연구분야"로 존재했던 태평천국사 연구의 쇠락을 또한 보여주었다. 필자는 관련 자료를 통해서 1980년 이후 태평천국사연구의 성과를 조사한 결과는 아래 표와 같다.

1980년 이래 태평천국 연구상황

시기	논문수(편)	년평균	저술수(부)	년평균
1980~1989년	1157	115.7	74	7.4
『역사연구』	17			
『근대사연구』	21			
1990~2001년	1216	101.3	137	11.4
『역사연구』	16			
『근대사연구』	31			
2002~2011년	850	85	54	5.4
『역사연구』	1			
『근대사연구』	7			

자료출처: 이 표에서의 숫자는 주로 中國期刊網의 데이터를 통해서 얻었다. 저서(자료집 포함)의 숫자는 중국국가도서관에서 검색한 결과이고 일정한 오차가 존재할 수 있으며, 각 시기별 연구의 대략적인 상황만 반영할 수 있다.

위 표에서 알 수 있듯이 최근 10년간 발표한 태평천국의 연구논문은 그 이전 두 시기보다 현저하게 줄어들었다. 연 평균 발표 논문 숫자는 85편에 불과하여, 앞선 두 시기의 115.7편이나 101.3편보다 적어졌다. 이러한 계량적 차이는 부차적인 문제이다. 최근 10년간『역사연구』와『근대사연구』등 중국 근대사학계에서 가장 권위 있는 학술지에 발표된 논문 숫자를 살펴보면 연구의 쇠락추세가 더욱 현저하게 드러난다. 10년 이래 이 두 학술지에서 발표한 관련 논문은 모두 8편이고, 1980~1989년 사이에는 38편, 1990~2001년 사이에는 47편이나 되었는데 모두 최근 10년 간의 발표논문 편수부다 많다. 이는 최근 10년간 학술적 깊이와 영향력을 가지는 태평천국 사 연구가 매우 감소한 사실을 보여준다. 저술에 있어서 태평천국에 관한 저술은 1980년대의 74부에서 1990년대의 137부로 증가했다가, 다시 54부 로 감소하였다. 54부의 저술 가운데 적지 않은 것은 옛날 저술을 수정하거나 새로운 출간한 것들이다. 전체적으로 보면 10년 이래 발표된 논문이든 출판 된 저술이든 그 이전 두 시기보다 크게 감소하였다. 연구 성과가 감소하는 배경으로 특별히 지적하고 싶은 것은 10년 이래 태평천국 연구 성과를 내는 학자 가운데 적지 않은 사람이 노년이 되었고, 태평천국사 연구의 후속 세대 가 부족하다는 어려움에 직면해 있다.

태평천국연구에서 나타난 하락과 쇠락은 전성과 번영 뒤에 나타난 자연적 인 퇴조라고 할 수 있지만, 연구패러다임이 최근 2~30년 간의 전환 즉, 현대화연구 패러다임의 대두와 유행, 그리고 혁명사 패러다임의 쇠퇴와 주변 화와도 관련이 있다. 연구패러다임의 전환은 근대 이른바 "三大革命"인 태평 천국, 의화단義和團과 신해혁명辛亥革命에 대한 연구가 모두 정도는 다르지만 인기를 잃었다. 이는 태평천국사연구의 테마에 있어서도 전통적 정치사, 군 사사연구가 비록 일정한 지위를 차지하고 있지만, 사회사, 지역사 연구는 현저하게 활발한 양태로 나타났다는 데서도 보인다. 연구방법에 있어서도 사회학, 심리학, 인류학 등 다른 학문분야의 이론이 태평천국사 연구에 도입 되어 태평천국사 연구의 수단과 방법을 풍부하게 만들었다. 사실 인기를 잃었다는 것이 곧바로 생기와 활력을 완전히 결여되었다는 것을 의미하지는 않는다. 예컨대, 일부 전통적인 정치사, 종교사관련 주제가 새로운 이론과 방법의 도입에 따라 다양한 해석이 가능해졌으며, 일부 학자가 사회사적 시각이나 역사인류학의 방법을 통해서 홍수전 등이 우상을 파괴한 행동을 분석한 연구는 바로 가장 좋은 예이다.

'전후 역사학'에서 이야기된 민중이미지를 지양한다

쓰다 츠토무(須田努)[*]

1. 머리말

나는 역사연구란 현대사회와의 긴장관계 속에서 만들어지는 것이며, 따라서 연구자의 역사인식은 세대에 따라 차이를 보인다고 생각한다. 이에 간단히 자기소개를 하고자 한다. 나는 1959년 일본의 북관동北關東 지역에서 태어나 대학졸업 후, 현립 고등학교의 교원이 되었다. 그러나 동구권 혁명과 소련 해체를 경험하고, 또한 스스로의 학문적 미숙함에 깜짝 놀라게 되면서, 1989년 대학원에 입학하게 되었다. 늦게 핀 역사학도라고 말할 수 있다. 당시부터 일관하여 일본 근세·근대를 중심으로 한 민중사를 연구하고 있다. 이어서 본론에서 사용할 일본 역사학 특유의 텀(term : 전문용어, 역자 주)에 대해서 ①에서 ③까지 정리해 두고자 한다.

---

* 일본 메이지대학 교수.

① '전후 역사학' : 패전 후 샌프란시스코 강화조약 체결에 의해, 주권을 회복하게 된 1950년대의 일본에서 마르크스주의 역사학의 영향을 강하게 받아 형성되어, 동구권 혁명·천안문 사건이 발생하고, 언어론적 전환의 영향이 발생하기 시작한 1989년까지 이어진 디시플린(discipline).

② '현대역사학' : 1989년 이후 일본 역사학의 동향.

③ '운동사' : 계급투쟁사 → 인민투쟁사 → 민중운동사라는 연구동향을 총체적으로 호칭함.

본론에서는 민중사·민중사상사를 전공하는 50대의 역사학도가, '전후 역사학' 속에서 '운동사' 연구가 어떻게 전개되어 왔는지를 개관하고, '현대 역사학' 속의 민중사·'운동사' 연구의 존재형태를 모색하였다.

1950년대, '전후 역사학'의 탄생 단계부터 그 디시플린의 중추에는 발전단계론을 베이스로하여, 투쟁하는 민중을 서술한 계급투쟁사 → 인민투쟁사라는 연구분야가 우뚝 솟아 있었고, 1960년대부터 70년대에 걸쳐 많은 일본사 연구자들이 이에 결집하여 다양한 연구성과를 도출해내고 있었다.

그러나 1980년대에 이르러 계급투쟁사 → 인민투쟁사라는 연구는 와해되고, 민중사·민중 운동사 연구가 생겨났다. 하지만 현재에 이르러 민중사·민중운동사 연구를 전공하는 일본사 연구자는 극히 드물어졌다. 본론에서는 이 문제에 대해 생각해보는 동시에, 앞으로의 민중사 연구의 존재형태를 고찰해보고자 한다. 나는 '전후 역사학'과 계급투쟁사 → 인민투쟁사 연구동향을 사학사로서 고찰한 『이콘의 붕괴까지』를 출간했는데,[1] 본론에서는 1980년대 이후의 동향도 언급하고, 1960년대부터 일본에서 계급투쟁사 → 인민투쟁사 → 민중사·민중운동사 연구가 어떻게 변용되었는지, 일본 근세사를 중심으로 소개(개설)하기로 한다. 그리고 1990년대 이후, 일본의 민중

---

1 須田努, 『イコンの崩壊まで』, 靑木書店, 2008.

사 연구가 언어론적 전환을 어떻게 받아들였는가, 라는 문제에 관해서는, 필자의 구체적 연구를 다이제스트식으로 제시하겠다. 본론에서는 일본 특유의 정치·사회적 사정이나 학문상황 때문에, 한국의 연구자 여러분들께는 익숙하지 않은 부분이 있으리라 생각되나, 양해해주신다면 다행이겠다.

2. 1960~70년대의 학문상황

1) 배경

(1) 안보반대투쟁과 '근대화'론

1950년부터 일미안보반대투쟁은 국민운동으로 확대되었다. 그러나 이는 평화문제보다도 민주주의 옹호·기시(岸) 내각 타도라는 운동으로 변용되어, 왜소화해 버렸다.

당시, 아시아 구식민지국가의 사회주의화를 문제시한 미국정부와 그러한 의향을 받아들인 미국의 지식인들은 이를 저지하는 논리로서, 일본을 아시아 자본주의의 이상적 형태로 하는 '근대화'론을 국가전략으로서 내세우고, 일본국내에서도 이에 동조하는 풍조가 높아져갔다.

(2) 사회주의에 대한 의문

1976년, 소련의 아프가니스탄 침공이 시작되었다. 사회주의가 이상이 되기에는 부족하다는 사실이 현실사회 속에서 나타났던 것이다.

1970년대, 현실사회주의의 존재형태에 대해 많은 의문·불신이 생겨났고,

마르크스주의에 대한 회의도 퍼져나가고 있었다. 그에 더하여, 1970년대 후반에는 고도경제성장도 멈추고 마이너스 성장 시대에 접어들면서 시대의 궁핍함을 상징하는 단어는 '소외疎外'에서 '막연한 불안'으로 변해갔다.

2) 인민투쟁사연구의 제기

(1) 인민투쟁사의 장점

1960년대 후반 인민투쟁사의 형성은 상기한 정치·사회정세에 대해 대항하고자 했던 운동사의 획기였다.[2] 인민투쟁이란, 노동자계급, 농민, 근로시민, 지식인, 중소 브루주아지 제 계급·제 계층이 결집하고, 통일전선을 구축하여, 미국 제국주의와 일본의 독점자본을 타도하는 투쟁이다, 라고 규정되었다. 또한 일국내의 정치·경제상황 속에서 완결되어버리는 계급투쟁사 개념에 반해, 인민투쟁사 연구는 비교사적 시점을 가지고, 아시아 인민과의 국제적 연대라는 발상으로도 이어질 가능성을 지니고 있었다.

(2) 인민투쟁사의 단점

인민투쟁사는 일본 근세사 연구에도 적용되어, 근세 농민의 분석에 있어서는 나누시(名主)층과 일반 백성과의 연대라든지, 일반 백성과 도시거주민 = 쵸닌(町人)과의 연대의 존재형태를 모색하려는 방향성이 생겨났다. 그러나

---

2 靑木美智男, 「『世直し狀況』の經濟構造と階級鬪爭の特質」, 『歷史學硏究』, 326, 1966; 犬丸義一, 「歷史における人民·人民鬪爭の役割について」, 『歷史評論』, 202, 1967.

근세사회에서 지주이면서 고리대금업을 하던 나누시층과, 부채를 지고 있던 일반 백성은 대립하고 있었고, 백성들은 대개의 경우 백성 잇키(一揆)나 소동騷動의 와중에 도시거주민을 공격 대상으로 삼고 있었다. 이에 1970년대에 들어서면 인민투쟁사 연구에 대한 비판이 다수 분출되게 된다.

인민투쟁사의 방법론이 이상적으로는 아시아 인민과의 연대를 가능케 하였다고 할지라도, '전후 역사학'의 흥미와 관심은 아시아가 아니라 서유럽에 있었다. 따라서 일본사와, 중국사·조선사·베트남사, 그 외 아시아 제 지역과의 연대를 기도한 인민투쟁사 연구의 성과는 전혀 나타나지 않았다.

인민이란 투쟁하는 민중이라 정의되었기 때문에, 투쟁만이 옳다고 여겨졌고 민중의 일상이나 생활이라는 시점은 완전히 배제되어 있었다, 라고 하기보다도, 그 같은 양상이 전혀 인식조차 되지 못했다고 보아야 한다. 또한 인민투쟁사의 개념은 일견 동태적으로 보이나, 기본적 계급관계를 중시하는 것으로, 실은 정태적인 역사상을 제공하고 있었던 것이다.

3) 인민투쟁사의 한계

(1) 국가론과 연계된 인민투쟁사

1970년대, 막번제국가론幕藩制國家論이라는 분석개념이 제기되었다. 막번제국가론은 막부의 존재뿐만 아니라, 정치력이 저하된 세력으로서만 인식되어온 천황·조정도 지배층으로 인식하고, 이를 분석한다는 시점이었다. 그리고 막부·번藩·조정이 총체적으로 민중지배를 행하고 있는 것이며, 이에 대해 민중은 인민으로서 결집하여 저항하고 있었다, 라는 논리가 형성되었다.

(2) 민중과 괴리되어가는 인민투쟁사 연구

아카데미즘에 소속되지 않은 고교 교원·지방 공무원의 견실한 사료발굴, 연구에 의해 백성잇키百姓一揆 연구가 진전되고 있었다. 그러나 연구레벨 측면에서 보자면, 국가론과 링크하였던 인민투쟁사는 정치적이었고, 또한 난해하였기에 고교 교원들의 백성 잇키 연구와의 연대는 실패하고 말았다.

4) 민중사의 등장

(1) 인정仁政 이데올로기의 발견

인민투쟁사 연구를 리드해 온 후카야 카쓰미(深谷克己)는, 백성 잇키의 사상에 대한 해명을 추구하는 과정에서, 인정仁政 이데올로기라는 분석개념을 구축했다.[3] 이는 이하와 같다. 에도(江戸)시대의 평화를 만들어낸 것은 도쿠가와(德川)가문이라는 것을 전제로 막번幕藩 영주들은 백성들에게 무거운 연공年貢을 부과하였다. 한편, 막번 영주는 평화적인 사회를 보전할 책무가 있었고, 백성의 생명과 가문의 상속을 공법적으로 보장해주지 않으면 안 되었다. 이를 전제로, 백성 잇키는 무턱대고 발생한 것이 아니라, 막번 영주에게 인정仁政의 달성을 요구하고, 백성 존속을 부정하는 — 아사餓死를 유발하는 것과 같은 — 가혹한 수탈을 철회시키기 위한 소원訴願이 그 본질이었다는 점이 해명되었다. 이는 현재에도 유효한 분석개념이다.

---

3 『思想』, 584, 1873, 뒤에 「百姓一揆の意識構造」로서 재수록, 『百姓一揆の歴史的構造』, 校倉書房, 1979.

(2) 사회사의 영향

1970년대 아날학파의 연구동향이 번역, 소개되기 시작하였다. 1973년, 마르크 블로흐의 『봉건사회』가 일본에서 번역 간행되었다.[4] 1976년에는 이와나미 서점(岩波書店)의 잡지 『사상思想』 630호가 쟈크 르 고프(Jacques Le Goff) 등, 프랑스 사회사의 동향을 소개하였고, 1979년에는 치즈카 타다미(遲塚忠躬)・니노미야 히로유키(二宮宏之)・시바타 미치오(柴田三千雄) 등 일본의 유럽사 연구자들에 의해 사회사의 매력이 이야기되었다.[5] 이를 계기로 일본에서도 사회사를 표방하는 연구가 나타나, 기존의 마르크스주의 역사학을 기조로 한 '전후 역사학'에 대한 비판으로 이어졌다.

사회사의 학문적 임팩트는, 역사는 진보한다는 테제에 대한 회의와, 일상적 세계로의 회귀였다, 고 사학사적으로 정리되고 있다. 나는 '전후 역사학' 이외의 방법론이 전후 최초로 서구에서 이입되었다는 점에 있다, 고 보고 있다. 1970년대 후반, '전후 역사학'을 상대화하는 방법론적 기축이 비로소 형성되었다는 것이다.

(3) 시리즈 『일본민중의 역사』의 간행

사회사의 등장은, 투쟁하는 민중을 발견하고 서술해 온 인민투쟁사에 대해, 시좌의 변경을 촉구하는 계기가 되었다. 그러한 정세 속에서, 카도와키 테이지(門脇禎二)・사사키 쥰노스케(佐々木潤之介) 등 '전후 역사학'을 리드해 온 역사학자를 편집위원으로 하는 『일본민중의 역사』 전11권의 간행이 시작

---

4 マルク・ブロック, 新村猛 등 공역, 『封建社會 1, 2』, みすず書房, 1973, 1977.
5 『思想』, 663.

되었다.[6] 이 기획은 고대로부터 근현대에 이르기까지 일본의 역사를 민중의 시좌, 민중의 동향을 중심으로 서술한 것으로, 1970년대의 사회사·민중사의 고양을 배경으로 한 기획이었다. 민중의 일상이나 문화적 활동에 대한 시점이 생겨났던 것이다. 일본 중세사를 전공하는 후지키 히사시는 한정된 사료를 구사하여, 16세기의 민중상을 서술하였다. 후지키의 연구는, 이후 전국시대戰國時代 사회의 이미지를 일신한『전국戰國의 작법作法』으로 결실을 맺었다.[7]

3. 1980년대

1) 배경

(1) 신자유주의의 등장

1980년대, 미국 : 로날드 레이건, 영국 : 마거릿 대처, 일본 : 나카소네 야스히로(中曾根康弘)가 각각 국가 주도자로서 등장하여, 자본주의의 더 높은 번영을 모색하는 신자유주의 ─ 당시는 신보수주의라 호칭되었다 ─ 의 정책·풍조가 흥하게 되었다. 복지와 약자에 대한 방기가 행해지는 한편으로, 군사비가 확대되어갔다.

신자유주의가 초래한 영향과 죄악에 관해, 일본의 역사학 영역에서는 2005년경부터 논의가 시작되었다. 전후 일본에서 신자유주의적 정책의 계보에 대해서 일본 현대사 분야에서는 사사키 류지(佐々木隆爾)의 정리가 있고,[8]

---

6 門脇禎二·佐々木潤之介 등 編纂,『日本民衆の歴史』, 三省堂, 1974~76.
7 藤木久志,『戰國の作法』, 平凡社, 1987.

유럽사 영역에서는 오자와 히로아키(小澤弘明), 일본 근대사에서는 오오카도 마사카즈(大門正克)의 분석이 있다.[9] 또한 역사학 연구회에서는 2008년 「신자유주의의 시대와 현대역사학의 과제」, 2009년에는 「민중운동연구의 새로운 시좌-신자유주의의 시대와 현대역사학의 과제」라는 특집(학술대회 보고)을 기획하였다. 현실사회 속에서 지역·경제적 격차는 확대되고 있으며, 오오카도가 이야기한 바와 같이 생존의 위기가 문제시되는 현실인 것이다.

(2) 신자유주의 과대평가에 대한 의문

앞에서 서술한 바와 같이, 일본에서는 나카소네 야스히로가 대처, 레이건과 함께 신자유주의의 선구자라 일컬어지고 있으며, 고이즈미 준이치로(小泉純一郎)가 역할을 한 것으로 평가되고 있다. 그러나 신자유주의의 문제를 논할 때 반드시 인용되는 데이비드 하비(David Harvey)의 『신자유주의』 본문에는 일본에 대한 기술이 없다. 동아시아의 신자유주의 존재형태로서 등장하는 것은 중국과 한국의 경제정책이며, 인물색인에는 덩샤오핑(鄧小平)과 박정희는 실려 있으나, 나카소네와 고이즈미는 없다. 일본어판인 작품사作品社의 『신자유주의新自由主義』에는 '일본의 신자유주의'라는 '부록'이 게재되어 있으나, 이는 하비가 아니라 번역자 중 하나인 와타나베 히로시(渡辺浩)가 쓴 논문이다. 또한 작품사作品社판 『신자유주의新自由主義』의 표지에는, 레이건, 대처와 함께 고이즈미 준이치로의 사진이 있으나, Oxford University Press의 페이퍼백 판 『A Brief History of Neoliberalism』의 표지에는 고이즈미 등의 모습은

---

8 佐々木隆爾, 「戰後日本の中の, 「新自由主義」時代」, 『歷史評論』 709, 2009.
9 小澤弘明, 「新自由主義時代の自由主義研究」, 『人民の歷史學』 174, 2007; 大門正克, 「「教育という營み」の戰後史」, 『人民の歷史學』 174, 2007.

보이지 않는다. 즉 이는 그야말로 2000년대 신자유주의적 글로벌리제이션 속에서의 일본의 자리 잡기이며, 존재의식의 저하인 것이다. 일본근대사 전공자인 후지노 유우코(藤野裕子)가 논한 바와 같이, 신자유주의를 지나치게 과대평가할 필요는 없다.[10] 신자유주의 등장 이전 — 극단적으로는 전근대·근대 — 에 나타나고 있던 여러 가지 뒤틀림들을 신자유주의로 이어 붙이려는 연구동향에는 의문을 가지게 된다. 모순의 부가시화不可視化·역사인식의 마비가 발생하고 만다.

(3) 동구권 혁명의 충격

여기서, 이야기를 80년대로 돌리고 싶다. 1989년 6월, 중국 북경의 천안문 광장에서 학생을 중심으로 한 데모행렬에 대해, 계엄령 부대가 출동하여 전차로 학생들을 학살했다. 11월, 베를린 장벽이 철거되고, 사회주의 체제를 부정하는 동구권 사람들의 운동은 '혁명'으로 인식되었다. 근대·발전, 그리고 20세기에 존재했던 사회주의라는 실천으로의 기대는 소거되고, '전후 역사학'도 그 역할을 다했다.

---

10 藤野裕子, 「近代史部會大會報告批判」, 『歷史學研究』 874, 2010.

2) 포스트 구조주의·포스트 모더니즘이라는 조류

(1) 알튀세와 푸코

1968년, 루이 알튀세(Louis Pierre Althusser)의 『부활하는 마르크스(한국어판 제목은 마르크스를 위하여 : 역자 주)』가 번역 출판되었다.[11] 1972년에는 레비스트로스(Claude Lévi-Strauss)의 『구조인류학』이 등장하였고,[12] 미쉘 푸코(Michel Foucault)의 『감옥의 탄생(한국어판 제목은 감시와 처벌 : 역자 주)은 1977년,[13] 쟈크 데리다(Jacques Derrida)의 『에크리튀르와 차이(한국어판 제목 글쓰기와 차이 : 역자 주)』는 1977년에서 83년에 걸쳐,[14] 각각 번역 출판되었다. 이와 같이 일본에서는 구조주의와 포스트 구조주의가 거의 동시기에 유입되었던 것이다 — 어디까지나 프랑스어로 된 원서를 읽지 못하는 많은 일본사 연구자에게 있어서는 —.

(2) 주체에 대한 시좌

구조주의와 포스트 구조주의의 유입에 의해, 마르크스주의는 상대화되었고, 동구권 혁명에 의해 일본의 마르크스주의는 그 방향성을 상실하게 되어, 이를 사상 기반으로 하고 있었던 '전후 역사학'은 종언을 맺게 되었다고 할 수 있다. 또한 사르트르 이래 '앙가주망(engagement: 지식인, 작가들의 사회참

---

11 人文書院.
12 みすず書房.
13 新潮社.
14 法政大學出版局.

여나 책임 : 역자 주)' 그리고 '변혁'이라는 이미지가 주체에 대한 시좌를 변용해가고 있었다. 마르크스주의의 침체는 그랜드 씨오리(Grand theory, 거대담론)의 붕괴를 초래하였고, 역사학은 더 이상 미래에 대한 일원적인 전망 = 역사적 발전을 제기하는 학문이 아니었다.

1986년, 리오타르(Jean-François Lyotard)의 『포스트 모던의 조건』이 번역 간행되어,[15] 계몽의 이야기이기도 했던 '모던'과, 거대한 이야기 (정신의 변증법, 의미의 해석학, 주체의 해방) 에 대한 불신감을 강하게 표출하는 '포스트 모던'이 명확히 대치하게 되었다.

3) 인민투쟁사 연구의 종언과 민중운동사

(1) 『잇키(一揆)』의 간행

1981년, 일본 중세사·근세사 연구자들의 공동기획에 의한 『잇키』의 간행이 시작되었다(전 5권).[16] 이는 '전후 역사학' 속에서 연구의 단절이 있었던 일본 중세사 연구와 일본 근세사가 잇키라는 개념을 이용하여 통사를 서술한다는 획기적 기획이었고, 이는 운동사 연구의 도달점을 보여주는 것이었다. 그런데 『잇키』에서는 중세와 근세의 '잇키'를 '전근대 일본 고유의 계급투쟁'이라 본다, 라는 점이 제기되었다. 중세와 근세 두 시대를 연결할 때, 일본 근세사 연구에서 영향력을 지니고 있었던 인민투쟁사 개념이 버려지고, 계급투쟁이라는 시좌가 부활하였던 것이다. 이러한 방법론상의 혼란은 1980년대의 사회정세에서, 계급투쟁사와 인민투쟁사가 함께 전근대 반권력투쟁

---

15 星雲社.
16 青木美智男 他編, 『一揆』, 東京大學出版會, 1981.

을 논한다는 것에 한계가 있었다는 사실을 드러낸 것이라고도 볼 수 있다.

(2) 백성잇키연구의 심화

포스트 구조주의, 포스트 모더니즘에 의해, 마르크스주의는 상대화되었고, 투쟁하는 민중을 그려온 계급투쟁사・인민투쟁사 연구는 현실의 사회상황과 괴리되기 시작하였다. 그리고 민중의 일상으로 시점을 옮긴 민중사연구와 사회사가 융합하여 민중운동사연구가 시작되었다.

야부타 유타카(藪田貫)・사이토 요이치(齋藤洋一)・호사카 사토루(保坂智)에 의해, 백성 잇키에 결집한 백성들의 소지품, 복장으로부터 그들의 의식을 탐구하는 연구가 제기되었고 백성 잇키 연구는 크게 진전했다.[17] 백성 잇키의 배후에 있는 민중의 일상적인 사회관계나, 사회적 결합관계를 분석하는 연구도 등장했다. 이렇게 백성 잇키 연구에서 주체인 백성 ≒ 민중의 심성을 이해하려는 연구가 시작되어, 전근대 민중운동사 연구의 중핵을 담당하게 되는 것처럼 보였다. 한편, 인민투쟁사 연구는 그 문제를 인정하고 청산하려는 시도도 하지 못하고 풍화되듯 소멸해갔다.

---

17 藪田貫, 「得物・鳴物・打物」, 『橘女子大學研究紀要』 10, 뒤에, 『國訴と百姓一揆の研究』, 1992, 校倉書房에 재수록; 齋藤洋一, 「武州世直し一揆のいでたちと得物」, 『學習院大學史料館研究紀要』 1, 1983; 保坂智, 「百姓一揆」, 『歷史と地理』 388, 1987.

4. 1990년대 이후

1) 배경

(1) 소연방의 해체와 '전후 역사학'의 결말

앞에서 서술한 천안문 사건과 동구권 혁명에 이어 1991년 여름, 소연방이 해체했다. 이러한 충격에 대한 '전후 역사학'의 대응이 나오는 것은 1994년에 이르러서였다. 역사과학협의회가 「릴레이 연재 사회주의를 생각한다」라는 특집을 꾸몄다.[18] 중국근현대사를 전공하는 쿠라하시 마사나오(倉橋正直)는, 스탈린과 같은 독재자가 나타나게 된 원인을 레닌의 이론에 두고 이를 비판하면서도, '그러나 다른 타입의 사회주의가 제기될 것이라고 나는 낙관적으로 확신하고 있다', '제2의 레닌'이 출현하여, '제1의 레닌에 필적하는 천재성을 발휘하여 현 단계의 우리들의 "상식"을 부수고, 이러한 난제들을 멋지게 해결하게 되길 절실히 희망하는 바이다'라고 하였다.[19] 정말로 이와 같은 견해가 학회지에 게재되었던 것이다.

당시 나는 고교 교사를 사직하고, 대학원 박사후기 과정에 적을 두고 있는 상태에서 이 특집을 읽게 되었는데, 이미 이에 대해서는 논의조차 제기되지 않던 상황이었음을 기억한다. 이 특집 속에서 독일 근현대사 연구자인 호시노 하루히코(星乃治彦)는, '이 릴레이 연재에 지금까지 게재된 선배님들의 생각에 실망하고 있다', '"잘못(誤り)"을 저지른 주체를 자신 이외에서, 이른바 자신 밖에서 찾으려하며, 자신과의 관련성에 대해서는 입을 닫고 있다'고,

---

18 『歴史評論』, 530, 1994~『歴史評論』 547, 1995.
19 倉橋正直, 「レーニン流社會主義の失敗」, 「リレー連載 社會主義を考える③」, 『歴史評論』 532, 1994.

통렬히 비판했다.[20]

1995년, 소비에트사를 전공하는 타니우치 유즈루(溪內謙)가 『현대사를 배우다(現代史を學ぶ)』(岩波書店)를 출간했다. 타니우치는 소련사 연구자들에 대하여, 동정·비웃음·냉소·힐문이 발생하고 있다며, 동요하는 소련사 연구자들의 상황을 솔직히 서술하면서, '소비에트기 역사연구는, 정통주의 코뮤니즘의 해체와 함께 완전히 붕괴한 양상을 보이고 있습니다'라고 비통함을 토로했다. 디시플린으로서의 '전후 역사학'의 역할은 끝났다.

(2) 『민중운동사』의 간행

앞에서 서술한 인민투쟁사로부터 민중운동사로의 풍화적 변용은, 필연적으로 '민중이란 무엇인가'라는 발언·논의로 이어졌다. 혼란이었다. 민중이란 실태를 보여주는 어휘가 아니라, 어디까지나 역사 사상事象·단편적 사실에서 귀납된 설명개념으로서 제기된 텀(term)이라는 것을 자각할 필요가 있다. 주체는 상황에 따라 바뀌는 것이기 때문이다.

1999년부터 발간되기 시작한 『민중운동사』 전5권[21]에 게재된 논문을 읽어보면 알 수 있듯이, '현대역사학'에서는, 백성 잇키에 참가한 사람들이나 백성들의 일상생활에 착목할 때마다 그들을 민중으로서 한데 묶어서 인식했던 이전까지의 러프한 방식은 이미 과거의 것이 되었다. 1990년대 후반이 되면, 70년대에 등장하여 사회사의 영향을 받은 민중사개념도 이미 비판의 대상이 되었던 것이다.

---

20 星乃治彦, 「『一九八九年』をくぐった社會主義とは何か?」, 「リレー連載　社會主義を考える⑪」, 『歷史評論』 544, 1995.
21 深谷克己 他編, 『民衆運動史』, 靑木書店, 1999~2000.

그러나, 그렇다면 어째서 이 기획의 타이틀이 『민중운동사』가 되었던 것일까. 당시 사람들의 다양한 저항운동, 이의제기, 訴願 운동 등을 귀납하여 표상할 수 있는, 민중운동을 대신할 새로운 개념을 구축하는 것은 불가능하다, 라는 현실이 거기에 있었다. 나는 초조함에 쫓겨 새로운 개념을 창출하는 것보다는, 민중사라는 설명 개념을 어떻게 사용해 갈 것인가를 모색하는 편이 낫지 않을까, 라고 생각하고 있다.

2) 탈구축(脫臼)이라는 힘

(1) 디시플린(discipline)의 붕괴와 학문적 불안

천안문 사건과 동구권 혁명·소연방 해체에 의해, 마르크스주의 역사학이 내건 발전단계론이라는 그랜드 씨오리(grand theory)는 해소되고, '전후 역사학'이라는 디시플린도 붕괴했다. 이에 쇼크를 받은 나는 고교 교원을 사직하고 대학원에 진학했다. 디시플린의 붕괴라는 임팩트는 엄청나서, 일본 근세사를 고찰하기 위한 방법론을 찾기 위해 내 머리 속은 혼란해졌고, 철학·사회학·정치학 저서를 섭렵했다. 이것이 1990년대 전반 대학원생들의 지적 분위기였다. 단, 이는 지적 호기심을 채우기 위한 행위가 아니라, 그랜드 씨오리(grand theory)의 소멸과 디시플린의 붕괴에 대한 불안의 이면이었다. 이와 같은 초조함 속에서 데리다를 읽기 시작했는데, 전근대사를 연구하는 역사학도로서는 그 중에서도 1999년 간행된 『법의 힘』[22]의 영향력이 가장 컸다. 법·권리도 구축된 것인 이상, 탈구축이 가능하다. 탈구축이 이의를

---

22 法政大學出版局, 1999.

제기할 수 있는 권리를 쥐고서, 그 권리에 기반하여 국가를 구성하는 여러 공식 규정에 이의를 제기할 수 있다, 라는 논점이, 민중사 연구를 지향하는 이들에게는 시사적이었다. 그리고 다카하시 테츠야(高橋哲哉)의 『데리다』[23]의 引導에 의해 탈구축을 이해해갔다.

(2) 주체에 대한 구애(拘礙)

탈구축 개념에 의해, 학설은 텍스트로 여겨지게 되었고, 탈구축적 해석의 대상이 되었다. 아카데미즘의 권위는 분해되었다. 게다가 사료도 텍스트로 여겨져, 탈구축적 읽기의 대상이 되었다. 또한 탈구축의 개념과 포스트 모더니즘이 융합하여, 역사학의 영역에서 언어론적 전환이라 불리는 현상(사상)이 발생하였고, 역사학이란 과거에 있었던 사실을 밝히고 이를 서술하는 것이라는, 19세기 이래의 계몽주의적 발상이 부정되고, 역사란 항상 역사학자에 의해 다시 쓰이는 것이다, 라는 인식이 제시되었다. 그리고 동시에, 역사학은 해석이다, 라는 언설도 퍼져나갔다.

그러나 한편으로, 우리들은 "주체의 해체를 용납할 수 있는가" 라는 생각도 가지게 되어, 아시아 민중사 연구회의 동료들과 함께 알튀세를 읽고 논의를 하였다. 데리다로부터 알튀세에 이르는 역전현상이었다. 1990년대 초두에는 아직 『알튀세 저작집』은 발간되지 않은 상태였고,[24] 『알튀세의 「이데올로기」론』[25] 을 통해 이론을 접할 수밖에 없었다. 민중사를 전공으로 하던 나는 탈구축의 영향과 혼란, 그리고 알튀세와의 격투로부터, 주체를 Subject

---

23 高橋哲哉, 『デリダ』, 講談社, 1998.
24 藤原書店, 1999.
25 三交社, 1993.

가 아니라 agent로서 이해하고 서술하고자 하는 결론에 이르게 되었다.

3) 언어론적 전환을 어떻게 받아들일 것인가

(1) 뉴 히스토리의 전개

데리다의 탈구축 이전인 1973년, 헤이든 화이트(Hayden White)가 『Meta history』를 간행하였다 — 이 거질의 저작은 현시점에서도 일본어로 번역되지 않은 상태이다 — (한국에서는 『메타역사』라는 제목으로 번역 출간되었다. : 역자 주).[26] 화이트는 역사가의 작업이란 사실을 해명하는 데 있다는 생각이 19세기형 계몽주의로부터 형성된 것이라면서 이를 부정하고, 역사는 레토릭이라는 점을 논술하였다. 이 논의가 일본사의 영역에서 주목된 것은 1990년대였다.[27]

1996년, 피터 버크(Peter Burke)편 『뉴 히스토리의 현재』가 출판되었다.[28] 여기서는 언어론적 전환 이후의 역사학 동향을 뉴 히스토리로서 자리매김하고, 이는 어린이·죽음·광기·기후·냄새·몸짓·신체 등, 인간 활동의 거의 모든 것에 관심을 가지는 것이다, 라고 논했다. 또한 유럽사 영역에서는, 아래로부터의 역사 ≒ 민중사를 중시하여, 민중문화의 역사가 주목되어왔다, 라는 점도 기술되었다. 그러나 앞에서 서술한 바와 같이, 백성 잇키 연구가 새로운 영역으로 향하는 듯 보이긴 했으나, 아쉽게도 일본의 민중 운동사 연구의 침체는 더 깊어져만 갔다.

---

26 Johns Hopkins University Press.
27 「ヘイドン・ホワイト的問題と歴史學」, 『思想』 1036, 2010에 자세하다.
28 ピーター・バーク編 谷川稔他譯, 『ニュー・ヒストリーの現在』, 人文書院, 1996.

1990년대에 알랭 코르뱅(Alain Corbin)의 『해변의 탄생』[29]·『시간·욕망·공포』[30] 등이 연이어 일본어로 번역 간행되었다. 반향은 컸다. 그러나 한편으로 『기록을 남기지 않은 남자의 역사』[31]에 나타난 사료론이나 방법론에 관해서는 "일본의 향토사→지방사연구의 사료론과 수법 쪽이 훨씬 높은 수준이 아닐까"라는 목소리도 있었다.

(2) 언어론적 전환을 둘러싼 언설

1990년대 후반 이후, 화이트의 주장에 대한 반론이 연이어 일본어로 번역되었다. 카를로 진즈부르그(Carlo Ginzburg)의 견해를 소개하고자 한다. 진즈부르그는, 화이트가 역사와 레토릭이 근접한 관계에 있다고 이야기했기 때문에 역사와 입증 사이의 근접관계가 음지로 쫓겨나 버렸다고 하였고,[32] 또한 화이트와 같은 이야기론적 입장은 타파되어야만 한다고 생각한다, 실증주의를 거부하는 경우라도, 한층 더 '현실'이라든지 '증거'라든지 '진실'이라는 개념을 정면으로 대하지 않으면 안 된다,고 논했다.[33]

이전부터 문화인류학의 경우 '이쪽 편'에서 본 '저쪽 편'이라는 지적이라든지, 식민지화를 전제로 착취적으로 행해져 온 연구다, 라는 비판을 받아오긴 했으나, 지금의 역사학이야말로 존재 그 자체가 부정당할 위기가 아닌가한다. 그러나 언어론적 전환의 영향은, 일본의 전근대사 연구에 있어서는 거의 없었다라고 할 수 있다.

---

29 藤原書店, 1992.
30 藤原書店, 1993.
31 藤原書店, 1999.
32 『歷史·レトリック·立証』, みすず書房, 2001.
33 『歷史を逆なでに讀む』, みすず書房, 2003.

언어론적 전환을 진지하게 받아들였다고 여겨지는 개브리얼 스피걸
(Gabrielle M. Spiegel)은 '언어 그 자체는 어느 특정한 사회적·역사적인 배경
에서만 의미나 권위를 가지는 것이 아니다. 언어적 차이가 사회를 구축하는
한편으로, 사회적 차이는 언어를 구축한다'고 논했다.[34] 그렇다면 언어를 규
정하는 사회적·역사적 배경을 우리들은 어떻게 확정하고 인식해야 할 것인
가.

(3) 콘텍스트(contaxt)와 민중의 집합심성集合心性

16세기 프랑스 민중문화와 민중집합심성에 대한 성공적인 서술로서 평가
가 높은『마르탱 게르의 귀환』[35]에서 나탈리 Z. 데이비스(Natalie Zemon Davis)
는, 16세기 프랑스 농촌을 둘러싼 정치·사회와 기독교의 양상 등을 서술하
면서 1970년대 이전의 선행연구에 의거하고 있다. 이 책의 주된 서술은 당시
민중의 재산관이나 정조관념과 같은 민중의 집합심성 문제에 대한 것이며,
16세기라는 역사적 배경이나 아르티가(Artiga) 지역의 사회관계와 같은 상황
= 콘텍스트는 실증적 선행연구(원문강조)를 인용하는 방식으로 서술하고 있
다.

"실증이나 현실 같은 것은 존재하지 않는다"는 말을 듣는다면, 역사는
흩어져버리고 역사가의 존재의식은 없어져버린다. 따라서 언어론적 전환을
거부한다, 라는 나이브한 논의는 거부한다고 하더라도, 민중의 집합심성을
서술하고자 할 때, 어떠한 콘텍스트 ≒ 선행연구를 선택할 것인가 하는 문제
가 중요해진다. 카에이(嘉永)6년(1853) 6월3일, 페리가 우라가(浦賀) 앞바다에

34「歷史の實踐の倫理性」,『思想』838, 1994.
35 平凡社, 1993.

내항한 것은 역사적 사실이다— 혹시 신사료가 나타나서 4일로 바뀔지도 모르나, 여기서 문제시하고 있는 점은 그 같은 사상事象이 아니다—. 역사적 사실에서 비롯되는 민중의 행동양태나 집합심성의 양상 등에 대한 해석이 민중사 연구자의 일이다. 물론 해석인 이상, 연구 성과는 그 민중사 연구자가 엮어낸 작품에 지나지 않으며, 물론 논거로 든 사료와 그 출전을 명기해야 하는 책무를 진다. 이 당연한 행위에 의해 재현성이 담보되는 것이다.

(4) 역사수정주의의 대두

언어론적 전환 이후 역사수정주의가 대두했다는 의견이 있다. 그리고 이 언설을 비판하는 견해도 있다. 나는 언어론적 전환에 의해 초래된 상대주의, 그리고 사실 따위는 없다는 풍조 속에서 역사수정주의의 목소리가 커진 것은 사실이라고 생각하고 있다. 피에르 비달 나케(Pierre Vidal-Naquet)는 '역사수정주의자와 논의할 여지는 존재하지 않는다'라고 하였으며,[36] 로버트 이글스턴(Robert Eaglestone)은 홀로코스트에 대한 논의라는 것은 존재할 수 없다고 했다.[37] 그러나 역사수정주의자의 존재와 그들의 대두는 사실이다. 단 그들의 문장이나 해석에는 재현성이 없다.

한편, 데리다도 알튀세에게도 관심 없이, 또 『마르탱 게르의 귀환』이나 『밤의 전투(한국어 제목은 마녀와 베난단티의 밤의 전투 : 역자 주)』[38]도 읽지 않은 채, 따라서 역사를 서술하는데 대한 의문도 없이 학회에서 화제가 된 일본인 연구자의 저작— 그 속에 프란츠 파농(Frantz Fanon)과 클리포드 기어츠

---

36 『記憶の暗殺者たち』, 人文書院, 1995.
37 『ポストモダニズムとホロコーストの否定』, 岩波書店, 2004.
38 みすず書房, 1986.

(Clifford Geertz)에 대한 언급이 있음에도 불구하고 — 은 읽지만, 거기에 인용된 문헌(『대지의 저주받은 사람들』이나 『Local Knowledge』)에는 흥미를 보이지 않는, 지적 호기심의 저하나 긴장감의 결여, 거기에 언어론적 전환의 분위기를 귀동냥으로 얻어듣고는 이게 유행이다-혹은 당연한 것이다-고 하는 듯한, 역사인식에 대한 무관심한 태도가 문제라고 할 수 있다. 이것이야말로 역사수정주의 대두의 온상이 되고 있다.

(5) 민중사 연구자에게 제기되는 문제

철학자 다카하시 테츠야(高橋哲哉)가 논한 바와 같이 언어론적 전환 이후 '역사학을 둘러싼 아레나(arena)'가 형성되었다.[39] 역사수정주의의 존재도 역사해석의 일부로서 부정할 수 없다고 한다면, 언어론적 전환 이후 역사학에 대하여 어떤 의문이 제기되고 있는가. 다시 말하자면 민중사연구자에게 제기되는 것은 무엇인가 하는 점이 문제이다. 나는 민중사연구자의 존재의식은 역사·과거와 맞설 때의 윤리이며, 나아가 입장에 있는 것이라고 생각하고 있다. 나에게 있어 입장에 대한 구애拘礙는 '전후 역사학'에서 배운 거대한 유산이다. 현대사회와의 긴장감을 유지하면서 누구를 위해, 무엇을 위해 역사를 서술하는가 하는 점에 앞으로도 나는 우직하게 구애되고 싶다. 이 같은 시좌에 서면 현실사회와의 긴장감을 지닌 연구 성과 = 논문·저작이란 이른바 제철음식인 것이며, 방법론적 문제는 차치하더라도 논문·저작이라는 역사해석의 작품이 학문적 영향력을 10년도 유지할 수 없으리라는 점도 자명해진다.

---

39 『《歷史認識》論爭』, 作品社, 2002.

5. 언어론적 전환에 대한 나의 회답

1) 언어론적 전환을 자기개시自己開示하다

(1) 사회문화사 · 민중의 집합심성 연구로

2000년 이후 나의 민중사연구는 직접적인 '운동사'연구로부터 사회문화사 영역, 그 중에서도 민중의 집합적 심성을 어떻게 서술할 것인가라는 방향으로 변해왔다. 소재는 치카마츠 몬자에몬(近松門左衛門)이나 키노 카이온(紀海音)의 조루리(淨瑠璃) 작품과 츠루야 난보쿠(鶴屋南北)의 가부키(歌舞伎) 작품이다. 이는 언어론적 전환을 의식한 연구의 전환이나-도저히 부끄러워서 나탈리 Z. 데이비스와 같이 레토릭을 사용하지는 못하겠지만-, 일본사연구의 영역에서 "나의 연구는 언어론적 전환을 의식하고 있습니다". 혹은 "데리다나 기어츠의 영향을 받았습니다"와 같은 사실을 표명한다는 것은 귀에 거슬리며 미심쩍은 냄새를 풍기는 행위로 여겨지고 있다. 나 또한 그렇게 명언한 적은 없다. 그러나 본론의 취지에서 보자면 자기개시를 피할 수는 없다고 생각되어, 이전에 논한 에도(江戸)시대 민중의 조선 · 조선인관을 분석한 결과를 요약하여 소개하고자 한다.[40]

'전후 역사학'에서는 일본형日本型 화이의식華夷意識의 발견과 함께 하야시 라잔(林羅山)이나 아라이 하쿠세키(新井白石)와 같은 지식인 · 위정자의 조선 · 조선인관에 대한 분석이 이루어졌으나, 사료적 제약 때문에 민중의 조선 · 조선인관을 밝히는 데에는 이르지 못했다. 그리고 조루리(淨瑠璃:三味線 반주에 맞추어 가락을 붙여 엮어 나가는 이야기-역자 주)나 가부키(歌舞伎)와 같은 허구의

---

40 須田努, 「江戸時代 民衆の朝鮮·朝鮮人觀」, 『思想』1029, 2010, 뒤에 趙景達 他編, 『「韓國倂合」100年を問う』, 岩波書店, 2011에 수록. 이를 참조하길 바란다.

이야기는, 역사 사료로서 사용되지 않았다. 즉 조루리나 가부키는 역사학(일본근세사)의 대상이 되지 못했던 것이다. 나는 이 허구의 이야기를 사료로서 사용하여 민중의 집합심성을 서술해보려고 하였다. 당연히 데리다나 기어츠로부터 영향을 받았으나, 동시에 알튀세나 진즈부르그에 대한 共鳴도 있었다.

(2) 미디어로서의 조루리(淨瑠璃) · 가부키(歌舞伎)

나는 에도시대 민중들에게 가장 대중적 오락이었던 조루리 · 가부키를 미디어로서 자리매김하고, 그 속에서 조선 · 조선인이 어떻게 묘사되어있는지를 분석하여, 이로부터 에도시대 민중의 조선 · 조선인관을 분석해보았다.

조루리 · 가부키 작가들은 선행한 작품의 내용을 모방 · 답습하면서, 시대에 응하여 새로운 취향이나 새로운 방법을 도입하여 관객들이 좋아할 만한 작품을 제공하고 있었다. 현재 우리들을 둘러싼 TV 등의 매스 미디어나, 인터넷 웹사이트에 현대의 우리 사회가 투영되어 있는 것과 같이 조루리에는 18세기, 가부키에는 19세기 각각의 시대를 살았던 사람들의 집합심성이 표상되어 있는 것이다. 내가 해명하고자 하는 것은 조선인(조선통신사)가 언제 어디에 도래했는가 하는 역사적 사실이 아니라 당시 민중에게 절대적인 인기를 얻고 있던 조루리와 가부키라는 허구의 이야기 = 미디어에 조선과 조선인이 어떻게 묘사되어있는가에 있으며, 그것이 민중의 어떠한 심성을 표상하고 있는가라는 문제에 있다. 이를 고찰할 때 조선통신사가 혼슈(本州)까지 왔는가 아닌가라는 역사적 사실이 중요한 팩트이긴 하나, 이 같은 사실은 종래의 정치사 · 외교사 연구에 의해 이미 밝혀진 바 있다.

2) 18세기, 조선통신사가 도래한 시기의 민중의 조선·조선인관

(1) 조선통신사의 내일來日

조선에서 보낸 외교사절은 케이초(慶長) 12년(1607)에서 분카(文化) 8년(1811)까지 12차례 일본을 방문했다.[41] 한편, 1811년 통신사의 경우, 쓰시마(對馬) 번주의 저택에서 외교절차를 수행하는 '역지빙례易地聘禮'였기 때문에, 일본본토까지 온 것은 호레키(寶歷) 14년(1764)년이 마지막이었다. 쇄국하의 근세 일본에서 민중이 이국인과의 접촉을 경험한다는 것은 극히 드문 일이었고, 조선·조선인이란 민중이 경험할 수 있는 몇 안 되는 이국·이국인이었던 것이다.[42]

(2) 조선통신사 방문시, 오사카(大坂)의 상황

교호(享保) 4년 (1719), 도쿠가와 요시무네(德川吉宗)의 쇼군(將軍) 취임을 축하하기 위한 제9회 조선통신사가 일본을 방문했다. 조선통신사 일행은 배로 세토(瀬戸) 내해를 항행하였고, 오사카만에서 일본배로 갈아타고 요도가와(淀川)를 통해 교토(京都)까지 오게 되는데, 오사카에서는 나니와(難波)다리 부근에서 상륙한 후 혼간지(本願寺, 津村別院)를 숙소로 하여 수일간 체재했다. 통신사가 체재하는 동안 많은 오사카의 민중들이 조선통신사 일행을 구경하고 환영하였다는 사실이 여러 기록을 통해 전해지고 있다. 예를 들면 조선통신

---

41 명칭은, 칸에이(寬永) 원년 (1624)까지는 回答兼刷還使, 칸에이 13년(1638)이후는 通信使로 바뀌었다.
42 그 외에 유구사절이 있었다.

사 일행의 서기를 담당했던 금인겸金仁謙의 일기 『일동장유가日東壯遊歌』에는, '구경꾼들이 구름같이 모여들었다'고 기록하고 있다.

막부가 조선통신사 내항에 앞서 오사카 주변의 농촌에 요도가와의 정비와 도로 공사 등을 명했다는 사실이 막부의 공식 기록에 남아있다. 오사카 사람들은 조선통신사의 내일來日(來坂)을 사전에 알고 있었다. 그리고 이러한 국가적 사업을 겨냥하여 당시 오사카에서 인기를 자랑하던 2대 조루리 작가, 치카마츠 몬자에몬과 키노 카이온 등이 조선을 제재로 한 조루리 작품을 창작하였던 것이다.

(3) 치카마츠 몬자에몬과 키노 카이온의 조루리작품 분석

교호(享保) 4년(1719), 제9회 조선통신사가 오사카를 방문하기 전에, 도요토미 히데요시(豊臣秀吉)의 조선침략을 테마로 한 치카마츠 몬자에몬의 『혼초산코쿠시(本朝三國志)』가 다케모토 극장(竹本座)에서 초연되었고,[43] '진구황후(神功皇后)의 삼한정벌'을 그린 키노 카이온의 『진구황후 삼한을 벌하다(神功皇后三韓責)』가 오사카 도요타케 극장(豊竹座)에서 초연되었다.[44]

치카마츠는 『혼초산코쿠시』 속에서 교토·오사카의 서민이 눈으로 확인할 수 있는 귀무덤(耳塚)을 등장시켜, 이를 조선과의 전쟁에서의 전투승리를 상징하는 모뉴먼트(monument)로서 자리매김하고, 조선군인은 유학하여 '일본 무자武者'에 당할 수 없다, 라는 점을 강조하였다. 또한 조선왕이 '일본의 노奴'가 될테니 목숨을 구해달라며 애걸하는 씬을 넣는 동시에 '일본 무자武者'의 섬뜩한 폭력을 묘사하였다.

---

43 『近松全集』, 第11卷, 岩波書店, 1989.
44 『紀海音全集』, 第5卷, 淸文堂出版, 1978.

키노 카이온은 일본과 일본의 군대를 '신국神國', '신병神兵'으로 규정하는
한편, 조선인을 '삼한놈들(三かんのやつら)', '만적蠻賊'이라 표현하고, 신라왕
의 조명助命을 허락하는 대신에 '말세말대末世末代'까지 '삼한'이 일본에 복속
한다는 약속을 '대대손손 끝까지' 남겨두기 위해 '삼한의 왕은 일본의 개다
(三かん王は日本のいぬ成)'라는 문자를 새겼다, 고 하였다. 이 문장은 이후의
조루리·가부키 작품에도 영향을 미치게 된다.

(4) 치카마츠·키노 카이온의 텍스트에 대한 확인

18세기 전반, 치카마츠 몬자에몬이나 키노 카이온의 조루리에 묘사된 세
계는 역사적 사실이 아니다. 그러나 18세기를 살았던 사람들에게 사실과
픽션의 준별은 불가능했다. 사실 이는 작자인 치카마츠·키노 카이온도 마
찬가지였다. 그들에게 역사를 날조하고 있다는 의식은 없었을 것이다.

나는 치카마츠와 키노 카이온이 무엇을 텍스트로 하여 작품을 창작했는지
탐색해보았다. 즉『혼초산코쿠시(本朝三國志)』,『진구황후 삼한을 벌하다(神功
皇后三韓責)』에서 전개된 디스쿠르(discours, 談話)의 재료가 된 텍스트가 무엇일
까 하는 것이다.

『진구황후 삼한을 벌하다』창작의 기저에는「진구황후의 삼한정벌」이 있
는데, 이 이야기는『일본서기日本書紀』나,『팔번우동훈八幡愚童訓』·『태평기太
平記』등에 의해 중세사회에 전승되었다. 키노 카이온은 이들 텍스트를 이용
하여 역사물을 창작한 것이다.

『혼초산코쿠시』전체의 톤, 등장인물 고유명사에 나타나는 특징으로부터,
이 작품의 베이스가 된 텍스트가 칸에이(寛永) 3년(1626) 오제 호안(小瀨甫庵)에
의해 저술된 저명한『타이코키(太閤記)』라는 점은 분명하다.『타이코키』속에
서 분로쿠노에키(文祿の役 : 임진왜란을 임진왜란과 정유재란을 구분하였을 때, 임

진왜란을 지칭: 역자 주)를 다룬 부분에 '모쿠소한칸(木曾判官)'이라는 조선의 무장이 등장하는 것이다.

『혼초산코쿠시』에 등장하는 '모쿠소칸(木曾官)'의 원형은 이 '모쿠소한칸(木曾判官)'일 것이다. 『타이코키』는 역사적 사실보다도, 재미를 우선으로 한 입신출세 이야기이며, 또한 임진왜란 당시 가토 기요마사(加藤淸正)·고니시 유키나가(小西行長)의 무용이 강조되어있기 때문에, 이로부터 유약한 조선을 간단히 굴복시킨 히데요시군, "勇壯"한 타이코(太閤) 히데요시라는 이미지만이 부각된다. 치카마츠는 이 역사 이야기(歷史物語)를 조루리라는 미디어로 재단해낸 것이다.

(5) 18세기, 민중의 집합심성으로서의 조선·조선인관

『혼초산코쿠시』, 『진구황후 삼한을 벌하다』를 본 에도시대의 민중이, '진구황후'와 도요토미 히데요시 — 오사카의 민중은 타이코(太閤) 히데요시에 대한 심퍼시(sympathy)가 강했다 — 라는 두 인물에 의해 두 번이나 정복당한 유약한 조선, 목숨을 구해달라는 탄원의 결과 일본에 복속되어 조공하게 된 것을 부끄럽게 여길 조선왕, 이라는 생각을 가지고, 오사카 나니와 다리 부근에서 조선통신사 일행을 구경하고 있었을 가능성을 부정할 수 없다. 이것이 18세기 민중이 지녔던 집합심성으로서의 조선·조선인관이다.

18세기 후반, 조선통신사의 일본방문이 줄어들고, 민중이 직접 조선통신사를 경험할 기회도 격감하는 정세 하에서, 민중의 오락장, 조루리·가부키 무대에서는 유약한 조선인, '삼한의 왕은 일본의 개' 언설이 재생산 되어 일본에 의해 멸망당했다는 원한을 안고 모반을 일으키나 다시금 일본의 무력 = '武威'에 굴복하는 조선인, 이라는 『텐지쿠 도쿠베 사토노스가타미(天竺德兵衛鄕鏡)』가 창작되게 되었던 것이다.

3) 19세기, 조선통신사가 폐절된 시기, 민중의 조선·조선인관

(1) 조선통신사 폐절의 의미

일본 본토의 민중들은 호레키(寶歷) 14년(1764)를 끝으로, 조선인을 경험할 수 없게 되었다. 이는 1853년의 페리 내항까지 민중의 이국·이국인과의 접촉 기회가 격감하였다는 것을 의미한다.

(2) 츠루야 난보쿠(鶴屋南北)의 가부키 작품 분석

조선통신사가 폐절된 후인 분카(文化) 원년(1804), 4대 츠루야 난보쿠는 치카마츠 한지(近松半二)가 창작한 『텐지쿠도쿠베 사토노스가타미(天竺德兵衛郷鏡)』를 답습하여, 『텐지쿠도쿠베 이코쿠바나시(天竺德兵衛韓咄)』를 창작했다.[45] 또한 난보쿠는 분카(文化) 6년(1809), 조선·조선인을 등장시킨 『코마야마토쿠모이노시라나미(高麗大和皇白浪)』라는 가부키 작품을 창작했다.[46] 나는 이 작품을 해석해보았는데, 부용황녀芙蓉皇女 아야메(綾女)라는 등장인물의 프로필에 관해, 기묘한 대사가 있다는 것을 알게 되었다. 아야메는 어떤 때는 명나라 왕의 딸(황녀)였다가, 또 어떤 때는 신라가 고향으로 '삼한인'의 '핏줄을 가진 황녀'라고 이야기되기도 하는 것이다. 즉 이 이야기에서는 중국과 조선이 뒤섞여있는 것이다. 또한 주목하고 싶은 것은 치쿠시 곤로쿠(筑紫權六)가 연인인 아야메를 살해하는 장면에서 나오는 이하와 같은 충격적인 대사이다.

---

45 『鶴屋南北全集』, 第1卷, 三一書房, 1971.
46 『鶴屋南北全集』, 第1卷, 三一書房, 1971.

삼한인은 일본의 개다. 나는 그 피를 이어받은 아야메와 관계를 맺었기 때문에, 살아있는 동안이 축생도에 빠진 것과 같다.

가부키는 관객의 시청각에 말을 걸고, 관객들은 연기자의 연기에 주목한다. 문자정보로서 내용을 확인할 수 없기 때문에, 관객들의 의식은, 명과 조선의 뒤섞임보다도, 치쿠시 곤로쿠가 연인 아야메를 살해하고, 자신은 자살하는 클라이막스로 이끌려간다. 이 장면에서 나오는 '삼한인은 일본의 개', '축생도'라는 조선 멸시관의 상대편에 있는 것은 무위武威와 무사의 충의이며, 이를 절대시하는 일본인 우위의 발상이었다.

(3) 조선 멸시관의 형성과 무위라는 심성

에도시대 민중의 조선・조선인관을 조선통신사 내일來日의 유무라는 시점을 기준으로 두 가지 시기로 나누어 분석해 보았다. 18세기, 조선통신사가 혼슈에 오지 않은지 50년 이상이 경과하여 민중이 조선인과 접촉하는 일은 없어지게 되었다. 그러자 가부키라는 민중예술의 무대에서는 등장인물을 둘러싸고 중국과 조선 사이의 혼탁이 발생하게 되었으나, 관객들은 딱히 이에 위화감을 가지지 않고 있었다는 점이나, 조선인에 대한 멸시관도 형성되어가고 있었다는 사실을 알 수 있었다. 또한 두 시기를 통틀어 그 저변에서 민중의 집합심성을 발견할 수 있었다. 즉 일본은 무위의 나라라는 인식이다. 무위라는 의식은 무사 ＝ 위정자만이 점유하던 것이 아니었다. 18세기 이후, 조루리・가부키의 저변에 흐르고 있던 요소였던 것이다. 에도시대의 민중은 무위를 통해 조선을 보는 동시에, 조선을 통해 일본의 무위를 재확인하고 있었다고도 할 수 있을 것이다.

4) 언어론적 전환과 나의 입장

(1) 민중사와의 관계

이상에서 언어론적 전환을 의식한 나의 민중사 연구의 일단을 한정된 지면 위에서 소개해보았다. 이외에도 나는 조루리·가부키를 소재로 같은 수법을 사용하여 '인과'나 '의리'라는 용어의 사용양태의 변용을 추적하여 에도시대 민중이 가진 집합심성의 존재형태를 논해왔다.[47] 치카마츠와 키노 카이온, 츠루야 난보쿠의 희곡은, 역사적 사실을 서술한 작품이 아니다. 그러나 이러한 미디어에서 이야기되는 용어나 장면들에는, 당시 민중의 심성이 표상되어 있다. 중요한 것은, 방대한 언어를 통해 형성되어 있는 이들 미디어로부터, 내가 어떤 부분·장면을 발췌해내어 서술하였나, 라는 점이다. 즉, 이것이야말로 내 민중사 연구의 입장인 것이다.

(2) 긴장감 있는 역사서술을 지향하며

근대의 대일본제국은 조선을 식민지화하여 폭력적 지배를 전개하였으나, 에도시대 일본과 조선은 조선통신사를 통해 대등한 '선린외교'를 전개하고 있었다, 라는 연구가 일찍이 다수 생산되었다. 에도시대의 '선린외교'를 강조하는 것은, 대일본제국 시대를 이질적인 것으로서 일본 역사로부터 잘라내고, 또한 일본의 폭력적 식민지 지배를 이레귤러(irregular)한 양태로 치부해버

---

47 須田努, 「江戸時代中期　民衆の心性と社會文化の特質」, 趙景達·須田努編, 『比較史的にみた近世日本』, 東京堂出版, 2011; 須田努, 「諦觀の社會文化」關東近世史研究會編, 『關東近世史研究論集2　宗教·芸能·医療』, 岩田書院, 2012; 須田努, 「江戸時代のメディア·スタデーズーー, 「義理」と自己犠牲の心性ーー」, 『明治大學人文科學研究所紀要』第72冊, 2013 등.

리게 되기 쉽다. 그리고 근대 일본 민중이 조선 멸시관을 가지고 국가에 의한 조선침략을 적극적으로 지지하고 조선인에 폭력을 휘둘렀던 사실에 대해 눈을 감아버리게 될 수도 있다. 이와 같이 긴장감 없는 역사인식은 '무책임의 체계'[48]를 낳게 되어버린다.

메이지(明治) 초년, 조선침공론 ≒ '정한론征韓論'을 제기한 인물들은, 에도시대 후기 = 분세이(文政) 시기에서 텐포(天保) 시기 (19세기 초두)에 태어난 이들이며, 메이지 초년에 30대 이상의 연령에 이른 민중들도 모두 동시기에 태어난 이들이라는 사실은 중요하다. 근대 일본에서 조선침략을 제기하고 지지한 "일본국민"의 심성과 마주하기 위해서는, 역사를 거슬러 올라, '선린 외교'라는 필터를 걷어내고 에도시대의 조선ㆍ조선인관을 확인하는 작업이 필요한 것이다. 현재, 민중사 연구자들에게 요구되는 것은, 긴장감 있는 역사 서술이다.

6. 맺음말

'현대 역사학' 속에서 민중사 연구는 완전히 마이너리티화 해버렸다. 민중 사가 "지금"을 이야기하는 연구분야라는 점은 변하지 않았다. 이 점이, '전후 역사학'에서 배워야만 할 부분이며, '현대 역사학'으로서의 민중사 연구에서 는 연구자의 주체적 입장이 보다 강하게 요구되고 있다, 라는 점을 자각해야 만 할 것이다.

이러한 점들을 전제로 하여, 나는 구조ㆍ상황 = 백그라운드보다도, 주체 로서의 민중을 얼마나 인식하고, 서술할 것인가에 대해 계속해서 문제의식을

---

48 丸山眞男, 『現代政治の思想と行動上ㆍ下』, 未來社, 1956.

가지지 않으면 안 된다고 생각하고 있다— 언어론적 전환 이후, 이러한 경향이 더욱더 강해지고 있다—. 인민 투쟁사 연구는 민중을 둘러싼 정치상황·경제구조를 중시하고, 민중을 무조건적으로 변혁주체로 설정한 후, 막번 영주와 과감히 "깨끗하고 정당하게" 싸우는 민중상을 그렸다. 역사 연구자가 민중으로서 그려온 사람들은, 어디까지나 그 연구자의 초점 = 역사인식에 의해 만들어진 像이며, 대상 = 민중이라 여겨진 사람들이 스스로 이야기한 것이 아니다, 라는 것과 같은 당연한 사실을 인식해야만 한다. 즉, 민중이란 실태가 아니라, 개념일 뿐이다는 점을 자각할 필요가 있다. 따라서 거듭 말하지만, 민중사 연구에서는 연구자의 주체적 입장이 보다 중시되는 것이다.

나는 사람들의 실천행위라는 측면에서 주체를 그릴 수는 없을까, 라는 생각을 하고 있다. 잇키나 우치코와시(打ちこわし, 에도시대 민중운동의 하나로서, 부정한 상행위 등을 한자의 가옥을 파괴하는 등의 행위를 말함 : 역자주)에 참가한 백성들은 말하지도 않았고, 기록하지도 않았다. 그러나 행동했다. 그들이 보여준 행동의 측면을 사료로부터 읽어내는 것은 불가능한 일일까. 주체를 Subject로서가 아니라, agent로서 이해할 수는 없을까라고 생각했다. 또한 나의 시좌는 개인으로서 보다도, "衆"으로서 행동하는 사람들에게 향했다. 그러자 '전후 역사학'이 제기해 온 민중상과는 완전히 다른 사람들의 모습이나, 사회의 양상이 보이기 시작했다.[49] 그것은 중층적이면서 또한 모순을 품은 민중상이었다.

민중운동 — 에도시대에는 백성 잇키·소동 — 의 국면에는 여러 사회적 모순이 응집되어 있다. 19세기 소동에서는 백성 잇키에 존재했던 룰은 붕괴되고, 幕藩 영주를 향한 폭력 = 수직방향의 폭력뿐만 아니라, 민중 간의 폭력 = 수평방향의 폭력이 행사되고 있었다는 점이 밝혀지게 되었다. 라고

---

49 須田努, 『「惡党」の一九世紀』, 青木書店, 2002.

하기보다도, ‘전후 역사학’에서는 백성은 비폭력노선으로 일관하였고 소원訴
願을 통한 투쟁만을 전개하였던 것으로, 폭력은 봉인되어 있었다고 여겨졌다.
확실히, 18세기 막번 체제가 안정되었던 단계에서는 그러했지만, 19세기에
접어들어 정치가 불안정해진 사회 하에서 봉인되었던 폭력이 사용되기 시작
하였던 것이다. 그것도 민중 상호 간에. 사람들은 자기의 요구를 관철하기
위해 유효한 수단을 선택한다. 민중의 행동을 사료로부터 읽어낼 때, 이 같은
19세기의 상像과 주체로서의 민중상이 부상하는 것이다. 모순을 지닌 존재로
서. 그 같은 양상을 나는 “萬人의 전쟁상태”라 표상하고 있다.[50]

‘현대 역사학’에서는 그랜드 씨오리(거대담론)가 붕괴하고, 민중사 연구는
침체의 일로를 걷고 있다. 그러나 한편으로 성급한 정치주의나 무책임한,
혹은 강제적인 미래예상으로부터 해방된 덕분에, 다양한 민중상 ― 그것이
커다란 모순을 잉태하고 있다할지라도 ― 을 서술할 가능성이 생겨났다. 앞
으로의 민중사・민중 운동사에 대한 몇 가지 전망이 있다.

1) 언어론적 전환을 의식하여

언어론적 전환을 받아들여 미디어론을 원용해가면서, 문학・연극작품, 회
화 등도 민중사 연구의 소재로서 해석하여, 민중의 집합심성을 이해하는
것이 가능해지며, 그 배경에 있는 사회문화의 양상도 해명할 수 있게 되었다,
고 할 수 있다.

---

50 須田努, 『幕末の世直し』, 吉川弘文館, 2010.

2) 비교사라는 시좌

'전후 역사학'에서 일본의 연구자들이 의식한 것은, 서유럽 연구동향이었다. 마르크스주의 역사학의 압도적 영향이나, 프랑스 사회사의 임팩트 등은 모두 그에 대한 증거이다. 1970년대부터 이에 대한 반성과, 아시아 제 지역과의 비교가 필요하다는 견해가 나오기 시작했다. 그러나 실행된 적은 없었다.

현재 일본에서 일본사·조선사·중국사 연구자들을 중심으로 '19세기 연구회'가 창설되어 성과물도 간행하고 있다.[51] 특히 그 수가 적어진 민중사·민중 운동사 연구자들 사이에서는, 일본사·조선사·중국사의 비교를 통해 민중상을 그려보려는 기운도 높아져있는 상황이다.

예를 들면 민중의 폭력행위 속에서 자율성이나 국왕환상國王幻想과 같은 민중 심성을 그려내려는 조경달의 임술민란 연구[52]라든지, 식민지기의 조선 민중, 그 중에서도 헌병보조원으로 일했던 사람들의 모순과 고뇌를 서술한 신창우의 연구[53] 등에서 시사점을 얻어, 이와의 비교를 통해 일본민중의 양상을 서술하려는 연구가 행해지고 있다 — 필자는 한국어를 못하기 때문에 일본어로 작성된 연구서를 대상으로 하였다 —.

3) 일국사를 넘어선 민중사·운동사 연구의 가능성

1991년, 아시아 민중사연구회가 발족하여, 역사문제연구소와 함께 최초의

---

51 趙景達·須田努編, 『比較史的にみた近世日本』, 東京堂出版, 2011.
52 趙景達, 『朝鮮民衆運動研究の展開』, 岩波書店, 2002.
53 愼蒼宇, 『植民地朝鮮の警察と民衆世界』, 有志舍, 2008.

국제학술교류를 전개하고, 2004년부터 공동연구체제 '근대이행기 동아시아 민중의 존재방식을 비교하고, 연관성을 고찰하기 위한 국제적 네트워크'가 만들어졌다. 쌍방 모두 50대 이하의 연구자가 중심이 되어, 매년 워크숍을 개최하고 논의를 발전시켜왔다. 2004년의 아시아 민중사연구회, 역사문제연구소의 워크숍에서 허영란은, 한국역사연구자의 관심은 현실사회의 변화를 배경으로하여, 운동에서 일상으로, 국가에서 지역으로, 구조에서 개인으로, 정치에서 문화로 변화하고 있다고 하였다. 그리고, 1990년대에 들어와 한국에서는 그랜드 씨오리(거대담론) = 민족주의역사관이 붕괴하고, 종래의 역사언설과 역사서술에 관한 심각한 반성이 시작되었다, 고 정리했다. 이어 지금 이야말로 역사학이 '의미 있는 시작점에 서 있다'라는 적극적인 전망을 제시했다.

또한 2013년에 개최된 워크숍 '새로운 민중사 연구의 방향을 모색하기 위하여'에서는 배항섭이 「19세기 후반 민중운동사 연구의 민중상에 대한 비판적 검토」에 대한 보고를 통해 한국 역사학계의 민중운동사 동향을 소개했다. 1970년대부터 80년대의 연구에서 민중은 '민족으로서의 민중'으로서 이야기되었기 때문에, 그로부터 귀결된 민중상은 '민족주의 엘리트 지도자에게 동원·유도된, 민족의 일원으로서 행동할 뿐인 존재'로 취급되고 있었다는 소개와, '근대를 지향하는 민중'이라는 위치짓기 속에는 '근대지향과 무관계하거나, 그곳에 어프로치 할 수 없는 요소는' 민중운동의 한계로 이해되고 있었다, 라는 지적에는 자극을 받았다. 물론 배항섭은 사학사의 정리로서 '민족으로서의 민중'상이나 '근대를 지향하는 민중'상을 배출한 정치적·사회적 배경도 세심하게 거론하였다. 그리고 사회주의체제가 붕괴하고, 포스트 모더니즘 영향 하에 들게 된 1990년대 이후의 한국 민중사 연구 동향을 소개하였는데, 민중을 다양한 아이덴티티를 지닌 존재로 인식하게 되었으며, '근대-전근대를 비대칭적인 이항대립의 관계'로 이해하는 것을 비판하고 새로운 민중상을 창출해낸 성과가 나오고 있다고 논하였다.

현재 일본과 한국의 역사학이 놓인 상황은 매우 흡사하다. 나는 두 사람의, 힘을 가득 담은 보고로부터 희망을 얻었다. 일본과 한국 양국의 공동연구를 통해 다양한, 혹은 중층적인 주체적 민중상의 제기가 가능해지고, 일국사를 넘어선 민중사·민중 운동사의 공동연구가 실현 가능해지게 되었다고 할 수 있지 않을까. 현재, 역사문제연구소 민중사반과의 공동기획으로 민중사를 테마로 한 논문집 간행을 위한 작업이 이루어지기 시작하였다. 이 성과는 일본과 한국의 민중사·민중 운동사 연구의 수준을 크게 끌어올리게 될 것이라 기대하고 있다.

2 부

19세기 조선사회와
임술민란

임술민란의 발생배경이 삼정三政의 문란과 깊은 연관성이 있음은 주지의 사실이다. 특히 삼정 가운데서도

환정還政이 주요 원인으로 알려져 있다. 그 이유의 하나는 환곡 운영과정에서의 향리 포흠을 둘러싼 갈등 때문이며, 다른 하나는 환곡

포흠을 비롯한 다양한 명목의 잡세가 결가結價 속에 포함되었기 때문이다. 그런데 환곡이 19세기에 와서 특히 문제가 된 이유는 당시의

시대적 상황과 밀접한 관련을 맺고 있다. 첫째는 흉년으로 인한 미징수 환곡의 지속적 증가 현상이며, 둘째는 향리층을 비롯한 중간관리

층의 부정행위이며, 셋째는 환곡 이자가 국가 재정에 충당되는 비중의 증가이다. 특히 지방에서는 재정의 부족분을 대부분 환곡의 운영

으로 충당하고자 하였기 때문에, 환곡 운영을 둘러싼 민관民官의 갈등은 피할 수 없는 문제였다. 단성민란의 발생배경 역시 환곡과 밀접

한 관련을 맺고 있었다. 단성은 지역의 협소함과 척박함에도 불구하고, 환총還摠이 10만석이나 되었기 때문이다. 이러한 사정에 놓여있

었기 때문에 단성지역에서의 민과 관 사이에 환곡을 둘러싼 첨예한 대립은 피할 수 없었다. 특히 단성의 사족들은 비

옥한 토지를 소유하면서 그 지역의 민들에게 강한 영향력을 행사하고 있었다. 따라서 부세수취를 둘러싸고 사족

을 대표로 하는 민과 향리를 대표로 하는 관 사이의 대립은 예견된 것이나 마찬가지였다. 단성민란은 이러한 양

자간의 갈등이 전면에 드러난 대표적인 사건이라 할 수 있다. 본 글은 위의 사실들은 염두에 두고 단성민란을 전

후한 시기의 단성현 향리가문의 변화여부, 향리층에 대한 당시 사회의 인식, 향리층의 관계망 등을 살펴보았다.

손병규(孫炳圭)*

1. 머리말

'삼정三政'은 토지세 징수 및 상납의 운영에 대한 '전정田政', 군역 운영에 대한 '군정軍政', 환곡을 종자 및 식량으로 분급하고 회수·관리하는 '환정還政'을 가리킨다. 이 용어는 18세기 후반 이후 지방 재정 운영의 핵심적 문제를 일컬어 사용되었다.[1] 당시 위정자를 비롯한 유교 지식인부터 최근의 한국사 연구자들까지 삼정을 둘러싼 지방 재정 운영상의 '폐단'을 지적해왔으며, 그것이 19세기 농민 항쟁을 발생시킨 주된 원인이라고 인식했다. '삼정문란三政紊亂' 인식은 조선왕조가 붕괴하기에 이르는 사회경제적 원인을 농민층

19세기 '삼정문란'과 '지방재정 위기'에 대한 재인식

---

* 성균관대학교 동아시아학술원 인문한국(HK)연구소 교수.

1 『正祖實錄』 20책, 정조 9년 7월14일 신유조; 12월 6일 신사조; 46책, 정조 21년 1월 14일 을묘조; 『純祖實錄』 4, 순조 2년 1월 15일 정해조. 이 시기에 삼정은 지방관에게 일체 위임된다는 언급에 그치고 있어, 부정적인 인식은 보이지 않는다. 『純祖實錄』 28, 순조 26년 6월 25일 을해조와 30책, 순조 29년 10월 29일 경인조에 비로소 '폐단', '문란'의 인식이 보인다.

분해와 계급 투쟁의 관점에서만이 아니라 부세 제도 운영상의 문제에서 찾은 결과이다.[2]

'삼정문란'은 곧바로 19세기 지방 재정의 위기적 상황과 직결되는 것으로 여겨졌다. 삼정 운영을 통한 지방 재원의 중앙 이전에 대신해서 지방 경비를 위한 대체 재원이 확보되어야 했다. 그러나 삼정운영의 폐단으로 말미암아 중앙과 지방 그 어느 쪽도 충족시키지 못하고 지방 재정은 파탄에 이르게 되었다는 것이다. 19세기 지방 재정 운영에 대해 부정적인 인식은 변함이 없지만, '삼정'을 부세 제도 운영상의 문제로만이 아니라 조선왕조 재정 구조의 특성과 변화 가운데 관찰하고자 했다.

한편, 전근대 재정을 전제 국가의 중앙 집권적 경제 운영 원리로부터 관찰하는 시각도 제기된 바 있다. '지배권이 미치는 영토 내의 모든 재원은 왕권으로 상징되는 국가에 일괄적인 국고 수입으로 수렴되고 재조정되어 다시국가 공공 업무를 수행하기 위해 재분배되는' 것을 이상으로 하는 일원적이고 집권적인 재정 체제가 제시되었던 것이다.[3] 그것을 '국가 재분배 체제國家再分配體制'라고도 한다.[4] 이것은 단지 징수로 인한 재정 수입뿐만 아니라 재정지출은 물론 재원의 관리와 수송 상납을 포괄하는 재정 과정을 관찰하는 시각이다. 국가와 민 사이에 중간적 집단이 상대적으로 강고한 서구와 달리, 그것이 억제되어 약화된 동아시아사회의 경제 운영 원리로 제기된 셈이다.

---

2 방기중, 「조선 후기 수취 제도・민란 연구의 현황과 '국사' 교과서의 서술」, 『역사교육』 39, 1986; 高東煥, 「19세기의 부세 운영의 변화와 그 성격」, 『1894년 농민전쟁연구 (1)』, 한국역사연구회, 1991.

3 足立啓二, 「專制國家と財政・貨幣」, 中國史研究會 編, 『中國專制國家と社會統合』 第三章, 文理閣, 1989; 岩井茂樹, 「徭役と財政のあいだ−中國稅・役制度の歷史的理解にむけて」, 『經濟經營論叢』(京都産業大學), 第28卷 第4号(1994年 3月), 第29卷 1・2・3号(1994年6・9・12月); 손병규, 「조선 후기 재정 구조와 지방 재정 운영: 재정 중앙 집권화와의 관계」, 『대동문화연구』 44, 2003.

4 이헌창, 「조선왕조의 經濟統合 體制와 그 변화에 관한 연구」, 『조선시대사학보』 49, 조선시대사학회, 2009.

그런데 위와 같은 서로 다른 관점에서도 무엇이 어떻게 '위기'인지 분명치 않으면서 19세기의 재정 구조를 부정적으로 인식한다는 점은 공통된다. 어쩌면 그것은 한편으로 지방 재정에 대한 중앙정부의 인식을 그대로 반영하는 것이며, 다른 한편 중앙 재정에 한정하여 그렇게 인식한 것일지도 모른다.[5] 어쨌든 지방 재정 자체의 발전 과정이 논의되지는 못했다. 또한 어느 쪽이든 조선왕조의 재정을 소위 '근대 재정'으로 전환하기 위한 극복 대상으로 여긴다는 점도 공통된다. 중앙으로 일원화된 근대적 재정 구조로부터 지방 재정을 관찰한 것은 아닐까 여겨진다.[6]

이 글에서는 19세기 지방 재정 상황을 조선왕조 재정 시스템의 속성과 그 장기적 변동 가운데서 관찰하여 위기론적 인식을 비판적으로 재고해보고자 한다. 특히 18세기 중엽의 총액제적인 재정 운영 체제에 기인하는 지방 재정 운영의 독자성에 주목하고자 한다.[7] 그것은 중앙각사의 개별·분산적 재정 운영에 대해 취해진 재정 중앙 집권화의 결과이며, 지방관아의 재정 운영보다 오히려 중앙 재정 운영을 압박했기 때문이다. '19세기의 위기'라고 한다면 오히려 이로 인한 중앙 재정의 고착화에서 위기가 발견될지도 모른다. 이런 관점에서 근대적 재정 개혁으로 인식되는 19세기 말의 재정 개혁에

---

5 이헌창 편, 『조선 후기 재정과 시장: 경제 체제론의 접근』, 서울대학교 출판문화원, 2010. 이 책에 대한 비평 논문은 졸고, 「조선왕조 재정과 시장의 관계 재론」, 『경제사학』53, 경제사학회, 2012 참조.

6 김태웅은 최근의 논저에서 박사논문과는 달리 '지방 재정 위기' 대신에 '지방관아 재정의 위기'라는 표현을 사용한다. "'지방 재정'은 근대 시기에 중앙정부가 지방 재정의 제도화를 근간으로 삼아 법제적으로 지방 재정을 관리할뿐더러 국가 재원과 지방 재원의 배분 문제에 관여하여 조정한다는 의미의 용어"라고 여기기 때문이다. 『한국 근대 지방 재정 연구』, 아카넷, 2012, 1장 세도정치하 지방관아 재정의 위기와 구폐책, 주1. 역시 조선왕조 재정을 근대적 재정과 대비해서 개념화하고자 한 것이다. '財政'이란 정부의 경제 활동을 가리키는데, 여기서 정부는 국가 혹은 중앙정부만이 아니라 지방자치단체를 이끄는 지방정부를 포함하여 이해하고자 한다.

7 손병규, 「조선후기 比摠制的 재정 체계의 형성과 그 정치성」, 『역사와 현실』 81, 한국역사연구회, 2011.

대해서도 조선왕조의 전통적인 재정 시스템의 연장선에서 재평가할 것이다.

2. 삼정 운영의 실제

'삼정'은 재정 수입 및 지출과 관련하여 지방관아에서 진행되는 가장 주요한 재정 운영 부문들이다. 전세와 군역은 수입에서의 이대 징수 항목이며, 환곡은 민간에 직접적으로 분배되는 국가 재원의 주요 지출 항목이다. 또한 조선왕조 재정은 개별 수요처별 수요 항목을 곧바로 구체적인 세목으로 설정하여 징수하고, 정해진 재원량을 해당 수요처로 직접 상납하는 특징을 갖는다. 재정의 목적이 공공 업무를 수행하고 생산을 안정화하기 위한 재원의 분배, 즉 '국가 재분배'에 있었다고 할 수 있다. 여기서는 전정, 군정, 환정 ― 진휼을 위한 황정荒政을 포함하여 ― 각각에 대해 문제시되는 점들을 조선왕조 재정 시스템의 전개 과정으로부터 관찰하기로 한다.

전정의 문제점은 주로 수세지의 은닉, 추가적 징수, 면세지 징수에 있는 것으로 여겨졌다.[8]

우선, 토지 조사 과정에서 지방 실무자에 의해 감추어진 '은결隱結'의 존재다. 이것은 토지세 상납에서 누락되어 중앙 재정 수입 감소의 최대 원인으로 지적되었다. 18세기 말에 대대적으로 조사·수색이 시도되어 토지대장에 진결陳結로 등재되었던 '은결'은 징수 대상지인 실결實結로 전환되었다.[9] 그러나 19세기에 들어 실결 총액은 그다지 증가하지 않았다. 실결로 전환되지 않은 상당 부분의 은결이 여전히 존재했을 것이나 표면화하기 어려웠던 것으

---

8 송양섭, 「임술민란기 부세 문제 인식과 三政改革의 방향」, 『한국사학보』49집, 고려사학회, 2012.

9 朝鮮總督府中樞院調查課 編, 『朝鮮田制考』, 1940.

로 여겨진다.

'은결'이라 지칭되는 이런 토지는 단지 지방관청의 징수 실무자들이 사욕을 채우기 위해 숨겼던 것으로 단정할 수만은 없다. 이것은 실무자와 소유자 사이의 담합으로 마련되어 거주지 가까이에 광범위하게 포진하는 진결들이나, 실제로 경작되지만 재해지로 보고된 토지들이다.[10] 무언가 반대급부를 받는 대신에 토지 생산물은 지방 재정 운영을 위한 재원으로 활용되었을 가능성이 높다. 실결로 파악되기에 이른 은결도 중앙정부가 전부 몰수하지는 못하고 화세전이나 균역청 여전餘錢으로 지방관청에 부여하기도 했다.[11] 은결은 지방관아 재정원의 하나였으며, 그것의 공식화는 지방 재정을 압박하는 효과를 냈던 것이다.

다음으로 본래의 토지세인 전세와 공납貢納 및 일부 요역을 토지세화한 대동大同, 군역을 반감하여 토지세화한 결전結錢 등의 정규적인 토지 징수 외에 추가적인 부과가 늘어간다는 사실이 전정의 문제점으로 지적되었다. 지방 관아는 국가 재원의 상납만이 아니라 지방 경비의 확보를 위해서도 추가적 토지세를 확보하고 있었다. 지방 재정에도 부세의 토지세화 경향이 도입되어 상납 재원과 지방 경비 등을 모두 토지에 부과하는 '도결都結'의 징수 방법이 창출되기도 했다.[12]

이렇게 추가 징수된 토지세는 중앙정부가 파악하지 못하고 지방관아의 운영에 맡겨 묵인되는 비정규적인 재정이었다. 토지세 비중이 증가하는 만큼 지방의 중간 횡령이 발생할 우려도 커졌다. 사욕에 의한 것이든 재정 운영상의 실패로 인한 것이든, 재정 적자가 발생하면 그것은 곧바로 중앙 재정

10 金建泰, 「1743~1927년 전라도 靈巖의 南平文氏門中의 농업경영」, 『大同文化硏究』 35, 1999.
11 손병규, 「조선 후기 재정 구조와 지방 재정 운영: 재정 중앙 집권화와의 관계」, 『대동문화연구』 44, 2003.
12 安秉旭, 「19세기 부세의 도결화와 봉건적 수취 제도의 해체」, 『國史館論叢』 7, 1989.

수입의 불안정을 초래했고, 지역 납세자인의 부담으로 되돌아왔다. 따라서 전정과 관련한 수령과 현지 실무자의 자율적=자의적 운영은 국가의 주요한 감사 대상이었다.

다음으로 중앙 기관이나 왕실의 면세 특권지에 대한 징세 문제도 거론되었다. 관아에 토지세를 내서 중앙 재무 기관인 호조나 산하의 선혜청, 균역청에 상납하는 대신, 해당 기관이나 왕실의 궁방宮房에 그만큼을 직접 상납하는 토지가 있었다. 즉, 조세를 부담하는 '공전公田'이 아니라 그것이 면제되는 '사전私田'적 토지이다.[13] 국가 기관이나 왕실이 왕으로부터 사사로이 그 징수권을 부여받았던 것이다. 이러한 토지를 경작하는 농민은 때로 지방관아에 부담하는 잡역까지 면제되기도 했다. 그런데 이러한 토지는, 특히 왕실이 직접 관리하는 궁방전은, 실제로 농민이 소유하는 민전民田 위에 설정되는 경우가 많았다. 따라서 이 토지들은 조세를 부담하거나 지방관아의 추가적 징수를 요구받기도 했다.

군정의 문제점은 정해진 군역 외에 만들어진 각양각색의 역종과 액외額外 군액의 증가, 군포軍布의 추가적 징수와 작전가作錢價의 조작 등이 주로 언급된다.[14]

18세기 중엽에는 소속별·역종별 군액軍額을 확정한 군역 역종에 대해서 그 정족수를 넘어서서 액수를 확보할 수 없었으며, 이후 이러한 원칙이 상당히 엄격하게 지켜졌다. 이 군역 역종은 중앙 기관과 지방 감영 및 군영에 소속된 양인 군역 — '양역良役' — 에 한해서 그러했다. 이들 군역자가 지역별 정액으로 고정된 데 반해, 지방 관청에 소속된 인적 재원인 '읍소속邑所屬'은 19세기 전반까지 증가했다. 정액 역종 이외의 액외 군액으로 인식된 것은 주로 이들이다.

---

13 宮嶋博史, 『朝鮮土地調査事業史の硏究』, 東京大學東洋文化硏究所報告, 1991.
14 송양섭, 앞의 글.

지방관아의 수령 밑에는 군병을 둘 수 없어 읍소속을 바로 '군역'이라 규정하기 어려운 점이 있다. 하지만 18세기~19세기 초기를 통해 노비가 대대적으로 양인화하는 경향에 따라 국역 체계가 모든 양인에게 확대되었다고 할 수 있다. 또한 읍소속에는 사노私奴가 많았다. 이들 사노는 소유자들이 자신의 군역을 노비 이름으로 부담하거나 지방 재정 및 군역 운영상 무언가의 반대급부를 받고 제공한 자들이다. 읍소속들이 부담하는 인력과 재화는 지방의 재정 운영을 위해 사용되었다.

토지 징수와 마찬가지로 군역 징수에도 추가적·부가적 징수가 더해졌다. 군역 운영은 국가 기관이 지방에 직접 명령하여 소속 군역자를 징발하거나 군포를 납부하도록 하는 식으로 이루어져왔었다. 따라서 18세기까지 역종별 군역자 가운데 차출된 자가 상번군을 인솔하거나 군포 물자를 수송, 납부했다. 그런데 군역이 정액화되어 지역 단위의 소속별 역종별 군액이 고정되면서 지방관아는 지방의 군역 및 재정 실무자에게 그 일을 대행하도록 했다.[15] 지방행정 관할 구역 내에 거주하는 군역자들을 일괄적으로 관리하기 위한 군역 운영비용이 추가적 군역 징수를 초래했다.

그러나 명목을 달리 할 뿐, 이전에도 추가적 징수가 없었던 것은 아니었다. 다만 이후의 지방관아 실무자에 의한 군역 징발, 징수에는 지방마다 명목과 액수가 일정치 않고 횡령의 여지가 없지 않았다는 점이 우려되었던 것이다. 군포를 군전軍錢으로 작전하여 징수할 때 면포가를 시가와 현격히 차이가 나게 결정하는 데 대한 우려도 여기에 포함된다.[16] 실무자가 해당 군역 운영 기구의 재정을 위해 작전가를 조작하여 군역 부담자가 납득하지 못하는 경우가 생길 수 있었다.

환곡의 '환還'은 본래 배분한 곡물만큼 회수될 것을 예상하여 붙여진 이름

---

15 위의 글
16 許傳, 「三政策」, 『三政策』 2, 432쪽.

이다. 그러나 총칭적인 의미로 사용할 때는 흉작이나 전염병으로 인한 재해 시의 진휼, 물가의 조절, 군량의 비축을 주된 기능으로 하는 진휼곡賑恤穀, 상평곡常平穀, 군향곡軍餉穀 등을 통틀어 지칭한다.[17] 환곡의 운영에는 흉작 시에 배분한 물자의 회수를 기하지 않는 '진급賑給', 수확을 기다려 회수하는 '진대賑貸', 포목과 곡물의 사이의 매매, 묵은 쌀을 신곡으로 바꾸는 '개색改色' 등의 출납 방법이 있었다. 또한 비축 물자의 관리상, 저장 곡물의 감소분과 창고의 창설 및 수리, 관리인에 대한 보수 등의 비용을 충당하기 위하여 배분된 원곡을 반납할 때 보통 10%의 '모곡耗穀'이나 '색락色落'이 부가되었다.

환곡에 대한 '모곡' 일부를 다시 출자 기관에 회부하면서 환곡이 국가 기관의 재정보용으로 인식되기 시작한 것은 이미 오래 전이었다. 환곡의 분급량이 증가하고 분급 비율이 높아지면서 그와 함께 '모곡'도 양적으로 증가했으며, '모곡'의 일부를 다시 환곡의 원곡에 가세하여 '모상첨모耗上添耗'의 복리로 식리를 취하기에 이르렀다. 그 결과, 환곡은 생산력 유지를 위한 종자 및 식량의 급대와 진휼 기능을 상실하고 재정보용을 위한 일종의 부세로 전락했다고 여겨졌다. 이것이 환곡의 최대 문제점으로 지적되었다.[18] 이러한 사태는 19세기를 통해 점차 심화되어 환곡을 출원한 기관으로부터 모곡 일부의 납부가 독촉됨은 물론, 정상적 운영으로의 회복이 종용되었다.

그러나 그보다 연원적인 문제는 환곡이 생산력 유지를 위해 지출되는 소모성·소비성 재원이었다는 점에 있다. 이러한 성격 때문에 환곡은 분급한 뒤 다시 회수하기 어려워 미납량이 누적되어갔지만 그렇다고 분급을 멈출

---

17 문용식, 『朝鮮後期 賑政과 還穀運營』, 경인문화사, 2001; 송찬섭, 『조선후기 환곡제 개혁 연구』, 서울대출판부, 2002.
18 오일주, 「조선후기 國家財政과 還穀의 부세적 기능의 강화」, 연세대학교 석사학위논문, 1984; 양진석, 「18·19세기 還穀에 관한 硏究」, 『韓國史論』 21, 1989; 송찬섭, 『조선 후기 환곡제 개혁 연구』, 서울대출판부, 2002.

수도 없었다. 환곡 미회수나 모곡 미납의 원인은 주로 흉작을 초래하는 자연재해 등 지역사회 전체에 영향을 미치는 것이었기 때문에, 환곡 운영은 지역 단위로 이루어졌다. 미회수, 미납이 거듭되면서 선조나 이웃이 누적시켜온 미회수, 미납분을 지역 주민이 집단적으로 해결하지 않으면 안 되었다. 지역 단위로 증가하는 누적량을 지역 전체의 현주민 호구에 고루 분담시켜 주민세처럼 징수하거나 경작 토지에 토지 부가세로 부과하기에 이른 것이었다.[19]

지방에 비축되어 있는 환곡은 지방 재정 운영을 위한 비축 물자로도 활용되었다. 관이 백성에게 곡물을 공급하는 것은 단지 민생 유지의 필요만이 아니라, 유통 물자의 증가와 시장경제의 진전을 관이 주도하고 통제하는 정책적인 조치로서도 의미가 있었다. 환곡의 기능이 저하되어도 제도 자체를 철폐하지 않고 지속적으로 곡물을 분배한 데에는 '국가 재분배'라는 조선왕조의 재정 이념을 지방 통치 현장에서 실현하는 이외에도 이유가 있었던 것이다.

1862년 농민항쟁에 대응하기 위해 중앙정부는 '삼정이정청三政釐整廳'을 설치하고 개선책으로 『삼정이정절목三政釐整節目』을 반포했다.[20] 이 삼정에 대한 개선책을 요약하면,[21] 전정에 대해서는 오랫동안 토지조사인 양전量田을 실시하지 않고 면세결이 증가하여 수세 실결이 감소한 데 문제가 있다고 보아 양전의 실시를 급선무로 제안했다. 군정에 대한 조처는 군역 충정의 원칙 준수와 군역자 조사를 통한 군액 확보에 주안점을 두었다. 정액 외 모군과 피역에 대해 조사하는 한편, 군포 징수 방법으로 동포洞布라는 공동 납부를

---

19 경상도 단성현(丹城縣)에서는 면리마다 호수에 기준하여 '요호전(饒戶錢)'을 징수했는데(『句漏文案』), 이는 환곡으로 인한 적자를 충당하기 위한 것이었다. 김건태, 「조선 후기 호의 구조와 호정운영 – 단성호적을 중심으로」, 『大東文化硏究』 40, 2002, 217~262쪽 참조.
20 이정청은 철종 13년(1862) 5월 26일에 설치되어, 철종의 요구에 의해 전국에서 올라온 '응지삼정소(應旨三政疏)'를 토대로 윤8월 19일 『삼정리정절목(三政釐整節目)』을 반포했다(『壬戌錄』).
21 송양섭, 앞의 글.

허용했다. 환정에 대해서는 미회수로 허구화된 환곡을 탕감하거나, 그것을 모두 토지에 부과하는 '파환귀결罷還歸結'의 방법이 제시되었다.

여기에서 제시된 이정책은 면세지 통제, 군역 정액화, 부세의 토지세화 등, 조선왕조 국가 재정의 집권화 방향에서 제시된 것이었다. 그러나 지역사회의 공동납을 제외하고는 중앙정부 차원의 해결책에 경도되어 있어, 지방관아의 재정 운영 현실과 운영 원리에 입각한 삼정책으로 집약되지는 못했다.

3. 지방 재정 운영상의 위기의식에 대해

조선 후기 지방 재정 구조와 운영 방식의 문제점은 대체로 중앙 상납 재원의 확충과 지방 경비의 증대 경향에 있다고 여겨졌다.[22] 더구나 18세기 중엽의 총액제적 재정 정책으로 국용國用 수입이 억제됨으로써 지속적으로 증가하는 재정 수요를 감당하기 어려워지고, 그것이 19세기 재정의 위기적 상황으로 이어졌다고 인식되었다. 그러나 당시의 지방 재정을 그렇게 위기적인 상황으로만 볼 수는 없다.

'삼정문란'이라는 인식은 지방 재정 운영상의 폐단을 말하는 것으로 19세기 지방 재정에 대한 위기의식을 강변하는 요인이 될 수 있다. 그런데 전정, 군정, 환정이 각각 지방 단위로 설정되어 있는 전총田總, 군총軍總, 환총還總에 기초하여 인식되고 있다는 사실을 눈여겨 볼 필요가 있다.[23] 지방 단위로 재정 총액이 설정되고 그것에 기초하여 지방관아의 재정이 운영되었다는 점이 삼정의 문제를 재인식하는 기본 요소라 할 수 있다. 이러한 지방 재정의 총액적 설정은 18세기 중엽의 총액제적 국가 재정 정책을 계기로 18세기

---

22 김태웅, 『개항 전후~대한제국기의 지방 재정 개혁 연구』, 서울대학교 박사학위논문, 1997.
23 송양섭, 앞의 글.

후반에 성립되었다.[24]

전국 규모의 대규모 토지조사는 1720년경의 '경자양전庚子量田'을 끝으로
대한제국기의 '광무양전光武量田'에 이르기까지 실시되지 않았다.[25] 경자년의
양안에 기초하여 해마다 재해 토지와 새롭게 경작되는 토지만을 조사하여
서로 가감으로써 납부할 토지세를 계산했다. 더구나 18세기 중엽에는 재
해 토지 면적의 결수結數를 그해의 작황과 유사한 해의 토지면적에 준하여
도와 군현에 총액적으로 설정하는 '비총제比摠制'가 실시되었다. 그렇기 때문
에 현실적으로는 토지세가 지역 단위의 토지 총액에 제한되어 큰 변동이
일어날 수 없었다.

중앙 재정 대부분을 토지세에 의존하는 것은 풍흉과 관계없이 일정한 수
입을 안정적으로 보장받으려는 의도에 기인한다.[26] 이에 반해 지방관아는
일정치 않은 재해 상황에서 지세면제가 되는 재해결을 확보하여 수세 실결을
최소화하고자 노력했다. 그 과정에서 재해 토지를 더 많이 인정받기 위해
수령의 개인적인 정치력과 네트워크가 동원되기도 했다. 토지세 납부를 둘러
싸고 지방관아의 융통성 있는 운영이 요구되었던 것이다. 이런 상황에서
지방관아는 재정 운영이 언제 위기에 처할지 모를 불안정한 처지가 되었다.
그러나 더욱 주목되는 것은 중앙정부의 국가 재정 운영에 대해 상대화된
지방관아의 독자적 재정 운영 영역이 확보되었다는 점이다.

중앙 재정의 토지 수입 안정화는 지방의 재해결 요구 증가와 조세 탕감
요청의 일상화라는 압박 때문에 그다지 성공적이지 못했던 것 같다. 더구나
중앙 재정 자체의 수요 증가와 물가의 변동은 일상적이고 안정적인 소비를

---

24 손병규, 「조선후기 比摠制的 재정 체계의 형성과 그 정치성」, 『역사와 현실』 81, 한국역사
연구회, 2011.
25 宮嶋博史, 앞의 글.
26 재해결의 억제로 토지 수탈이 가중되었다는 인식도 있으나 그렇게 이해할 만큼의 징세량
변동은 없었다. 고정세액이라는 사실이 주목해야 할 점이다.

불가능하게 했다. 19세기에 들어 정규적인 재정 수입에 제한을 받고 있던 중앙의 각종 국가 기관과 궁방은 다시금 각자 개별적인 재원 확보 활동을 시작했다. 중앙정부는 제한된 재정 수입으로나마 지속적으로 시장을 통제하여 수요 물품의 가격을 억제하고 수요를 충족시키기 위해 노력했지만,[27] 각 국가 권력 기관 스스로의 정치권력을 이용한 각종 무명잡세가 우후죽순처럼 생겨났다.[28] 굳이 19세기의 재정 위기를 거론한다면 그것은 중앙 재정의 고착성에 기인한다.

정규적인 재정 부분인 군역 재원의 운영을 살펴보면, 중앙 재정의 집권화와 지방관아의 독자적 재정 운영 확보의 관계를 토지 재원의 운영에서보다 더욱 확실하게 알 수 있다. 군역에 대한 지방 단위의 총액적 설정도 18세기 중엽에 시행되었다.[29] 그것은 18세기 전반기를 통해 중앙의 각사와 군문에 소속된 중앙 군역자의 역종별 군액을 억제하고 지방 소재 감영 및 군영에 소속된 지방군 일부에 대해 정액을 제시한 사업의 결과였다.

1740년대에 작성된 『양역실총良役實摠』은 군역자의 소속별 역종별 군액을 군현 단위로 기록하여 더 이상의 증액을 허락하지 않았다. 각종 권력 기관이 지방관아에 함부로 군역자의 징발을 종용할 수 없도록 한 것이다. 각종 중앙 권력 기관의 개별 분산적인 확보를 차단하여 군역 재원에 대한 중앙집권화를 추진하는 반면, 지방관아에는 군역 재원의 관리와 징발을 비롯한 군역 운영의 독자성을 보장해주었다. 이러한 기반 위에서 18세기 후반 이후 지방의 수령은 줄기차게 군역 탕감을 요청했다. 상번군의 징병과 군포 징수를 고정된 일정 수준으로 완수하기만 하면 되었지만, 더 나아가 그 부담마저도 줄이

27 이헌창·조영준, 「조선 후기 貢價의 체계와 추이」, 『韓國史研究』 142, 韓國史研究會, 2008.
28 須川英德, 『李朝商業政策史研究』, 東京大學出版會, 1994.
29 『良役實摠』 1740년대. 손병규, 「18세기 양역 정책과 지방의 군역 운영」, 『軍史』 39, 1999 참조.

고자 노력한 것이다.

군역 재원의 상납을 고정시킴과 동시에 기타의 인적 재원을 지방 재정 운영을 위해 확보하기도 쉬워졌다. 호를 단위로 하는 노역 동원과 물품 제작 및 채취 의무를 분정分定하는 일만이 아니라, 개별 인구를 지방관아 소속으로 확보하는 것도 가능해졌다. 18세기 말부터 19세기 초에 걸쳐 대대적으로 확보된 '읍소속'이 그것이다.[30]

18세기 말에 작성된 『부역실총賦役實摠』에는 지방 군현을 단위로 상납해야 하는 수요처별 세목과 품목 및 상납량이 기재되어 있다. 군현 단위의 재원 총액 가운데 주로 토지세에 집중되어 있는 중앙 기관에 대한 상납분이 대부분을 차지한다. 도내의 감영과 군영에 납부하는 재원을 제외하면,[31] 군현 자체에서 사용하는 지방 경비는 지역에 따라 차이가 있지만 대체로 1할에 그친다.

그러면 지방에 소재하는 재원은 대부분 중앙으로 상납해야 하는 것들이었을까? 『부역실총』은 각종 국가 기관과 왕실의 분산적인 재정 운영을 집권적으로 통제하기 위해 작성된 것이다. 지방관아의 입장에서는 여기에 기재된 상납 이상은 상부 기관으로부터 개별적으로 종용받을 일이 없음을 의미했다. 당시 지방관아 산하에서 지방 통치 및 재정 업무를 분담하던 각종 기구들의 재원을 살펴보면, 중앙 각 기관과 왕실로 상납되는 재원 외에도 많은 재원이 지방 경비로 사용되었음을 확인할 수 있다. 더구나 쌀, 면포, 동전 외의 각종 현물의 수요와 재화로 합산될 수 없는 노역 동원, 물품 제작 및 채취 의무, 그리고 항상적이지 않은 비상시의 재정 수요 등이 지방 경비의 중심을 이루

---

30 손병규, 「호적대장 職役欄의 군역 기재와 '都已上'의 통계」, 『대동문화연구』 39, 2001.
31 일본과의 외교 관계로 동래(東萊)에 많은 재원을 남겨두는 경상도의 경우는 이 비중이 높다. 손병규, 「조선 후기 국가 재원의 지역적 분배─賦役實總의 상하납 세물을 중심으로」, 『역사와 현실』 70, 한국역사연구회, 2008.

었다.[32]

지방 재정은 상부 기관에 대한 상납 재원과 자체 경비를 포함하여 지방 관청 산하의 여러 통치 및 재정 기구들에 의해 분산적으로 운영되고 있었다.[33] 각각의 역할을 수행하기 위한 비용은 징수 담당 세목의 추가 징수를 비롯하여 주로 자체적인 재원 확보 활동을 통해 마련되었다. 항상적인 지출은 각 재무 기구들이 각자의 사무 분담에 따라 정기적으로 시행했다. 그러나 항상적이지 않은 비상시의 지출은 여러 기구들이 나누어서 지출하는 경우가 많았다. 자체 경비를 중심으로 하는 재원들은 19세기를 통하여 점차 공식화되었지만, 끝내 표면화되지 않은 부분도 많았다. 이렇게 분산적이고 비공식적인 재원은 자의적·불법적으로 운영될 소지를 배제할 수 없다. 그러나 그러한 운영 방식은 지방 재정의 규모를 낮은 수준으로 유지하기 위한 방책이었다.

19세기 재정의 변화와 더불어 큰 역할을 하게 되는 대표적 재무 기구가 소위 민고民庫다. 민고는 지방 재정 운영 방식의 불합리성을 대변하거나 그것을 개선하기 위한 방책으로 이해되고 있다.[34] 어찌되었거나 지방 재정의 위기적 상황을 대변하는 기구였다. 민고는 재원의 화폐화 경향에 따라 자질구레한 항목들의 동전 지출을 담당하는 경우가 많았다. 민고의 지출 항목들은 예전에 노역 동원으로 해결하거나 각 통치 및 재무 기구들의 자체 활동으로 수행하던 것을 정식으로 새롭게 공식화한 것들이었다. 향리를 중심으로 하는 기존 사무 담당자들의 자의적이고 불법적인 운영을 문제시하여 민간에 운영

32 권기중, 「『부역실총』에 기재된 지방 재정의 위상」, 『역사와 현실』 70, 한국역사연구회, 2008.
33 손병규, 「조선 후기 상주 지방의 역수취 체제와 그 운영」, 『역사와 현실』 38, 한국역사연구회, 2000.
34 장동표, 「조선 후기 민고 운영의 성격과 운영권」, 『민족사의 전개와 그 문화』 (상), 벽사이우성교수정년기념논총, 1990; 김덕진, 「조선 후기 지방 관청의 민고 설립과 운영」, 『역사학보』 133, 1992.

을 맡겼다. 민고는 지방 재정 운영에 대해 주민 내부에서 상호견제하고 합의에 따라 합리적인 운영 방식을 창출해간 결과물이라 할 수 있다.

지방에서 최대의 출납 재원은 역시 환곡과 같은 진휼 재원이었다. 환곡 자체의 분급량이 많을 뿐 아니라 모곡 수입의 지출 용도도 점차 다양해졌다. 특히 지방 소재의 감영이나 군영에 상납하는 재원을 환곡의 모곡 수입으로 대체하는 조치가 취해지기도 했다.[35] 환곡이 지방 단위의 '환총'으로 운영된 것은 중앙 기관이 출자한 환곡의 원곡이 일정 수준으로 억제되는 18세기 말 이후의 일이었다. 19세기에는 환총이 감소하는 과정에서 오히려 지방관아의 비축 재원을 출원한 환곡 재원이 증가하여 모곡 수입을 지방 재정의 운영에 활용하는 경향이 있었다.[36] 고착화된 중앙 재정을 대신하여 지방 재정 운영상의 융통성을 발휘하기 위해서는 비상시에 사용할 수 있는 비축 재원이 필요했다.

환곡 운영에서 유래한 지방 관청의 읍채邑債는 모두 금융의 원리에 의한 취식 자금으로 운영되었다. 이윤이 지방 재정 운영상의 비축 재원으로 축적되기도 했지만, 본래 이 취식은 미납된 상납 재원이나 적자 재정을 장기 상환하는 방법으로 실시되었다.[37] 흉년의 미납액을 마련하기 위해 관아의 비축 재원을 납부 책임자나 담당자에게 출자하여 장기에 걸쳐 분할 상납하도록 한 것이다. 읍채는 민간의 사채私債에 비해 월등히 낮은 이자율을 유지했다. 그것은 읍채가 단순히 이윤 추구에 목적을 두지 않았음을 의미한다. 이 또한 지방 재정에 비축 물자가 마련되어 있고 시장이 관에 의해 주도되는

---

35 윤은미, 「조선 후기 경상감영의 재정 구조와 운영」, 성균관대학교 석사학위논문, 2005.
36 오일주, 「조선 후기 國家財政과 還穀의 부세적 기능의 강화」, 연세대학교 석사학위논문, 1984.
37 손병규, 『조선왕조 재정 시스템의 재발견—17~19세기 지방 재정사 연구』, 역사비평사, 2008; 김경란, 「임술민란 전후 全羅道의 軍政 운영과 殖利 문제」, 『한국사학보』49집, 고려사학회, 2012.

상황에서 가능한 운영 방법이었다.

지방 관청은 환곡의 미회수분을 충당하거나 지방 재정 운영상의 적자를 메우기 위해 토지 부가세를 부과하거나 주민세와 같이 호구에 일률적으로 부과하여 징세했다. 물론 이 일은 주민의 합의를 거쳐 시행되었지만, 이 문제를 둘러싸고 지역 내에서 논란이 없지는 않았다. 주민들은 지역사회 내부의 합의에 따라 이러한 징수에 응하고 있었다. 그러나 관청의 운영권자와 주민 사이의 합의가 제대로 진행되지 않을 때는 거센 항의에 직면해야 했다. 19세기 중엽 이후의 농민 항쟁은 조선왕조의 재정 시스템과 그 복지적 성격에 대한 재정비를 요구하는 것이었다. 이러한 상황을 단지 지방 재정의 위기로만 인식하기는 어렵다.

4. 19세기 조선왕조 재정 시스템의 성격

19세기 재정을 위기적인 상황으로만 볼 수 없다. 그것은 중앙 집권적 재정 부분과 지방 자치적 재정 부분이 병행되며 상호 보완적인 관계에 있었기 때문이다. 이는 전제주의적인 조선왕조의 재정이 공식화된 정규적 재정 부분과 비공식적인 비정규 재정 부분이 병행되는 이원적 시스템을 특징으로 했다는 사실과 관련이 있다.[38] 물론 전제주의 왕조 국가는 왕권이 미치는 모든 영역의 재원과 그 근거가 왕권으로 상징되는 국가로 수렴되었다가, 공공 업무의 수행을 위해 일원적으로 재분배되는 중앙 집권적 재정을 이상으로 했다. 그러나 왕권하에 일원화하는 그러한 재정 이념이 현실로서 시행되는 순간에 조선왕조의 이원적 재정 시스템은 오히려 '위기'를 맞이하게 된다.

---

38 손병규, 「조선 후기 재정 구조와 지방 재정 운영: 재정 중앙 집권화와의 관계」, 『대동문화연구』 44, 2003.

조선왕조는 전제주의적 재정 이념을 현실화하기 위해 재정을 중앙 집권화하는 과정을 경험해왔다. 18세기에는 중앙 재정 수입의 근거를 토지에 집중하여 호조 및 산하 기관의 조세 출납으로 일원화하고 군역도 소속별 정족수를 공표했다. 조선왕조 재정의 중앙 집권화는 왕권하에서 중앙 재무 기관이 일원적으로 재원을 출납하는 이상을 중앙의 각종 국가 기관이나 왕실의 개별적인 재정 확보 활동을 제한하는 방향으로 현실화하고자 한 것이었다. 물론 그렇다고 국가 기관이나 왕실의 사적이고 비공식적인 재정 활동이 근절된 것은 아니었다.

그런데 재정의 중앙 집권화 과정에서 더욱 주목되는 것은, 국가 기관의 하나인 지방관아에 대해서는 그와 동시에 자립적 재정 운영을 보장했다는 점이다.[39] 그 이유는 우선, 지방관아는 공공 업무 수행을 위한 재원의 분배 과정을 제외하고 국가 재원의 조사, 징수, 수송 납부, 재원 근거의 관리 유지라는 재정 과정 대부분의 업무를 담당하기 때문이었다. 또한 중앙 재정은 현물 재정에 기반을 두고 있었기 때문에 재정 과정에서 재원의 수송 납부 비용이 굉장히 많이 든다는 이유도 있었다. 징수에서 지출에 이르는 전 재정 과정을 중앙 재무 기관이 일괄적으로 처리하는 데 드는 비용을 지방 재정 운영에 위임함으로써 국가 재정의 규모를 최소한으로 억제하고자 한 것이다. 이러한 재정 운영 방법은 '절용節用'의 절약적 재정 이념을 지향한 결과였다. 이것을 실현하기 위해서는 시장의 지속적인 통제가 요구되었다.

재정 과정 대부분의 업무를 위임받음으로써 지방관아의 재정적 역할은 크게 증대했다. 19세기 지방 재정 위기의 요인으로 여겨지는 지방 경비 재정 수요의 증대는, 비공식적이던 지방 재정이 공식적으로 표출되어 가는 과정이었음을 앞에서 언급했다. 지방 재정 규모의 확대는 현실적으로 지방관아가

---

39 손병규, 「조선 후기 국가 재원의 지역적 분배―賦役實總의 상하납 세물을 중심으로」, 『역사와 현실』 70, 한국역사연구회, 2008.

그런 재정 업무를 수행하기 위해서 불가피한 현상이었다. 지방의 재정적 역할이 증대하여 중앙정부로부터 독자적이고 자율적인 재정 운영을 보장, 혹은 묵인 받는 것이 바로 19세기의 상황이었다.

18세기 후반부터 지방관아의 수령으로 부임하는 자들을 위한 지방 통치 지침서, 즉 목민서牧民書가 대대적으로 유행했다.[40] 이 목민서에서는 수령이 부임했다가 떠날 때까지의 행동 지침 가운데 재정 운영과 관련된 사항이 가장 비중 있게 다루어졌다. 19세기에도 『목민심서牧民心書』를 위시한 민간의 목민서 편찬이 지속되었을 뿐 아니라, 중앙 재무 기관인 호조가 『사정고四政巧』라는 지방 재정 운영 지침서를 제시하기에 이르렀다.[41] '사정'이란 전정, 군정, 환정의 삼정에 진황시의 황정(荒政)을 더한 것이다. 중앙정부는 지방관아에 일종의 재정권을 부여하는 한편, 수령과 현지 실무자의 자율적=자의적 운영을 주요한 감사 대상으로 여겼다. 묵인과 감사 사이에서 경계를 게을리 하지 않았지만, 결국 재정 운영의 성패는 현지 운영자의 도덕성에 의지할 수밖에 없었다.

지방 재정 운영의 자율성은 민간의 자치적 재원 파악과 납부 관례에 의존한 것이기도 했다. 납부 조직이 형성되어 부세 운영에 대응하고, 지방관아의 향리에게 납부 실무를 하청하며, 지방 주도 세력 간의 담합으로 운영 비용을 마련하는 일들도 지방의 자치적 운영 방식 중 일부였다. 19세기에는 동리 단위의 총액적 군역 부담인 동포제洞布制, 각종 인력 동원에 대한 특정 동리의 호역 조직화, 지방 재정 적자를 메우기 위한 군현 전반의 면리별 호구수에 기초한 주민세적 분담 등 공동납적인 부담이 일상화되었다.[42] 그것은 향촌사

40 김선경, 「조선 후기 목민학의 계보와 『목민심서』」, 『조선시대사학보』 52, 조선시대사학회, 2010.
41 호조, 『四政巧』, 19세기 전반(한국국립중앙도서관소장. 『朝鮮民政資料叢書』, 驪江出版社, 1987년 영인)
42 송양섭, 「均役法 施行 以後 軍役制 變動의 推移와 洞布制의 運營」, 『軍史』 31, 국방군사연

회 내의 자치적 권력 집단이 존재해야 가능한 일이었다. 19세기 후반 농민 항쟁을 수습하는 단계에서 등장하는 여러 종류의 '향회鄕會'가 그 존재를 반증한다.[43]

이런 관점에서 보면, 지방 재정의 운영에 참가하는 자는 수령과 실무자 향리에 한정되지 않는다. 향리도 현지의 주민이지만 그 외의 주민들이 재정 운영에 주도적으로 참가함으로써 지방 재정 운영의 자치성을 확보했다고 할 수 있다. 수령과 향리를 공무원으로 하는 군현제의 집권적 행정 체계는 주민들 사이의 합의에 기초하는 자치적 재정 운영 구조 위에 성립했다. 따라서 중앙정부에 대해 상대화되는 독자성을 가질 수 있었다. 현지에 오래 머물지 않는 수령으로서는 주민들이 만들어온 운영 방식을 급하게 변혁할 수 없었다. 오히려 대부분의 수령은 군현을 단위로 하는 독자적 재정 운영의 타당성에 근거하여 국가에 끊임없이 지역의 부세 부담 탕감을 요구했다. 이렇게 중앙 집권적으로 획일화되지 않고 자율적으로 운영되는 지방 재정이 전국적으로 제각기 다양하게 진행되면서, 그 상황이 '문란'이나 '위기'로 비쳤을지 모른다.

조선왕조의 재정은 중앙 재정의 집권화 방향과 지방 재정의 자율성 보장이 병행되는 이원적 재정 시스템의 발달 과정을 경험했다. 물론 전제주의적인 재정은 이념적으로 이 지방 재정마저 왕권으로 상징되는 국가에 일원화하는 것을 원칙으로 한다. 1894년의 갑오개혁에서 시행된 재정 개혁은 바로 이러한 중앙 집권적 전제주의의 재정 이념을 현실화하고자 한 시도였다.[44]

갑오 재정 개혁의 중앙 집권성은 첫째, 중앙관제로서 전국의 재정을 총괄

구소, 1995.

43 井上和枝, 「丹城民亂期における在地士族の動向」, 『朝鮮後期の慶尙道丹城縣における社會動態の研究 (1)』, 學習院大學 東洋文化研究所, 1990.

44 손병규, 「갑오 시기 재정 개혁의 의미—조선왕조 재정 시스템의 관점에서」, 『韓國史學報』 21, 高麗史學會, 2005.

하는 중앙 재무 기관인 탁지아문度支衙門을 설치한 데서 확인된다. 지방에 소재하는 모든 상납 재원이 탁지아문에 귀속됨으로써 각 지방관아가 여러 국가 기관에 분산적으로 재원을 상납하는 것이 불필요하게 되었으며, 각종 국가 기관과 왕실의 비공식적인 개별 분산적 재정 확보도 불가능해졌다. 이것은 기존의 재정 시스템, 즉 중앙정부가 집권적으로 파악하고 있되 중앙 재무 기관을 거치지 않고 직접 수요처 기관에 수송 납입되거나, 중앙 재무 기관이 정규적인 조세로 파악하지 못하는 재정 수입이 존재하던 시스템과는 현격히 다른 것이었다.

상납 재원에 대한 탁지아문의 일원적 수납은 토지와 호구에 대한 일원적인 파악과 징수를 전제로 가능했다. 우선 왕실과 국가 기관에 주어졌던 면세지, 궁방전宮房田 · 둔토屯土를 조세지에 포함시키는 '갑오승총甲午陞摠'이 시행되었다.[45] 국고 수입으로부터 벗어나 왕실과 개별 국가 기관의 직접적인 지배를 받던 토지들이 모두 조세지로 일원화되었다. 조선왕조 건국 이래 개별 기관이나 왕실에 징수권이 주어져 조선왕조 말기까지 토지 파악의 궁극적인 집권화를 방해해왔던 '사전'적인 토지가 사라지고, 모두 조세지인 '공전=민전'이 된 것이다.[46]

또한 모든 성격의 경작지가 지세 대상지로 파악되는 데 힘입어 '은결'과 같이 정치 권력에 의해 수세 실결로 파악되지 않던 토지를 '신결(新結)'로 파악해가는 정책이 시행되었다.[47] 이와 마찬가지로 몇 년 뒤에는 호적도 실호실구를 모두 파악하여 '신호新戶'로 파악하도록 종용되었다. 재원의 근거에 대한 이러한 파악에 기초하여 인민의 모든 부세 부담이 결전結錢 · 호전戶錢으로 일원화되었다. 이러한 징수 일원화는 조세 금납화로 인해 가능할 수

---

45 『官報』 1894. 8. 27.
46 그런 의미에서 이 갑오승총은 '왕토사상의 순화'로도 이해된다. 宮嶋博史, 앞의 글 참조.
47 『公文編案』 9, 1895. 3. 11 畿營.

있었다.

조세 금납화는 납부 부담의 경감이라는 차원에서 추진되었다. 특히 현물로 납부할 때보다 재원의 파악·징수·수송·납부에 이르는 재무 비용 부담이 경감될 수 있었다. 상납 물품을 금전으로 대전代錢할 때는 납부 비용을 위한 부가적 징수 부분이 함께 계산되었지만, 그에 더하여 가렴할 수 있는 여지는 확실히 줄어들었다. 부세의 현물 상납으로 인한 부가적 징수를 최소화해야 징수 업무 수행을 빌미로 한 지방관청의 자의적인 재정권 발휘를 제어할 수 있다고 본 것이다.

중앙 집권적 재정 시스템이 이런 식으로 추진되면서 가장 큰 타격을 입은 것은 지방재정이었다. 재원의 근거를 중앙 재무 기관이 일괄적으로 파악하여 일원적인 부과를 시행하고 금전으로 수송하도록 하니, 지방에서 재정 업무 수행을 위해 확보하고 보장받았던 재정권도 정당성을 잃어버렸다. 19세기를 통해 중앙 상납 재원만이 아니라 지방 경비나 환곡 모곡도 토지에 부과되는 경우가 있었는데, 이러한 수입도 모두 중앙으로 이전되고 말았다. 또한 호구 파악에 근거하여 시행되던 지방관아의 노역 동원과 징수 재원도 중앙으로 이전되었다. 지방 경비 자체의 조달이 어려워진 것이다.[48]

이와 같은 지방 재정 운영의 통제와 더불어 납세 체계의 집권적 변혁이 시도되었다. 과세·징세 업무를 일괄적으로 수행하고자 각읍에 지방 재무 조직인 징세서徵稅署·부세소賦稅所를 두어 중앙정부와 직결되도록 했다. 이어 지방 경비를 중앙에서 배정해주는 작업이 진행되었으며, 세무주사稅務主事 1 인을 두어 지방 관청 산하 통치·재무 조직의 분산적 재무를 일원화시켰다. 지방 재정 내부의 복잡한 거래가 다수의 세무 인원을 필요로 하여 지방 경비의 절감을 방해하고 있었는데, 세무 기구의 단일화는 지방 재정 경비의 절감

---

48 『公文編案』 5, 1894. 12. 30, 경기도.

이라는 효과도 노릴 수 있었다.

갑오 재정 개혁은 조선왕조 재정의 중앙 집권화 과정이 걸어온 최종적인 귀착지였다. 그러나 그것은 19세기 중앙 재정의 고착화를 극복하고자 철저히 중앙 재정의 입장에서 시도된 것이었다. 상대적으로 활발하던 지방 재정의 역할은 부정되고 이원적 재정 시스템은 완전히 거부되었다. 비록 전제주의 재정 이념의 현실화에 따른 재정의 중앙 일원화가 이후 그대로 실현되지는 못했지만,[49] 갑오 재정 개혁에서 주목되는 것은 그것이 근대적 재정으로 제시되는 집권적 구조와 유사하다는 점이다.

근대적 재정은 모든 소득에 대해 과세하고 중앙 재무 기관의 관리하에 국고를 통해 재원이 징수, 분배되는 일원적인 체계를 특징으로 한다. 징수에서 분배에 이르는 모든 재정 과정에 소요되는 비용도 국고에서 지불된다. 이를 기준으로 볼 때, 조선왕조 재정의 중앙 집권화 과정은 재정 근대화의 과정이며, 갑오 재정 개혁은 근대적 재정 체계의 형성이라고 이해할 여지가 없지 않다. 그런 관점에 따라 '삼정문란'을 위시한 지방 재정의 '자의적' 운영이 위기적 상황을 초래했다고 인식되고, 중앙 집권성과 지방 자치성이 병존하는 이원적 재정 시스템은 전근대적 한계를 넘지 못하는 것으로 이해되었는지도 모른다.

---

49 일례로 1897년 당시 예안(禮安) 지역의 호구 파악은 지방사회의 자치적인 조직으로 형성되어 있던 향회(鄕會)가 주도하고 있었다. 1896년 가을에 시작된 새로운 호구조사가 이듬해에도 지속되었는데, 새로운 호구 파악과 함께 호구에 대한 과세 문제가 동시에 거론되었다. 여기서 새로운 호구조사에 따라 파악된―그러나 지방 차원에서는 이미 비공식적으로 파악되어 있던―'신호(新戶)'가 많았지만, 호전(戶錢)을 부담해야 하는 호는 광무호적(光武戶籍) 이전에 관례적으로 보고해오던 구래의 호구수로 보고하기로 결정이 났다. 李晩燾, 『鄕山日記』. 지방 재정에 대한 중앙 재무 기관의 일원적 장악이 실현되기는커녕, 여전히 중앙정부와 지방사회의 타협에 기초하여 향촌사회 내부에서 지방 재정이 자율적으로 운영되고 있었던 것이다. 손병규, 「大韓帝國期 戶口政策―丹城 培養里와 濟州 德水里의 事例」, 『大東文化硏究』 49, 2005 참조.

5. 맺음말

조선왕조는 모든 재원, 혹은 재원의 근거를 왕권 아래 수렴하여 국고로 넣고 재조직하여 공무 수행을 위해 각급 국가 권력 기관에 재분배하는 전제 국가의 중앙 집권적 재정을 이념으로 삼았다. 그리하여 조선왕조의 통치 기간 내내 분산적 토지 징수권의 제한, 각종 부세의 토지세화, 재원 원액의 재확인, 정액화에 의한 개별 분산적 재정 확보 활동의 차단, 중앙 재무 조직의 신설 등, 재정의 집권적 체계를 강화시켜나갔다. 그러나 개별 국가 기관이나 왕실의 면세지처럼 국고로 수렴되지 않고 개별·분산적으로 지배되는 토지가 규모에 제한을 받으면서도 왕조 말기까지 존재했으며, 연원이 오래된 군역이나 요역 징수, 현물납도 지속되었다. 후자는 오히려 18세기 후반 이후 지방 재정 운영에서 더욱 유용하게 활용되었다.

조선왕조의 재정은 이렇게 중앙 재정의 집권화와 지방 재정의 자치성 보장이 병행되는 이원적 재정 시스템을 발전시켰다. 중앙 집권적 재정 체계와 분산적 재정권의 병존은, 무엇보다도 조선왕조에 특징적인 긴축 재정, 즉 '절약재정'에 기초한 국가 재분배의 실현을 위한 것이었다. 재정권을 분산시켜 중앙 재정 규모를 최소화하면서도 왕정이 유지될 수 있는 체제를 구상했던 것이다. 이러한 조선왕조 재정 시스템의 속성과 변화 한가운데 19세기의 지방 재정이 존재했다. 단지 중앙 집권적으로 획일화되지 않고 자율적으로 운영되는 지방 재정이 전국적으로 제각기 다양하게 펼쳐지는 상황이 '문란'이나 '위기'로 비쳤을지 모른다.

조선왕조 재정 시스템의 19세기 상황과 관련하여 갑오 재정 개혁에서 주목할 만한 사항은 첫째로 재원의 근거에 대한 일원적 파악, 둘째로는 그에 대한 일률적인 징수와 일률적인 재원 배분 체계의 수립, 셋째로는 중앙에서 파견하는 지방 재무 조직의 성립이다. 이러한 일련의 재정 개혁은 조선왕조 재정에서 장기에 걸쳐 진행되어온 중앙 집권화 과정의 보다 진전된 단계를 제시한 것이면서, 다른 한편 집권성과 자치성이 병존하는 조선왕조 재정 체계의 19세기 상황을 부정하는 제안이기도 했다.

대한제국의 재정 정책은 갑오개혁의 재정 제도를 실천하고자 하는 취지로 시행되었으나, 실현되기 어려웠다. 오히려 왕실 재정을 관리하던 내장원內藏院이 국가 재원에 대한 지배권을 장악하고 나아가 황실 재정의 관리를 통해 상업, 무역, 광업 등에 개입함으로써 왕권 강화와 '부국강병'을 위한 물적 기반을 확보해나갔다. 그때까지의 절약적 긴축 재정으로는 당시 요구되던 부국강병을 이끌어내기에 무리였을 것이다. 뿐만 아니라 갑오 개혁에 이르기까지 조선왕조 내내 유지되어온 중앙 집권적 재정 이념마저 배반하고 공적인 국가 재정을 왕실 재산으로 사재화하는 역행이 저질러지고 있었다.

19세기 재정 상황을 이상과 같은 변동 과정으로 관찰한다면, 조선왕조의 재정 시스템은 서구 근대적 재정 구조와 다른 길을 걸었다고 할 수 있다. 그것이 조선왕조 나름의 재정 근대화 방법이었다고 한다면, 19세기 재정 정책과 재정 시스템의 변동은 당시 사회 변동에 선택적으로 대응하는 다양한 방법 중 하나였다고 할 수 있지 않을까?

임술민란기 부세문제 인식과
삼정개혁_{三政改革}의 방향

송양섭(宋亮燮)*

1. 머리말

철종 13년(1862) 단성과 진주에서 시작된 민란은 삼남 전역으로 퍼져나갔다. 미증유의 농민봉기에 직면한 왕조 정부는 사태의 심각성을 깨닫고 이에 대한 수습책을 마련하기 위해 5월 26일 삼정이정청三政釐整廳(이하 이정청)을 설치하여 민란의 가장 중요한 요인으로 지목되었던 삼정문제에 대한 해결방안을 찾고자 했다. 6월 12일 철종은 책문策問을 내려 조야의 관료·지식인에게 삼정문제에 대한 견해와 해결책을 물었으며 이정청은 각지에서 올라온 응지삼정소應旨三政疏를 토대로 윤 8월 19일 『삼정이정절목三政釐整節目』을 반포하기에 이른다.[1] 응지삼정소의 내용 중 『삼정이정절목』에 채택된 것은 일부

---

* 충남대학교 국사학과 교수.
1 임술민란에 대한 연구사 검토로는 다음과 같은 논고가 있다. 방기중, 1986, 「조선후기 수취제도·민란연구의 현황과 '국사' 교과서의 서술」, 『역사교육』 39; 박찬승, 1987, 「조선후기 농민항쟁사 연구현황」, 『한국중세사회해체기의제문제』 하, 한울; 망원한국사연구실19세기농민항쟁분과, 1988, 「1862년 농민항쟁의 구조와 성격」, 『1862년 농민항쟁』, 동녘; 배항섭,

분에 불과하고 이마저도 끝내 철회되고 말았지만 이 과정에서 이루어진 삼정과 관련된 다양한 논의는 전정田政·군정軍政·환정還政 세 분야에 대한 당시 지식인과 정부의 인식을 담고 있을 뿐 아니라 이후 부세제도 개혁의 방향을 일정하게 전망하고 있다는 점에서 그 의미를 과소평가할 수 없다.

임술민란기 삼정문제에 대해서는 몇 가지 연구가 제출되어 있다. 이들 연구는 대부분 응지삼정소와 이정청의 개혁안에 나타나는 삼정에 대한 각종 시책이 대부분 대증적對症的인 개량책에 지나지 않는 것으로 근본적인 대책이 될 수 없다고 평가하고 있다.[2] 하지만 이때 제기되거나 채택된 삼정에 대한 각종 대책이 가지는 위상을 토지제도 개혁론과 대비하여 개선책이나 개량책으로 단정 짓는 방식이 당시 정책사를 바라보는 타당한 관점인지는 논란의 여지가 있다. 당시 일각에서 제기된 정전론·한전론 등은 당대는 물론 오랜 기간 동안 실현이 불가능한 것으로 판명난, 현실을 무시한 이상론일 수도 있을 뿐 아니라 그 자체로 대단히 복고적인 개혁론이기 때문이다.

응지삼정소나 이정청의 개혁안은 다양한 층위에도 불구하고 공히 18세기 이래 이어진 '삼정三政'이라는 제도자체의 현실적 모순과 운영논리를 바탕으로 제시된 것이었다. 따라서 당시 지식인이나 이정청의 수습책을 개량 또는 개선이라는 식으로 단순하게 파악할 경우 19세기 정책사는 자칫 심각한 허무주의와 냉소주의에 빠질 우려가 있다. 그러한 점에서 응지삼정소와 『삼정 이정절목』에서 제기된 민란수습책에 대한 평가는 19세기 부세운영 방식의 변화를 염두에 두면서 삼정 각 부문이 처한 상황과 운영방식, 그리고 이후

2008, 「조선후기 민중운동연구의 몇 가지 문제─임술민란을 중심으로」, 『역사문제연구』 19; 송찬섭, 2008, 「중세해체기 농민항쟁 연구와 서술방향」, 『역사연구』 18.

2 박광성, 1968, 「진주민란의 연구-이정청의 설치와 삼정교구책을 중심으로」, 『인천교대논문집』 3; 김진봉, 1968, 「조선철종조의 이정청에 대하여」, 『편사』 2, 국사편찬위원회편사회; 김용섭, 1984, 「철종조의 응지삼정소와 '삼정이정책'」, 『한국근대농업사연구』 상, 일조각; 망원한국사연구실 19세기 농민항쟁분과 편, 1988, 『1862년 농민항쟁』, 동녘.

변화의 추이에 대한 이해를 토대로 이루어져야 할 것으로 생각한다. 이글은 이러한 점에 유의하면서 응지삼정소의 삼정론三政論과 삼정이정청의 수습책이 가지는 성격을 부담액·수취과정·제도론 등 세 가지 측면에서 살펴보고자 한다. 이를 통해 이들 논의가 민란 이후 19세기 말에 이르는 부세제도 전반의 변화와 개혁의 방향에서 어떠한 위치를 차지하고 있는지 가늠해 보고자 한다.[3]

2. 19세기 부세운영의 모순과 응지삼정소의 삼정책三政策

1) 부세운영과 삼정문제의 소재

철종의 책문에 대해 응지삼정소를 작성하거나 제출한 사람은 재조관료부터 재야의 지식인에 이르기까지 매우 폭넓었고 의견도 각양각색이었다. 따라서 응지삼정소에는 당시 지식인들의 삼정 문제에 대한 인식의 폭과 수준이 잘 나타나 있다.[4] 당시 철종이 내린 책문은 조정의 숙의를 거쳐 완성된 것으로 여기에는 왕조 정부가 구상하고 있는 삼정개혁의 개략적인 방향이 어느 정도 갖추어져 있는 듯하다.[5] 응지삼정소는 철종哲宗이 내린 책문策問에

---

3 여기에서 분석대상으로 하는 응지삼정소는 『三政策』 1·2(1986년 아세아문화사 刊)에 수록된 총 36명의 글을 중심으로 몇 가지 자료를 추가한 것이다. 당시 수많은 응지삼정소 중 이 글이 대상으로 한 소는 극히 일부분에 불과하지만 작성자의 대부분이 관료나 학자로서 명망가적 위상을 가지고 있었고 이들 주장의 상당부분이 이정청의 개혁안과도 직간접적으로 연관되고 있었다. 따라서 이를 통해 당시 지식인들이 삼정문제의 소재와 개혁의 방향을 어떠한 형태로 설정하고 있었는지 살펴보는 데는 별다른 문제가 없을 것이다.

4 그 경과에 대해서는 박광성, 앞의 논문, 94~95쪽; 김용섭, 앞의 논문, 438~449쪽에 자세하다.

5 『釐整廳謄錄』 壬戌 6月 12日.

답하는 형식이었던 만큼 그 내용도 당시 정부의 삼정문제에 대한 인식에 규정될 수밖에 없었다.

우선 책문의 내용을 살펴보자. 전정田政의 경우에는 20년 1양전의 원칙이 지켜지지 않았기 때문에 진기陳起나 소유권의 변화 등이 토지 파악에 제대로 반영되지 않는 현실을 지적하고 그에 대한 대책으로 개량改量을 통한 토지세 원의 정확한 파악과 수세결수의 증대를 기하는 것이 중요하다고 하였다. 하지만 이에 대한 걸림돌로 양전사업을 담당할 적임자를 찾기 힘들고 인력의 수급과 양전에 소요되는 비용의 조달도 어려운 현실을 지적하고 있다. 군정軍政에 대해서는 임란 이후 군역의 납포화가 급격히 진행된 것이 문제라고 전제하고 이에 대한 대책으로 전면적인 사정査丁을 제시하였다. 하지만 양정의 사괄 과정에서 나타날 수 있는 여러 가지 사회적 혼란에 대해 우려를 표명하였다. 환정還政에 대해서는 진휼제도였던 환곡이 취모보용取耗補用의 재정충당 수단으로 변질된 점이 문제라고 하면서 환곡의 견탕蠲蕩을 대책으로 제시하였다. 그럼에도 불구하고 이미 재정원으로 확고히 자리 잡은 환모還耗 수입이 사라질 경우 이를 보전하는 문제(給代)가 가장 큰 골칫거리라고 토로하고 있다.

철종의 책문에 응한 삼정소에는 '삼정문란'의 진단과 수습책에 대해 다양한 견해가 개진되었는데 이는 당시 삼정의 구조와 운영실태를 감안하면서 몇 가지 갈래로 나누어 살펴볼 수 있다. 여기에서는 우선 응지삼정소에서 인식하고 있는 당시 삼정운영의 문제점을 크게 세 가지 범주로 나누어 살펴보고자 한다.

첫 번째는 정규수취액과는 별도로 부과되는 잡다한 명목의 부가세나 과외 징수로 인해 나타나는 과중한 부담의 문제였다. 백성들은 정규세액을 크게 웃도는 부담을 강요받았고 이는 농민은 물론 향촌사회의 존립을 위협하는 중대한 요인으로 작용했다. 군역과 환곡도 그러했지만 가장 많이 지적된 것은 역시 결가의 급격한 상승으로 인한 문제였다. 강위는 은결隱結·여결餘

結・도결都結・가결加結・궁결宮結・둔결屯結 등이 수세실결에서 제외된 상태에서 관흠官欠・이포吏逋・저채邸債・민고民庫・영원사객營員使客 등과 관련된 크고 작은 명목이 토지에 집중되어 백성들의 생활에 심각한 타격을 가한다고 하였다.[6] 그 중에서도 가장 심각한 것이 바로 도결都結이었다.

> 여러 읍의 雜結・都結 등으로 많이 만들어진 명목은 사람들로 하여금 눈을 어지럽게 하여 그 단서를 헤아릴 수 없게 하니 狙公이 朝三暮四의 술수로 여러 백성을 현혹시켜 먹을 것을 빼앗는 것이나 마찬가지이다. 邸吏의 私債가 田賦와 무슨 관련이 있길래 田結에 붙이며 書院求請은 田賦와 관련이 없는데도 田結에 덧붙이고 奸吏의 負逋도 田結에 禍를 옮기며 山僧募化도 田結에 乞憐한다.[7]

도결이라는 이름에 포함된 저리사채邸吏私債, 서원구청書院求請, 이서포흠분吏胥逋欠分, 산승모화山僧募化 등은 대부분 토지와 무관한 명목이었다. 도결은 19세기에 접어들어 급격하게 진행된 각종 부세의 지세화를 배경으로 작부체계作夫體系에서 전결세 징수의 책임을 맡고 있던 호수戶首를 배제하고 관官에서 직접 화폐로 세를 거둔 후에 이를 곡식 값이 싼 포구나 경강에서 현물로 바꾸어 중앙에 상납하는 형태로 운영되었다. 이 과정에서 발생하는 차익, 즉 작부제 하에서 호수에게 돌아가던 몫과 방납防納으로 생기는 이익・운반비 등은 관의 몫이 되었다. 하지만 점차 군역・환곡・잡역 등 각종부세와 향리들의 포흠분 등이 토지에 부과됨에 따라 결가結價의 상승과 자의적인 중간수탈을 초래하는 결과를 가져왔다.[8]

실제로 당시 청주의 결당 결가는 30냥이고 진주는 무려 90냥에 달했으며

---

6 姜瑋, 「擬三政捄弊策」, 『三政策』 1, 70~71쪽.

7 李象秀, 「三政策」, 『三政策』 2, 187~188쪽.

8 鄭善男, 1990, 「18・19세기 田結稅 수취제도와 그 運營」, 『韓國史論』 22, 서울대 국사학과; 김선경, 1990, 「1862년 농민항쟁의 都結 혁파요구에 관한 연구」, 『李載龒博士還曆紀念韓國史學論叢』, 한울.

성주도 8 · 9냥에서 30냥 이상으로 급격히 상승했다고 하였다.[9] 그런데 결세 부담이 온전히 지주의 몫이 되는 것은 아니었다. 이 시기 지주제 하에서 결세의 부담은 지역에 따라 다양한 형태가 나타나고 있었는데 강위에 따르면 경기지역은 결세를 지주가 부담하지만 영남과 호남은 작인이 부담한다고 하면서 '난민亂民'들이 호우가豪右家를 습격한 것은 바로 이 때문이라고 하였 던 것이다.[10]

군역도 많은 문제를 드러냈다. 강위는 18세기 중엽 『양역실총』에 대략 50만 정도로 규정된 군액은 이후 크게 늘어나는 모습을 보이는데 이는 지방 차원의 역종이 증가했기 때문이라고 하였다. 그는 서울의 군액 이외에 만들 어낸 각양각색의 역종이 수백만이 넘을 것이라고 하면서 성주聖主(영조)가 감 필의 혜택을 베풀었는데 주현에서 네 배의 징수를 한다고 비판하였다.[11] 군

---

9 李象秀, 「三政策」, 『三政策』 2, 187~188쪽; 李震相, 「應旨對三政策」, 『三政策』 2, 281~282쪽.

10 姜瑋, 「擬三政捄弊策」, 『三政策』 1, 70~71쪽. 응지삼정소에 나타난 19세기 사회가 상상만 큼 암담하지는 않았던 것 같다. '인물의 번성함과 田野의 개간이 이때보다 성한 적이 없다 (金在羲, 「策」, 『三政策』 1, 346쪽)', '生齒의 蕃息과 戶口의 滋盛이 지금과 같음이 없다(宋近 洙, 「三政說」, 『三政策』 1, 511쪽) 또는 '民數 · 田賦所入 · 軍籍所充 · 還穀所畜이 先王의 때 와 다를 바 없다(李熙奭, 「三政策」, 『三政策』 2, 300쪽)'는 식의 표현이 드물지 않게 등장하 고 있었던 것이다. 또한 결가의 상승을 포함하여 부세운영 전반의 문제가 결정적으로 불거 지기 시작한 것이 민란에서 그리 멀지 않은 시점이었음을 시사하는 언급도 있다. 강위가 '結價의 갑작스러운 상승과 창고의 곡식이 줄기 시작한 것이 20년 이래의 일로서 폐단의 원인이 그리 오래전의 일이 아니다'라고 한 것(姜瑋, 「擬三政捄弊策」, 『三政策』 1, 36~37쪽) 이나 이우상이 '丙丁(1846 · 1847) 이후에 마을이 모조리 비고 部伍가 無憑해'서 '黃白之寃 과 族隣之侵으로 怨徹穹壤하였'기 때문에 신축년(1841)에 洞布를 채택하였다고 한 말(李瑀 祥, 「對三政策」, 『三政策』 2, 224~225쪽)은 1840년대 전후로 삼정을 비롯한 제반 사회적 모 순이 서서히 격화되었던 것이 아닌가 추측하게 한다. 조심스럽기는 하지만 19세기에 대한 인식의 문제도 여러 가지 정치사회적 요인을 고려하면서 중장기적 시기구분을 통해 보다 구조적이고 통일적인 이해가 필요하지 않은가 생각된다.

11 姜瑋, 「擬三政捄弊策」, 『三政策』 1, 58~66쪽. 흥미로운 것은 강위의 군역문제에 대한 서술 이 상당부분 정약용의 『목민심서』 내용을 거의 그대로 전사하고 있다는 점이다. 이 때문에 강위 글은 어느 정도의 독창성 훼손이 불가피하고 여타 학자들의 글에 대해서도 추가적인 검토가 필요하지만 19세기 중엽에 많은 조야의 지식인들에게 『목민심서』가 널리 유포되어 있었고 그 내용과 취지에 대해서도 폭넓은 동의를 받고 있었던 것도 19세기 경세론의 중요 한 특징이 아닌가 생각된다.

역의 문제는 18세기 『양역실총』의 공식적인 군액과 별도로 지방재정의 충당을 위해 군현차원에서 임의로 설정한 사모속私募屬으로 인한 것이 가장 심각했다.[12] 또한 강년채降年債, 마감채磨勘債 등을 과도하게 징수하거나 군포의 금납화 과정에서 목면가를 2·3배나 높게 매겨 농민들의 부담이 가중되는 등 많은 문제를 드러내고 있었다.[13] 환곡도 마찬가지였다. 강위는 이서들의 포흠분을 억지로 배정하여 모곡耗穀을 백징白徵하거나 구폐전捄弊錢·식리전息利錢·진고전賑庫錢 등 갖가지 명목으로 취식取息하고 허록虛錄·반작反作·이무移貿 등의 방식으로 인해 농민들의 삶이 극도로 피폐해졌다고 하였다.[14]

홍벽송은 자신의 집을 예로 들면서 척박한 토지 1경頃에 3배의 세稅를 징수하고 고노雇奴 1인에게 3첩疊의 역역을 독촉한데에다가 환곡포흠의 동징분洞徵分이 추가되어 결국 흉년에 고노雇奴도 잃고 땅도 팔아 자신은 70이 다된 나이에 여기저기 전전하면서 의지할 곳이 없는 처지라고 한탄하였다.[15] 특히 문제가 된 것은 군역과 환곡의 일부가 토지에 부과되어 결가의 상승을 부추겼던 점이었다. 높은 결가의 문제는 단순히 전정의 문제가 아니었다. 군역과 환곡에 대한 개혁과정에서 그 재정보용분이 토지로 옮겨갈 경우 이미 높아질 대로 높아진 토지에 대한 수취는 커다란 부담이 될 수밖에 없었다. 군역의 결포結布나 환모급대還耗給代의 결렴結斂이 논란이 되었던 이유도 바로 여기에 있었다.[16] 이같이 삼정에서 나타난 과중한 부담은 전정에서 도결 등으로 대표되는 결가의 급격한 상승이 대표적이며 군역과 환곡의 운영과정에서 나타나는 갖가지 형태의 추가적인 징수도 이에 못지않았다. 군역과 환곡 부담의

12 私募屬에 대해서는 정연식, 1985, 「17·18세기 양역균일화 정책의 추이」, 『한국사론』 13; 김우철, 1991, 「균역법 시행 전후의 사모속 연구」, 『충북사학』 4를 참조할 것.

13 許傳, 「三政策」, 『三政策』 2, 432쪽.

14 姜瑋, 「擬三政捄弊策」, 『三政策』 1, 76~84쪽.

15 洪碧松, 「三政捄弊策」, 『三政策』 2, 537쪽.

16 이 시기 부세의 結斂化 문제에 대해서는 고동환, 1991, 「19세기 부세운영의 변화와 그 성격」, 『1894년 농민전쟁연구』 1 참조.

일부가 토지로 옮아가 결가의 상승을 부채질하는 것도 커다란 문제였다.

두 번째는 향촌민과 직접 접촉하는 부세운영이 통일적 원칙 없이 군현별로 각이하게 운영되고 이에 따라 수령과 이서들의 자의성이 노골적으로 드러나는 점이었다. 앞의 첫 번째가 수취액의 문제였다면 이는 수취과정과 관련된 문제였다. 지방차원의 부세·재정 문제가 부각되는 것은 18세기 이래 꾸준히 추진된 부세·재정 정책의 흐름이 가져온 필연적인 결과였다. 조선왕조의 수취체제는 대동법으로 대략 국가재정의 2/3를 차지하는 공납의 대부분이 미米·목木·전錢의 형태로 통일되어 토지에 부과됨으로써 부세운영과 재정체계의 일대 혁신을 가져왔다. 대동은 결당 미 4두에 불과한 전세를 제치고 토지에 부과되는 가장 큰 세목으로 자리 잡게 되었다.

대동법은 종래 공물의 현물납 체제하에 지방→중앙 간의 상납과정에서 발생하는 방납 등의 문제를 상당부분 해소하였으나 상납 전 단계에 대해서는 별다른 조치가 없었다. 대동법은 기존에 수령이나 토호 등이 행하던 방납의 권한을 선혜청이 장악하고 공인을 통해 서울 각사의 수요품을 조달하는 방식이었다. 엄밀히 말해 지역별로 통일성 없이 이루어지던 방납행위를 중앙차원에서 제도화·합법화 한 것이 바로 대동법이었던 것이다. 대동법에 포괄된 공물은 서울 각사의 수요품에 대한 것으로 지방관청의 재정은 대동법의 테두리 밖에 놓여있는 부분이 훨씬 많았다. 따라서 자체재정은 물론 상납에 소요되는 각종 비용도 스스로 해결하지 않으면 안 되었다. 실시 초기 대동법을 서울에 국한된 반대동半大同에 불과하다고 비판한 것은 바로 이러한 측면을 지적한 것이었다.

가령 18세기 말 공주목의 경우, 전체 재정에서 대동유치미大同留置米로 배정된 항목의 비율 약 11.8%, 균역법의 잡역상정미雜役詳定米가 32.6%의 비중을 보인다. 대동법과 균역법으로 공주목 재정의 44.5%가 공식적인 재원을 통해 조달되었던 것이다. 그런데 중앙으로부터 공식적으로 배정받은 재정 외에 민역청 등 민고의 이름으로 조성한 재원이 29.8%을 점하였다. 이는 대동법과 균역법으로 지방재정의 공식화·정액화가 꾸준히 추진되고 있음에도 이만한 규모의 납세기구나 방납조직이 운영되지 않으면 안 되는 지방재정의 구조적 모순을 보여준다. 이러한 추세는 19세기에 더욱 두드러져서 관과 민은 타협과 갈등을 거듭하면서 지방차원의 부세운영은 매우 복잡한 양상을 띠게 된다.[17] 이러한 현실은 대동법으로 포괄되지 못한 재정운영상의 모순이 수령과 향촌민 사이의 수취과정에 집중되고 있음을 보여준다.

여기에 전세나 군역 수취방식의 변화도 이러한 추세를 가속화하였다. 전세田稅의 경우, 비총제比摠制의 채택으로 경차관敬差官 파견이 금지되고 호조의 연분사목年分事目에 입각하여 감사의 주도하에 총액을 수취하는 방식으로 변화함에 따라 전세 수취 과정에서 수령·이서와 향촌민의 관계가 더욱 두드러지게 되었다.[18] 군역도 마찬가지였다. 중앙 군아문의 직정直定에 대한 꾸준한 규제를 배경으로 수령이 상급아문의 직정을 거부할 수 있도록 보장해주고 이정법里定法을 통해 수령을 중심으로 공동체적 긴박에 의해 촌락 내 군역수취를 강제함에 따라 군역운영과정에서 수령과 촌락의 관계는 더욱 긴밀해져 갔다.[19]

이같이 대동법을 필두로 18세기 재정·부세운영방식의 변화는 지방관청이 독자적인 재정운영의 주체이자 국가적 수취기구의 하나로서의 역할이 더욱 두드러지는 결과를 가져왔고 이에 따라 부세수취 과정에서 수령과 이서들의 역할은 더욱 강조될 수밖에 없었다. 이들은 촌락과 향촌민을 직접적으로 접하면서 때로는 타협하고 때로는 갈등하면서 수취를 실현해갔다. 지방관청과 향촌사회의 접점에서 다양한 형태의 납세조직이나 응세관행이 형성되

17 송양섭, 2011, 「18~19세기 공주목의 재정구조와 민역청의 운영-『민역청절목』·『견역청(추)절목』을 중심으로」, 『동방학지』 154.

18 이철성, 1993, 「18세기 전세 비총제의 실시와 그 성격」, 『한국사연구』 81.

19 송양섭, 1995, 「19세기 양역수취법의 변화-동포제의 성립과 관련하여」, 『한국사연구』 89.

었던 것은 이러한 변화의 산물이었다. 민고民庫는 그 대표적인 사례이다. 민고를 두고 '경대동법京大同法을 본떠' 만들어진 것으로 그 '설립 의의가 실로 경사京司의 선혜청宣惠廳과 같다'라고 하는 것[20]은 그것이 중앙의 선혜청에 비견되는, 군현 차원에서 설치한 방납기구의 하나로서 성격을 가지고 있었음을 보여준다.

민고와 유사한 형태는 전정의 양호방결養戶防結, 도결都結, 군정의 동포洞布, 군포계軍布契, 계방契房, 군역전軍役田, 환곡의 방환조직防還組織, 사창社倉 등은 주로 관官과 민民의 협의나 묵인 하에 만들어진 응세應稅를 위한 조직·재원으로서 지역의 관행에 따라 다양하게 나타났다. 이들 납세조직은 민·관의 협의 하에 운영되는 것이 일반적이었다. 순조 22년(1822) 전라좌도 암행어사 심영석은 방납防納을 '은결隱結·위결僞結·부호復戶·궁방결宮房結 등 공가公家에 납부하지 않은 여러 종류의 전결田結을 이서들이 팔고 이를 통해 백성들은 조세를 막는 것'이라고 규정하고 방납가가 지역마다 달라서 흥양 25냥, 낙안 22냥, 보성 21냥, 순천 20냥이라고 하였다.[21] 부담액은 향촌민의 협의를 거쳐 지방관과의 타협을 통해 확정되는 경우가 많았다.[22] 여기에는 토지와 무관한 군역·환곡 등의 포흠분도 포함되기 마련이었다. 이는 군역도 마찬가지였다. 공충감사 유장환에 의하면 당시 공충도 군총軍摠 105,386명의 64.1%에 해당하는 67,577명이 허액虛額으로 파악되었는데 이를 메우기 위해 잉결취식剩結取息, 동포洞布, 호렴戶斂, 이리·족징族徵 등이 동원되고 있었다.[23] 회덕에서도 보군전補軍錢·보폐결補弊結로 군전軍錢을 상납하고 있었다.[24] 삼정의 모순이 극에 달한 시점에서 동포洞布나 토지土地 등을 통해 방역防役하는 납세조직의

---

20 『承政院日記』 110冊, 純祖 21年 11月 17日.
21 『日省錄』 純祖 22年 7月 19日. 「全羅左道暗行御史沈英錫別單」.
22 『日省錄』, 哲宗 3年 11月 25日.;『備邊司謄錄』, 憲宗 4年 1月 10日.
23 『釐整廳謄錄』 壬戌 8月 初2日.
24 懷德縣監, 「懷德縣三政說捄弊條目成冊」, 『三政策』 1, 543~568쪽.

활성화는 불가피한 것이었고 지방관아에서도 이를 마다할 이유가 없었다.[25]

하지만 삼정의 운영이 수령 및 이서조직과 향촌민의 직접적인 접촉을 통해 자율적으로 이루어졌던 만큼 그 운영과정에서의 자의성과 부작용은 예상된 것이었다. 결세의 '양호지예방養戶之預防', '복호지잠매復戶之潛賣'[26] 군역의 묘촌墓村, 전촌佃村, 복주촌福酒村, 계방촌契房村 등의 문제[27], 환곡의 '용전방환用錢防還'[28] '권호계촌權戶契村', '부동요민富洞饒民'이 '급초이선방給鈔而先防'한다는 언급[29] 등은 지방관청과 향촌민 사이에 광범위하고도 다양한 납세·방납조직의 존재를 전제로 한다. 기실 앞서 첫 번째 문제로 지적했던 삼정과 관련된 과중한 부담도 상당부분은 여기에서 비롯했다고 봐야할 것이다. 이와 같이 대동법을 필두로 이루어진 부세·재정정책의 변화는 기본적으로 중앙재정에 주안점이 두어진 것으로 지방사회의 희생을 토대로 한 것이었다. 지방관청과 향촌민 사이의 수취과정에 대해서는 여전히 많은 한계를 안고 있었을 뿐 아니라 오히려 왕조 재정의 모순이 지방으로 떠넘겨짐으로써 문제가 더욱 확대 재생산되는 측면마저 있었다. 관과 민 사이에는 삼정운영과 관련된 납세기구나 조직이 복잡하고 다양한 형태로 나타났으며 이로 인해 초래되는 운영상의 문제는 민란의 중대한 요인으로 작용했던 것이다.

세 번째는 삼정의 제도적 취지와 현실의 운영 사이에 나타나는 괴리의 문제이다. 바로 군역·환곡의 문제였다. 군사제도로서 군정과 진휼제도로서 환곡은 그 자체로 부세·재정을 목적으로 하는 것은 아니었다. 그럼에도 불구하고 군역과 환곡은 각각 삼정체제의 일각을 차지하면서 부세·재정의

25 姜瑋, 「擬三政捄弊策」, 『三政策』 1, 58~66쪽.
26 李志容, 「壬戌擬策」, 『三政策』 2, 251~252쪽.
27 李象秀, 「三政策」, 『三政策』 2, 191쪽. 계방의 이러한 성격에 대해서는 송양섭, 2011, 「조선후기 지방재정과 계방의 출현-제역 및 제역촌과 관련하여」, 『역사와 담론』 59 참조.
28 李象秀, 「三政策」, 『三政策』 2, 191쪽.
29 宋近洙, 「三政說」, 『三政策』 1, 511쪽.

주요부문으로 확고히 자리 잡았고 그 운영과정에서 많은 문제를 드러냈다. 삼정을 '전부田賦는 재용財用를 다스리는 바이고 군적軍籍은 무위武衛를 갖추는 바며 환곡還穀은 진제賑濟를 두는 바'로서[30] '나라를 다스리는 대정大政으로서 하나도 빠뜨릴 수 없는 것'[31]이라고 한 것은 삼정이 가진 애초의 취지가 어떠한 것인지 잘 보여준다. 삼정 가운데 처음부터 부세·재정을 목적으로 하는 것은 이른바 '정공正供'으로서 전정田政에 해당하는 분야이고 군사제도로서 군정軍政과 진휼제도로 환정還政이 국방부문과 복지부문을 구성하는 중요한 제도적 장치였던 것이다. 하지만 현실은 이와 달랐다. 이인귀의 지적을 보자.

> 軍籍은 병사를 총괄하는 바인데 총괄한다는 명목만 있을 뿐 총괄하는 내실은 없으니 군대를 통솔하는 것이 아니다. 糶糴은 백성을 진휼하는 바인데 진휼을 한다는 명목만 있고 진휼하는 내실은 없으니 治糴하는 바가 아니다.[32]

시기가 지남에 따라 군역과 환곡은 본연의 기능이 왜곡되면서 애초와는 다른 제도로 변질되고 말았다는 것이다. 철종도 '전불수부田不收賦 군불위방軍不衛邦 곡불의진穀不議賑'[33]라고 전세수입의 감소와 함께 군제와 환곡이 국방과 진휼이라는 본래의 기능을 제대로 하고 있지 못함을 지적하였다. 가령 이정청에서도 군역을 두고 '지금의 군액軍額은 이른바 군오軍伍가 아니고 수취하는 평민平民으로서 단지 군軍의 이름을 빌려 백성에게 징수하는 것'이라고 노골적으로 표현했다.[34]

---

30 盧德奎,「三政策」,『三政策』1, 397쪽.
31 李熙奭,「三政策」,『三政策』2, 297~298쪽.
32 李寅龜,「삼정책」『莞爾漫錄』『三政策補遺』.
33 『釐整廳謄錄』壬戌 6月 12日.
34 『釐整廳謄錄』壬戌 7月 初6日.

군정과 환곡은 대체로 18세기 중엽 이후 재정·부세로서의 측면이 두드러지면서 전정과 함께 이른바 '삼정체제'를 구축하였고 부세·재정이라는 성격이야말로 각기 독자적인 운영논리를 가지고 있는 삼정의 각 부문을 하나로 묶는 중요한 고리였다. 이 때문에 한 부문에 오작동이 발생하면 연쇄적으로 문제를 가져와 삼정 전체가 총체적인 난맥상을 보이기 십상이었다. 회덕 현감은 이를 두고 '일정一政이 폐단이 있으면 삼정三政이 모두 폐단이 발생하고 일정一政이 폐단이 없으면 삼정三政이 모두 폐단이 없다'고 하였다.[35] 이와 같이 당시 삼정을 둘러싼 하나의 중요한 쟁점은 당시 심각한 운영의 난맥상을 드러내고 있던 군역과 환곡 두 부문이 가지고 있는 제도의 본원적 기능을 어떻게 살릴 것인가 하는 점과 동시에 이들이 현실적으로 담당해왔던 재정수입을 어떻게 보전하는가의 문제로 모아질 수밖에 없었다.

2) 응지삼정소에 나타난 삼정문제 인식과 대책

그렇다면 당대의 지식인들은 삼정 운영 과정에서 나타난 세 가지 범주의 문제에 대해 어떠한 대책을 제시하였을까? 우선, 도결 등으로 상징되는 과외징렴에 대한 문제이다. 책문에서는 이에 대한 대책으로 개량改量을 제시하고 있는데, 양전量田은 세수稅收의 양적 확대를 통해 과도한 수취액을 낮출 수 있는 거의 유일한 방안으로 대부분의 논자들이 찬동하는 방안이었다. 강위는 양전전담 기관으로 균전소均田所를 설치하여 20년을 기한으로 순차적으로 양전을 실시하도록 하였고[36] 강진규와 유중교도 한 두 읍부터 점차적으로 양전을 시행할 것을 주장하였다.[37]

---

35 懷德縣監, 「懷德縣監三政說捄弊條目成冊」, 565쪽.
36 姜瑋, 「擬三政捄弊策」, 『三政策』 1, 75쪽.

개량의 구체적인 방안을 제시한 논자들도 있었다. 신석호는 원임대신 중 '위망구존자位望俱存者'가 총괄하는 8도도총도감道都摠都監 예하에 도별로 일도도총도감一道都摠都監(道別 2人) → 일읍도감一邑都監(該邑士民 중 廉公有威者 1人과 通達機務者 1人 薦出) → 해면도감該面都監(士民中 3·4~5·6인 薦出)의 양전기구를 설치하여 사업을 추진하자고 하였다.[38] 김윤식은 한전·균전·방전 등의 제도 중 송의 방전법方田法만이 현실성이 있다고 하면서 이의 채택을 주장하였다.[39]

이 시기 문제가 되었던 것은 역시 급격하게 상승한 결가로 인한 것이었던 만큼 그것의 주요인으로 꼽히는 도결의 혁파를 주장하는 논자들이 많았다.[40] 송근수는 이에 대해 다음과 같이 말하였다.

근일 結政의 문란은 結價가 높기 때문인데 한편으로는 軍錢이 添補되고 한편

---

37 姜晉奎,「三政策」,『三政策』1; 柳重教,「三政策」,『三政策』2, 105쪽.

38 申錫祜,「三政策」,『三政策』2, 15~16쪽.

39 金允植,「三政策」,『三政策』1, 316~318쪽. 하지만 양전의 실시와 그 효과에 대해 회의적인 논자들도 있었다. 임백경은 개량보다 査陳이 효과적이라고 하면서 陳頉處를 逐字考驗하여 '陳'과 '墾'을 조사하여 脫漏結을 색출하자고 하였고(任百經,「釐整廳三政捄弊收議」,『三政策』2, 340쪽), 홍석규는 개량 대신 私券과 量案의 대조하는 방안을 제시했다(洪碧松,「三政捄弊策」,『三政策』2, 530~532쪽). 이인구도 개량이 균산에 도움이 안 되고 소란만 일 것이라고 하면서 양전에 회의적인 입장을 분명히 하였다(李寅龜,「삼정책」,『莞爾漫錄』). 이들의 주장은 일차적으로 지주층의 이해를 대변한 것일 수도 있지만 정책적인 차원에서 본다면 아마도 지주들의 영향력 하에서 양전을 통해 수세실결의 증대를 기대하기 힘들다는 일반적인 우려가 투영된 것이 아니었나 생각된다. 한편, 개량에 소요되는 비용확보도 간단한 문제가 아니었다. 강진규는 이를 火田稅로 충당하자고 하였고(姜晉奎,「三政策」,『三政策』1, 182쪽), 김재희는 결당 1냥씩 부과하여 양전에 소요되는 경비 확보하자고 제안하였다(金在義,「策」,『三政策』1, 350쪽). 박응한도 常賦 외 몇 전을 추가로 징수하자고 하였다(朴應漢,「策」,『三政策』1, 431쪽). 철종이 책문을 통해 양전의 당위성을 인정하면서도 고민했던 것이 바로 이에 소요되는 비용문제였으나 응지소의 작성자들도 이에 대해서 신통한 해결책을 내놓지는 못하였다. 양전에 소요되는 비용을 또 다시 민에게 징수할 경우 이 또한 '加斂'으로 비판받을 소지가 컸고 이는 양전 실시의 취지와도 배치되는 것이었다. 양전시행의 중요한 걸림돌 중에 하나는 이에 소요되는 막대한 비용문제였음에 틀림없다.

40 朴永宗,「三政策」,『三政策』2, 447쪽; 任百經,「釐整廳三政捄弊收議」,『三政策』2, 340쪽.

으로는 還錢을 加徵하여 군역과 환곡의 2政을 이미 여기에서 區劃한다. 한결같이 『大典通編』에 실린 바에 의해 '惟正之例'를 정하고 잡다한 명색을 計版에 넣지 못하도록 한다면 結政의 문란은 저절로 바르게 되고 結價도 저절로 줄어들 것이다.[41]

송근수는 전결세의 상승이 군역과 환곡 등 토지와 무관한 다른 부문의 수취가 토지로 몰리기 때문이라고 하면서 그 방안을 『대전통편』의 액수를 준용하여 잡다한 명목을 없앨 것을 주장하고 있다. 결가의 수준을 법전의 규정대로 할 것을 주장하고 있는 것이다. 경상감사가 올린 계啓에도 토지의 현이懸頉・사출查出 규정과 군역첨정법軍役簽丁法을 『대전통편』에 의거할 것을 건의하고 있다.[42] 이는 강진규가 양전으로 토지의 정확한 파악을 기한 뒤에 공납公納 액수와 각종 물류비・잡비에 대한 항식恒式을 확정하여 민에게 반포하도록 한 것[43]과 이인구가 결가의 강력한 통제를 말한 데서 보듯[44] 제도와 법률의 규정에 입각한 운영을 강조한 것과 궤를 같이 한다.

이 같은 주장은 응지삼정소의 곳곳에서 나타나는데 권주욱이 말하는 '대장大帳', '대전大典', '본규本規'의 준수[45], 허전과 홍순익이 강조한 『대전통편』의 조항이나 정조의 개혁정신 등[46]이 그것이다. 19세기 과중한 수취로 인한 문제해결을 위한 방안의 하나로 18세기 법정세액의 엄정한 준수가 내세워지고 있음을 알 수 있다. 허전이 '지금 말하는 경장更張이라는 것은 경장更張이 아니고 곧 선왕先王의 법을 따르는 것'이라는 언급[47]은 그러한 측면을 잘 보여

41 宋近洙, 「三政說」, 『三政策』 1, 513쪽.
42 『慶尙道三政啓』(국립중앙도서관 한 古朝31-211).
43 姜晉奎, 「三政策」, 『三政策』 1, 183~184쪽.
44 李寅龜, 「三政策」, 『莞爾漫錄』『三政策補遺』, 535쪽
45 權周郁, 「對三政策」, 『三政策』 1, 254쪽.
46 許傳, 「三政策」, 『三政策』 2, 422~423쪽; 443쪽; 洪淳翊, 「對三政殿策」, 『悺齋集』 503~504쪽; 512~513쪽.
47 許傳, 「三政策」, 『三政策』 2, 456쪽.

주고 있다.

두 번째 문제는 군현차원에서 향촌민과 직접 접촉하는 조세행정을 가급적 통일적 원칙하에 효율적으로 운영하여 수령이나 이서들의 자의성을 없애는 방안이다. 여기에는 일차적으로 각 지역에서 자율적으로 운영되고 있던 민고와 같은 중간 방납 기구를 없애는 방안이 제기되었다. 강위는 다음과 같이 말하였다.

> 지금 郡縣으로 하여금 民庫를 사사로이 설치하여 加斂之法을 행하는데도 朝廷은 그 수를 알지 못한다. …… 옛날 대동법을 실시할 때 제도를 논의한 여러 신하들이 과외징렴을 모두 정지시키고 戶結의 수취를 백성에게 成約하였으니 이것은 한고조의 三章과 다를 바 없기 때문에 田斂이 비록 무겁더라도 백성들이 편하게 여겼다. 이것이 곧 대동법으로 공물을 혁파하여 토지에 돌리는 것(革貢歸結)이 오히려 惠政이 되는 이유이지만 지금 민고에서 거두는 것은 모두 이른바 苛政이다.[48]

중앙정부의 시책과는 별도로 설치·운영되고 있던 민고는 대동법의 공물을 혁파하여 토지로 돌리고 기타 과외징수를 없애도록 한 취지와 어긋나기 때문에 혁파해야한다고 주장하는 것이다. 민고의 등장은 대동법이 지방재정에 대한 조치가 미비했기 때문에 부세운영의 편의와 지방재정의 형편상 불가피한 측면이 있지만 19세기 중엽에 접어들어 그 운영이 점차 수탈적 양상을 드러내면서 많은 논자들이 혁파를 주장하는 상황이 되었던 것이다. 이러한 주장은 민고 이외에 계방, 도결, 양호 등 납세 과정에서 형성된 중간 조직에 대해서도 마찬가지였다.

이와 관련하여 다수의 논자들에 의해 제기된 방안은 삼정의 운영에 민간

---

48 姜瑋, 「擬三政捄弊策」, 『三政策』 1, 10쪽.

을 참여시켜 이서들의 입김을 배제할 수 있도록 하는 것이었다. 이러한 방안은 삼정 전반을 관과 민의 공동관리 하에 두자고 제안한 강진규가 대표적이다. 군정 경우, 대대적인 사괄과 각종 제역촌을 혁파한 후 원칙에 따라 관련 문서(籍記)를 관과 민이 각각 1부씩 보관하고 민간의 면임面任·동장洞長·풍헌風憲 등이 도망자와 사망자의 대정代定을 담당하도록 하였다. 전정도 마찬가지였다. 연간 회계에 대한 항식恒式을 수립하고 관련 문서 역시 관과 민에 1건씩 비치해두도록 하였다. 만약 재해 등의 상황이 발생하여 각면各面에서 관官에 보고하면 관의 답험절차踏驗節次를 거친 후 관과 민이 각기 문서를 확인하여 수정하도록 하였다. 환곡은 '상평사창지법常平社倉之法'을 참용參用하고 노인老人과 부민富民이 관리하도록 하였다. 회계문서는 관과 민이 각기 1부씩 보관하고 수령과 창색倉色은 매년 말 업무를 평가하도록 하였다.[49] 노덕규는 환곡을 견탕蠲蕩한 후 사창을 세워 '향인사우鄕人士友'에게 소속시켜 운영토록 하였는데 그는 이를 '향鄕이 하고 현縣이 하지 않도록 하고 관리에게 맡기지 않고 향인사군자鄕人士君子에게 맡긴 것'이라고 요약하였다.[50] 강진규의 말은 더욱 구체적이다.

> 지금의 환곡은 오직 이서가 주관하기 때문에 오직 羸換만 생각해서 百奸이 層生하지만 이는 齊民이 함께 주관하기 때문에 洞社가 修禊하는 예와 같이 한다면 倉監 한 사람이 마음대로 舞弄할 수가 없거늘 하물며 官吏가 상벌을 내려 나중에 위엄을 보이는데 있어서겠는가?'[51]

강진규는 민간의 공동관리와 관의 감독은 최대한의 공정성을 확보하기 위한 것이라고 설명하고 있는 것이다. 이는 유중교가 '이창里倉을 설치하면

49 姜晉奎, 「三政策」, 『三政策』 1, 191쪽; 227~233쪽.
50 盧德奎, 「三政策」, 『三政策』 1, 398~399쪽.
51 姜晉奎, 「三政策」, 『三政策』 1, 190쪽.

중의衆議가 있어서 한 두 사람이 농간을 부릴 수 없다'[52]한 발언과 사실상 같은 취지였다. 이같은 점에서는 군역의 동포제도 그 취지가 다르지 않았다. 임백경은 다음과 같이 말하고 있다.

洞布는 …… 一邑의 額數가 얼마인지 某役이 몇 兩인지 몇 月에 납부해야 하는지 某洞은 몇 戶인지 납부해야 할 것이 몇 兩인지 총괄하여 기록하고 이를 每洞마다 한 부씩 두고 백성들로 하여금 모두 잘 알 수 있도록 하여 本洞으로부터 各自收納토록 한다면 官吏가 弄責하는 弊端이 없을 것이고 東里사람들이 北里의 額數가 얼마나 되는지 알 수 있고 南面의 사람들이 西面의 납부 액이 몇 兩이 되는지 알 수 있게 되어 偏輕偏重 때문에 원망하는 일이 없을 것이다. 그리하여 비록 班戶라 할지라도 分助의 義는 있지만 疤定당하는 羞恥는 없을 것이다[53]

당시 향촌사회 내부에서 관행화한 다양한 공동납적 수취방식이 대부분 그러하듯이 동포의 운영은 촌락내부의 공동체적 유대를 기반으로 군역부담 액을 자체적으로 산정하여 납부하는 형식을 띠고 있었다. 이 때문에 관련문 서도 동리별로 관리되었고 납부과정에 촌락 내부의 협의를 거쳤기 때문에 사족들조차 '분조지의分助之義'의 명목으로 부담에 참여하였다. 이 같이 삼정 운영에 민을 참여시키자는 주장은 주로 환곡부문에서 두드러지지만 전정과 군정 두 부문에서도 대동소이하게 나타나고 있었다.

이러한 방식은 결국 삼정의 운영에 민간을 적극적으로 참여시켜 운영상의 공공성과 효율성을 높이는 한편 운영과정에서 발생할 수 있는 문제를 미연에 막을 수 있도록 지역의 사정에 따라 적절한 방식을 강구하여 운영하는 방안 이었다. 특히 원래 부세가 아니면서도 가장 문제가 심각했던 환곡은 그것을

---

52 柳重教, 「三政策」, 『三政策』 2, 126~127쪽.
53 任百經, 「釐整廳三政捄弊收議」, 『三政策』 2, 340~341쪽.

폐지하든 일부 재정적 기능을 남겨놓든 민에게 얽매이게 하여 그 동의를 얻도록 함으로써 운영의 안정성을 기하려는 의도가 있었던 것으로 풀이된다.

여기에서 한 가지 더 지적할 것은 군현내의 부세·재정운영의 실무자인 이서들의 문제였다. 상당수의 논자들은 이서들의 부정과 농간을 현상적으로 접근하여 이들에 대한 처벌과 통제를 주장했지만 이에 대한 합리적인 방안을 내세운 이도 적지 않았다. 유만주와 같은 사람은 이서들이 부정과 농간을 저지를 수밖에 없는 구조적 요인을 지적하고 이에 대한 실효성 있는 대책을 촉구하였다.

> 대저 吏라는 것은 邑의 심부름꾼이다. 읍의 온갖 업무를 담당하지 않는 것이 없어서 刀筆의 번거로움으로 한가할 겨를이 없으니 가히 수고롭다고 할 만하다. 하지만 月給을 주는 예가 없으니 어떻게 그 부모를 봉양하고 그 妻子를 살리겠는가? …… 吏가 三政에 舞弄하는 것은 진실로 그 형세가 그러한 것이다. 지금 이 폐단을 없애려면 各邑으로 하여금 冗吏를 모조리 삭감하여 大邑은 약간 명을 넘지 못하도록 하고 小邑도 약간 명을 넘지 못하도록 하되 月給을 別定하여 그 생활을 두텁게 해야할 것이다. 그렇게 한다면 저들은 반드시 顧戀自愛하여 감히 거취를 가볍게 하지 않을 것이다.[54]

유만주는 삼정을 둘러싼 이서들의 농간과 부정이 그들의 도덕적 타락에서 비롯된 것이 아니라 생계를 유지할 수 있는 마땅한 호구책이 없기 때문이라고 파악했다. 생계가 어려운 상황에서 조세행정의 실무를 담당하자 불가피하게 유혹에 빠질 수밖에 없다는 것이다. 따라서 이들의 부정을 막을 수 있는 실질적인 대안은 불필요한 이서들의 인원을 줄이고 이들에게 적정한 월급을 지급하는 것이라고 하였다. 이와 비슷한 의견은 또 있었다. 유중교는 이서의 액수를 감수정액減數定額하고 이들에게 급료給料를 강정講定하자고 주장했으

---

54 兪萬柱, 「策」, 『三政策』 2, 65쪽.

며[55] 이상수와 허전도 이액吏額 삭감하고 개량改量으로 확보한 전결로 이름吏廩을 지급하자고 하였다.[56] 이진상도 전결에서 가봉加捧하여 급료를 지불하자고 하였다.[57]

세 번째 문제, 즉 삼정 가운데 군역과 환곡의 제도적 기능을 복원하고 그 재정수입을 보전하는 방안에 대해 살펴보자. 우선 군역의 문제이다. 군역 문제에 대한 주장에서 공통적인 것은 전면적인 사괄을 통해 수포대상자를 넓히는 것이었다. 남병철의 다음과 같은 말은 그 예이다.

> 軍籍의 폐단은 虛額이 가장 심하다. 그것을 채워 넣는 방법은 사람마다 말하는 것이니 곧 營邑各廳의 保率·楔房, 鄕祠校院의 募屬, 班家의 墓村과 土豪廊底로의 投托 등 허다한 淵藪를 아울러 모두 査括하는 것이 이것이다. 이 문제는 萬口가 의견이 같다. …… 대개 虛額을 채워 넣는 것은 그 취지가 收布에 그치는 것이 아니지만 현재 軍制는 이미 從頭矯革할 수 없다면 權宜의 방법도 廢할 수 없다.[58]

---

55 柳重教,「三政策」,『三政策』2, 105쪽.
56 李象秀,「三政策」,『三政策』2, 200~201쪽; 許傳,「三政策」,『三政策』2, 458쪽.
57 李震相,「應旨對三政策」,『三政策』2, 289쪽. 한편 많은 수의 논자들이 삼정문제 이외에 사회제도와 기강의 문제 등을 지적했다. 가령 허전은 均田節用이 生財之大道라고 하면서 ① 守令, ② 用人, ③ 教民, ④ 班祿, ⑤ 藏錢, ⑥ 禁盜, ⑦ 愼赦, ⑧ 來諫, ⑨ 典學 등의 조목별로 문제점과 쇄신방안을 제시했고(許傳,「三政策」,『三政策』2, 459쪽), 박치복은 勉聖學, 嚴紀綱, 正士習, 禁奢侈, 防賄賂 등을 강조했다(朴致馥,「應旨對三政策」,『三政策』1, 472~477쪽). 이희석은 ① 道學不明 人心不正, ② 選擧不公 賢人長往, ③ 奢侈已極 上下無節, ④ 守宰射利 貪墨是事, ⑤ 請託多路 苞苴肆行, ⑥ 胥吏怙勢 憲章漸弛, ⑦ 言路久閉 戇直不售 등 7가지 문제점을 지적했다(李熙奭,「三政策」,『三政策』2, 302쪽). 유만주도 ① 立紀綱 ② 興人材 ③ 節財用를 중시했고(兪萬柱,「策」,『三政策』2, 49~54쪽) 송근수와 윤대순은 수령과 인사 문제의 중요성을 역설했다(宋近洙,「三政說」,『三政策』1, 516쪽; 尹大淳,「策」,『三政策』2, 137~171쪽). 이 같은 주장은 비록 상투적이라고 할 수도 있으나 당시 대부분의 지식인들이 부세나 재정을 그 자체만이 아닌 사회적 문제와 인적 요소가 복합적으로 작용하는 것으로 파악하고 이에 대한 쇄신을 촉구하고 있다는 점은 지적할 필요가 있다고 생각한다.
58 南秉哲,「三政捄弊議」,『三政策』1, 362~363쪽.

남병철은 허액을 초래하는 각종 요인들을 모조리 사괄하자는 것이고 이러한 의견에 대해서 대부분의 사람들이 동의한다고 하였다. 하지만 사괄의 강조는 일상적인 것이었고 그만큼 실효도 크지 않았다. 이 시기 사괄의 주장도 마찬가지일 것으로 생각되지만 남병철의 말에서 특징적인 것은 사괄의 시행을 군제변통의 일환으로 취급하고 있는 점이다. 그러나 군제개편은 용이한 일이 아니었고 논의는 사실상 수포방식이 중심이 되었다. 유중교의 말을 보자.

> 番을 폐지하고 布를 거두는 것이 舊規는 아니지만 시행한지 이미 오래되어 갑자기 혁파하기 어려우니 또한 반드시 군포를 균등하게 배분하여 가볍게 거둔 후에야 窮民의 憔悴함이 조금이라도 寬紓해지고 도망간 閑丁이 다시 搜募될 것이다. 지금 均布를 논하는 것은 그 법이 대개 세 가지가 있으니 結布, 戶布, 洞布이다.[59]

이 시기 군역은 군사제도와 사실상 괴리된 채 군포수입의 확보가 주된 목적이 될 정도로 그 기능이 사실상 변질된 상태였다. 하지만 군포수입을 대체할 마땅한 방안을 찾기 어려운 상태에서 채택할 수 있는 방안이란 군포 수취의 재정적 기능은 그대로 두되 민에 대한 부담을 줄이는 형태였다. 결포, 호포, 동포 등은 그 구체적 방안이었다. 이들 방안은 이미 숙종 대 양역변통 논의에서 다채롭게 제기되었고 19세기에 접어들면서 중앙정부의 시책과는 별도로 향촌사회 내부에서 지역에 따라 관행적으로 채택되고 있는 것이기도 하였다. 하지만 많은 논자들은 이러한 방안에 대해 부정적이었다. 강진규와 같이 세 가지 방식 모두에 반대하는 경우가 있는가 하면 그 중 한 가지만을 선택할 것을 주장하는 논자도 있었다.

---

59 柳重敎, 「三政策」, 『三政策』 2, 114~115쪽.

동포는 촌락의 상황이 가변적이고 이서들의 농간의 소지가 크며 특히 유사시에 병력을 징발할 근거가 없는 점, 명분을 상하게 하고, 기강을 무너뜨린다는 것[60]이 반대의 주된 이유였다. 호포는 특히 명분론과 관련하여 반발이 심했다. 민주현이 '상하의 구분이 없고 기강이 해이해 진다'고 하면서 계방촌과 요실촌鏡實村이 부담에서 빠지고 빈잔한 반촌班村이 그 해를 받는다고 한 것[61]이 대표적이다. 아울러 각종부역이 호戶로 집중되는 상황에서 호적에 등재된 호가 등재되지 않은 호에 비해 부담이 과중하다는 점[62]도 지적되었다. 결포에 대해서는 이미 부담이 과도한 토지에 결포가 추가되면 토지소유자의 부담이 지나치게 많아진다는 이유로 반대하는 의견이 많았다.[63] 더구나 실역을 지면서 토지를 가지고 있을 경우 이중부담이 될 수 있으며 부담이 전호佃戶에게 전가될 수 있다는 점도 문제로 지적되었다.[64]

반면 당시 향촌사회에서 관행하고 있는 군포 납부 방식을 적극적으로 인정하고 이를 제도화하자는 주장도 만만치 않았다. 송근수는 '충전지적充塡之籍'을 없애고 1년의 소수所收를 통계統計하여 경외京外를 통틀어 호戶에 수포收布할 것을 주장했다.[65] 유중교도 군포를 '배동균징排洞均徵'하는 것은 '폐번수포廢番收布'하는 것으로 구규舊規는 아니지만 시행한지 이미 오래되었으므로 갑자기 혁파하기는 어렵다고 하면서 동포의 채택을 주장했고[66] 신석호도 동포가 '일시권의지정一時權宜之政일 뿐 영구지계永久之計는 아니지만' 그 현실적인 효용성을 인정해 10년을 한도로 동포제를 실시할 것을 주장하였다.[67] 정기우

---

60 姜晉奎, 「三政策」, 『三政策』 1, 178~179쪽; 申錫祜, 「三政策」, 『三政策』 2, 18쪽.
61 閔冑顯, 「三政策」, 『三政策』 1, 415~416쪽.
62 姜晉奎, 「三政策」, 『三政策』 1, 179쪽.
63 柳重教, 「三政策」, 『三政策』 2, 114~118쪽.
64 姜晉奎, 「三政策」, 『三政策』 1, 179~180쪽.
65 宋近洙, 「三政說」, 『三政策』 1, 512쪽.
66 柳重教, 「三政策」, 『三政策』 2, 114~118쪽.
67 申錫祜, 「三政策」, 『三政策』 2, 18쪽.

와 임백경도 동포 실시에 적극적이었다.[68] 남병철의 주장을 보자.

바야흐로 지금 三南地方 외에 洞布를 시행하는 읍도 있고 또 役根田으로 徵布하는 읍도 있다. 이는 모두 丁은 闕額이 있더라도 布는 줄어들지 않는 것이니 법에는 비록 어긋남이 있더라도 民은 진실로 편안하다. 또한 洞布와 役根田은 便宜의 政事를 하는데 해가 되지 않는다.[69]

남병철은 동포나 역근전을 시행하는 읍이 있는데 이것이 실정實丁을 확보하는 데는 문제가 있지만 군포의 안정적인 수취를 기할 수 있기 때문에 이를 인정하는 것이 타당하다고 주장하였다. 여기에서 군역에 대한 이정을 위해 내세워진 또 하나의 방안은 역근전과 같이 민·관이 합작, 공동의 재원을 조성·운영하여 군포를 납부하는 것이었다. 이는 이미 군역전軍役田·군포계軍布契 등과 같은 형태로 북부지역을 중심으로 광범위하게 관행하고 있는 방식이었다.[70]

그런데 이때 제기된 다양한 '균포均布'의 방안은 근본적으로 한계가 있었다. 그것은 군역이라는 제도 자체가 군제의 일환이었던 만큼 이들 '균포' 방안이 수포에 집착하여 군사제도의 형해화와 국방력의 무력화를 가져온다는 점 때문이었다. 이 때문에 상당수의 논자들은 '균포'의 방안을 부득이한 것 혹은 임시적인 것으로 표현하면서 군제쇄신이나 군비강화책을 함께 개진하고 있었던 것이다. 이는 앞서 언급했듯이 군정부문에서 군포수취의 재정적 기능과 군사제도의 강화는 서로 구분되어 독자적으로 이루어져야할 것으로

---

68 鄭基雨, 「三政策對」, 『三政策』 2, 357쪽; 任百經, 「釐整廳三政捄弊收議」, 『三政策』 2, 340~341쪽.
69 南秉哲, 「三政捄弊議」, 『三政策』 1, 363쪽.
70 軍布契·軍役田에 대해서는 金容燮, 1982, 「朝鮮後期 軍役制의 動搖와 軍役田」, 『東方學志』 32를 참조할 것.

인식했기 때문이었다. 유중교는 이를 다음과 같이 표현하였다.

> 대저 이미 洞布의 법을 행하였으면 點兵 하나는 또한 반드시 별도로 規模가 있어야하니 點兵과 徵布는 원래부터 다른 것이다.[71]

유중교는 '점병點兵'으로 표현되는 군사력 양성과 '징포徵布'의 재정적 기능을 구분하면서 후자의 대안으로 동포의 채택을 제안하고 전자의 대안으로 별도의 쇄신책을 제기하였다. 그가 제시한 군제쇄신책은 옛 군안軍案을 없애 버리고 새롭게 '정장丁壯'을 뽑아 실액實額을 채우고 리里 단위로 부대를 편제하여 대읍은 20~30초哨, 소읍은 6~7초哨를 확보할 수 있도록 하는 것이었다. 아울러 그는 민을 병사로 삼고 이서를 장교로 임명하여 행정체계와 군사조직을 일체화하도록 하고 수포收布를 통해 확보한 재원의 일부를 권무勸武의 비용으로 사용하자고 하였다.[72] 강진규도 실역징발에 대해 속오는 사천私賤으로, 아병衙兵(牙兵?)은 읍저민邑底民으로, 수군은 물을 잘 아는 연해포민沿海浦民을 대상으로 징발하고 이들에게는 잡역을 부담시키지 말고 군장軍裝은 스스로 마련하도록 하는 방식을 제시하였다.[73]

특히 체계적인 군제개혁안을 제시한 대표적 인물은 허전이다. 그는 군영을 혁파하고 5위제의 운영원리를 도입함으로써 서울에는 중위中衛에 해당하는 숙위군宿衛軍을 설치하여 도성내 5부에 거주하는 군졸들을 소속시키고 경기 일원의 병사들로 전前·후後·좌左·우위右衛로 삼는 방안을 제시하였다. 여기에 소요되는 군비는 중위의 경우, 서울 인근의 토지를, 4위는 경기 인근 지역의 토지를 지급하여 해결하도록 하였다. 그는 군사지휘권을 통일하는

---

71 柳重教, 「三政策」, 『三政策』 2, 105쪽.
72 柳重教, 「三政策」, 『三政策』 2, 119~120쪽.
73 姜晉奎, 「三政策」, 『三政策』 1, 186-187쪽.

한편, 지방군의 경우는 평지에는 기병騎兵을, 산과 가까운 곳은 보병步兵을, 연해지역에는 수군水軍을 배치하여 농한기를 이용, 훈련하다가 유사시에 전투에 투입하도록 하였다. 허전은 특히 수군력의 강화를 강조했는데 이는 당시 빈번한 이양선의 출몰에 따른 위기의식과 관련된 것이었다. 또한 이적里籍·군적郡籍·황적黃籍의 3단계로 구성된 호적제도를 제안해 병력자원의 기반인 민수民數 파악에 만전을 기하도록 하였다.[74]

강위도 토지 중심의 개혁안을 제시하였다. 그는 당시 원장부 결수 약 150만결에서 8결당 병사 1명과 말 1마리를 내도록 하면 150治(1治=병사 3,750명·말 3,750필)를 확보할 수 있으므로 50치를 일군一軍으로 삼으면 삼군三軍이 되고 병마 각 187,500이 된다고 하였다. 강위는 이를 1사3아사6진영1使3亞使6鎭營으로 조직하여 전국을 단일한 군사편제로 조직하고자 했다.[75] 신석우는 1부夫당 1결을 수전受田하고 8결로 1통統을 삼아 80결로 1부部를 삼는 정전제에 입각한 병농일치적 군제개혁안을 제시하였다.[76] 이같이 당시 군제개혁안은 상당부분 토지를 기반으로 하였는데 이는 토지 이외에 막대한 군비를 충당할 별도의 재원을 찾기 힘든 현실에서 불가피한 선택이 아니었나 생각된다.

환곡에 대해서는 어떠한 방안이 제시되었을까? 환곡은 임술민란의 요인으로 가장 문제가 되었던 만큼 이를 둘러싸고 많은 논란이 있었다. 이는 환곡으로부터의 수입이 재정운영에서 불가결한 비중을 가지고 있었기 때문이었다. 이우상·정기우와 같이 급대가 곤란하기 때문에 환곡을 존속시킬 수밖에 없다고 한 논자들은 대부분 환곡과 관련된 처벌 강화와 모조耗條의 한년배봉限年排捧, 환총 조정 등을 대안으로 제시하였다.[77] 하지만 당시 환곡문제의

---

74 許傳, 「三政策」, 『三政策』 2, 435~446쪽.
75 姜瑋, 「擬三政捄弊策」, 『三政策』 1, 125~126쪽.
76 申錫祜, 「三政策」, 『三政策』 2, 8~10쪽.

심각성에 비추어 이러한 주장은 호응을 얻기 힘들었다. 논의는 역시 환곡의 혁파를 전제로 한 방안이 다수를 차지했다. 하지만 문제는 역시 환곡으로부터의 수입을 대체할 재원이 마땅하지 않다는데 있었다. 따라서 논의는 급대 재원을 어떻게 마련할 것인가라는 문제로 모아졌다. 남병철의 말을 들어보자.

> 戶가 크고 사람이 가난한 경우가 있고 戶는 작은데 사람이 부자인 경우가 있는데 만약 등급을 나눈다면 호와 사람 중 어느 것을 따르겠는가? ······ 얼마 되지 않지만 口數가 많은 戶가 반드시 부유하지 않고 口數가 적은 戶가 반드시 가난하지는 않다. 지금 만약 戶와 口를 계산하고 또 貧富를 헤아려서 힘써 均平을 기하려면 層節이 반드시 번거로워서 奸僞가 쉽게 발생할 것이다.[78]

남병철은 급대를 호 단위로 할 경우 호의 경제력을 판별할 기준은 호내 구수가 유일한데 구수가 반드시 경제력과 비례하지 않는다는 점을 문제로 지적하고 있다. 또한 운영과정에서도 호와 구를 계산하고 여기에 빈부를 평가하여야 하기 때문에 운영이 번거롭고 그만큼 부정의 소지도 많다는 점을 약점으로 지적하였다. 강진규가 인호 단위로 부과하는 통환統還은 수환자受還者가 유동적이기 때문에 불가하다고 한 것도 비슷한 지적이었다.[79] 하지만 급대책으로 호렴을 주장한 논자들도 꽤 있었다. 박응한은 환곡을 견탕蠲蕩하고 모조耗條를 본호本戶에서 거두자고 하였고[80] 신석호도 인호를 대·중·소 3등급으로 나누고 호당 부담액을 정하여 봄에 1/3, 가을에 2/3를 취하는 방식을 제시하였다.[81] 호렴이 많은 문제점을 안고 있었음에도 적지 않은 지

---

77 李瑀祥,「對三政策」,『三政策』2, 228쪽; 鄭基雨,「三政策對」,『三政策』2, 360쪽; 李熙奭, 「三政策」,『三政策』2, 321쪽; 宋近洙,「三政說」,『三政策』1, 513쪽.
78 南秉哲,「三政捄弊議」,『三政策』1, 374쪽.
79 姜晉奎,「三政策」,『三政策』1, 180쪽.
80 朴應漢,「策」,『三政策』1, 432쪽.

지를 받았던 데는 이미 높아질 대로 높아진 결가를 감안할 때 결렴의 채택이 사실상 어렵다고 판단했기 때문이었다. 그럼에도 불구하고 토지는 안정된 세원을 확보할 수 있는 최적의 대상임에 틀림없었다. 이에 대해 남병철은 다음과 같이 말하였다.

> 田結이라는 것은 같은 해의 같은 땅은 그 생산량도 같기 때문에 1結을 가진 자에게는 1結의 稅를 징수하고 100結을 가진 자는 100結의 稅를 징수하니 그 등급을 나누는 것이 다만 토지의 유무에 있을 따름이다. 이는 條例가 簡易하며 農牧衡虞가 생산물이 없으면 稅를 거두지 않는다는 것은 聖王의 法이다.[82]

토지는 동일한 조건이라면 세액이 동일하기 때문에 그 소유여부 자체가 경제력을 가르는 척도가 되므로 결렴이야말로 과세의 합리성과 간편함을 기할 수 있는 방안이라는 것이다. 그는 호라는 것이 생산과 직접적으로 관계없이 주거기능만 있을 뿐이므로 이에 대한 과세는 타당하지 않은 반면 토지는 그 자체가 생산수단이기 때문에 결렴을 채택하면 어느 정도 공정성을 기할 수 있다고 하였다.[83] 강위도 유사한 견해를 표명하였다. 그는 환모액수還耗額數 384,608석(=114,094냥)의 액수를 확보하기 위해서는 호당 1냥을 거두면 넉넉하고 결렴을 하면 결당 2냥을 거두면 된다고 하면서 두 가지 방안을 비교하면 '호戶의 빈부貧富는 정하기 어렵고 결結의 다소多少는 기준이 있'기 때문에 결렴이 보다 합리적인 방안이라고 하였다.[84]

이외에도 다양한 급대안이 제기되었다. 동일하게 토지를 급대재원으로 삼는 것이지만 박치복은 현재 환곡재원으로 군현의 규모에 따라 둔전屯田을

---

81 申錫祜, 「三政策」, 『三政策』 2, 19~20쪽.
82 南秉哲, 「三政捄弊議」, 『三政策』 1, 374~376쪽.
83 南秉哲, 「三政捄弊議」, 『三政策』 1, 374~376쪽.
84 姜瑋, 「擬三政捄弊策」, 『三政策』 1, 10쪽 및 94~95쪽.

매치買置하여 그 지대수입으로 각종 경비에 충당하자는 이색적인 제안을 하였다.[85] 최상순은 신결新結·은복隱卜을 색출하여 급대로 쓰고 부족분은 민호民戶로부터 거두자는 절충안을 제시하였고 임백경은 가작加作·이무移貿·첨향添餉 등을 막고 관포官逋·이포吏逋를 추징한 다음 사창례에 의해 취모작본取耗作本하여 그 모곡을 경용經用으로 삼고 부족분은 사진査陳으로 확보한 은결隱結로 충당하는 방안을 제시했다.[86] 이 같은 논의 가운데 주류를 차지한 것은 역시 결렴이었다. 가령 남병철은 환곡을 혁파하고 그 재정분을 전결에서 급대하는 것이 중국의 양세법과 일조편법의 취지와도 부합한다고 하면서 결렴을 통한 급대, 즉 '혁환창결革還刱結'을 주장하였다.[87] 이상과 같이 환곡 급대책을 둘러싸고는 여러 가지 방안이 제시되었지만 호戶와 결結 외에 선택의 폭이 그리 넓은 것은 아니었다. 호렴戶斂이나 결렴結斂 모두 나름대로의 타당성을 가지고 있었지만 그만큼의 문제점도 안고 있었기 때문에 이정청 당상들의 고민은 깊어질 수밖에 없었다.[88]

---

85 朴致馥,「應旨對三政策」,『三政策』1, 470쪽.
86 崔祥純,「應旨三政策」,『三政策』2, 404쪽; 任百經,「釐整廳三政捄弊收議」,『三政策』2, 341~342쪽.
87 남병철은 1861년의 京外所用還耗를 折米 384,698석(=1150,094냥)으로 산정하고 時起田 90만 결에 분징하여 還耗取用之需 114만 냥을 급대하고 나머지는 外道營邑의 이른바 色落條의 1/3~1/4을 급대하도록 하였다. 나머지 14·15~20만냥은 8도에 분배, 作穀하여 常平의 비축으로 삼아 예비재원으로 하여 盡數捧上하여 재원으로 삼을 것을 주장하였다(南秉哲,「三政捄弊議」,『三政策』1, 380쪽).
88 급대와 관련하여 상당수의 논자들이 공통적으로 강조한 것이 왕의 근검절약과 결단이었다. 왕의 節用과 務本은 그 자체가 案으로 제시되기도 하고 급대의 보완책으로 제시되기도 하였는데(金在義,「策」,『三政策』1, 352~356쪽; 朴宗永,「三政策」,『三政策』1, 449~450쪽; 金永爵,「三政議」,『三政策』1, 307~309쪽), 특히 김윤식은 영조의 정례류 간행을 통한 재정 절감을 모범으로 제시하면서 왕이 솔선수범하여 왕실재정의 절감을 위해 힘쓸 것을 강조하였다(金允植,「三政策」,『三政策』1, 329~331쪽; 257쪽). 왕의 一心이나 절용, 損上益下, 量入爲出의 원칙 등은 거의 공통적으로 강조된 덕목으로서(朴熙典,「三政策」,『三政策』1, 481쪽; 柳重敎,「三政策」,『三政策』2, 109쪽; 柳重敎,「三政策」,『三政策』2, 128쪽) 실제 철종은 이러한 여론을 의식해서 관인 선반미를 줄이고 내탕 5만 냥을 내려주는 조치를 취하기도 했다(『이정청등록』, 임술 7월 초6일). 일종의 수사에 불과할 수도 있지만 급대에 활용

이상과 같이 환곡의 재정기능을 일종의 부세로 간주하여 정규세목에 편성하는 논의와 함께 환곡이라는 제도가 가지고 있었던 진휼과 곡가조절 기능을 어떻게 복원할 것인가에 대한 문제도 중요한 논의 대상이었다. 진휼기능을 복구하는 방안으로 가장 많이 거론된 것이 사창제社倉制였다. 김윤식은 환곡을 혁파한 후 '사창지규社倉之規'를 채용하여 읍외邑外 창고倉庫를 각면各面과 각동各洞에서 관리하도록 하였고, 강진규는 각종 명색의 곡물 중 상진곡만 남기고 나머지는 혁파한 후 환곡 재정 충당분 20만 민緡에 해당하는 200만 석의 원총原摠을 만들어 이를 사창의 원리에 의해 운영하는 안을 제시하였다.[89] 유중교도 동리洞里에 사창을 세운 후 장임掌任을 택정擇定하여 업무를 담당하고 봉고封庫한 후에 군관軍官과 향임鄕任이 순시巡視하는 방안을 제시했다.[90]

사창과 함께 제시된 또 하나의 방안은 상평법常平法이었다. 남병철은 사창은 원래 운영주체가 민간이고 상평은 국가가 주관하는 것이라고 하면서 지금 관곡官穀은 공곡公穀이기 때문에 상평을 채용하는 것이 타당하다고 하였다.[91] 최상순은 '취모지절取耗之節'을 없애고 상평제적 곡가조절 기능만 남기자고 하였고[92] 신석우도 은결을 사득査得하고 영읍의 봉름俸廩을 견탕蠲蕩하여 환곡 액수를 채운 뒤 곡물을 각읍에 나누어 비축하고 '상평常平의 례例'에 의해 운영할 것을 주장하였다.[93] 민주현·허전과 같이 상평제와 사창제를 병행하자는 주장도 있었다.[94] 이 같이 환곡의 제도적 취지는 주로 사창제와 상평제

할 마땅한 재원을 찾기 어려운 현실에서 이러한 주장에는 당시 삼정론을 개진한 논자들의 고민이 그대로 담겨 있었다.

89 金允植, 「三政策」, 『三政策』 1, 326쪽; 姜晉奎, 「三政策」, 『三政策』 1, 190쪽.
90 柳重教, 「三政策」, 『三政策』 2, 126~127쪽.
91 南秉哲, 「三政捄弊議」, 『三政策』 1, 365쪽.
92 崔祥純, 「應旨三政策」, 『三政策』 2, 404쪽.
93 申錫愚, 「三政捄弊議」, 『三政策』 1, 544~544쪽.
94 閔冑顯, 「三政策」, 『三政策』 1, 417쪽; 許傳, 「三政策」, 『三政策』 2, 451~458쪽.

가 대안으로 내세워지고 있었는데 그 전제는 어디까지나 현행 환곡제의 폐지 후 급대책의 마련이었음은 물론이다.

3. 삼정이정청의 대책과 임술민란기 삼정론=政論의 위상

1) 삼정이정청의 민란수습책

이정청은 응지삼정소의 내용을 검토한 끝에 마침내 같은 해 윤 8월 19일 『삼정이정절목』(이하 '절목')을 반포한다.[95] '절목'은 전국에서 올라온 응지삼정소를 토대로 정원용鄭元容과 조두순趙斗淳이 주도하여 만든 것이었다. '절목'에 나타난 삼정문제 인식과 개혁방향을 부문별로 살펴보자. 먼저 전정 부문이다. 이정청은 전정의 문제는 장기간에 걸친 양전의 미실시와 면세결의 증가로 국용國用에 해당하는 수세실결이 크게 줄어드는데 있다고 하였다. 그 대안은 당연히 개량改量이지만 대대적인 양전을 실시하기에는 여러 가지 여건이 미비하기 때문에 우선적으로 토지에 부과되는 규정 외의 각종 징렴에 대한 조치를 취한다고 하였다. 양전의 대안으로 제시된 것은 은결隱結의 조사와 허결虛結의 이급頃給이었다. 그런데 허결虛結에 백징白徵하는 것은 상세히 조사하여 이하頃下시켜주도록 하였으나 은결에 대해서는 조사의 당위성을 강조할 뿐 구체적인 조치는 보이지 않는데 이는 아마도 지방재정의 형편상 어쩔 수 없었기 때문이 아니었나 생각된다.

또한 토지에 부과되는 세역稅役의 규정을 재확인하고 규정 외 징수에 대한 금단을 천명하였는데 이는 양전이 실현되지 못한데 따른 불가피한 조치이기

---

95 「三政釐整節目」은 『壬戌錄』 수록본을 활용했으며 이에 대한 별도의 주기는 생략한다.

도 했지만 한편으로는 뒤에서 서술할 환곡의 파환귀결罷還歸結과 관련된 보완 조치의 성격도 가지고 있었을 것으로 생각된다. 감영에서 각읍의 수세항목을 조사하여 전삼세田三稅 외에 추가로 부과하는 결렴結斂은 모두 없애도록 하는 한편 중앙각사에서 복정卜定하는 물종物種 중 본가本價를 회감會減한 이외에 추가로 거두는 것은 해당 도에서 해당 관사에 보고하여 액수에 맞추어 지출하고 이와 관련된 결렴은 금지한 것도 비슷한 취지가 아니었나 생각된다. 아울러 전세와 대동의 화폐납 과정에서 이서배와 '간민奸民'이 자행하는 방결防結·도결都結 등에 의한 모리행위를 금지하였으며 화폐납은 호조와 선혜청에서 정한 상정식례를 준수하도록 하고 시가에 따라 납부하지 못하도록 하였다. 그 외에 민고의 지출통제와 간색조看色條·타석조打石條의 금지, 경저리·영주인 역가 등의 지급규정 준수 등의 조치도 첨입되었다.

한편 궁방전 등 면세결免稅結에 대한 규정도 많은 비중을 차지했다. 우선 궁방전에 대해 정조 즉위년(1776) 「병신정식丙申定式」의 규정에 의거하여 결당미 23두(전 7.67냥)을 거두는 것 외에 추가징수를 일체 허용하지 않았다. 여기에서 면세결은 민전 위에 설정되어 수조권만 궁방·아문에 이양한 민결면세지民結免稅地를 의미하는 것으로 「병신정식」뿐 아니라 『균역사목均役事目』에서도 강조되던 사안이었다. 아울러 중앙의 궁방이나 아문의 독립적인 수취행위에 대한 통제조치도 취해졌다. 즉, '장외가경帳外加耕'을 핑계로 내수사나 궁방에 진고陳告하여 입안立案을 받아 수세收稅하는 행위를 금지하고 재정이나 토지관련 사안으로 궁방과 아문이 지방군현과 관문關文을 주고받지 못하도록 하였다. 이 조치도 정조 4년(1780) 시곡운송柴穀運送의 독려, 도장導掌·사음舍音의 임면 건을 제외하고 토지土地나 노비奴婢·어세漁稅·채전債錢 등의 사안을 해당관서를 경유하지 않고 내려 보내지 못하도록 한 원칙을 재확인 한 것이었다.[96]

또한 궁방과 아문이 포구浦口·제언堤堰·축동築垌 등 세목을 만들어 수세收稅하는 것을 금지하고 이를 모두 균역청에 소속시키도록 하였다. 이 조항은 영조 대 『균역사목』의 해세海稅 규정을 환기한 것으로 균역청으로의 수세 단일화를 통해 궁방·아문의 독립적 재정운영에 따른 민의 부담증가를 방지하려는 의도였다. 이 조치는 급대를 전담한 부서로서 균역청의 재정상태를 고려한 조치이기도 했다. 당시 균역청으로 귀속되어야할 해세가 궁방·아문·토호 등에 의해 사점私占되면서 균역청의 수지가 악화되고 있었는데[97] 급대업무를 담당할 균역청의 재정상태가 좋지 않을 경우 파환귀결의 시행이 순탄치 않을 것이기 때문이었다.

이같이 양전의 대안으로 제시된 과외 징렴의 금지나 수취과정에서 나타나는 부정에 대한 금단조치는 일단 전정 자체에 대한 대책으로 의미가 있으나 한편으로는 환곡의 파환귀결로 결세가 추가되는 과정에서 전결세 부담총액을 어떠한 형태로든 규제하여 민의 반발을 최소화하기 위한 의도도 가지고 있었다. 이는 이미 균역법 시행기에 급대을 위해 결전을 부과하면서 전결세와 잡역에 대한 규제가 이루어졌음을 상기하면 될 것이다.[98] 당시 이정청의 논의과정에서도 이에 대한 직접적인 언급이 나타난다.[99]

이상의 조치는 대부분 영조 대 균역법 실시나 정조대 왕실재정 개혁과정에서 나타난 조치를 재확인한 것으로 18세기의 제도적 규정이 하나의 전범으로 19세기의 각종 이정조치의 근거로 활용되고 있음을 보여준다. 이는 한편으로 양전이 실현되지 않는 상황에서 취할 수 있는 조치가 매우 제한적일 수밖에 없음을 방증하는 것이었으며 대동법과 균역법 시행과정에서 시도

---

96 「丙申定式」과 정조 4년의 조치에 대해서는 송양섭, 2011, 「正祖의 王室財政改革과 '宮府一體論'」, 『大東文化研究』 76 참조.
97 『釐整廳謄錄』 壬戌 7月 初6日.
98 이 문제에 대해서는 다음의 논고를 참조할 것. 鄭演植, 1993, 「18세기 結布論의 대두와 結米節目의 제정」, 『國史館論叢』 47; 金德珍, 1999, 『조선후기 지방재정과 잡역세』, 국학자료원; 송양섭, 2010, 「균역법 시행기 雜役價의 詳定과 지방재정 운영의 변화」, 『한국사학보』 38.
99 『승정원일기』 126책, 철종 13년 8월 27일.

되었던 지방차원의 수취항목과 재정에 대해 통일성을 기하려는 노력도 투영되어 있었다.

두 번째는 군정 부문이다. 군역의 경우, 납포화의 진전과 양반의 부담이탈로 인한 문제를 이정하기 위해 균역법의 감필 조치가 취해졌으나 군역을 천시하는 풍조가 만연해 갖가지 형태의 피역이 자행되었으며 각읍 차원에서 만들어낸 헐역으로 인해 군액이 크게 감축되고 이로 인한 폐단이 심각하다고 전제하였다. 군역에 대한 조처는 대부분 군역충정의 원칙 준수와 사괄을 통한 군액의 확보에 모아졌다. 군역징발의 연한을 지키도록 한 것이나 각읍에서 모입한 군관류軍官類를 원군적元軍籍에 옮겨서 채워 넣도록 한 것, 읍의 규모나 호구수의 다소에 입각한 읍간 군총의 조정 등이 그것이다. 피역을 기도한 자나 이를 방조한 이서들을 처벌하고 원액을 채우지 못할 경우 이를 고과에 반영하도록 한 것도 동일한 맥락이었다. 가장 특징적인 것은 다음과 같은 조항이다.

> 鄕校·書院의 保率과 各廳의 穆防을 모두 혁파하고 아울러 本役으로 돌리며, 冒稱儒生, 假托勳裔를 상세히 조사·적발하고 이를 구분하여 軍役에 충정한다. 墓村頉戶도 즉시 出役하되 口疤와 洞布는 적절하게 規式을 정하여 原額을 채우도록 할 것.

이정청은 우선 지방의 사모속과 불법적인 피역자에 대한 대대적인 사괄 조치를 통해 군역부담층의 확대를 꾀하는 한편 기존의 개별첨정(口疤)과 함께 동포洞布를 병행할 수 있도록 허용하였다. 동포제의 인정은 숙종 대 양역변통론의 이래 제기된 군역에 대한 각종 '균포均布' 방안 중 일부가 이때 마침내 공인되어 기존의 구파口疤(또는 名疤)와 동등한 지위를 얻었다는 점에서 중요한 의의가 있다. 그 배경에는 정부의 시책과 별도로 향촌사회 내부에서 꾸준히 정착된 관행이 있었음은 물론이다.[100] 군역이 군제軍制로서의 의미가 크게 퇴색된 상태에서 동포제의 인정은 재정충당이라는 현실적 목적을 위한 불가피한 선택이었다.

이같이 군정에 대한 조처는 군제에 대해서는 별다른 언급 없이 군역 자체에 대한 폐단을 일단 진정시키는데 주력하는 모양새를 띠고 있다. 이는 이정청이 앞서 제기한 군정의 두 가지 문제, 즉 동포·호포·결포 등 재정기능의 현실을 그대로 용인하는 방안과 다양한 형태로 제기된 군제쇄신책 가운데 사실상 전자에 해당되는 조항에만 주력했음을 알 수 있다. 그 이유는 물론 군역의 재정·부세적 측면이 민란을 촉발한 직접적 요인으로 작용했기 때문이었거니와 후자의 문제는 이후 흥선대원군 집권기에 대대적인 군제개혁을 추진하는 데서 정책과제로서 남아있었음을 알 수 있다.

삼정 가운데 가장 문제가 심각했던 환곡은 개혁의 폭이 가장 컸다. 허류환虛留還의 탕감과 파환귀결罷還歸結의 채택으로 요약되는 환곡에 대한 조치는 이정청 개혁안의 핵심이라고 해도 좋을 정도로 중요한 의미를 가지고 있었다.[101] 논의가 무성했던 사창제에 대해서는 그 제도의 취지가 다르고 운영이 매우 복잡하기 때문에 갑자기 시행하기 곤란하다고 하였다. 이정청은 파환귀결 조치를 대변통大變通으로 규정하고 다음과 같이 설명했다.

---

100 동포제의 정착 과정에 대해서는 송양섭, 앞의 논문, 1995 참조.
101 하지만 이러한 방침도 '절목'이 확정되기까지는 적지 않은 진통이 있었던 것 같다. 특히 이정청의 총재관을 맡고 있던 정원용의 반대는 격렬한 것이었다. 예컨대 윤8월 13일 정원용은 '田結이 至重하여 一定不變하기 때문에 正稅·常賦라고 하는데' '朝家에서 추가로 징수하는 것을 허용한다면 後弊가 없다고 보장하기 어려울 것'이라고 하면서 파환귀결을 '加斂之政을 創行하는 것'으로 규정하고 '耗條를 대신해서 加結하는 것'은 결코 시행할 수 없는 일이라고 비판하였다. 그는 환곡의 운영을 백성들이 당연한 것으로 인식하고 있기 때문에 파환귀결을 채택할 필요가 없다고 하면서 大邑 5,000~6,000석, 中邑 4,000~5,000석, 小邑 1,000~2,000석으로 定數를 삼아 나누어 비축하는 한편 元耗만 취해 作錢하고 加作·移轉·移貿 등의 명색을 금지하면서 實穀으로 분급하고 實數로 거두도록 하는 방안을 제시했다(『日省錄』哲宗 13年 閏8月 13日).

모두 作錢扳本하여 還上 명색을 영구히 없애는 것이 가장 좋은 방법이니 이미 환곡이 없어진 후에는 備豫之資와 經用之需를 형세 상 별도로 조치해야 하므로 백성들에게 거두는 일이 없을 수 없다. 백성들에게 거두는 방식은 오직 戶와 結 뿐인데 戶는 증감을 살피기가 어렵고 貧富의 구분이 없으므로 끝내 核實한 政事가 아니다. 또한 生財의 방법은 토지를 위주로 해야 하고 이것 말고 는 적당한 것이 없기 때문에 庚午年에 均役法을 실시할 때 논의가 어그러져서 해가 지나도록 講究하여 마침내 結錢으로 酌定하였는데 지금 또한 삼가 이 例를 원용하여 結摠에 分排, 收錢하여 給代하니 대저 토지가 있는 자는 산업이 있어서 1結의 생산이 거의 千金에 가까우니 천금의 집에서 해마다 수백 文을 내는 것은 크게 문제될 것이 없다. 이 법을 행하면 산업이 없는 殘氓은 영구히 催科의 근심이 없으니 恤窮의 政事가 蕩還歸結만 한 것이 없다.

파환귀결罷還歸結의 내용은 환곡의 취모보용取耗補用 기능을 없애고 작전발본 作錢拔本하여 환곡의 명목을 없애고 예비곡과 재정분을 별도로 마련하는 것이 었다. 급대는 변동이 심하고 경제력 판단이 어려운 호戶보다 토지에 부과하는 것이 합리적이기 때문에 균역법 결전結錢의 전례前例를 원용하여 토지에서 거두되 부담은 지주가 지도록 하고 무전민無田民에게는 부과하지 않도록 하였 다. 균역법은 이 때 '균역성헌均役成憲'[102], '영묘조양역감필지성덕지의英廟朝良 役減疋之盛德至意'[103]로 지칭되면서 제도개혁의 전범典範으로 평가되었다. 급대 전給代錢은 정전正田·속전續田·면세免稅·복호復戶·각양잡위전各樣雜位田의 시기결時起結에 결당 2냥씩 거두어 도별로 정해진 기한에 맞추어 균역청에 상납한 것을 '비국별치전備局別置錢'라는 이름으로 운영하도록 하였다.

토지가 많지 않은 평안도와 함경도는 별도의 규정이 있었다. 평안도는 전세와 수미의 수조실수收租實數 중 관향지방조管餉支放條 15,000석을 현물現物

---

102 『釐整廳謄錄』 壬戌 7月 初6日.
103 『釐整廳謄錄』 壬戌 7月 16日.

938,972석(18%)
除耗執錢 -〉 균역청

2,361,698석(46%)
실환곡 -〉 항류곡

1,877,944석(36%)
탕감

로 획급하도록 했고 함경도는 현물로 이용移用되는 수조실수收租實數 가운데 급대전給代錢을 계제計除하여 균역청에 상납토록 하였다. 각도의 환모급대還耗給代에 대한 지출과 상납전上納錢도 매년 초 균역청에 보고하도록 하였고 군문·각사·유수부의 연례환모年例還耗에 대해서도 급대를 하고 차인差人 파견을 금지하였다. 환곡 모곡에서 취해 쓰던 중앙각사의 상납분과 지방영읍의 재정을 위해 복정卜定한 물종物種의 회감會減은 그 액수에 따라 급대하고 태가잡비駄價雜費·창고수리비용倉庫修理費用 등도 그 속에서 마련하도록 하였다. 급대를 균역청이 주관했던 만큼 균역청이 비축한 재원을 보조적으로 활용하였는데 경기를 제외한 7개도는 결전結錢 중 일부를 따로 보관하여 전에 환곡에서 회감會減하던 별도의 지출에 충당하고 통영統營의 군량곡軍糧穀도 항류곡례恒留穀例에 입각하여 석당 5냥으로 환산하여 결전 중 급대하도록 하였다.

한편, 전국에 남아있는 실환곡實還穀 2,361,698石을 집전발본執錢拔本하여 3년을 기한으로 150만석의 항류곡을 만들도록 하는 한편 이를 제외한 허류환곡 2,816,916석 중 2/3인 1,877,944석을 탕감하고 1/3인 938,972석은 포흠한 이서들 중 생존자에 대해서 제모집전除耗執錢하여 균역청에 상납토록 하였다(다이어그램 참조). 항류곡은 감영에서 교통의 요지에 배치하고 해당 읍의 좌수·이방·호장이 관리를 담당케 하였다. 항류곡의 확보를 위해 철종은 내탕전 5만냥을 내려 보냈다. 각읍의 자비곡自備穀·월과곡月課穀과 평안도의 전세田稅·수미收米 일부도 항류곡에 보태도록 하였다. 항류곡은 3년을 기한으로 경기·삼남 저치미 및 관동·해서 상정미와 서로 바꾸어 취용하고 그 나머지는 봄에 시가로 발매하고 가을에 무입貿入하도록 하였다.

이와 같이 이정청의 환곡에 대한 대책은 현행의 환곡제를 폐지한 위에 결렴을 통해 그 재정적 기능을 분리시키고 진휼과 비축의 기능은 항류곡의 조성을 통해 복원하고자 했던 것이다. 군역에 대한 대책이 재정기능에만 국한된데 비해 환곡에 대해서는 재정과 진휼 두 측면에 모두 대대적인 조치가 취해졌고 이는 이정청이 '대변통'이라 자부할 만한 것이었다.

하지만 이정청의 개혁안은 얼마 되지 않아 격렬한 반대에 직면하게 된다. 경상감사 이돈영이나 선무사를 역임했던 이삼현이 반대하였고 환곡 수입으로 지탱하던 광주의 군민과 통영의 군교 6~7만 명이 상경하여 조두순과 정원용의 집 앞에서 5~6일 간 시위를 벌이는 사태까지 벌어졌다. 파환귀결에 대한 반발로 청안, 창원, 함흥 등지에서 민란이 발생하기도 했다. 이러한 반발은 결가 전체의 책정에 대한 대책이 없이 별도의 결전結錢을 부과한 점, 그리고 항류곡 설치과정에서 당시 환곡의 실류로 파악된 액수를 일시에 작전 상납作錢上納하는 것이 과도한 부담이었던 점이 크게 작용했다. 결국 이정청의 개혁안은 끝내 철회되고 만다.[104]

이정청의 개혁안이 좌절되었다고 해서 이를 일시적인 해프닝 정도로 취급해서는 곤란하다. 19세기 접어들어 삼정의 문제는 국가적 사회적 안정을 저해하는 중대한 요인임에도 불구하고 정부는 이를 사실상 수수방관했고 개혁에 대한 논의는 수면 밑에서 맴돌았던 것이 현실이었다. 임술민란은

---

104 송찬섭, 2002, 『조선후기 환곡제 개혁연구』, 서울대출판부, 186~191쪽.

응지삼정소라는 형태의 사회적 여론수렴과 이를 토대로 한 정책의 입안이라는 과정을 거치면서 삼정의 문제를 개혁의 중심과제로 부상시키는 결정적인 역할을 하였다. 다양한 층위에서 제기된 응지삼정소의 개혁안과 이정청의 수습책은 당시 삼정과 관련된 주요 문제를 둘러싸고 형성된 사회적 공감대를 바탕으로 하였으며 이러한 방안은 당시 조야를 막론하고 삼정에 대한 개혁의 방향이 일정한 흐름을 형성하고 있었음을 방증한다. 이 시기 삼정 각 부문에서 제기된 주요한 논의는 이후에서 중요한 개혁과제로 이어지면서 대내외적 상황의 변동에 따라 정책으로 시도되거나 실현되는 경로를 밟게 된다. 임술민란을 계기로 응지삼정소와 이정청 '절목'에서 제기된 삼정과 관련된 주요 사안은 이후 부세제도 개혁의 방향에서 중요한 의제로 설정되었던 것이다.

2) 삼정개혁의 추이와 삼정론의 위상

여기에서는 임술민란 이후 19세기 후반 삼정에 대한 대책과 개혁의 방향은 어떠한 추이를 보이는 지 앞서 나눈 세 가지 범주를 중심으로 살펴보기로 하자.

첫째, 전정의 도결 등으로 대표되는 수취액의 증가와 과외징렴으로 인한 과도한 부담의 문제이다. 결가의 상승과 과외징렴의 문제는 부세의 결·호 수렴의 진전에도 불구하고 좀처럼 근절되기 힘들었는데 이는 마침내 갑오개혁의 결호세結戶稅 제도制度로 일단락된다. 결호세 제도는 각종 부세를 결세와 호세로 통합하여 화폐로 납부하도록 한 것으로 사실상 삼정체제의 전면적 개편을 의미한다.[105] 결호세의 내용 중 사실상 중심을 이루는 결세는 이미

---

105 윤정애, 1985, 「한말 지방제도 개혁의 연구」, 『역사학보』 105; 유정현, 1992, 「1894~1904년 지방재정제도의 개혁과 이서층 동향」, 『진단학보』 73.

결렴화 과정에서 그러한 흐름이 나타나고 있었다. 많은 문제를 야기했지만 도결의 단계에서 이미 다양한 부세가 통합되고 금납화되는 경향이 뚜렷이 나타났으며 관은 민간과의 관계에서 형성된 납세기구를 장악해나가고 있었다.[106] 갑오개혁의 결호세 제도에서 결세는 지방에서 토지에 부가附加하던 잡다한 명목을 금지하고 중앙에서 거두던 전세·대동· 삼수미·포량미· 결작미 등 5종을 통합하여 결당 육운읍陸運邑 30냥, 산군山郡 25냥으로 확정하였다. 호세 역시 각영각사에 납부하던 군보와 신포를 호세 명목으로 단일화하여 호당 3냥씩 탁지부에 납부하도록 하였다. 이 같이 갑오개혁의 결호전제로 삼정의 명목으로 부과되던 갖가지 항목의 부담은 결세와 호세로 통합되어 탁지부로 화폐납을 하도록 하였고 그 외의 외방진공外方進貢, 포구세·시장세 등 잡세항목이 일체 금지되었다.[107] 임술민란기에 제기되었던 과도한 결가를 비롯한 각종 과외잡세의 문제는 여전히 많은 문제를 안고 있었음에도 이 때 일단락되었던 것이다. 아울러 궁방전·둔전을 비롯한 면세지의 상당부분이 갑오승총甲午陞總을 통해 출세결出稅結로 전환되었다. 당시 승총결陞總結은 총 9,848결結로서 이중 진전陳田을 제한다면 전체적으로 8% 정도의 출세실결出稅實結이 늘어난 결과를 가져왔다.[108]

한편, 이와 관련하여 중요한 것은 이정청의 개혁안에서 채택되지 못한 양전의 문제였다. 전면적인 양전을 통한 세원의 발굴이야말로 세수의 양적 증대는 물론 수취의 합리성을 제고할 수있는 중요한 대책일 수 있었다. 양전은 누구나 그 당위성을 인정하면서도 이에 소요되는 인적·물적 비용과 양전의 실효성에 대한 회의 때문에 쉽사리 시행되지 못했다. 대원군의 집권과

106 고동환, 1991, 앞의 논문, 106~118쪽.
107 김태웅, 1991, 「1894~1910년 지방세제의 시행과 일제의 조세수탈」, 『한국사론』 26, 99~117쪽; 왕현종, 1992, 「한말(1894~1904) 지세제도 개혁과 성과」, 『한국사연구』 77.
108 裵英淳, 1987, 『韓末日帝初期의 土地調査와 地稅改正에 關한 研究』, 서울대 국사학과 박사논문, 57~61쪽.

개항을 거치면서 양전론은 주로 지방실정을 조사하고 돌아온 암행어사나 개화파들에 의해 제기되었다. 그러한 와중에 동학농민전쟁은 양전론이 본격화하는 계기가 되었다. 농민전쟁 이후 정부는 조제제도 개정과 함께 전국적인 양전의 시행을 결정하고 광무연간에 접어들어 전국의 토지를 측량하여 소유주를 확인하고 지계地契를 발행하는 사업을 실시하였지만 끝내 미완에 그치고 만다.[109] 18세기 경자양전 이래 꾸준히 제기되고 응지삼정소에서 그 실행이 적극적으로 요구되었지만 이정청에서도 채택되지 못한 양전의 과제는 결국 식민지 권력으로 넘어가 제국주의의 조선 지배를 위한 정책으로 왜곡되고 만다. 이같이 임술민란은 양전의 문제가 전면에 부상하고 이후 하나의 정책적 지향점으로 계속되는 계기가 되었다.

두 번째 문제는 군현차원의 부세운영을 통일적 원칙하에 운영하여 수령이나 이서들의 자의성을 없애는 문제이다. 삼정 수취과정에서 나타나는 난맥상의 구조적 요인은 통일적인 원칙 없이 지역별로 사정에 따라 재정운영이 독자적이고 자율적인 형태로 이루어졌기 때문이었다. 19세기 후반에 접어들어 추진된 정책은 대체로 지방재정을 중앙차원에서 일원화하여 통일적 운영원칙을 수립함으로써 수취과정의 중간에 형성되어 있는 납세기구나 응세조직의 자의성과 수탈성을 차단하는 것이었다. 일회성 조치 정도로 취해지던 이러한 방침은 갑오개혁의 금납화로 크게 변화를 맞게 된다. 현물납 위주로 운영되어 많은 문제를 가져왔던 지방재정에서 금납화의 전면적용은 이서들의 자의성과 부정의 소지를 배제하는데 크게 기여했다. 현물을 조달하는 과정에서 차액의 착복이나 관도결·방납 등의 문제가 화폐납을 통해 크게 해소되었다. 금납화에 대한 이서들의 대응이 만만치 않았지만 종래 관과 민 사이에 형성되어 운영상의 혼란을 초래했던 각종 납세·방납기구들은

---

109 양전론의 추이와 광무양전지계사업에 대해서는 김용섭, 1992, 「광무연간의 양전·지계사업」, 『증보판 한국근대농업사연구』 하 참조.

이제 원칙적으로 사라지는 운명을 맞게 되었다. 식리전은 탕감하거나 본전을 뽑아버리도록 하였고 관둔전官屯田·공용전公用田과 함께 민고답도 국유화되었다. 사부촌士夫村, 묘촌墓村, 내시촌內侍村, 계방촌契房村 등 제역촌에 대한 응역 조치도 취해졌고 지방관청은 관수품을 시가에 따라 구매하여 확보해야했다. 종전에 결이나 호 등의 단위로 민간에 현물납을 강요하는 관행은 더 이상 이루어질 수 없었다.[110] 이는 지방관청과 향촌민 사이에 형성된 납세·방납 기구를 원칙적으로 부정한 것으로 이제 지방관청은 독자적인 재정기반을 상실하고 중앙정부에서 배정한 경비를 토대로 재정을 운영하지 않으면 안 되었다.

한편, 삼정운영에의 민간참여도 꾸준히 확대되는 추세였다. 조세행정에 민간참여가 확산됨에 따라 이서들의 영향력은 약화되었고 삼정은 향촌사회 내부의 공론에 입각하여 운영됨으로써 효율성과 공정성을 일정하게 제고할 수 있었다. 여기에서 주목되는 것이 향회였다. 향촌민은 향회를 통해 부세문제에 대한 의견을 협의하고 결정하는 한편 자신의 이해를 삼정운영에 투영하고자 했다. 갑오개혁기에 접어들면 조세행정과 지방재정에 관련된 모든 사무를 향회에서 선출한 향원鄕員이 담당하도록 하였다. 이는 지방행정의 관건이 되는 재정의 운영을 공의公議에 의해 선출한 민의 대표에게 일임함으로써 민의 자치적인 참여를 용인하는 한편 조세행정을 이서층으로부터 분리하여 조세징수의 효율과 안전을 도모하고자 한 것이었다.[111]

이서에 대한 급료지급 문제도 갑오개혁기에 마침내 실현된다. 이 때 전국의 모든 군은 결수와 호수를 감안하여 5등급으로 분류, 경비가 배정되어 이 중에서 군수와 관속官屬들에 대한 봉급이 공식적으로 책정되었다. 여기에

---

110 이에 대해서는 유정현, 1992, 앞의 논문과 김태웅, 1991, 앞의 논문을 참조할 것.
111 향회에 대해서는 이상찬, 1989, 「1894~5년 지방제도 개혁의 방향; 향회의 법제화 시도를 중심으로」, 『진단학보』 67; 유정현, 1992, 앞의 논문 참조

는 이액吏額의 감액과 이호 복호결의 승총조치가 수반되었다.[112] 물론 당시 배정된 경비가 크게 부족해 많은 문제가 야기되었지만 대동법 이후 가장 대대적인 지방재정 재편이라는 점에서 중요한 의미를 가진다고 할 수 있다. 또한 지방의 징세업무를 전담하는 세무과를 신설하여 세무행정을 기존의 이서조직에서 분리하는 조치가 병행되었다. 이들 조치는 삼정체제의 변화와 지방재정구조의 재편이라는 측면에서 커다란 의미를 가지지만 대부분 새로운 세원의 창출이 아닌 한정된 재원의 이동이라는 성격이 짙었기 때문에 여러 가지 부작용은 불가피한 것이었다.[113]

세 번째, 군역과 환곡의 제도적 기능을 복원하고 그 재정수입을 보전하는 방안이다. 군정 부문의 문제 중 임술민란기에 제기된 중요한 과제는 역시 군사제도의 쇄신과 군비 강화를 통한 군정부문의 제도적 복원이었다. 임술민란기에 채택되던 못했던 군제의 쇄신은 이후 대외적인 위기상황과 맞물려 정책으로 시도되었다. 고종의 즉위와 함께 실권을 장악한 대원군은 세도정권의 핵심권력기구였던 비변사를 해체하고 의정부의 기능을 정상화시키는 조치를 취하였다. 특히 병인양요를 겪으면서 군사제도와 국방체제는 다시 한번 쇄신의 기회를 맞게 된다. 고종 5년(1868) 국방과 치안을 총괄하는 최고군사기관으로 삼군부三軍府가 창설되었으며[114] 훈련도감, 금위영, 어영청은 병력을 정예화하고 포군砲軍을 크게 증원하였다. 지방군에 대해서는 진무영鎭撫營을 대폭 강화하는 한편 지방 진영의 군비강화에 진력하였다. 특히 지방의 요충지에 위치한 진영을 신설하거나 통합·이설하였고 각지에 약 3만 명의 포군을 신설하였다. 여기에 중앙 군영과 지방의 포군 강화를 위해 조총·화

---

112 『한말근대법령집』 1 「칙령 163, 각군경비배정에 관한 건」 및 「군수 관등 봉급에 관한 건」 1895년 9월 5일.
113 유정현, 1992, 앞의 논문.
114 최병옥, 2000, 『개화기의 군사정책연구』, 경인문화사, 19~84쪽.

약·총탄생산에도 박차를 가하였다.[115]

이같이 18세기 중앙 5군영과 지방의 속오군 체제가 하나의 전형을 이룬 이후 오랜 평화기로 군제자체가 제 기능을 상당부분 상실한 상태에서 군비와 국방체제의 강화라는 문제는 장기간의 정책과제로 19세기 후반까지 이어졌던 것이다. 응지삼정소의 중요한 논의대상이 되었음에도 이정청의 개혁안에는 포함되지 못했던 군제 개편은 내적인 개혁과제의 흐름 속에서 서양과 일본세력으로 인한 대외적 위기의식이 추동하는 결과를 가져왔던 것이다. 군역의 재정적 기능은 부담자의 확대와 부담의 균등화라는 방향으로 꾸준히 변화하였다. 대원군 집권기에 접어들어 호포법이 법인화되고 호총의 사괄도 지속적으로 강조되었다. 이러한 흐름은 갑오개혁의 호전 실시로 마무리 된다. 호전의 징수방법은 동포의 형태가 계승되어 종전의 읍총에 대하여 1호 3냥의 비율로 부과하면 그것을 다시 각면·각리로 분배하는 방식이었다.[116]

환곡의 문제는 더욱 복잡한 굴절을 거친다. 환곡의 재정기능과 진휼기능은 오랜 기간에 걸쳐 부침을 거듭하면서 서서히 분리되어 나가는 과정을 겪는다. 파환귀결 철회 후 정부는 다시 환곡유지책을 답습하여 허류화된 환곡의 일부를 탕감해주고 환총을 새로이 분배하는 '탕포균환蕩逋均還'의 방식을 채택하였다. 하지만 대원군 정권 초기에 접어들어 충청도나 평안도에서는 파환귀결이 채택되어 이정청의 개혁안이 부분적으로나마 실현되기에 이른다. 대원군은 환곡을 복구하고 중앙재정 보충을 위해 별도로 별비곡別備穀을 설치하였는데 이 때 병인별비곡과 호조별비곡의 운영은 사창제의 운영원리를 도입하여 면리단위에서 직접 운영하도록 하였다. 이러한 점은 응지삼정소에서 많은 논자들이 주장했지만 이정청의 안에는 채택되지 않았던 곡물운영권의

---

115 배항섭, 2002, 『19세기 조선의 군사제도 연구』, 국학자료원, 39~116쪽.
116 김용섭, 1982, 「조선후기 군역제 이정의 추이와 호포법」, 『성곡논총』 13; 유정현, 1992, 앞의 논문; 송양섭, 앞의 논문.

민간이양 주장이 일부나마 실현된 것으로 평가할 수 있다.

사창제는 마침내 대원군 집권기에 접어들어 전국적으로 시행된다. 당시 사창제는 그 운영에 관이 개입하고 모조가 중앙재정에 이용되었다는 점에서 본래의 취지에서 꽤 벗어난 것이기는 했지만 대원군의 조치는 응지소에서 제기되고 이정청에서는 채택되지 않았던 사창제가 환곡의 진휼기능 복원이 라는 시대적 요청을 배경으로 그 시행이 필연적이었음을 보여준다. 우여곡절 을 겪던 파환귀결에 대한 요구는 마침내 갑오개혁으로 일단락된다. 임술민란 이후 파환귀결과 마찬가지로 환곡모조의 정규부세로의 편입은 지역별로 '와 환취모臥還取耗'나 '파환귀결罷還歸結'의 형태로 꾸준히 확대되고 있었다. 갑오 개혁의 결호세結戶稅 제도制度의 성립은 이러한 추세를 법인화하였다. 환곡의 재정·부세로서의 기능은 마침내 결세로 편입되었던 것이다. 결세제도가 만들어지면서 환곡의 재정수입은 온전히 부세로 확정되어 이전의 결가와 함께 결전에 포함되는 결과를 가져왔던 것이다. 반면 진휼기능은 사환제의 실시로 귀결되었다. 사창제가 실제로는 기존 환곡에 사창곡이라는 환곡이 덧이어 설치된 형태였는데 반해 사환제는 순수하게 사환곡으로만 이루어졌 고 모조를 재정에 충당하는 제도도 없었다. 그야말로 순수하게 진휼만의 용도로 쓰였던 것이다.[117]

이상 임술민란에서 한말에 이르는 삼정의 개혁과정의 추이를 부담액·수 취과정·제도론의 측면에서 일별하였다. 앞서도 언급했지만 임술민란은 심 각한 문제를 안고 있었음에도 사실상 잠복해있던 제도개혁론을 삼정이정이 라는 과제를 중심으로 사회전면에 부상시키고 이에 대한 논의가 본격화되는 계기가 되었다. 응지삼정소와 이정청의 수습안은 내용상 많은 한계를 안고 있지만 이 때 제기된 다양한 논의는 이후 개항을 거쳐 갑오개혁에 이르는

---

117 이 시기 환곡제 변화의 추이에 대해서는 송찬섭, 2002, 앞의 책, 173~363쪽을 참조하였다.

삼정개혁의 지향에 중대한 영향을 미쳤던 것은 분명하다.

이들이 지향하는 바는 균부균산의 이념에 입각한 국가재정의 안정과 인민의 생계보장이었다. 특히 응지삼정소에서 제기한 다양한 삼정론 가운데 토지개혁론은 이러한 이념적 지향을 잘 보여준다. 이 때 몇몇 논자들은 정전제, 한전제 등을 제기했으나 그 시행이 어렵다는 점은 스스로 인정하기도 하였고 이 때문에 별도의 조치를 함께 제시하기도 했다.[118] 토지개혁론은 17세기 이래 많은 논자들이 여러 가지 형태로 제기하였음에도 그것이 정책으로 실현된 경우는 사실상 전무하다고 해도 좋을 것이다. 그럼에도 불구하고 그러한 균산론均産論이 끊임없이 제기되었던 이유는 그것이 하나의 이상론이면서도 정책을 추동하는 중요한 이념으로 작용했기 때문으로 생각된다. 따라서 균산론均産論으로서 토지개혁론과 균세론均稅論으로서 부세이정책은 별도의 논의라기보다는 추상화된 이상론과 그것의 이념화, 그리고 그것이 구체적인 정책으로 드러나는 통합적 논리구조를 가진 것으로 보아야할 것이다. 따라서 임술민란기 삼정론은 그러한 이상주의적 균산론이 민란이라는 급박한 현실에서 '삼정'이라는 사안을 매개로 구체적인 정책론으로 제기된 것으로 보는 것이 타당할 것이다. 따라서 토지개혁론으로 대표되는 균산론은 19세기 부세문제가 그 모순을 드러낼수록 더욱 강력한 이념적 지향으로 표방되고 구체적인 정책을 통해 균세론의 형태로나마 실현되도록 강제했다는 점에서 의미가 있지 않나 생각된다.

응지삼정소에서 제기된 삼정론에서 제도 자체의 폐기를 통해 전면적인 혁신을 주장하는 논의는 찾아보기 힘들다. 오히려 삼정 자체의 취지에 대한 적극적이고 긍정적인 평가를 바탕으로 그 운영을 제도적 취지에 부합하도록

---

118 姜瑋,「擬三政捄弊策」,『三政策』1, 125쪽; 姜晉奎,「三政策」,『三政策』1, 229~230쪽; 申錫祜,「三政策」,『三政策』2, 8~14; 許傳,「三政策」,『三政策』2, 427~428쪽; 李寅龜,「三政策」,『筦蕑漫錄』.

하거나 관련 법 조항과 규정에 대한 준수를 강조하는 것이 대부분이었다. 삼정론을 제기한 논자들 가운데 왕세王稅 자체에 대한 부정은 없으며 그것은 민란이나 이후 동학농민전쟁의 과정에 나타난 농민들의 요구조건에서도 마찬가지였다. 그런데 상당수의 논자들은 삼정론에서 제기한 개혁의 모델과 이념형을 18세기 영·정조대로 설정하였다. 18세기 특히, 영조와 정조의 재위기간은 국가적 차원의 부세와 재정운영의 공식화와 규범화가 하나의 체제로 일단락되었다고 평가되는데 이때의 법 조항이나 제도적 규정은 임술 민란기 삼정론의 중요한 근거로 제기되었다. 그것이 의미하는 바는 이후 연구를 통해 보다 다각도로 추구해야 될 것이지만 18세기의 국가와 사회는 19세기 중엽 삼정문제를 포함한 제도론의 중요한 전범典範으로 설정되고 있는 듯하며 이것이 변화된 사회조건 하에서 새로운 양상을 드러낼 수밖에 없었던 것이 아닌가 생각된다. 19세기 후반의 격변기에 직면한 왕조정부가 변화된 사회환경에 유연한 대응이 어려웠던 데에는 이러한 측면도 작용하지 않았을까 생각된다.

삼정문제의 중요한 요인 중 하나가 지방차원의 부세운영과 관련되었음은 앞서 살핀 바와 같다. 조선후기 최대의 재정·부세개혁으로 평가되는 대동법과 균역법도 지방재정에 대한 조치는 대단히 미흡했을 뿐 아니라 오히려 이를 어려움에 빠뜨리는 요인으로 작용하였다. 하지만 삼정책의 논자들 가운데 일부를 제외하고는 지방재정 자체에 대한 구조적 인식과 이를 바탕으로 한 전면적인 개혁을 주장한 경우는 찾아보기 힘들다. 삼정과 관련된 사안들은 임술민란 이후에도 지방관청과 향촌민 사이에서 자체적으로 운영되고 있었다. 지방재정의 구조적 모순에 대한 전면적인 조치가 취해지지 않는 한 지방차원에서 다양하게 나타난 각종 납세·응역조직은 온존될 수밖에 없었다. 이러한 형태의 부세운영은 향촌사회 자체의 자구책으로 불가피한 것이었음에도 운영과정에서 심각한 수탈적 양상을 드러냈음은 앞서 서술한 대로다. 응지삼정소와 이정청의 삼정론이 거의 눈을 돌리지 못했던 지방재정의 문제는 오히려 갑오개혁에 의해 재정의 전면적인 중앙흡수와 이의 지방배정이라는 형태로 나타났다. 갑오개혁의 지방재정에 대한 대책은 많은 문제를 안고 있었던 것이 사실이지만 17세기 대동법 이후 지방재정에 대한 대대적인 조치가 취해진 계기가 되었다는 점에서 일정한 의의를 부여할 수 있을 것이다. 이는 거꾸로 주로 지방차원에서 삼정의 문제가 촉발되었음에도 이에 대한 논의가 제대로 이루어지지 못했던 임술민란기 삼정론의 한계로 지적될 수 있을 것이다.

아울러 임술민란과 그 이후의 추이에서 지적하지 않으면 안 될 특징 가운데 하나는 국가의 지방통치에 민의 참여가 중요한 문제로 부각되었다는 점이다. 삼정과 관련된 문제는 그것이 지방차원에서 관과 향촌민의 사이에서 그 모순이 심화되고 있었던 점이 크게 작용했다. 당시 삼정론을 제기한 많은 논자들은 민의 협력과 동의를 통해 공정성과 효율성을 높이는 방향으로 삼정을 운영하자고 하였다. 민란이라는 형태의 강력한 저항은 국가로 하여금 종래와 같은 일방적인 방식으로는 더 이상 안정적인 통치를 보장하기 힘들다는 인식을 갖게 하기에 충분했다. 향촌사회의 결속력이 크게 강화된 데에는 장구한 기간 내려온 향촌조직이 그 바탕이 되었을 터이지만 국가적 차원에서 가해지는 전면적인 부세압력이 자신들의 존립기반조차 흔들 정도로 심각했던 점이 결정적으로 작용했을 것이다. 민은 공동체적 유대를 바탕으로 관과 타협하거나 갈등하면서 자신들의 삶이 가진 존립근거를 유지하고자 했다. 이제 국가는 민의 실체를 인정하고 이들을 적극적으로 삼정운영에 참여시키고자 했을 뿐 아니라 통치의 말단기구로 포섭하려는 방향으로 나아가고 있었다. 향회의 대두와 법제화 과정은 이러한 사회변화의 산물이었다.

5. 맺음말

임술민란기 철종의 책문에 답한 관료·지식인의 대책과 이정청의 개혁안은 끝내 실행되지 못했지만 이 과정에 이루어진 삼정에 대한 다양한 논의는 이후 삼정개혁을 더 이상 미룰 수 없는 국정과제로 떠오르게 하는 계기가 되었다. 철종의 책문에 답하는 형식으로 제출된 응지삼정소의 내용은 다양했지만 대체로 ① 정규수취액과 별도로 부과되는 각종 부가세나 과외징수로 인해 나타나는 과중한 부담의 문제, ② 삼정운영과정에서 향촌민과 직접 접촉하는 조세행정이 통일적 원칙없이 군현별로 자율적으로 운영되면서 나타나는 문제, 그리고 ③ 군역과 환곡의 운영이 국방과 진휼이라는 제도적 취지와 괴리된 채 부세·재정적 기능만이 두드러짐으로써 나타나는 문제 등으로 나누어 살펴볼 수 있다.

응지삼정소의 논자들은 ①의 문제에 대하여 양전의 실시, 도결의 혁파 등을 통한 결가의 법정액수 준수 등을 대안으로 내세웠으며 ②에 대해서는 지방관청의 조세행정에 대한 통일적 운영을 기하고자 하는 의도에서 민고, 계방, 도결, 양호 등 관과 민 사이의 수취과정에서 나타난 다양한 방납·납세조직을 해체하여 조세의 중간누출을 막고자 했다. 또한 삼정에 민간을 참여시켜 운영의 효율과 공정을 꾀하고자 하였다. 이서들의 문제도 이들의 인원수를 적정한 수준으로 줄이고 급료를 지급하여 근본적인 생계대책을 세워줄 것을 제안했다. ③에 대해서는 우선 군역에 대해서는 우선 재정적으로 대대적인 사괄조치와 함께 동포·호포 등 균등한 수포방안을 채택할 것을 요청하였고 제도적으로는 다양한 군제쇄신책을 제기하였다. 가장 문제가 심각했던 환곡은 현행 제도를 혁파하고 가호나 전결에서 그 재정분을 급대하도록 하였고 사창제와 상평제를 부활시켜 본래의 제도를 복원하자고 하였다.

응지삼정소에 대한 검토를 바탕으로 이정청에서는 삼정 각부문별로 대책을 마련하였다. 우선 전정에 대해서는 양전을 실시하지 않는 대신 각종 규정을 바탕으로 원장부는 물론 면세결에 대해서도 과외징수와 모리행위의 금지하는 등의 조항이 삽입되었다. 이러한 조치는 전정 자체 뿐 아니라 환곡의 파환귀결 조치에 대한 정지작업으로서의 의미도 가지고 있었다. 군정부문도 일단 군역운영의 규정을 준수할 것을 강조하면서 동포를 기존의 개별첨정과 함께 편의에 따라 선택할 수 있도록 하였다. 군제에 대해서는 아무런 조치가 없었다. 환곡에 대해서는 대대적인 수술을 가하였다. 허류곡을 탕감하는 한편 균역법을 모델로 파환귀결, 즉 환곡제를 혁파하고 그 재정분을 토지세를 통해 보전하도록 하였다. 진휼과 비축기능은 항류곡의 조성을 통해 복원하고자 하였다. 환곡에 대한 조치는 이정청 대책의 중심을 이룰 정도로 중요한 내용을 차지했다. 이정청의 개혁안은 결국 철회되고 말았지만 이는 환곡의 파환귀결에 대한 반발이 심했기 때문이었다.

임술민란을 계기로 촉발된 삼정에 대한 논의는 부문별·층위별로 여러 가지 형태로 나타났는데 이는 이후 중장기적인 정책과정에서 하나의 경향성을 드러내면서 일정한 방향으로 수렴되거니와 그러한 흐름의 마무리는 역시 1894년 갑오개혁에 의해서였다. ①의 문제는 결호세結戶稅 제도制度로 과외잡세의 금지와 갑오승총의 출세조치로 나타났으나 양전의 문제는 끝내 미완에 그치고 만다. ②의 문제는 갑오개혁의 금납화 조치와 수취과정 개혁, 그리고 지방재정의 배정으로 나타났다. 여기에 조세행정에의 민간참여와 이서들의 봉급이 공식화되었다. ③의 문제도 군정부문에서는 군비강화·호포법의 실시, 환정부문에서는 파환귀결의 채택·별비곡의 설치·환모의 결세편입과 사창제·사환제의 실시로 제도의 복원과 재정기능의 분리가 진행되었다.

임술민란기에 제기된 다양한 삼정론은 이후 개항을 거쳐 갑오개혁에 이르는 기간 동안 삼정개혁을 추동하는 중요한 계기가 되었다. 특히 정전제·한전제 등 토지개혁론은 균세론적 형태의 정책을 추동하는 이념이자 이상론으로 삼정개혁의 방향에 강력한 지향성을 부여하였다. 이 시기 제기된 삼정론은 균부균산의 이념에 입각하여 국가재정의 안정과 인민의 생계보장를 보장하는 것이었거니와 그 구체적 모델은 국가적 차원의 부세와 재정의 공식화와 규범화가 이루어진 18세기 영·정조대가 설정되었다. 하지만 삼정에 대한 다양한 논의에서 19세기 부세운영의 모순을 극명하게 드러내주고 있던 지방재정에 대한 구조적 인식과 적극적인 대책을 찾아보기 힘들었다. 한편 국가의 지방통치와 부세운영에 민의 참여가 적극적으로 용인되었다는 점은 이 시기 사회변화의 산물로서 적극적인 의미를 부여해도 좋을 것이다.

이같이 19세기 국가와 사회의 안정을 저해하는 중대한 요인이 되고 있음에도 불구하고 본격적인 논의의 대상이 되지못했던 삼정의 문제는 임술민란을 계기로 사회적 여론수렴과 이를 토대로 한 정책의 입안이라는 과정을 거치면서 개혁의 중심과제로 부상하였다. 다양한 층위에서 제기된 응지삼정소의 개혁안과 삼정이정청의 수습안은 당시 삼정문제를 둘러싸고 형성된 사회적 공감대를 바탕으로 하였으며 이후에서 중요한 개혁과제로 이어지면서 대내외적 상황의 변동에 따라 정책으로 시도되거나 실현되는 경로를 밟게 되었다. 임술민란은 이후 갑오개혁에 이르는 부세제도 개혁의 방향에서 삼정문제를 중요한 의제로 설정되는 결정적인 계기가 되었던 것이다.

임술민란 전후 전라도^{全羅道}의 군정^{軍政} 운영과 식리^{殖利} 문제

김경란(金京蘭)*

1. 머리말

1862년 진주 지역에서 시작된 임술민란은 조선후기 사회의 여러 모순이 집약적으로 표출된 결과로 이해되고 있다. 진주 지역에서 농민봉기가 발생한 지 불과 몇 달 사이에 전국 70여 개 군현으로 빠르게 확산되었고, 이는 '삼정문란三政紊亂'으로 표현되는 부세제도 운영의 파행성에 대한 농민들의 불만이 극에 달해 있었기 때문이었다.

임술민란에 대한 기존의 연구는 농민봉기의 직접적 원인을 제공한 부세제도 운영문제에 집중되어 있다. 농민들의 입장에서 볼 때, 부세제도를 둘러싼 폐단은 농민들의 담세능력을 고려하지 않은 채 부세량 자체가 크게 증가했다는 점이다. 18세기 중엽 이후 중앙재정의 규모가 확대됨에 따라 전세田稅·대동세大同稅 등의 전결세田結稅의 상납분이 증가되었고, 각급 관청의 재정수

---

* 성균관대학교 대동문화연구원 수석연구원.

요에 따라 군액軍額이 크게 증가한 것에 비해 양역良役 농민의 수는 감소되었다. 또한 19세기 이후 환곡還穀이 관官의 주요한 재정원이 되면서 환곡을 강제로 분급하고 고율의 이자를 징수함으로써 농민부담이 급증하였다. 여기에 부세의 부족분을 토지에 부과하는 도결都結이 일반화되면서 농민들의 부담은 더욱 증가하였고, 수령, 관속들의 자의적인 부세 운영도 부세제도의 파행성을 심화시켰다. 이 밖에 저채邸債 등을 비롯한 관청식리官廳殖利도 농민봉기를 발생시킨 하나의 원인으로 작용하였다.[1]

이와 같은 부세제도 운영상의 폐단은 농민봉기가 발생한 대부분의 지역에서 일반적으로 나타난 문제였다. 그런데 지역에 따라 특정 부분의 부세제도가 집중적으로 문제시되는 경우가 많았다. 이는 해당 지역의 지역적 특성에서 비롯된 것이었다. 즉, 조선후기 지방재정은 지역적 특성과 관련하여 독자적인 재정운영이 이루어진 경우가 많았다. 임술민란에 대한 기존의 연구는 농민봉기의 출발지였던 진주지역을 비롯한 경상도 지역을 중심으로 이루어졌는데, 이 과정에서 경상도 지역 농민봉기의 주된 원인이었던 환곡폐단 및 도결 문제에 관심이 집중되었다.

그런데 가장 많은 군현에서 농민 봉기가 이루어졌던 전라도 지역에 대한 연구는 상대적으로 적다.[2] 전라도는 전체 군현 54개 중 38개 군현에서 농민봉기가 발생하였다. 전국적으로 70여개의 군현에서 농민봉기가 일어났다는 점에 비추어볼 때, 가장 많은 봉기사례가 나타난 지역이었다.[3] 전라도에서 일어난 농민봉기 역시 여타 지역과 마찬가지로 부세제도에 대한 저항이 직접적인 계기가 되었다. '삼정문란三政紊亂'으로 집약되는 부세제도 운영상의 문

---

1 망원한국사연구실 19세기 농민항쟁분과, 1988,『1862년 농민항쟁-중세말기 전국 농민들의 반봉건투쟁』, 동녘, 55~58쪽, 64~69쪽.
2 吳永敎, 1988,「1862年 農民抗爭 硏究 -全羅道 地域의 사례를 중심으로-」,『孫寶基博士停年 紀念 韓國史學論叢』.
3 망원한국사연구실 19세기 농민항쟁분과, 1988, 앞의 책, 249~250쪽.

제는 전라도에서도 예외없이 나타났으며, 이의 시정을 요구하며 전면적인 농민봉기가 일어났던 것이다. 그런데 전라도의 농민봉기의 배경과 관련하여 특기할 점은 유독 군정軍政 운영의 파행성이 봉기의 원인이 되었던 지역이 많다는 사실이다.

18세기 중엽 이후 조선정부가 취한 부세운영의 기본원칙은 총액제摠額制였다. 총액제는 토지나 인민 등 부세징수대상의 파악이 어려워지자 군현단위의 조세납부책임을 강화하여 정부세원의 일정액수를 관철시킴으로써 조세수입의 안정을 기하고자 한 것이다.[4] 양역의 운영은 이러한 총액제적 과세방식에 대응하여 지방 군현에서는 각 지역의 상황에 맞는 다양한 방안을 강구하였다. 전라도 지역의 경우, 19세기 이후 성행한 군포계軍布契도 그 범주에서 이해할 수 있다.

본고에서는 임술민란의 종합적 이해를 위해 전라도 지역으로 연구대상 지역을 확대하고자 한다. 이를 위해 군포계를 중심으로 19세기 전라도 지역의 군정 운영방식에 대해 주목하고자 한다. 전라도 지역의 군포계 운영에 대한 연구는 당시 군정 운영의 특성과 임술민란과의 상관관계를 구명할 수 있는 주요한 방편이 될 것으로 여겨지기 때문이다.

2. 19세기 전라도全羅道의 군정軍政운영

임술민란을 전후한 시기에 전라도는 양역良役의 폐단이 가장 극심했던 지역으로 지적되었다.[5] 전라도에서 군역세 수취를 둘러싼 군정운영 문제가 직

---

4 宋亮燮, 1995,「19세기 良役收取法의 변화-洞布制의 성립과 관련하여」,『韓國史研究』89, 146쪽.
5 『日省錄』純祖 8年 8日 6日 全羅左道暗行御史 李勉昇進書啓別單.

접적인 농민봉기의 원인으로 확인되는 지역은 고산, 부안, 김제, 금구, 익산, 함평 등이다. 이 밖에 전라도의 나머지 지역에서도 군역세 수취과정에서 많은 문제점이 노정되었던 사실은 당시 전라도에 파견되었던 선무사宣撫使나 암행어사暗行御史의 보고서를 통해 확인할 수 있다.

전라도 지역의 군정문제는 기본적으로 '군다민소軍多民少'의 발생에서 비롯되었다. 다음의 두 자료는 전라도 지역의 군정문제의 발생 배경과 일반적 상황을 잘 보여준다.

① 도망치고 죽은 사람을 대신하여 어린아이와 죽은 사람에게 부과하고 疊役하는 원망이 거의 모든 읍에서 그러하지만 여산 한 고을처럼 심각한 곳이 없습니다. 本邑을 살펴보니 장부에 기록된 元戶는 4,159호이고, 그 중에 流亡해 버린 絕戶 1,578호를 제외하면 현재 實戶는 모두 2,581호입니다. 그 가운데 免役인 戶가 1,356호이므로 役에 응하는 호는 1,225호에 불과합니다. 그런데 京外의 軍摠은 모두 4,051명입니다. 4,051명의 軍額을 1,225호에 분배하니 1호에서 내야 할 丁이 거의 4명에 달하게 됩니다. 이것은 도저히 행할 수 없는 것이므로 어린아이와 죽은 사람에게 부과하고 첩역하여 징수하는 것이 어쩔 수 없는 형세입니다. 이런 까닭으로 백성들이 정착해서 살지 못하고 흩어져서 사방으로 가려는 자들이 꼬리를 물고 이어지고, 비옥한 땅이 대부분 陳荒되고 있습니다. 戶口가 날로 감축되어 軍額은 더욱 충당하여 보충하기 어렵습니다.[6]

② 良人이 지는 役은 요즘만큼 그 종류가 많은 적이 없었습니다. 가령 營匠保 · 邑匠保 · 四色保 · 三色保 · 竹保 · 漆保 · 紙保 · 鄕保 · 吏保 · 通引保 따위는 이루 헤아릴 수 없을 정도입니다. 그런데 이 모두가 규정 이외에 함부로 책정한 명목들입니다. 이런 항목들의 역은 납부하는 금액이 正軍의 역에 비해서 반으로 줄어들기 때문에 부유한 사람들은 뇌물을 쓰고 안면이 있는 사람들은 청탁을 하여 편입되지 않은 사람은 편입되려 하고 이미 들어가 있는 사람들은

---

6 『日省錄』 純祖 8年 6月 7일 湖南右道暗行御史 徐有望進書啓別單.

그 상태를 유지하려 합니다. 이렇게 되다 보면 각 부대의 무거운 역은 모두가 가난한 사람들 차지가 되어버립니다. 오랫동안 이런 무거운 역을 감당할 수 없어서 얼마 후 이들이 도망가 버리면 그때서는 이웃이나 친족들에게 책임을 묻게 되고 이전에 가벼운 역에 편입된 사람들이나 그 상태를 계속 유지하고 있던 사람들이 그 피해를 받게 됩니다. …각 고을의 軍丁의 태반은 빈 껍데기 장부일 뿐입니다. 黃口, 白骨, 隣徵, 族徵은 어찌 진짜 장정이 없어서 이렇게 징수하는 것이겠습니까? 호남의 도 전체를 예로 들어 살펴보면 고을마다 각각 契房村이니 願堂村이니 하는 것들이 있는데, 관가에 소속되기도 하고 鄕廳에 소속되기도 하고 吏隷廳에 소속되기도 합니다. 해마다 돈을 바치거나 땅을 바치고 온 마을이 부역을 면제받거나 요역을 감면받습니다. 한 고을에 이런 곳을 세어보면 거의 대부분 수십 개 촌락입니다. …마땅히 도의 수령에게 명령을 내려 일체를 혁파하여 이들 모두를 正軍으로 징발하여 빈 껍데기뿐인 군액을 충원시키도록 해야 할 것입니다.[7]

①과 ②는 19세기 초반을 전후하여 전라도에 파견된 암행어사暗行御史들이 이 지역의 군정軍政 운영과정에서 드러난 문제점과 그 원인에 대해 중앙정부에 보고한 자료이다. 먼저 ①의 자료는 전라도 여산현의 군정軍政상황을 보여주는 자료로 당시 군역세 수취를 둘러싼 문제가 얼마나 심각했는지를 구체적으로 보여주는 하나의 사례이다. 19세기 초반 여산현의 원호元戶는 4,159호로써 유망해 버린 절호絶戶 1,578호, 면역호免役戶 1,356호를 제외하면 역에 응할 수 있는 호는 1,225호에 불과하였다. 전체 호 중에서 실제 역을 부과할 수 있는 호는 1/4에 불과한 셈이다. 그런데 여산현에서 중앙 군아문과 감병영에 납부해야 할 군총軍摠은 모두 4,051명에 달하였다. 결국 1호에서 내야 할 丁이 거의 4명에 이르렀고, 여산현에 부과된 군역세를 감당하기 위해서 어린아이와 죽은 사람에게 부과하거나 첩역疊役하여 징수하는 파행적인 방법

---

7 『日省錄』正祖 19年 5月 26日 備局以湖南御史 鄭晩錫別單諸條回啓命更加究理草記.

이 동원될 수밖에 없었던 상황을 볼 수 있다.

여산현의 군정문제, 즉 응역호應役戶의 부족과 이로 인한 첩역의 문제 등이 초래된 원인은 무엇이었을까. ②의 자료는 당시 전라도의 군정 문제가 어디에서 비롯되었는지를 구체적으로 보여준다. 당시 군역세 수취 문제는 기본적으로 규정 이외에 함부로 책정한 군역 명목들의 남설濫設로 인한 허액虛額의 증가에서 비롯되었다.

다양한 명목의 역종役種이 함부로 남설되었던 것은 당시 군제軍制 및 국가재정 운영상의 구조적 문제가 그 원인으로 작용하였다. 조선의 군제軍制는 양란 이후 오위제五衛制를 대신하여 훈련도감訓鍊都監을 비롯한 오군영五軍營체제로 변모되었다. 그런데 이같은 신군제新軍制로의 전환이 구군제舊軍制의 전면적인 폐지를 의미하는 것은 아니었다. 즉, 구군제舊軍制의 명목과 군액軍額이 그대로 유지되면서 신군제상新軍制上의 군역명목軍役名目이 다양하게 첩설疊設되고 있었다. 신·구군제의 군액이 첩설됨에 따라 17세기 중엽 무렵 역총役摠의 급격한 증가가 이루어졌다.[8]

여기에 각 국가기관의 독립적 재정운영은 이러한 현상을 더욱 부추기고 있었다. 조선시대 국가재정의 기본적 운영원리 중 하나는 '경비자판經費自辦'이었고, 이에 따라 각각의 국가기관은 자체 재원을 마련하고 지출하였다. 중앙中央 군아문軍衙門 및 감병영監兵營, 지방地方 군현郡縣에서는 자체 재정수입을 마련하기 위한 방편으로써 다양한 명목의 역役을 설정하였는데, 이러한 역들은 대부분 정군正軍의 역보다 가벼운 이른바 헐역歇役이었다. 그런데 상대적으로 부유한 사람들이 헐역을 부담하고, 오히려 가난한 사람들이 고역苦役을 부담하게 됨에 따라 많은 농민들이 도망을 통해 피역을 도모하는 상황이 초래되었다. 이러한 상황은 결국 허액虛額의 증가로 이어졌으며, 군병軍兵의

---

8 백승철, 1990, 「17·18세기 軍役制의 變動과 運營」, 『이재룡박사환력기념한국사학논총』.

허오虛伍가 발생하면 해당 군현에서는 이를 대신할 군정軍丁을 충정해야 했다.

그런데 제대로 대정代定하지 못한 경우가 허다하게 발생했는데, 순조 13년 전라도의 상황을 보면, 나주 625명, 영광 250명, 함평 268명, 무장 80명, 무안 392명, 영암 159명, 강진 641명, 해남 800명, 흥양 225명, 진도 284명 등 총 3724명의 군오軍伍가 대정代定되지 못했으며, 이미 대정한 자도 절반은 허명虛名이었던 사실이 보고되었다.[9] 이에 따라 각 면리面里에서는 허액을 메꾸기 위해 첩역疊役을 비롯하여 황구첨정黃口簽丁, 백골징포白骨徵布, 인징隣徵, 족징族徵 등의 파행적인 군정 운영이 이루어지고 있었던 상황을 ②의 자료를 통해 확인할 수 있다.

계방촌契房村, 원당촌願堂村 등의 제역촌除役村이 군정 문제를 악화시켰던 또 하나의 원인으로 작용하였던 사실 역시 ②의 자료를 통해 확인할 수 있다. 제역촌은 동리별洞里別로 특정한 세목稅目을 부담시키고 다른 부세를 면제해주는 중세사회의 전통적인 부세수취 관행이었다. 그런데 부세수취단위가 세분화되어 면리面里에서 수취가 완결되는 경우가 늘어나고, 향촌내의 부세수취 책임이 일정하게 이양됨으로써 아전들의 부정이 면리단위로 이루어지는 경우가 생기게 되었고, 제역촌은 점차 군정軍丁의 도피처가 되어갔다. 특히 균역법 이후 향촌에서 군적軍籍의 허부화虛簿化가 심화되어 동리洞里 내의 개별 인신파악이 어려워지고 면리기구가 세역稅役의 납부단위로 강조됨에 따라 지방관아에서는 자의적으로 제역촌을 설정함으로써 재정수입을 도모하였다. 제역촌은 19세기 초반 그 수효가 폭발적으로 증가하였으며, 당시 군정 운영의 파행성을 초래한 주요한 원인으로 작용하였다.[10]

결국 '군다민소軍多民少'로 표현되는 19세기 군정 문제는 군액허오軍額虛伍로 인한 궐액闕額의 발생에서 비롯된 것이었다. 그런데 지방관청은 궐액을 반드

---

9 『日省錄』純祖 13年 4月 13日 湖南暗行御史 洪大浩進書啓別單.
10 宋亮燮, 1995, 앞의 논문, 161~162쪽.

시 채워야 하는 입장이었기 때문에 황구첨정, 백골징포, 인징, 족징 등의 파행적 군정 운영이 초래되었으며, 이 과정에서 민의 고충은 배가될 수 밖에 없었던 것이다.

한편, 허액의 증가로 인한 궐액의 문제는 전라도 뿐 만 아니라 전국적인 현상이었다. 따라서 이 문제를 해결하기 위해 다양한 방법이 모색되었다. 군역전軍役田과 군포계軍布契는 군역세 수취과정에서 발생한 궐액의 문제를 해결하기 위한 방안의 하나로 설치된 것이었다. 이 시기의 군역은 군현단위로 그 액수가 책정되었기 때문에 피역자避役者가 증가하면 그 부담이 향촌민 전체에게 가중될 수밖에 없는 구조였다. 결국 향촌사회 자체가 공동의 자산을 소유하고 이로써 군역을 감당하는 방안을 모색하였는데, 이것이 군역전과 군포계가 발생된 배경으로 작용하였다.[11]

이 중 군포계는 관서關西 지역과 전라도全羅道 지역에 널리 보급되었던 방식이다. 관서 지역에서는 면리별로 군역전軍役田과 군전軍錢의 운영을 통해 궐액이 된 군액을 충당하는 방안을 시행하고 있었다. 1811년 평안도 지방에서 일어난 농민전쟁은 삼정三政의 문제와 밀접한 관련이 있었는데, 특히 군역의 폐단이 극심하였다. 이 지방은 군오軍伍의 태반이 허적虛籍이라 할 정도로 극심한 군정軍丁부족 현상을 빚고 있었다. 이를 해결하기 위한 대안으로 채택한 것이 관서지방의 '군정례軍丁例'였다. 군정례란 리정법里定法 이후 면리별 공동납의 관행을 이용하여 군전軍錢과 역전役田을 마을 단위로 유치하고, 이를 취식取殖하여 납포納布하거나 면리분징面里分徵으로 각호各戶에 균징均徵하는 것이었다.[12] 특히 군전軍錢의 운용은 면리별로 설립된 군포계를 통해 이루어졌다. 군포계는 군역세를 향촌민에게 일시에 염출하여 납부하는 것으로 그치는 것이 아니었다. 군포계는 군전軍錢, 군역전軍役錢, 군근전軍根錢, 역근전役根錢 등

---

11 金容燮, 1982, 「朝鮮後期 軍役制의 動搖와 軍役田」, 『東方學志』 32.
12 宋亮燮, 1995, 앞의 논문, 170~171쪽.

으로 불리우는 기금을 마련하여 식리殖利를 하고, 그 이식으로 군역세를 수납하는 계 본래의 형태를 취하는 것이 일반적이었다.[13]

전라도에서도 군포계가 상당히 많은 지역에서 설치되었던 것으로 보인다. 임술민란을 전후한 시기에 군포납부와 관련하여 계가 설치되어 식리활동이 이루어진 사례가 구체적으로 확인되는 지역은 고산, 영암, 담양, 영광, 구례, 능주 등이다. 이들 지역 중에서 임술민란의 과정에서 군정 운영의 파행성이 가장 강력하게 제기된 지역은 고산이었다. 당시 고산에서는 12개 面에 걸친 군포계를 조직하여 식리활동을 함으로써 과다한 군역의 궐액을 보충하고 있었다.[14]

영암에서는 청원계淸元稧라는 면단위의 계가 설치되어 군전 마련을 위한 식리활동이 이루어졌으며[15], 담양지방에서는 관주도로 각 면의 면약面約에게 본전本錢을 지급하고 식리활동을 통해 군전軍錢을 납부케 하였다.[16] 영광과 구례 역시 각 면의 조직을 이용하여 군전의 배정과 수납 등을 관리하고 있었다.[17] 능주綾州 호암면虎岩面의 경우, 훈련도감 승호戶陞가 3년 단위로 2명씩 배당되었는데 그 때마다 1인당 전 30냥씩 총 60냥이 소요되었다. 이를 마련하기 위해 '승호자장계陞戶資裝契'라는 명칭의 면계를 조직하여 1냥 당 2전의 이율로 봄, 가을 두 차례 식리하여 승호陞戶에 소요되는 자장비資裝費를 충당하도록 하였다.[18]

군역세 납부를 위한 식리활동은 당시 호남지방의 관행으로 이해되고 있었

---

13 金容燮, 1982, 앞의 논문, 134쪽.
14 『高山邑誌』, 附事例.
15 『邑誌』, 靈巖郡事例冊, 아세아문화사.
16 金容燮, 1982, 앞의 논문, 134쪽.
17 김용민, 1998, 「19세기 面의 運營層 强化와 面任의 역할」, 『韓國史學報』 3·4 합집, 408쪽, 416쪽.
18 宋亮燮, 2011, 「조선후기 지방재정과 계방의 출현-제역 및 제역촌과 관련하여」, 『역사와 담론』 59, 21쪽.

고, 전라감영 차원에서 실시되기도 하였다. 19세기 이후 전라감영의 재정구조에서 식리활동의 비중이 점차 확대되었는데,[19] 속오군束伍軍의 허액虛額을 보충하기 위해 식리를 시행하였으며, 이 때 관에서 농민에게 과도한 이자를 징수하여 문제시되기도 하였다.[20]

그런데 군포의 납부를 위한 식리활동은 대부분 면단위에서 조직된 면계面契를 중심으로 이루어졌다는 특성을 갖고 있다. 조선후기 지방관청에 의해 이루어진 식리활동은 매우 다양하나, 대략 다음과 같은 두 가지 유형으로 분류될 수 있다. 첫째, 지방경비를 보충하기 위해 향촌내 특정계층(富民, 商人)을 대상으로 화폐를 대여하는 형태이다. 둘째, 농민부담인 잡역雜役을 식리로 전환시킨 것으로서 전 향촌민을 대상으로 실시되는 것이었다. 원래 현물의 호戶, 결結당 수취방식이 일반적이었던 잡역세 수취방식은 19세기 이후 식리무목殖利貿木의 방식으로 전환되는 경향이 강하였고, 각면各面에 분급分給되었다. 잡역세雜役稅의 부과가 식리의 형태로 전환되었으나, 잡역의 부과대상인 농민의 입장에서는 관청식리전의 이자납부와 잡역세가 크게 구분되는 것은 아니었다. 이에 따라 관청에서 면계面契조직을 이용하여 식리전殖利錢을 분급하고 이자 수봉을 강제하는 것이 쉽게 이루어질 수 있었다.[21] 이와 같이 19세기 이후에는 잡역세의 수취와 관련하여 면계面契가 상당히 일반화되었던 것으로 알려져 있다. 면계는 점차 잡역세뿐만 아니라 중앙에 납부하는 군정운영에도 이용되었으며, 전라도의 군포계 역시 면계를 이용한 유형이 많았던 것으로 파악된다.

---

19 金泰雄, 2004, 「朝鮮後期 監營 財政體系의 成立과 變化 - 全羅監營 財政을 중심으로-」, 『歷史敎育』 89, 186쪽.
20 망원한국사연구실 19세기 농민항쟁분과, 1988, 앞의 책, 264쪽.
21 官廳殖利에 대해서는 吳永敎, 1987, 「朝鮮後期 地方官廳 財政과 殖利活動」, 『學林』 8을 참조하여 정리하였다.

3. 군포계軍布契의 운영과 식리殖利활동

전라도 군포계의 운영과 식리활동의 전형적인 모습은 고산현의 사례를 통해 확인된다. 인근 익산에서 농민봉기가 발생한 지 한 달여 뒤인 1862년 5월 4일 고산현의 농민봉기가 발생하였다. 농민 수천 명이 전前이방 고용규, 현現이방 고영규의 집과 군역세 징수와 관련된 병교兵校 안사일, 무판색貿販色 윤행덕의 집을 부수고 동헌으로 진입하였다.[22] 고산현 농민봉기의 가장 직접적인 원인은 군역세 징수와 관련되어 있었다. 당시 중앙에서 파견된 암행어사 조병식의 보고에 의하면, 고산현은 '호수戸數가 3천에 미치지 못하고, 결수結數가 2천에 미치지 못하는 궁벽한 잔읍殘邑'이었다. 그런데 이러한 읍세邑勢에 비해 과도하게 책정된 군액을 감당하기 어려워 농민봉기가 발생했다는 것이다. 고산현은 익산, 함평과 더불어 군액허오가 가장 심했던 지역으로 지목되었고, 식리활동을 통해 그 해결방안을 모색하고 있었다.[23] 다음에서는 고산현에 부과된 군액의 부담정도와 군역세를 납부하기 위한 식리활동이 어떻게 이루어졌는지를 살펴보고자 한다. <표 1>을 보자.

<표 1>은 18세기 중반에 간행된 『양역실총良役實摠』과 19세기 후반에 간행된 『고산읍지高山邑誌』에 기록된 고산현의 군액軍額을 통계화한 것이다. 1748년에 간행된 『양역실총』은 숙종조 이래의 사정査正 및 군액軍額조정 작업의 결과물이었다. 17세기 후반~18세기 전반 양역정책의 핵심은 중앙 군아문軍衙門 및 지방 영진營鎭의 군액軍額을 확정하는데 있었다. 앞에서 언급한 바와 같이, 조선의 군제軍制는 양란 이후 오위제五衛制를 대신하여 훈련도감訓練都監을 비롯한 오군영五軍營체제로 변모되었는데, 신군제新軍制로의 전환이 구군제舊軍制의 전면적인 폐지를 의미하는 것은 아니었다. 구군제舊軍制의 명목

---

22 『壬戌錄』嶺湖民變日記, 益山按覈使啓跋
23 『日省錄』哲宗 13年 6月 1日 全羅右道暗行御史 趙秉式進書啓別單

<표 1> 전라도 고산현의 軍額

案別	소속처	役種	良役實摠	高山邑誌
京案	훈련도감	포보	123	123
	어영청	상번보군	40	60
		자보	43	63
		관납보	82	181
	금위영	상번보군	60	40
		보군자보	64	43
		관납보	181	82
	병조	기병	253	226
		보병	246	246
		금군보	294	16
		장인		273
		호련대보	18	18
		경역보	8	8
	장악원	악공		3
		악공보	19	43
	사복시	제원	15	
	이조	유조서리	13	
	공조	장인	45	73
	호조	조군(보)	29	29
	수군	수군호보병	12	
	균역청	선무군관	95	95
	수어청	의승	5	
	소계		1,645	1,622
外案	감영	제번군관	20	20
		기패관	1	1
		기패수		
		마군보	28	

案別	소속처	役種	良役實摠	高山邑誌
		특선진상배지보	37	74
		영장인	5	5
		병대보		28
		아병군뢰보		
		아병군물군		14
		아병보군		51
		여군		
	병영	친병초관		1
		신선	39	39
	후영진	속오파총		1
		속오초관		4
		속오기패관		4
		속오별대		51
		속오별대보		102
		속오보군보		450
	여산진	유마별무사	30	
	위봉산성	수첩군관		30
		별파진		10
	수군	여군		12
		소계	160	897
邑案	본관	이노작대초관		1
		이노작대군졸		85
		군기보		100
		산척보		11
		사색보		100
		소계	0	297
	합계		1,805	2,816

* 송양섭, 2011, 「正祖代 『軍國摠目』의 체재와 군비・군사재정의 파악」, 『사림』 38, 89쪽, <표 10>의 내용을 바탕으로 재정리하였음.

과 군액軍額이 그대로 유지되면서 신군제상新軍制上의 군역명목軍役名目이 다양하게 첩설疊設되었고, 이 때문에 17세기 중엽 무렵 역총役摠의 급격한 증가가 이루어졌다. 이에 따라 중앙정부는 여러 차례 사정정책查正政策을 실시하여 중앙中央의 군아문軍衙門 및 지방地方 영진營鎭의 군액軍額을 정액화定額化함으로써 역총役摠을 고정시키고, 이를 통해 경외京外 상급관아의 불법적인 직정直定을 금지하고자 했다. 이러한 정책의 결과물은 1748년에 간행된 『양역실총』에 반영되었고, 이는 2년 뒤인 1750년 균역법 실시의 토대가 되었다.

그런데 <표 1>을 보면, 18세기 중반 『양역실총』에 기록된 중앙기관 소속 군액이 19세기 후반 『고산읍지』에도 큰 차이 없이 기록되었음을 알 수 있다. 즉, 『양역실총』에 기록된 경안부 소속군액은 1,645명이며, 이는 『고산읍지』에 기록된 1,622명과 거의 같은 액수이다. 이는 18세기 중반 『양역실총』 제정 이후로 중앙군액이 고정화되었음을 의미한다.

이에 비해 외안부와 읍안부에 기록된 군액의 차이는 매우 크다. 외안부의 군액은 각각 160명과 897명으로 큰 차이가 나며, 읍안부의 경우, 『양역실총』에는 1명의 군액도 기록되지 않았다. 『양역실총』은 주로 중앙기관에 소속된 역종을 대상으로 하고 있었고, 지방영진에 대해서는 부실한 파악에 그쳤으며 읍소속에 대해서는 아예 파악을 포기하고 있었던 것을 알 수 있다.[24] 지방영진 소속과 읍소속에 대한 파악은 18세기 후반 이후 강화되어 그 결과가 반영된 것이 『고산읍지』의 기록이다.

<표 1>을 통해 볼 수 있듯이, 『고산읍지』에는 총 2,816명의 군액軍額이 기록되어 있다. 당시 고산현의 호수戶數가 3,820호였으며, 이 중 유망遊亡 등으로 인한 절호絶戶, 면역호免役戶 등을 제외하고 실제 역역役役부담을 할 수 있는 호戶는 이에 훨씬 못 미쳤을 사정을 고려해 볼 때 고산현의 군역세 부담은

---

24 宋亮燮, 2011, 「正祖代 『軍國摠目』의 체재와 군비·군사재정의 파악」, 『사림』 38, 88쪽.

〈표 2〉 전라도 고산현 軍布契의 殖利구조

面名	里名	分排契錢	虛額役種 및 虛額數
현내	사치	72냥1전6푼	無記 9, 포보 1
	양지	40냥8전	보병 1 금위 5
	을지	17냥6전	포보 2
	구억	13냥6전	호련 1
	어우	27냥2전	금보 1 금위 3
	신흥	63냥4전4푼	보병7 기병 1 포보 1
	장기	38냥	포보 2 금위 3
	내속효현	13냥6전	공조 2
	금전	7냥4푼	기병 1
	서봉	15냥6전	포보 1 금위 1
	오금	13냥6전	병조 2
	당산	8냥8전	포보 1
	관동	27냥2전	어영 4
	신덕	6냥8전	보병 1
	소농	61냥2전	공조 9
	완산	40냥	병조 6
	상리	26냥4전	군기보 3 분사색 3
	중리	31냥4전	추사색3 선무3 신선1
	교전	10냥8전	어방 2
	어덕	5냥	모군 1
	사포	4냥6전	악공 1
	빙고	37냥	금방 5 어방1 악공 1
	소계	637냥2전4푼	90명
동상	운암	18냥6전8푼	기병 2 신선 2
	대야	54냥7전2푼	기병 8
	방길	59냥1전2푼	군기 1
	학동	88냥4전	보병 3
	율치	166냥2전8푼	無記6 보1 사색3 기병2 금보1 호련2 포보12 공조2
	사봉	42냥4전	공조3 선무5
	묵계	26냥4전	금위4
	필동	26냥4전	금위4
	거인	29냥6전	금위3 어영3
	지소	20냥8전	병조1금보1군기1어방1
	마천	15냥4전	병조2 추사색1
	신월	13냥2전	병조3
	마치	19냥8전	병조3
	용연	46냥2전	병조3
	축령	19냥8전	병조3
	은천	20냥4푼	병조2
	산천	33냥	병조5
	신기	19냥8전	병조3
	소계	730냥4푼	99명
동하	청동	19냥8푼	기병1 금방1
	성재	80냥6전4푼	기병11 금방1
	송학	6냥8전4푼	기병1
	마명	49냥8전	기병7 사령4 사색0.5
	오산	25냥2전4푼	악공4 기병1
	유중	16냥2전	어방3
	유봉	14냥8전	어방2 사령사색0.5
	반룡	22냥	선무2 병조2
	동봉	68냥6전	병조9 악공2
	신당	37냥4전	보병5 의자보1
	종암	70냥4전	금위10 의자보1
	기린	26냥4전	보병4
	오룡	33냥	어영5

面名	里名	分排契錢	虛額役種 및 虛額數
동하	소향	54냥8전	포보4 사색4 조군보1
	용암	63냥8전	보병1 공조5 병조3 배지1
	운룡	35냥	병조5 노사색1
	대향	19냥2전	의자보2 포보1 군물보1
	운하	16냥	금위1 호련1
	소계	643냥	109명
남면	낙오	7냥2전4푼	기병1
	신풍	21냥	기병3
	죽림	4냥	공조0.5
	양야	2냥2전	군기0.5
	인동	3냥	포보1
	수락	4냥	공조0.5
	평산	21냥4전	포보1 공조1 군기1
	안산	4냥4전	군기1
	석난	7냥	보병1
	화정	9냥	선무1 배지1
	무봉	2냥2전	군기0.5
	행정	9냥2전	호련1 의자1
	명석	9냥	공조1
	산정	11냥4전	금위1 선무1
	노초	3냥5전	금위0.5
	연봉	56냥	금위8
	신덕	7냥	금위1
	용암	21냥6전	어방4
	신기	25냥1전	병조2금위0.5금방1의자보0.5
	덕암	38냥1전	어영1어방1조군1선무4
	신정	9냥	포보1
	소계	281냥2전	44.5명
서면	반암	6냥	군기노1 사령사색1
	우리	18냥	병조2 선무2
	봉산	15냥6전	어영1 사색양2
	좌리	6냥	군기노1 사령사색1
	봉황	31냥2전	포보2 병조2
	죽림	4냥4전	의자보1
	용동	14냥4전	기병2
	사치	14냥4전	기병2
	신기	19냥2전	기병2 사색양1
	장구	18냥	병조2 의자보1
	문암	24냥	기병3 사색노1
	송치	7냥2전	기병1
	소농	34냥	기병3 공조1 군기노1
	내월	45냥2전	금위6 군기양1
	동리	13냥6전	어영2
	서산	11냥2전	보병1사색노2
	벌치	34냥2전	금위2 호련2 공조1
	능암	29냥	보병4 사색노1
	백도	24냥8전	병조3 사색2
	시암	15냥8전4푼	보병2
	소계	382냥8전	65명
북상	금곡	29냥6전	포보2 금방1
	담곡	22냥8전2푼	금위2사색1
	신기	39냥7전2푼	기병3금방1악공1
	니전	63냥2전5푼	기병4금위1병조2
	구중	17냥2전5푼	병조2
	구평	7냥3전5푼	군기노1 사령사색1

面名	里名	分排契錢	虛額役種 및 虛額數	面名	里名	分排契錢	虛額役種 및 虛額數
북상	구상	5냥6전	사색1	운동하	요동	42냥	기병4
	구하	67냥1전5푼	보병4 병조3 악공1		금곡	7냥	병조1
	관동	9냥8전	선무2 사령사색1		혁장	11냥4전	금위1 군기1
	수선	24냥5전	사색1 선무3 군기노1		용복	8냥6전	포보1
	당산	24냥9전	포보1 군기양2노1		만수	44냥2전	기병2 공조2 금위2 의자보0.5
	산직	34냥9전	병조4		대석	2냥8전	의자0.5
	평지	33냥7전	보병2군기2의자보1		동향	4냥4전	의자1
	송수	34냥	어영2악공1군기노1		시우	4냥4전	의자1
	부소	17냥9전5푼	병조2 공조1		묵방	4냥4전	의자1
	수출	60냥9전5푼	기병3 경역1		오봉	4냥4전	의자1
	구나곡	63냥6전	기병3어영3군문1의자1		오복	4냥4전	조군1
	소계	557냥2전	71명		정천	26냥4전	보병4
북하	천호대상	52냥8전8푼	기병7 신선1		석교	6냥6전	보병1
	대하	64냥4전	기병6 병조1 포보2		소계	512냥4전	77.5명
	나복	37냥2전	포보4 선무1	운서상	신풍	11냥4전5푼	기병1 사색1
	운흥	12냥	금방1 병조1		대정	35냥	금위3 악공1
	종리	71냥4전	보병9 병조1 어방1		창곡	11냥4전5푼	기병1 선무1
	번대	46냥2전	병조7		신내	18냥3전2푼	금위2 악공1
	용동	16냥4전	어영1 의자1 금방1		화전	21냥2전	십이기2 삼기1
	농상	24냥2전	병조3 의자1		공수	4냥4전	사색1
	농하	24냥2전	병조3 사색1		화평	11냥4전5푼	기병1 사색1
	전송	12냥	병조1 금방1		북장	11냥4전5푼	기병1 사색1
	후송	24냥2전	병조1 악공2		하정	34냥	어영4 보병1
	전삼	22냥3전	어영1 공조1 악공0.5		용복	18냥	병조2 의자1
	후삼	24냥2전	호련2 군보1 사색1		봉황	11냥7전7푼	포보1 산척1
	백현	10냥	경역2		서봉	8냥8전	포보1
	와상	22냥3전	어영1 공조1 악공0.5		죽동	11냥4전	기병1 조군1
	와중	28냥6전	금위4 사색0.5		우월	34냥	공종5
	와하	28냥6전	어영1 어영3 사색0.5		검단	34냥	보4 입보 1
	소계	552냥5전2푼	83명		밀파	44냥4전	병조6 사령보1
운동상	거사	27냥8전	기병3 병병1		하호	48냥4전8푼	포보2 병조4 사령보1
	운제	34냥8전	보병2포보2사령사색1		상호	57냥2전1푼	포보2 기병5 의자1
	성북	68냥	보병10		누항	15냥9전	포보1 보병1
	여남	66냥	기병2포보1산척1금방1		소계	446냥5전1푼	66명
	여서	74냥6전	기병5 포병4 선무1	운서하	판교	13냥6전5푼	기병3
	적치	64냥4전	보병8 악공1 금방1		봉산	13냥6전5푼	기병2
	구제	58냥	포보4 공조2 군기2		돈의	15냥9전	금위2 사색노1
	신구제	5냥	경역1		중산	11냥	병조1 선무1
	상장	28냥6전	포보2 군기2.5		부현	50냥7전	기병5 금위3
	중장	14냥	조군1사색1군기1사령사색1		학정	13냥6전5푼	기병2
	가척	10냥	신선1		석천	35냥1전	보병3악공1군기1병조1
	마치덕동	17냥6전	포보2		학동	13냥6전5푼	기병2
	용평	90냥	어영8 금보2 자보5		덕동	124냥8전	포보3보병12금위1어영3
	완창	120냥	병조17 배지1		고치	49냥9전	포보3보병2 공조1 금방1 군기노1 선무1
	소계	679냥4전	103.5명		중고	11냥2전	병조1 악공1
운동하	안하	37냥8전	포보3 금위1 신선1		상고	19냥5전	어방1선무1금위1사령사색1
	하산	37냥8전	포보3 기병1 신선1		대평	4냥4전	배지1
	상산	8냥8전	군기2		신평	27냥3전	기병2 어방1 의자1
	신복	14냥	기병2		운제	15냥2전	조군1 기병1 선무1
	건의	34냥	포보4		상옥	53냥1전	병조7 공조2
	고중	29냥8전	기병3 사색2		중옥	41냥2전	병조2 금위3 공조1
	고당	28냥	기병4		소계	413냥4전	84명
	궁동	8냥8전	군기2	운북	임화	26냥	포보1 보병1 조군1 기병2 호련1 군기노2
	옥반	56냥	병조6 기병1 금위1		도평	40냥	보병1 군기노1 병조2
	완리	39냥4전	어영4 금위1 배지1		상리	12냥	병조1
	용계	19냥2전	금위1 사색2 경역1		소계	81냥	13명
	가천	42냥	병조5 금위1				
허액수 합계			905.5명				
식리전 합계			5916냥 7전 5푼				

〈표 3〉 고산현의 軍布契 殖利錢 규모[25]

종류/면명	현내	동상	동하	남면	서면	북상	북하	운동상	운동하	운서상	운서하	운북	합계
分排稧錢	637냥 2전 4푼	730냥 4푼	643냥	281냥 2전	382냥 8전	557냥 2전	552냥 5전2푼	679냥4전	512냥 4전	446냥 5전5푼	413냥 4전	81냥	5916냥 7전 5푼
在錢	123냥 3전 1푼	75냥	73냥	110냥 2전	100냥	199냥 2전 5푼	17냥 7전 2푼	·	41냥 4전	11냥 1전	36냥 6전	·	787냥 5전 8푼
虛額數	90명	99명	109명	44.5명	65명	71명	83명	103.5명	77.5명	66명	84명	13명	905.5명
戶數	582	648		286	321	563		784		518		107	3820

매우 컸음을 알 수 있다. 또한 '각 면面의 허정虛丁이 천여 명에 달하였다'라고 지적될 정도로 다수의 군액軍額이 허액虛額이었고, 이로 인해 발생한 궐액闕額을 보충하는 것이 매우 시급한 문제였다. 고산현에서는 이 문제를 해결하기 위해 면리별로 식리활동을 통해 궐액을 보충하도록 하였다.[26] 고산현의 구체적인 식리의 규모 및 구조에 대해서 알아보기 위해 작성한 것이 <표 2>, <표 3>이다.

고산현에서 군포계를 조직하고, 식리활동을 통해 궐액을 보충하기 시작한 것은 1847년부터였다. 원래 도망, 사망, 이거 등의 이유로 궐액이 발생하면 대정代定을 통해 이를 보충해야 했다. 그러나 호구戶口의 증가가 이루어지지 않은 채 허명虛名으로 궐액을 채워넣는 일이 많아지자 각 면에 면계전面稧錢

---

25 『고산읍지』에 기재된 고산현의 戶數는 1849년 己酉式에 의거하여 파악되었다. 이에 비해 고산현의 군포계 식리에 대한 기록은 1847년을 기준으로 하고 있다. 군포계 식리가 시작된 1847년에는 12개 面이었으나 2년 뒤에는 8개 面으로 통합되었던 것으로 보인다. 이 때문에 <표 3>의 戶數는 8개 면에 대한 기록을 토대로 하였다.

26 『高山邑誌』, 附事例. '當初法意 隨闕塡代 而法久弊生 軍民多闕 戶口不增 各面虛丁 將至千有餘名 則塡代無路 而各面略 有面稧錢名色 助給面任者 不可當虛額 軍錢之數 而一徑面任 蕩敗 無餘矣 故自丁未 爲始同稧財 計其闕額之數爻 分播各里 磨鍊役名之重歇 排定均分 各自該里 逐年計利 以其利條 備納闕額 而實額中 若或有頉 則自該里代定 如或未代 亦自該里 徵番'

명색으로 각 면의 면임面任들에게 조급助給하였는데, 허액군전虛額軍錢의 규모가 워낙 컸기 때문에 면임들이 감당해 내지 못하는 상황에 이르렀다. 이에 따라 1847년 이후부터는 동계同稧의 재산을 궐액의 수효에 따라 각 리里에 분배하고 식리를 통해 궐액을 보충하게 하였다.

<표 2>는 각 면리面里에 분배된 계전稧錢의 액수와 각 면리에서 보충해야 할 허액虛額 역종役種 및 허액수虛額數를 도표화한 것이다. <표 3>은 각 면리에 분배된 계전의 액수 이외에 계전 중에서 남은 돈을 다시 각 면리에 지급하여 다음의 식리자원으로 삼게한 재전在錢의 액수를 살펴본 것이다. 우선, <표 2>를 통해 파악할 수 있는 고산현 군포계 식리전의 구조 및 규모는 다음과 같다.

첫째, 계전稧錢의 분급과 운용은 기본적으로 면리面里단위로 이루어졌다. 고산현의 12면面 211리里에 걸쳐 군포계軍布契가 조직되었다. 계전은 우선 각 면의 면임에게 지급되었고, 면面에서는 다시 각각의 리里에 분배하였다.

둘째, 고산현 군포계의 입본전立本錢은 총 5,916냥 7전 5푼이었다. 입본전은 고산 관아에서 면계전의 명색으로 획부한 자금으로 보인다. 당시 지방관청에서 대여되는 관청식리의 입본전은 관비官備나 모민납전募民納錢의 형태를 지니고 있었다. 관비官備란 해당관청 내 유고留庫자금이거나 군문과 상급관청에서 대여받은 자금에 해당된다. 경우에 따라서는 납부기간의 시차를 이용하여 미리 거둔 조세를 대여하였다.[27] 당시 고산현에서는 호적 경비 등 잡역세 마련을 위해 관청식리가 시행되었는데, 역시 관에서 각 면에 획부한 입본전을 취식활동에 이용하였다.[28] 군포계의 입본전 역시 고산현의 다른 관청식리와 마찬가지로 관에서 획부한 자금이었던 것으로 여겨진다.

셋째, 고산현의 전체 허액수虛額數는 모두 905.5명이다. '각 면面의 허정虛丁

---

27 吳永敎, 1987, 앞의 논문, 14쪽.
28 『高山邑誌』, 附事例.

의 천여 명에 달하였다'는 지적은 과장이 아니었음을 알 수 있다. <표 1>에서 확인했듯이, 고산현의 군액은 2,816명이었다. 이에 비추어 볼 때, 고산현 군액의 1/3이 허액이었음을 확인할 수 있다. 소수점 이하의 액수는 허액을 면리별로 인위적으로 조정하는 과정에서 나온 것으로 보인다.

넷째, 면계전의 분배 기준은 각 면리의 허액수虛額數와 해당 군역의 역가役價였다. 즉, 각 면리에서 보충해야 할 궐액의 부담을 허액수와 군역의 역가를 고려하여 산정하였고, 각 면리별 배분과 조정에는 호수戶數 등 각 면의 실정이 참작되었던 것으로 보인다. 이러한 사실은 <표 3>을 통해서도 확인되는데, 분배된 계전稧錢과 동계洞稧의 남은 돈을 다시 각 면리에 지급하여 다음의 식리자원으로 삼게 한 재전在錢의 액수는 해당 면의 호수가 참작되었음을 짐작할 수 있다.

다섯 째, 계전의 식리를 통해 보충하고자 했던 허액은 대부분 중앙기관 소속 역종役種이었다. <표 2>에서 확인되는 허액虛額 역종役種은 병조, 기병, 어영군, 포보, 악공 등 중앙 군아문에 소속된 역종이 대부분을 차지하고 있다. 신선新選, 군기보軍器保 등 감병영監兵營 및 지방관아地方官衙에 속하는 역종도 일부 포함되어 있으나 소수에 불과하였고, 대부분의 역종은 중앙아문 및 군문 소속이었다. 이러한 사실은 군포계의 설립과 식리운영의 목적이 어디에 있었는지를 단적으로 보여준다. 즉, 고산현 군포계의 설립과 식리운영은 주로 중앙으로 납부해야 하는 군액의 충당을 위한 것으로 볼 수 있다.

그런데 여전히 남는 의문점은 중앙군액 이외에 감병영과 지방관아의 군액에 대한 충당을 어떤 방식으로 해결했는가의 문제이다. 앞의 <표 1>을 보면, 18세기 중반 이후 증가한 군액은 주로 외안과 읍안 즉, 감병영과 지방관아 소속의 역종들이었다. 외안의 경우, 『양역실총』에 기록된 군액은 160명, 『고산읍지』에 기록된 군액은 897명으로 700여 명의 군액이 증가하였음을 볼 수 있다. 읍안의 경우에도 『양역실총』에는 소속 역종이 전혀 기록되지 않았으나, 『고산읍지』에 기록된 군액은 297명에 달하였다. 이를 통해 볼 때,『양역실총』이 제정된 18세기 중반 이후 고산현의 군액증가는 감병영과 지방관아 소속 역종의 증가에서 비롯된 것이었다. 이에 비해 고산현의 京案 소속 군액은 18세기 중반에 간행된『양역실총』에 의해 확정된 이래 19세기 후반 간행된『고산읍지』에서도 큰 차이가 없었다. 그런데 고산현에서 군포계의 운영을 통해 충당하려 했던 군액은 증가일로에 있던 외안과 읍안 소속이 아닌 『양역실총』의 제정 이후 고정되었던 경안 소속이었음을 <표 2>를 통해 이미 확인하였다. 이러한 사실을 어떻게 이해할 수 있을까.

『양역실총』의 제정은 17세기 후반 이후 지속적으로 이루어져왔던 중앙군액 조정작업의 최종적 결과물이었다. 이는 18세기 중반 이후 중앙에 납부해야 하는 군역세가 고정되었음을 의미한다. 지방 군현에서는 지역의 상황과는 별개로 이미 확정되어 고정화되어 있는 중앙 상납분을 반드시 납부해야 했다. 따라서 감병영이나 지방관아의 군액 충당보다 우선시되었을 것이다. 19세기 고산현과 여타 지역에서 성행한 군포계의 설립 또는 식리활동은 우선적으로 중앙으로의 상납분을 충당하기 위해 이루어졌던 것으로 보인다. 이에 비해 18세기 후반~19세기를 경과하면서 계속 증가일로에 있던 감병영과 지방관아의 군액 충당은 매우 어려웠던 것으로 여겨진다. 때문에 궐액이 발생하면 인징, 족징 등의 불법적인 방법까지 동원하여 이를 보충해야 했다. 이 과정에서 민의 고충은 배가될 수밖에 없었을 것이다.

이와 같이 군포계의 설립과 식리활동은 기본적으로 부세의 궐액을 메꾸기 위한 것이었다. 또한 이를 위해 운영된 식리구조를 살펴보면, 면계 조직을 중심으로 식리활동이 이루어졌으나, 이는 관청식리官廳殖利의 범주를 벗어난 것은 아니었다. 19세기 이후 잡역세雜役稅의 수취와 관련하여 많은 지역에서 면계를 이용한 식리활동을 하였던 사실은 앞에서 지적한 바 있다. 고산현의 경우, 식리를 통해 부세를 마련하는 관행이 일반화되어 있던 지역으로 보인다. 고산현에는 3년마다 1명씩 훈련도감 승호陞戶가 배당되어 전 30냥씩이 소요되었는데, 관아에서 각 면面에 입본전을 출급出給하고 식리활동을 함으로써 그 자금을 마련하고 있었다. 또한 호적작성의 경비 마련에 들어가는 비용 역시 면계를 이용한 식리를 통해 해결하였다.[29] 이와 같이 고산현에서는 잡역세의 수취 등과 관련하여 면계를 이용한 식리가 관행화되어 있었고, 이를 기반으로 면계가 점차 중앙에 납부하는 군정 운영에도 이용되었던 것으로 보인다.

이 과정에서 면계는 부세수취에 응하는 향촌사회의 하부조직으로 그 역할이 더욱 증대되었다. 향촌사회의 기구를 이용한 부세수취는 이전 시기부터 이미 이루어졌다. 그런데 19세기 고산현에서 확인할 수 있는 군포계는 단순하게 軍錢을 징수하는 일 뿐만 아니라, 군역자의 대정 및 식리활동 등을 통해 적극적인 운영에까지 참여하는 등 그 역할이 강화되고 있었다. 이에 대해서는 다음 장에서 좀 더 구체적으로 살펴보기로 하겠다.

4. 군포계軍布契 운영의 문제점과 민民의 저항

19세기 이후 군전軍錢 및 잡역세雜役稅 등의 부세수취에 대응한 향촌사회의 역할이 점차 강화되었던 사실을 살펴보았다. 이제 면계面稧 등 향촌사회의 응세 조직이 적극적인 운영에까지 관여함에 따라 면임面任, 리임里任 등의 역할이 강화될 수밖에 없었다. 원래 면임의 역할은 전령傳令전달, 면내 상황 보고, 부세수취, 권농, 호구파악, 징벌권 등 향촌사회의 제반 사항에 걸쳐 있었다.[30] 그런데 19세기 이후 군포계의 운영이 일반화되면서 면임의 역할은 더욱 강화되었던 것으로 이해된다.

당시 군정운영과 관련하여 면임이 담당한 역할은 전라도全羅道 영암군靈巖郡

---

29 『高山邑誌』, 附事例.
30 金俊亨, 1984, 「18세기 里定法의 展開; 村落의 기능 강화와 관련하여」, 『震檀學報』 58.

에 설치되었던 면계面稧의 운영사례를 통해 구체적으로 확인할 수 있다. 영암에는 청원계淸元稧라는 면 단위의 계가 설치되어 전반적인 군정 운영 및 식리 활동을 하였다. 청원계는 면별로 2~3개의 소所로 나뉘어 운영되었고, 상유사上有司 18원員, 하유사下有司 18인人이 이를 관장하였다. 청원계에서 담당한 군정 업무 및 식리활동은 앞에서 살펴본 고산현의 사례와 거의 유사한 것으로 보인다. 청원계의 운영 과정에서 확인되는 면계 및 면임의 역할은 대략 다음과 같다.

첫째, 세초歲抄와 군안軍案의 작성 및 군전軍錢 납부자를 정하는 역할이 면계面稧 및 면임面任에게 일임되었다.[31] 군역을 담당할 대상자를 확정하기 위해 면임은 매년 죽은 사람과 도망간 사람을 조사하여 세초를 하였다. 면계에서는 이를 바탕으로 군안을 작성하여 군전 납부자를 정하였다. 그런데 세초가 끝난 이후에도 사망, 도망 등의 사유로 대정代定할 일이 발생하면 이를 모두 면계에서 결정하도록 하였다.[32]

둘째, 면계전面稧錢과 면계답面稧畓의 관리를 담당하였다. 영암에서도 고산현과 마찬가지로 허오로 발생한 궐액을 면계전과 면계답의 운영을 통해 충당하였다. 면임은 면계전面稧錢을 분배하고 이를 식리하는 전 과정에 관여하였다.[33] 면계답의 관리 역시 면임이 담당한 역할로써 소작료의 징수 등이 모두 면임의 소관이었다.[34] 면계전과 면계답에 대한 면임의 권한은 면계전 등을 미납한 사람에 대한 처벌권까지 부여될 정도로 막강한 것이었다.[35]

세째, 면임은 촌락간의 부세 조정에도 관여하였다. 즉, 리별里別로 부균不均하게 부과된 부세액을 조정하는 일 역시 면임의 소관이었다.[36] 앞에서 살펴

---

31 『邑誌』 靈巖郡事例冊, 兵房色, 亞細亞文化社.
32 『韓國地方史資料叢書』 12, 靈巖郡所志謄書冊, 296쪽.
33 『韓國地方史資料叢書』 12, 靈巖郡所志謄書冊, 357쪽.
34 『韓國地方史資料叢書』 12, 靈巖郡所志謄書冊, 364쪽.
35 『韓國地方史資料叢書』 12, 靈巖郡所志謄書冊, 420쪽.

보았던 고산현의 경우도 역시 계전稧錢 및 허액虛額을 각 리에 분배하는 일이 면임에 의해 이루어졌던 것으로 보인다.

이와 같이 19세기 군포계 운영이 일반화되면서 군역부담 대상자의 조사 및 확보, 군전 징수, 식리운영 등 군현 내에서 이루어진 군정의 대부분이 면계와 면임에 의해 운영되었다. 이전 시기에 비해 면계에 주어진 부세운영의 자율성이 확대됨에 따라 면임의 역할 및 권한 또한 강화되었던 것이다.

그런데 향촌사회 내에서 군정 등의 부세운영과 관련하여 면계 및 면임의 역할이 강화되면서 향촌민들과 대립하는 상황이 발생하였다. 우선, 대정代定과 관련하여 면임에게 불만을 품고 민장民狀을 올리는 일이 빈번하였고, 이 때문에 면임이 면계에 불려가 조사를 받기도 하였다.[37] 또한 면계전을 징수하는 일을 둘러싸고 향촌민들과 대립하는 경우도 종종 발생하였다. 면계전을 잘못 징수하거나,[38] 족징族徵하는 일[39] 등이 분쟁의 사유였다. 면임들이 서로 친척이기 때문에 합리적인 운영을 하지 못하는 것으로 비난받기도 하였다.[40]

그러나 무엇보다도 문제가 되었던 것은 정해진 액수보다 더 징수하는 것, 즉 '가렴加斂'을 하는 경우였다.[41] 면계를 이용한 군포계는 기본적으로 관청식리의 범주 안에 포함시킬 수 있다. 따라서 관채官債의 법정이자율인 년年 1할割이 적용되는 것이 원칙이었지만,[42] 당시 관청식리의 이자율은 이를 훨씬 상회하였다. 19세기 관청식리의 이자율은 3~5할인 경우가 대부분이었으며, 면계를 이용한 식리의 경우에도 4할의 이자율이 적용되는 지역도 있었다.[43]

---

36 『韓國地方史資料叢書』 12, 靈巖郡所志謄書冊, 334쪽.
37 『韓國地方史資料叢書』 12, 靈巖郡所志謄書冊, 440쪽.
38 『韓國地方史資料叢書』 12, 靈巖郡所志謄書冊, 415쪽.
39 『韓國地方史資料叢書』 12, 靈巖郡所志謄書冊, 365쪽.
40 『韓國地方史資料叢書』 12, 靈巖郡所志謄書冊, 436쪽.
41 『韓國地方史資料叢書』 12, 靈巖郡所志謄書冊, 357쪽.
42 『備邊司謄錄』 英祖 11年 正月 18日.
43 吳永敎, 1987, 앞의 논문, 37쪽, 42쪽.

향촌민의 입장에서 이는 큰 부담이었으며, 가렴으로 받아들일 수 있는 것이었다.

법정 이자율을 크게 상회하는 고율의 이자가 적용되는 문제는 당시 관청 식리가 안고 있는 큰 문제점이었다. 지방관청의 경비부족을 이유로 고율의 이자가 적용되었으며, 중간에서 수령守令과 하리下吏들이 사적인 이득을 꾀하는 문제가 자주 발생하였다.[44] 즉, 관청식리가 확대되면서 관채官債에 사전私錢을 끼워 넣거나 갑리甲利를 취함으로써 향촌민의 부담을 배가시키는 문제가 발생하였던 것이다. 관채나 사채는 운영여하에 따라 막대한 이익을 보장하였기 때문에 자의적인 관채의 운영이 이루어졌고, 때로는 수령이나 하리들이 관채에 사채를 끼워 넣어 운용함으로써 사적인 이익을 도모하기도 했던 것이다. 이에 따라 향촌민의 식리에 대한 부담이 증가되었고, 그 결과 차금자의 상환능력의 악화가 초래되었다. 이른바 '지징무처指徵無處'의 문제가 발생한 이유가 여기에 있었던 것이다.

수령과 하리 또는 면임의 자의적 식리 운영은 임술민란 과정에서 농민들의 주요한 봉기원인의 하나로 작용하였다. 군정운영의 파행성이 가장 문제가 되었던 고산현에서도 현감 조기진이 사채 명목으로 이방에게 5,000냥의 금액을 가하加下하였다.[45] 이 금액의 운용은 고스란히 고산현 농민들의 부담이 되었을 것이다. 앞에서 언급하였듯이, 전라도는 군정 운영의 파행성이 농민봉기의 직접적인 원인이었던 군현이 타도他道보다 많은 지역이었다. '군다민소軍多民少'에서 비롯된 군정 운영의 파행성은 전라도에만 국한된 것이 아니라 전국적으로 나타난 문제였다. 그런데 특히 전라도의 군정 운영이 문제시되었던 것은 군포의 징수를 위해 식리운영의 방식이 이용됨으로써 농민부담이 배가되었기 때문이었을 가능성이 높다. 즉, 전라도에서는 '군다민소軍多民少'

---

44 『備邊司謄錄』哲宗 4年 11月 10日.
45 망원한국사연구실 19세기 농민항쟁분과, 1988, 앞의 책, 289쪽.

로 인한 군액허오의 발생과 궐액의 증가, 첩역의 문제로 대표되는 당시 군정 운영의 일반적 문제 뿐 만 아니라 법정이자율을 훨씬 초과하는 고율의 이자 와 수령과 하리 및 면임의 자의적 식리운영으로 인한 문제가 중첩됨으로써 농민봉기를 발생시킨 주요한 원인으로 작용했던 것으로 보인다.

이와 같이 군정의 문제는 전라도 뿐 만 아니라 전국적인 문제였기 때문에 이를 해결하기 위해 지역적으로 다양한 방법이 모색되었다. 충청도의 경우 군정문제를 해결하기 위해 잉결식리, 동포제洞布制, 호렴戶斂, 도결都結 등의 방식이 동원되었는데, 충청감사 유장환은 이 중 결렴과 도결은 혁파하고, 식리, 동포제, 호렴 등의 방식은 종전대로 용인하였다.[46] 전라도에서 가장 군역의 문제가 크게 대두되었던 고산현에서도 여전히 종래의 방식대로 식리 운영을 기본으로 한 군포계의 운영이 계속 이루어졌다.

중앙 정부의 입장에서 보면 군포계軍布契나 군역전軍役田은 용납될 수가 없 는 것이었다. 그것을 용납하는 것은 결국 군적軍籍의 허록虛錄과 군병軍兵의 허오虛伍를 묵인하고 피역을 조장하는 것이 되기 때문이며, 궁극적으로는 군 역제 자체도 부정하는 것이 되기 때문이다. 그러나 정부의 입장이 공식적으 로 그렇다 하더라도, 현실적으로 진전되고 있는 군포계軍布契나 군역전軍役田 의 관행을 부정할 수는 없었다. 그것이 군다민소軍多民少 지역에서 군역세 징 수를 보장해주는 방법이었기 때문이다.[47] 즉, 중앙정부의 입장에서는 이미 고정화된 액수의 수입이 중요한 문제였던 것이다.

지방관청의 입장에서 마찬가지였다. 앞에서 살펴보았듯이, 고산현에서 군 포계의 식리활동을 통해 보충하고자 했던 허액虛額은 대부분 중앙기관 소속 역종役種이었다. 이러한 사실은 군포계의 설립과 식리운영의 목적이 어디에 있었는지를 단적으로 보여준다. 즉, 18세기 중반『양역실총良役實摠』의 제정

---

46 망원한국사연구실 19세기 농민항쟁분과, 1988, 앞의 책, 329쪽.
47 金容燮, 1982, 앞의 논문, 141~142쪽.

이후 중앙에 납부해야 하는 군역세가 고정되었고, 지방 군현에서는 지역의 상황과는 별개로 이미 고정된 중앙 상납분을 반드시 납부해야 했다. 19세기 고산현과 여타 지역에서 성행한 군포계의 설립 또는 식리활동은 바로 이러한 연유에서 비롯된 것이었다. 그러나 지방관청의 입장에서는 궐액을 보충할 또 다른 방법을 찾기가 어려운 상황이었다. 임술민란의 수습과정에서 군포계 등의 식리는 그대로 두고 도결만 문제시했던 이유가 여기에 있었던 것이다.

이상과 같이 18세기 중반 이후 고정된 중앙 상납분을 채워주어야 하는 지방관청의 절박함이 군포계 운영의 목적이었다. 지역의 상황을 고려하지 않은 채 고정화된 역총役摠은 군정 문제의 가장 근본적인 원인이었다. 중앙정부 입장에서는 이미 액수가 고정된 세입의 확보가 매우 중요시되었을 것이다. 이 때문에 지방관청에서는 중앙에서 배정된 군액에 궐액이 발생했을 경우 반드시 채워야 했다. 여기에 더해 감병영과 지방관청의 재정보용을 위해 새롭게 남설된 역종들로 인해 군액軍額은 날로 증가할 수밖에 없었다. 이 때문에 지방군현에서는 군포계 등의 식리활동을 하거나 또는 황구첨정, 백골징포, 인징, 족징 등의 파행적 군정 운영마저 동원하고 있었던 것이다. 이 과정에서 민의 고충은 배가될 수밖에 없었으며, 임술민란의 하나의 원인으로 작용했던 것이다.

5. 맺음말

이상의 내용을 정리함으로써 결론에 대신하고자 한다.

전라도에서 일어난 농민봉기 역시 여타 지역과 마찬가지로 부세제도에 대한 저항이 직접적인 계기가 되었다. 그런데 전라도의 농민봉기의 배경과 관련하여 특기할 점은 유독 군정軍政 운영의 파행성이 봉기의 원인이 되었던 지역이 많다는 사실이다. 전라도 지역의 군정문제는 기본적으로 '군다민소軍

多民少'의 발생에서 비롯되었다. '군다민소軍多民少'로 표현되는 19세기 군정 문제는 군액허오軍額虛伍로 인한 궐액闕額의 발생에서 비롯된 것이었다. 그런데 허액의 증가로 인한 궐액의 문제는 전라도뿐만 아니라 전국적인 현상이었다. 따라서 이 문제를 해결하기 위해 다양한 방법이 모색되었다. 이 중 군포계는 관서 지역과 전라도 지역에 널리 보급되었던 방식이다.

전라도에서 임술민란을 전후한 시기에 군포납부와 관련하여 계가 설치되어 식리활동이 이루어진 사례가 구체적으로 확인되는 지역은 고산, 영암, 담양, 영광, 구례, 능주 등이다. 군역세 납부를 위한 식리활동은 당시 호남지방의 관행으로 이해되고 있었다. 그런데 군포의 납부를 위한 식리활동은 대부분 면단위에서 조직된 면계面稧를 중심으로 이루어졌다는 특성을 갖고 있다. 전라도에서는 19세기 이후 면계面稧를 이용한 잡역세雜役稅의 수취가 일반화되었고, 이러한 관행을 토대로 면계가 점차 중앙에 납부하는 군정운영에도 이용되었던 것으로 보인다.

전라도 군포계의 운영과 식리활동의 전형적인 모습은 고산현의 사례를 통해 확인된다. 19세기 후반에 간행된 『고산읍지』에는 총 2,816명의 군액이 기록되어 있다. 이 액수는 18세기 중반 『양역실총』의 제정 이후 100여 년 이상 고정화된 수치였다. 당시 고산현의 호수가 3,820호였으며, 이 중 유망遊亡 등으로 인한 절호絶戶, 면역호免役戶 등을 제외하고 실제 역役부담을 할 수 있는 호戶는 이에 훨씬 못 미쳤을 사정을 고려해 볼 때 고산현의 군역세 부담은 매우 컸음을 알 수 있다. 또한 '각 면面의 허정虛丁이 천여 명에 달하였다'라고 지적될 정도로 다수의 군액軍額이 허액虛額이었고, 이로 인해 발생한 궐액闕額을 보충하는 것이 매우 시급한 문제였다. 고산현에서는 이 문제를 해결하기 위해 면리별로 식리활동을 통해 궐액을 보충하도록 하였다.

고산현에서 군포계를 조직하고, 식리활동을 통해 궐액을 보충하기 시작한 것은 1847년부터였다. 원래 도망, 사망, 이거 등의 이유로 궐액이 발생하면 대정代定을 통해 이를 보충해야 했다. 그러나 호구戶口의 증가가 이루어지지 않은 채 허명虛名으로 궐액을 채워넣는 일이 많아지자 각 면에 면계전面稧錢 명색으로 각 면의 면임面任들에게 조급助給하였는데, 허액군전의 규모가 워낙 컸기 때문에 면임들이 감당해 내지 못하는 상황에 이르렀다. 이에 따라 1847 년 이후부터는 동계同稧의 재산을 궐액의 수효에 따라 각 리에 분배하고 식리 를 통해 궐액을 보충하게 하였다.

고산현 군포계 식리전의 규모 및 구조를 살펴본 결과 몇 가지 사실을 확인 할 수 있었다. 첫째, 계전의 분급과 운용은 기본적으로 면리面里단위로 이루어 졌다. 둘째, 고산현 군포계의 입본전立本錢은 총 5,916냥 7전 5푼이었다. 입본 전은 고산현의 다른 관청식리와 마찬가지로 관에서 획부한 자금이었던 것으 로 여겨진다. 셋째, 고산현의 전체 허액수는 모두 905.5명이다. '각 면面의 허정虛丁이 천여 명에 달하였다'는 지적은 과장이 아니었음을 알 수 있다. 넷째, 면계전의 분배 기준은 각 면리의 허액수虛額數와 해당 군역의 역가役價였 다. 다섯 째, 계전의 식리를 통해 보충하고자 했던 허액은 대부분 중앙기관 소속 역종役種이었다. 이러한 사실은 군포계의 설립과 식리운영의 목적이 어 디에 있었는지를 단적으로 보여준다. 즉, 18세기 중반 이후 고정화된 중앙 상납분을 반드시 납부하기 위해 군포계의 설립 또는 식리운영이 이루어졌던 것으로 여겨진다.

이와 같이 군포계의 설립과 식리활동은 기본적으로 부세의 궐액을 메꾸기 위한 것이었다. 이 과정에서 면계는 부세수취에 응하는 향촌사회의 하부조직 으로 그 역할이 더욱 증대되었다. 향촌사회의 기구를 이용한 부세수취는 이전 시기부터 이미 이루어졌다. 그런데 19세기 고산현에서 확인할 수 있는 군포계는 단순하게 군전軍錢을 징수하는 일 뿐만 아니라, 군역자의 대정 및 식리활동 등을 통해 적극적인 운영에까지 참여하게 되었다. 이제 면계面稧 등의 향촌사회의 응세 조직이 적극적인 운영에까지 관여함에 따라 면임, 리임 등의 역할이 강화될 수밖에 없었다.

당시 군정운영과 관련하여 면임이 담당한 역할은 전라도全羅道 영암군靈巖郡

에 설치되었던 면계面稧의 운영사례를 통해 단적으로 확인할 수 있다. 영암에는 청원계淸元稧라는 면 단위의 계가 설치되어 전반적인 군정 운영 및 식리활동을 하였다. 영암의 사례를 구체적으로 살펴 본 결과, 19세기 군포계 운영이 일반화되면서 군역부담 대상자의 조사 및 확보, 군전 징수, 식리운영 등 군현 내에서 이루어진 군정의 대부분이 면계와 면임에 의해 운영되었음을 알 수 있다. 이전 시기에 비해 면계에 주어진 부세운영의 자율성이 확대됨에 따라 면임의 역할 및 권한 또한 강화되었던 것이다. 그런데 향촌사회 내에서 군정 등의 부세운영과 관련하여 면계 및 면임의 역할이 강화되면서 향촌민들과 대립하는 상황이 발생하였다. 군역부담자의 대정代定, 면계전을 징수 등 면임의 업무를 둘러싸고 향촌민들과 대립하는 경우도 종종 발생하였던 것이다.

한편, 법정 이자율을 크게 상회하는 고율의 이자가 적용되는 문제는 당시 관청식리가 안고 있는 큰 문제점이었다. 지방관청의 경비부족을 이유로 고율의 이자가 적용되었으며, 중간에서 수령과 하리들이 사적인 이득을 꾀하는 문제가 자주 발생하였다. 수령과 하리 때로는 면임의 자의적 식리 운영은 임술민란 과정에서 농민들의 주요한 봉기원인의 하나로 작용하였다.

이상과 같이 18세기 중반 이후 고정된 중앙 상납분을 채워주어야 하는 지방관청의 절박함이 군포계 운영의 목적이었다. 지역의 상황을 고려하지 않은 채 고정화된 역총役摠은 군정 문제의 가장 근본적인 원인이었다. 중앙정부 입장에서는 이미 액수가 고정된 세입의 확보가 매우 중요시되었을 것이다. 이 때문에 지방관청에서는 배정된 군액에 궐액이 발생했을 경우 반드시 채워야 했다. 여기에 더해 감병영과 지방관청의 재정보용을 위해 새롭게 남설된 역종들로 인해 군액軍額은 날로 증가할 수밖에 없었다. 이 때문에 지방군현에서는 군포계 등의 식리활동을 하거나 또는 황구첨정, 백골징포, 인징, 족징 등의 파행적 군정 운영마저 동원하고 있었던 것이다. 이 과정에서 민의 고충은 배가될 수밖에 없었으며, 임술민란의 하나의 원인으로 작용했던 것이다. 그러나 임술민란 과정에서 농민들에 의해 제기된 군정 운영상의 폐단은 민란 이후에도 제대로 해결되지 못하였고, 군포에 대한 부담은 여전히 당시 농민들의 가장 큰 부담의 하나로 남아 있었다.

1862년 삼정이정청三政釐整廳의 구성과 삼정이정책

송찬섭(宋讚燮)*

1. 머리말

1862년에 일어난 농민항쟁은 중앙권력에 커다란 위기의식을 불러일으켰다. 중앙에서는 이에 대한 수습책을 마련하려고 애썼는데, 안핵사, 선무사, 암행어사 등 중앙관리를 파견하고 삼정이정청을 만들어 이정책을 마련한 것 등이 그것이다. 이정청은 이전에도 몇 차례 만들어진 적이 있었지만[1] 농민항쟁의 대책으로 만들어진 것은 이때가 처음이었다. 임시적이지만 이와 같은 기구가 만들어진 것에는 당시 국가 위정자들의 고민과 입장이 담겨 있다고 할 수 있겠다. 따라서 삼정이정청이 만들어지기까지의 논의 과정,

---

* 한국방송통신대학교 문화교양학과 교수.

1 비슷한 사례로 정원용은 선조 당시 민폐를 구하기 위해 설치한 정공도감과 숙종때 군정을 이정하기 위한 이정청을 들었다(정원용,『袖香編』, 474쪽). 1816년(순조 16)에는 흉년에 따른 세입 감소 대책을 위해서 이정청이 만들어진 적도 있었다. 실제 시행은 되지 않았지만 순조 21년 김난순이 제안한 '당상과 낭관을 차출하여 청사를 설치하고 회의를 열어 稅案 穀簿 征役 등을 이정하고 전범을 만들자'는 주장도 참고된다(『순조실록』순조 21년 10월 19일(병신)).

만들어진 이후의 결과를 살펴본다면, 당시의 관련 인물들의 성향과 그들 간의 갈등을 파악할 수 있을 것이다. 특히 이 시기는 세도정치기라고 일컬어지는 만큼 이 시기의 정치운영과도 관련이 있을 것으로 보인다.

삼정이정청에 관해서는 『이정청등록』이라는 자료가 남아 있다. 농민항쟁에 관한 연구 초기에는 『임술록』이 간행되면서 여기에 수록된 『이정청등록』을 중심으로 다룬 간단한 연구와[2] 삼정이정책을 좀 더 심화시킨 연구가 있었다.[3]

그러나 몇 가지 점에서 좀 더 연구가 진전될 필요가 있다. 본고에서는 두 가지 측면에서 선행 연구를 바탕으로 연구를 진전시키고자 한다. 먼저 자료의 측면을 보완하고자 한다. 『이정청등록』은 자료로 볼 때는 이정청에 관해 한꺼번에 모았다는 점, 그리고 중요한 왕의 명에 대해 발사跋辭를 첨부하였다는 점이 다른 자료에는 찾아볼 수 없는 특징이다. 그러나 그간 연구에서 사용하지 않았던 『일성록』, 『승정원일기』 등에는 이정청과 관련되지만 『이정청등록』에는 수록되어 있지 않은 내용도 상당히 있어서 그간의 연구를 보완할 수 있다.

다음으로는 삼정이정청의 구성과 제반 활동을 좀 더 정밀하게 분석하고자 한다. 삼정이정청이 어떤 과정을 거쳐 구성되었으며 여기에 참여한 인물들의 성향과 활동에 대해서도 살펴볼 것이다. 또한 구체적인 활동과 이정절목 과정, 그리고 정리된 이정책이 어떻게 활용되었는지를 살펴볼 것이다. 이를 통해 이정청 주도세력과 이정절목을 작성한 중심인물이 누구인지, 그리고 이렇게 작성되었던 절목이 왜 곧바로 파기되었는지를 분석해 보고자 한다.[4]

---

2 朴廣成, 1968, 「晋州 民亂의 硏究-釐整廳의 設置와 三政 矯捄策을 中心으로-」, 『인천교육대학교 논문집』.
金鎭鳳, 1968, 「朝鮮 哲宗期의 釐整廳에 대하여」, 『編史』 2, 국사편찬위원회.
3 김용섭, 1974, 「철종 임술년의 응지삼정소와 그 농업론」, 『한국사연구』 10.
송찬섭, 2002, 『조선후기 환곡제개혁연구』, 서울대 출판부.

2. 삼정이정청의 구성

1) 구성과정

철종기에 들면서 세도정권의 권력독점이 강화되었고, 국가운영, 특히 부세운영에도 영향을 미치게 되면서 삼정을 중심으로 갖가지 문제점이 제기되었다. 특히 1862년 농민항쟁이 발발하면서 삼정 폐단이 심각함을 깨달은 국가는 결국 삼정이정청이라는 특별기구를 만들게 되었는데 그 과정을 간단히 정리하면 다음과 같다.

1862년 5월 22일 박규수는 장계를 통해 국가의 중대사이기 때문에 기구를 만들어서 많은 의견을 모아 논의하도록 하자고 건의하였다. 중국에서도 당, 송, 명 이래 왕왕 있었고 조선조에서도 도감을 설치하였다고 한다(승/철종 13.5.22). 박규수는 먼저 한 도에서 시행하고 나중에 전국으로 확대하자는 신중한 의견을 내었다. 5월 25일 왕의 전교를 통해 이를 실시하라고 하였다. 왕은 삼남민요가 없는 읍이 없는데 삼정이 문제이므로 비변사에서 기구를 만들어서 이혁할 것은 이혁하고 교정할 것은 교정하도록 하라고 하였다(승, 등/철종13.5.25). 이와 같은 신속한 결정은 박규수의 의견 때문이기도 했지만, 박규수가 진주안핵사로 출발할 때 왕이 '감포방략勘逋方略'을 강구하도록 제시하였기 때문에(일/철종13.3.1) 왕의 의사가 상당히 반영된 것이었다고 하겠다. 더구나 5월이 되면 농민항쟁이 경상, 전라뿐 아니라 충청도까지 번지면서 위기의식이 크게 작용했던 것으로 보인다.

다음날 시원임대신들은 비변사낭청을 통해 계를 올렸는데 하교下敎에 따라 자신들을 비롯하여 전임 및 현임 호조판서와 선혜청 당상, 그리고 비변사의

---

4 『조선왕조실록』, 『일성록』, 『승정원일기』, 『이정청등록』 등을 본문에서 전거만 인용할 때는 '실', '일', '승', '등'으로 약기하여 간단히 날짜만을 기입하였다.

제재諸宰 등이 27일 비변사에서 회동하고 기구의 이름은 이정청이라고 이름 짓겠다고 하였다(등/철종13.5.26). 이 시기 비변사에서는 삼정을 중심으로 국가 경제 전체를 관장하였는데,[5] 비변사와는 별도로 삼정에 관한 업무를 담당하는 인물들을 중심으로 이정청을 구성하겠다는 점은 나름대로 의미가 있다. 왕은 이날 시원임대신들을 총재관으로 삼았으며, 다음날인 27일 이정청에서는 판돈녕 김병기, 지사 김병국, 경기감사 홍재철, 상호군 이경재, 호조판서 김학성, 상호군 조득림, 이조판서 정기세, 대호군 조휘림 신석우 김병덕 이원명 호우길 남병길, 형조판서 김병수 등을 본청 당상으로 차하하였으며 그 가운데 정기세와 남병길을 이정청의 구관당상으로, 또한 홍문관 부응교(종4품) 김익현, 오위 부사과(종6품) 정기회는 낭청으로 차하하였다.[6] 이상 이정청의 구성은 <표 1>과 같다.

〈표 1〉 삼정이정청 좌목

직책	현직	이름	비변사 직임	비고
총재관	영중추부사	정원용	제조	원임대신
	행판중추부사	김흥근	제조	원임대신
	행판중추부사	김좌근	제조	원임대신
	좌의정	조두순	제조	시임대신
당상	행판돈녕부사	김병기	호남구관	
	행지중추부사	김병국	舟橋司 유사,호서구관	훈국,선혜청 겸임
	행지돈녕부사	홍재철	비변사 당상 아님	증경 선혜청당상, 호조판서
	행상호군	이경재	貢市 경기구관	
	행호조판서	김학성	무	호조판서

---

5 한국역사연구회 19세기정치사연구반, 1990, 『조선정치사』 하, 청년사, 505~506쪽.
6 『승정원일기』 철종 13년 5월 27일. 이날 회의에는 김병주, 남병길을 제외하고는 모두 참여하였다. 5월 29일 이들은 罷望으로 올랐다(『승정원일기』 철종 13년 5월 29일).

	행상호군	조득림	관동구관	
	행이조판서	정기세	북관구관	본청 구관
	행대호군	조휘림	有司	
	행대호군	신석우	有司	
	행대호군	김병덕	관서구관	지사(6.12)
	행대호군	이원명	영남구관	
	행대호군	홍우길	해서구관	
	형조판서	김병주	有司	
	행대호군	남병길	유사 제언	본청 구관
낭청	부응교	김기현		
	부사과	정기회		

이들의 구성을 살펴보자. 총재관은 원임 재상이었던 정원용, 김흥근, 김좌근 등과 좌의정 조두순이 맡았다.[7] 다음으로는 삼정과 가장 관련 있는 기구가 호조와 선혜청이기 때문에 증경과 시임 호조판서, 선혜청 당상을 참여시켰다. 표에서 보듯이 호조판서 김학성은 비변사 당상이 아니라 호조판서 직임으로 참여하였고 특히 홍재철은 철종 6년 10월에서 철종 7년 1월까지 선혜청 당상, 그리고 이어서 호조판서를 역임(철종 7년 11월까지)했기 때문에 비변사 직임을 띠지 않는 인물로서는 유일하게 참여하였다.[8]

다음으로는 비변사 제재諸宰들이었다. 위에서 보듯이 비변사의 8도구관과 본청구관, 그리고 공시, 제언사 구관, 유사 등이 참여하였다. 예겸당상을 제

7 영의정, 우의정이 없었던 것은 철종 4년 2월 이후 안동김씨 세력이 아니면 영의정을 삼지 않았던 점(한국역사연구회 19세기정치사연구반, 1990, 『조선정치사』 상, 청년사, 120쪽)과 관련된 것을 추정된다.
8 시임 선혜청 당상은 김병국으로 보인다. 당시 김병국은 비변사에서 호서구관을 맡았고, 훈련도감과 선혜청, 주교사 등을 겸무하다가 7월에 들어 선혜청과 주교사 겸무를 사임하였다(『일성록』 철종 13년 7월 4일).

외한 전임당상들을 모두 참여시켰다. 실무진인 낭청으로는 김익현, 정기회 등도 비변사와 별도로 구성하였다. 두 사람 모두 4, 5월에 암행어사를 역임한 경력이 있는 인물이었다.[9] 이상 총재관 4인, 전현임 호조, 선혜청 당상, 비변사 제재諸宰 12인, 낭청 2인 등으로 구성하였다. 비변사와 구분하려고 노력하였지만 홍재철과 낭청을 빼고는 모두 비변사 구성원이라는 점, 그리고 좌목을 작성할 때 비변사 직임을 중심으로 작성했다는 점으로 볼 때 실제로는 비변사의 영향력이 크다는 사실을 알 수 있다.

6월에 들면 구성원이 대폭 보강된다. 당상으로는 영돈녕부사 홍재룡, 김문근, 행지중추부사 김보근, 행병조판서 윤치수, 행광주부유수 남병철, 행상호군 홍종응, 행예조판서 김대근, 행상호군 서유훈 홍설모, 행의정부좌참찬 김병교, 행상호군 이겸재, 수판중추부사 서헌순, 행상호군 서대순 등 13인이 추가되었으며, 낭청으로는 부사과 홍헌종, 병조정랑 조희일이 보강되고 정기회가 빠졌다.[10] 이들 당상은 모두 직임을 띠지 않은 인물들이다. 이렇게 늘어난 이유는 무엇보다 응시인들이 작성하였던 試策이 들어오면서(등/13.6.22) 독권관을 보강할 필요가 있었기 때문이다.[11] 육조에서는 본래 이조, 호조, 형조판서가 참여하였는데, 이때 다시 예조, 병조판서가 참여하였으며 8월 27일 도총관, 지중추부사 겸공조판서 김병학이 비변당상에 다시 차정되면서 이정청당상도 맡았다.[12] 이로써 6조판서가 모두 참여하였다.

---

9 김익현은 충청좌도, 정기회는 충청우도 암행어사를 수행하였는데 김익현은 5월 23일 복명하였으며, 정기회는 아직 복명하기도 전이었다(복명일 6월 3일).

10 『이정청등록』 임술 6월 23일. 이들의 명단은 7월삭좌목에 포함되었다. 정기회는 6월 3일 충청우도 암행어사로 복명을 하고 나서 곧바로 다시 공주, 회덕, 연산, 진잠 등지를 향하였다. 따라서 낭청직을 수행할 수 없었다.

11 22일까지 들어온 고시수권은 9백여장, 그뒤 100여장, 그리고 25일에 다시 52장이 들어왔다고 한다(정원용, 『袖香編』, 476쪽).

12 『일성록』 철종 13년 8월 27일. 그뒤 8월 30일 약원 제조를 맡으면서 도총관직은 사직하였고(『일성록』 철종 13년 8월 30일), 지사도 사직하고자 하였으나 받아들여지지 않은 듯하다(『일성록』 철종 13년 윤8월 1일).

이렇게 구성된 이정청 명단을 비변사 좌목과 비교해 보자. 새로 선임된 당상 13명이 들어오고 다시 김병학이 들어옴으로써 비변사 당상 서열 가운데 5번째인 겸수원부 유수 김영근金泳根을 제외하고는 24번 서열까지 모두 이정청 당상으로 선임되었다. 그 뒤 순위는 모두 유사당상으로서 이정청 당상이 되었다. 이렇게 하여 비변사 당상이 중심이 된 이정청이 꾸려졌다.

〈표 2〉 이정청 참여자의 인적사항

이름	구분	직책	본관	생년	과거	비고
鄭元容	총재관	영중추부사	동래	1783	1802	정기세의 부친
金興根		행판중추부사	안동	1796	1825	김병덕의 부
金佐根		행판중추부사	안동	1797	1838	김조순의 아들. 김흥근과 6촌
趙斗淳		좌의정	양주	1796	1827	
洪在龍*	당상	영돈녕부사	남양	1814?	1835	헌종계비(명헌왕후)의 부(익풍부원군)
金汶根*		영돈녕부사	안동	1801		철종비(철인왕후)의 부(영은부원군)
金炳冀		행판돈녕부사	안동	1818	1847	김좌근의 아들, 남병철의 매부
金炳國		행지중추부사	안동	1825	1850	김문근의 조카. 훈련대장
金炳學		겸공조판서	안동	1821	1853	김문근의 조카, 김병국과 형제
洪在喆		행지돈녕부사	남양	1799	1826	비국당상 아님, '김흥근과 사돈'
金輔根*		행지중추부사	안동	1803	1837	헌종비(효헌왕후)의 숙부. 김좌근, 흥근과 8촌
尹致秀*		행병조판서	해평	1797	1826	김대근과 처남매부 사이. 판의금(7.17)
李景在		행상호군	한산	1800	1822	김병덕의 처부, 김흥근과 사돈
南秉哲*		행광주부유수	의령	1817	1837	김조순의 외손, 김병기의 처남
金學性		행호조판서	청풍	1807	1829	조인영의 사위
洪鍾應*		행상호군	남양	1803	1828	

성명	구분	관직	본관	생년	몰년	비고
金大根*		행예조판서	안동	1805	1827	병조판서(7.7)
趙得林		행상호군	양주	1800	1831	조휘림의 형 판의금부사(윤8.24)
徐有薰*		행상호군	대구	1795	1837	
洪說謨*		행상호군	풍산	1804	1829	
金炳喬*		행의정부좌참찬	안동	1801	1852	김문근의 종질
鄭基世		행이조판서	동래	1814	1837	정원용의 아들. 장원급제
李謙在*		행상호군	한산	1800	1827	김조순의 사위, 김문근의 외손. 이조판서 (7.7)
徐憲淳*		수판중추부사	대구	1801	1829	판의금(7.28)
徐戴淳*	당상	행상호군	대구	1805	1827	
趙徽林		행대호군	양주	1808	1829	조득림의 아우. 대사헌(7.10), 지의금 (7.17)
申錫愚		행대호군	평산	1805	1834	김병주의 처부, 김보근과 외사촌
金炳德		지중추부사	안동	1825	1847	김홍근의 아들, 이경재의 사위
李源命		행대호군	용인	1807	1887	
洪祐吉		지중추부사	풍산	1809	1850	
金炳㴑		형조판서	안동	1827	1851	김유근의 아들, 김좌근의 조카, 신석우의 사위
南秉吉		행대호군	의령	1820	1848	김조순의 외손, 남병철의 동생 한성부판 윤(7.28)
金翼鉉		부응교	광산	1829	1858	
鄭基會	낭청	부사과	동래	1829	1858	정헌용의 아들, 조휘림의 사위, 7월 제외 8월 복귀
洪軒鍾*		부사과	남양	1826	1860	7월에만 근무
趙熙一*		병조정랑	풍양	1838	1858	

*는 추가좌목

2) 구성원의 인적사항

(1) 관직체계에 따른 분류

의정부는 법제상으로 최고기관이지만 비변사가 생기면서 사실상의 기능을 상실하였다. 여기서도 좌의정(정1품) 조두순과 좌참찬(정2품) 김병교 두 사람만이 참여하고 있다. 아마도 그 밖의 영의정, 우의정과 찬성, 우참찬은 임명되지 않은 듯한데, 이 또한 비변사 때문에 의정부가 파행적으로 운영되었던 것으로 보인다.[13]

그 다음 중추부는 특정한 관장 사항 없이 문・무의 당상관堂上官으로서 소임이 없는 사람들을 소속시켜 대우하던 기관이다. 대체로 중추부의 영사와 판사는 퇴임 의정으로서 비변사의 도제조都提調를 맡고, 지사 이하의 당상관도 상당수가 비변사의 제조를 맡아서, 당상관 관원 자체로는 국정 운영에 매우 큰 비중을 차지하는 관서였다. 정원용이 퇴임 의정 가운데 가장 원로로서 영중추부사(정1품)를 맡고, 김흥근, 김좌근, 서헌순은 그 다음인 판중추부사(종1품)를, 김병국, 김보근, 김병덕, 홍우길은 지중추부사(정2품)를 맡았다. 그 밖에 김병학도 공조판서 겸 지중추부사를 역임한 것으로 보인다.

돈녕부敦寧府는 조선 시대의 왕과 왕비의 친인척 가운데 종친부에 속하지 않는 친족을 관리하는 곳이었다.[14] 돈녕부는 영사, 판사 등이 1품 자리로서 본래는 예우직에 불과했으나 조선후기에는 이들의 정치 참여가 용인되고

---

13 조두순은 4월 19일 영의정 김좌근이 사임하면서 어려운 상황 속에서 혼자 재상의 자리를 지키게 되자 사임을 요구하면서 輔相이 궐한 것이 10여 년이 되었다고 하면서 이 문제를 지적하였다(『일성록』철종 13년 4월 25일).

14 왕과 같은 성을 쓰는 사람은 왕과 9촌 이상인 친족과 7촌 이상 남매의 남편, 왕과 다른 성을 쓰는 외척의 경우 왕과 7촌 이상인 친척과 5촌 이상 남매의 남편, 왕비와 같은 성을 쓰는 7촌 이상의 친족과 5촌 이상 자매의 남편 및 왕비와 다른 성을 쓰는 5촌 이상 친척과 4촌 질녀 이상의 남편으로 그 범위를 지정하였다(『경국대전』吏典).

19세기에는 적극적으로 정치에 간여하였다.[15] 수장은 령돈녕부사領敦寧府事라 불리었으며, 주로 왕의 장인이나 왕비의 형제들이 그 자리를 맡았다. 당시 홍재룡은 헌종의 국구, 김문근은 철종의 국구로서 영돈녕부사(정1품)을 맡고 있었다. 홍재룡은 9월 13일부터 남병철을 대신하여 광주유수를 맡았다(일/철종13.9.13). 김병기와 홍재철이 집안을 대표하여 판돈녕부사(종1품)과 지돈녕부사(정2품)의 자리를 맡고 있었다. 다만 경기감사 홍재철은 비국당상이 아니면서 전임 선혜청 당상의 자격으로 이정청 당상이 된 유일한 경우였다.

그리고 육조 가운데 처음에는 호조판서 김학성, 이조판서 정기세(이후 이겸재로 교체), 형조판서 김병주(이후 정기세로 교체), 다음에는 병조판서 윤치수(이후 김대근으로 교체), 예조판서 김대근(이후 김병주로 교체) 등이 참여하였다. 그러나 자리 이동이 일어나면서 윤8월 좌목에는 새로 임명된 공조판서 김병학이 참여하면서[16] 6판서가 모두 참여하게 되었다.

그 밖에는 광주부 유수(정2품) 남병철이 참여하였다. 조선후기의 유수는 군사적 위치가 중요할 뿐만 아니라 부내府內에 축적된 많은 병선·병기·미포와 병기제조와 관련된 막대한 예산을 관장하는 직책이었으므로 정권을 담당한 당파와 척족에게 매우 중요한 관직이었다. 따라서 후기의 유수는 당파·척족의 천거를 받은 인물이 제수되면서 이들의 세력을 뒷받침하는 중요한 토대가 되었다. 특히 광주부유수, 수원부유수는 개성부 유수, 강화부 유수보다 더 중요한 자리였다.

15 『조선정치사』 하, 청년사, 393쪽.
16 공조판서는 보통 비변사좌목에도 들어가지 않는데(『조선정치사』 상, 청년사, 216쪽;『조선정치사』 하, 청년사, 399쪽) 김병학은 겸공조판서로서 비변사좌목과 이정청 좌목에 들어갔다. 아마도 김병학의 위상을 보여주는 듯하다.

(2) 가문에 따른 분류

전체 35인 가운데 안동 김씨가 가장 많은 11인, 동래 정씨가 3인(낭청1), 양주 조씨 3인, 남양 홍씨 4인(낭청1), 대구 서씨 3인, 의령 남씨 2인, 한산 이씨 2인, 풍산 홍씨 2인, 해평 윤씨 1인, 청풍 김씨 1인, 평산 신씨 1인, 광산 김씨 1인(낭청1), 풍양 조씨 1인(낭청1), 용인 이씨 1인 등이다. 이 가운데 안동 김씨, 동래 정씨, 남양 홍씨, 대구 서씨, 한산 이씨, 풍산 홍씨, 해평 윤씨, 평산 신씨, 풍양 조씨 등은 유력한 큰 성관 15개 가운데, 양주 조씨, 의령 남씨, 청풍 김씨, 용인 이씨 등은 그 다음 성관 32개 가운데 속한다.[17]

안동 김씨 : 안동 김씨는 모두 11인(尙憲系 10인, 尙容系 김대근 1인)으로 가장 많은 수를 가졌을 뿐 아니라 실질적으로도 가장 중심이었다. 특히 김좌근은 안동 김씨 세도정권을 시작한 김조순의 아들이 었다. 순조 32년 김조순이 죽은 뒤 장남 김유근이 권력을 잡았 지만 그가 헌종 6년 사망하면서 김조순이 세도를 이어받았으 며 김흥근은 그의 6촌형으로서 김좌근이 나이가 많지 않았던 상황에서 적지 않은 역할을 하였다.[18] 이들을 쌍두마차로 하여 각각의 아들인 병기, 병덕, 그리고 조카인 병교, 병주 등과 이 들의 8촌인 보근 등이 있다. 한편 김병국, 김병학은 김창협의 후손으로 김좌근과는 10촌이 넘어가지만 안동 김씨 가문에서 중요한 인물인 김수근의 아들이며, 특히 삼촌인 김문근이 철종 의 장인이 되면서 새로운 권력으로 부상하였다.[19]

---

17 『조선정치사』 제4장 중앙정치세력의 성격, 171쪽. 다만 낭청 1인만을 낸 광산 김씨만이 이 와 같은 성관에서 제외되었다.
18 『조선정치사』 상, 청년사, 111쪽.

동래 정씨 : 3인이 참여하였으며 그 가운데 정원용(1783~1873)은 명실공히 최고의 원로였다. 대대로 회동(현재 중구 회현동)에서 거주하였기에 회동 정씨라고 하였다. 정원용은 소론계지만 중립적인 실무관료로서 김조순이 발탁하였으므로[20] 안동 김씨와 정치적으로 밀월관계였다. 그의 아들 정기세(1814~1884), 그리고 조카인 정기회가 낭청으로 함께 참여하고 있다. 동래 정씨는 수적으로 많지는 않지만 정원용이 최고 원로로서 정국을 주도하려 했고 정기세도 상당히 적극적으로 활동하였다.

남양 홍씨 : 헌종계비(명헌왕후)의 아버지인 영돈녕부사 홍재룡을 비롯하여 행지돈녕부사 홍재철(김흥근과 사돈), 행상호군 홍종응, 부사과 홍헌종 등이 참여하고 있다.

양주 조씨 : 조두순을 수장으로 조득림, 조휘림 형제가 참여하고 있다. 조두순도 정원용처럼 중립적인 실무관료로서 평가되고 있다.[21] 1853년부터 우의정에 올랐으며(실/철종4.6.갑술(1일)) 1858년에는 좌의정으로 승진하여(실/철종9.4.병인(1일)) 그뒤 약간씩 변화가 있었으나 대부분 자리를 유지하고 있었다. 조득림, 휘림 형제도 오랜 관직생활을 거쳐 1862년에는 판의금부사, 대사헌 등을 맡았다(일/13.6.19, 7.10).

---

19 또한 김문근은 김이순에게 양자로 갔기 때문에 그쪽으로 본다면 김좌근과 8촌이어서 김병학 형제와도 훨씬 가깝게 된다.

20 『조선정치사』 하, 청년사, 694쪽; 이성무, 『조선왕조사』 2, 936~937쪽.

21 조두순에 대해 정조 탕평책을 충실히 보좌한 서유린의 아들 서준보의 사위이고 학문적으로 뛰어났다는 점(『조선정치사』 하, 청년사, 695쪽 및 717쪽)과 신임사화때 희생된 조태채의 후손으로 '辛壬大義'를 家學으로 삼았을 정도로 노론의 당파적 의리에 투철한 인물이라는(김명호, 『환재박규수연구』, 357~358쪽) 다소 상반된 평가가 있다.

대구 서씨 : 서유훈, 서헌순, 서대순 등 3인이 참여하고 있다. 서대순은
　　　　　 景需系, 서헌순은 景주(雨周)系로서 서로 18촌간이었다. 서유훈
　　　　　 도 경주계지만 서헌순과 10촌 바깥이었다. 경수계는 노론 성
　　　　　 향, 경주계는 소론적 분위기, 전반적으로 정치적 성향보다 관
　　　　　 료적 성향이 우세하다고 한다.[22]

의령 남씨 : 남병철(1817~1836), 남병길(1820~1869) 형제는[23] 안동 김씨 세
　　　　　 도정권의 지주인 김조순의 외손, 김좌근의 외조카이자, 김병기
　　　　　 의 외사촌이다(남병철의 부 久淳은 김조순의 사위). 따라서 안동
　　　　　 김씨 핵심에 해당한다. 이러한 사실은 1859년 작성된 『필계절
　　　　　 목』에서 잘 드러난다. 이는 친목계의 일종으로 김좌근이 주도
　　　　　 하여 작성하였는데 여기에는 당시 판부사 김좌근, 판서 김병
　　　　　 학, 김병국 형제, 영명위 홍현주, 동녕위 김현근, 남녕위 윤의
　　　　　 선, 판서 남병철, 홍설모, 참판 박제인, 심영택 등으로[24] 이정청
　　　　　 에는 김좌근, 김병국, 남병철, 홍설모 등이 참여하고 있다.

풍산 홍씨 : 홍설모, 홍우길 등 2인이 참여하고 있다. 홍설모는 김조순의
　　　　　 외조카로 김좌근과는 외사촌간이다(홍설모 부친이 김조순의 부
　　　　　 친인 김이중의 사위). 홍재철은 김흥근과 사돈이었다(조선정치사).
　　　　　 앞서 『필계절목』에서 잘 드러나듯이 안동 김씨 핵심에 자리

22 『조선정치사』상, 청년사, 246쪽.
23 남병철, 병길 형제는 천문학자로서도 유명하다(문중양, 2000, 「19세기 사대부 과학자 남병
　 철」, 『과학사상』 33). 남병길은 『구장술해』라는 수학책을 지었다(김용운편, 1985, 과학기술
　 사 6책, 278쪽).
24 『필계절목』 古大 5129-8. 이 책은 순조비 순원왕후 3년상을 마친 뒤 그를 기리기 위해 작성
　 한 필계의 계칙과 계원의 명단을 적었다. 심재우, 2009, 「4장 문서로 본 공동체 생활」, 『고
　 문서에게 물은 조선시대 사람들의 삶』(국사편찬위원회 편), 302쪽 참조.

잡고 있다.

한산 이씨 : 이경재, 이겸재가 참여하였다. 이경재는 김흥근과 사돈으로 김병덕의 처부였으며, 이겸재는 김조순의 사위였다. 이경재는 헌종말년에는 김흥근을 탄핵했던 서상교, 그를 사주했다는 윤치영을 함께 공격하였고, 철종초에는 조병현 일파를 비난하였듯이[25] 김조순 가문의 입장에서 반대편 조만영가문의 공격에 앞장섰던 인물이었다.

청풍 김씨 : 김학성 1인이 참여하였는데 풍양 조씨의 핵심인 조인영의 사위였다.

해평 윤씨 : 윤치수 1인이 참여하였는데 그는 김대근과 처남 매부사이였다.[26]

평산 신씨 : 신석우 1인이 참여하였다. 김병주의 처부이자, 김보근과 외사촌이어서[27] 안동 김씨와는 매우 가깝다.

용인 이씨 : 이원명 1인이 참여하였다. 선무사 이삼현의 5촌조카.

광산 김씨 : 낭청 김익현

25 『조선정치사』 상, 청년사, 118쪽.
26 윤치수의 아버지 윤경렬이 김대근의 처부이다.
27 김보근의 조부 金履度가 그의 외조부이다. 부친 신재업은 김이도의 제자이자 사위였다.

풍양 조씨 : 낭청 조희일. 풍양 조씨는 19세기 중요 성관 가운데 2,3위를
다투었으나 이정청 구성에서 볼 때 실세하였음을 보여준다.

이상에서 볼 때 유력 가문의 부자, 형제 등이 골고루 참여하고 있지만
안동 김씨 일족이 월등하게 많다. 이는 정조~철종 연간의 비변사당상의 숫
자를 볼 때 안동 김씨가 두 번째 성관인 풍양 조, 대구 서씨보다 약 두 배에
달하였지만[28] 여기서는 그것을 뛰어넘는 압도적인 숫자였다. 나머지 집안도
이경재(김흥근과 사돈), 이겸재(김조순의 사위), 남병철, 남병길 형제(김조순의 외
손), 송설모(김조순의 외조카), 신석우(김병주의 처부), 윤치수(김대근의 처남), 홍
재철(김흥근과 사돈) 등에서 보듯이 상당수가 안공 김씨와 혼인관계로 맺어졌
다. 그밖에 정원용도 김조순 이래 개인적인 친분으로 맺어졌으며, 조두순도
안동 김씨와 가까운 실무관료로서 분류가 된다. 본래 문과-도당록-당상관-비
변사 당상의 구조를 분석하면서 연안 이, 안동 김, 풍양 조, 풍산 홍, 대구
서 등은 비변사를 장악하여 당상관-도당록-문과의 길을 재생산하였으며, 어
떤 가문들은 세도가문이나 거대한 유력가문과 개인적인 친분, 가문간의 혼
인, 사우관계, 또는 행정기술 관료 등을 매개로 일정한 위치를 차지하는 것으
로 보았다.[29] 그런데 이정청 구성을 볼 때 그를 훨씬 뛰어넘어 안동 김씨와
그들과의 관계에 의해 맺어진 인물들이 상당히 큰 비율을 차지하고 있다.
철종 말년의 이정청에서는 안동 김씨의 독점이 그만큼 심화되었던 것이다.

---

28 『조선정치사』 상, 청년사, 185쪽.
29 위의 책, 189쪽.

3. 삼정이정청의 활동과 이정절목의 작성

1) 삼정이정청의 활동

이정청 활동의 목표는 설치가 결정되었던 5월 25일 발사跋辭를 통해 제시되었다. 먼저 환곡의 경우는 이미 행회行會가 되었다고 하고,[30] 전정의 경우는 도결, 가결 등 과외징수이자 법외 규정이 언제부터 어떤 목적으로 시행되었는지 밝히고, 재결災結, 진결陳結의 경우 숫자와 년도 등을 조사하고, 포락浦落의 경우 니생가경泥生加耕이 있어야 하는데 은닉이 있는지 조사하여 집총하도록 하였다. 군정은 각종 원총原摠 내 현재 수효와 유절도고流絶逃故가 각각 얼마인지, 허액虛額이 언제부터 있었는지, 신포身布는 어떻게 충당하는지 조사하도록 하였다. 그 밖에도 삼정에 관하여 민막이 있는 것들이 있는데 읍에서는 항규恒規로 보고 감영에서는 알지 못한다든가, 감영과 읍에서는 예투例套로 생각하고 중앙에서는 모르는 일들이 많다고 보았다. 이런 문제들을 6월 말까지 보고하도록 하였다(등/철종13.5.25 발사). 이렇게 본다면 중앙에서도 삼정에 관한 개략적인 문제점들을 알고 있으며 구체적인 자료를 확보하려고 하였다.

그렇지만 보고가 올라오기 전까지 이정청의 구체적인 활동은 곧바로 이루어지지 않았다. 6월 5일 약원藥院 도제조 조두순이 왕과 민란의 상황에 대해 이야기를 나누면서 자신의 주장을 강조하였다. 삼정이정을 특교하여 기구를 만들었지만 아직 정한 일이 없이 늘어지고 있다면서 '손상損上' 연후에 교구를 할 수 있다고 주장하였으며 왕도 자신도 공상供上을 줄이고 있다고 답하였으며, 조두순은 공물을 줄여도 실제 부익裒益의 거조가 없다면 폐단만 있을 것이라고 하였다(일/철종13.6.5). 아마도 이정이 지체되는 분위기 속에서 이정

---

30 5월 22일 박규수가 환곡문제를 제기하면서 기구 설치를 건의한 것을 가리키는 듯 하다(『철종실록』 철종 13년 5월 22일 계묘).

을 촉진하려는 의도가 담겨 있었던 것으로 보인다.

철종으로서는 안동 김씨 세력이 이끄는 당시 정치형세가 파국을 몰아간다고 보고 자신이 주도하려는 입장을 취한 듯하고,[31] 조두순도 당시 위기의 국면이라고 보면서 이를 극복하려고 한 것으로 보인다.[32] 조두순은 환정 개혁을 건의했던 박규수와 긴밀한 관계였으며 그의 대책을 수용하려고 노력하였던 것이다.[33]

이 때문인지 곧바로 이정작업에 진전이 있었다. 6월 10일 왕은 이틀 뒤인 6월 12일 인정전에서 문음당상, 당하, 참하 및 생원, 진사, 유학 등을 상대로 책문을 시행하도록 하고 총재관을 독권관으로 삼겠다고 하였다. 시험을 보는 방법은 응제인이 시장에 들어가 제목을 달고는 10일간 집에서 작성하고 성균관에서 모아서 올리도록 하였다.(일, 등 / 철종13.6.10, 12).

6월 12일 철종은 인정전으로 가서 문음당상, 당하, 참하 및 생원, 진사, 유학들을 모아놓고 삼정구폐책을 시행하였는데 이때 왕은 앞서 5일 조두순과 논의하였던 '익하함소益下諴小'를 내세웠다. 이때 정원용은 손익간에 신중해야 하며 적절하지 못하면 처음부터 교구를 하지 않는 것보다 못하다고 하면서 총재직 사임을 표하였는데(일 / 철종13.6.12), 정원용은 이와 같은 분위기에 비판적이었던 것 같다. 책제는 이런 과정 속에서 완성되었다. 왕은 삼정교구의 책을 환정還政에 대한 일은 2품 이상이 헌의獻議하도록 하면서 군정軍政과 전부田賦의 폐단을 바로잡는 방법에 대해서도 의견을 갖추어 써서 바치게 하도록 하고(등, 실 / 철종13.6.12), 아울러 수령과 초야인사 또한 평소 가슴속에

---

31 이런 점 때문에 철종을 '삼정책에 일대 수술을 가하여 국가사회의 안정을 도모하기 위해 앞장서서 노력하였다'는 평가를 내리기도 한다(김진봉, 1968, 앞의 논문, 37쪽)
32 조두순은 1857년에도 탐묵이 민국을 둘로 나누게 할 것이며 나라에 화가 되어 요원의 불길처럼 하늘을 뒤덮을 것을 경고하였는데(『일성록』 철종 8년 5월 10일, 배항섭, 2010, 「19세기 지배질서의 변화와 정치문화의 변용」, 『한국사학보』 39, 117쪽 참고) 이와 같은 입장이 깔려있는 듯하다.
33 김명호, 2008, 『환재 박규수 연구』, 543쪽.

품고 있던 계책이 있을 것이므로 책제를 등서하여 팔도八道 사도四都에 내려 보내도록 하였다(일 / 철종13.6.12). 그리고 각기 그 읍에서 리혁釐革해야 될 것을 모두 저술해서 읍에서 편권篇券을 모은 다음 감사로 하여금 수합하여 올려보내도록 하였다. 아울러 이날 발사跋辭를 통해 각 지역에서 응시하려는 사람들에게 잘 의견을 제시하도록 하면서 날짜는 관문이 도착한 날로 시작하여 먼 지역은 70일, 중간은 50일, 가까운 곳은 30일로 기한을 정하여 모아 보내도록 하였다(등 / 철종13.6.12). 따라서 단순히 누구나 자기 의견을 작성하라는 정도가 아니라 읍별로 문제점과 이정책을 모두 포괄하려는 움직임이었다. 심지어 왕은 18일에는 유현儒賢들에게도 삼정책을 올리도록 하고 조정에 출입하도록 부탁하였다(일 / 철종13.6.18). 서울지역의 글이 모이기 직전인 20일 좌의정 조두순은 삼정이정 문제를 다시 강조하면서 균역법 시행 때처럼 3정승의 자리를 채우자는 주장을 하였다(일 / 철종13.6.20). 균역법과 마찬가지로 중요하다는 점과 혼자만이 일을 맡고 있다는 점 때문에 문제점을 지적하고 있었던 것이다.[34] 원임대신 정원용, 김좌근, 김흥근으로 둘러싸인 형국에서 의정부 기능을 강화하려는 의도로 보이지만 시행되지는 않았다.

그리고 22일 試策이 올라오자 시책독권관과 이정당상을 불러 모았다(일 / 철종13.6.22). 이날 왕과 정원용, 조두순, 김흥근 등의 대화는 중요하였다. 먼저 대책에 대해 과거시험 때처럼 순서를 매길 것인가를 논의하였고 왕은 이를 받아들였다. 이날 대화의 중심은 정원용의 계속된 사임 또는 책임에서 물러날 것을 요구하였다. 정원용은 6월 12일 책제를 본 날 병을 이유로 사임하였지만(일 / 철종13.6.12), 이 날에도 독권관을 맡기에는 눈이 좋지 않고 총재를 맡기에는 체력이 되지 않는다는 이유로 조두순에게 맡기려고 하였다(일 / 철종13.6.22). 반면 조두순은 계품 등은 시임이 하더라도 고시는 서열에 따

---

34 6월 5일과 20일 조두순의 발언과 같이 이정청의 역할과 운영에 대해 뚜렷한 색깔을 가진 주장에 대해서는 『이정청등록』에는 담기지 않았다.

라 정원용에게 넘기려고 하였다.[35] 왕은 본청에 나아간 뒤 상의하라고 당부하였다. 이런 배경에는 삼정구폐의 어려움과 이를 둘러싼 정원용과 조두순의 갈등이 있지 않을까 한다.

또 하나 정원용은 백성들에게 이정한다는 사실을 알게 하자는 것과[36] 여러 당상이 윤회 사진仕進하나 맡은 일이 없다고 하면서 군역과 환곡 장부는 京司에 있으니 먼저 초출抄出하는 게 좋을 것이라고 하였다. 김흥근은 삼정규례가 도마다 같지 않고 읍마다 다르므로 감사들의 보고를 기다린 뒤 헤아려보자고 하자 정원용은 그렇더라도 대강령은 다르지 않다고 반박하였다. 왕도 일의 실마리를 찾기 위해 당상들이 매일 윤회 사진仕進하고 대신들도 자주 나오도록 하였다. 열심히 일할 것을 강조한 셈이었다.

왕은 7월 5일 이정에 관해 몇 가지 방향을 제시하였다. 민국民國에 조금이라도 이익이 있으면 아낄 것이 없다고 하면서 첫째, 원래의 공상供上 이외에 이속移屬시켰거나 가정加定된 것 등 명색名色은 일체 모두 출급出給하여 경비經費에 보탬이 되도록 하였다. 둘째, 내탕고內帑庫의 5만 냥을 내려서 이정청에서 조처하도록 하였다. 이렇게 하여 각영각사各營各司와 감사 수령들이 재용財用을 절약하도록 한 것이다(일/철종13.7.5). 이정청에서는 이에 맞춰 발사跋辭를 통해 '박상풍하薄上豊下', '절재용약節財用約', '손기이물損己利物' 등을 강조하였으며 궁궐에서 아낀 비용이 13만 냥이 넘는다고 하였다.

이에 맞춰 다음 날인 7월 6일 이정청에서는 재정에 관해 네 차례에 걸쳐 계를 올렸다. 먼저 이정청에서는 궁인宮人이 선반미宣飯米를 감생減省한 것이 400여 석이고 내탕금이 5만 냥이나 된다고 하면서 이를 각영각사校各營各司

---

35 조두순도 역시 6월 26일 병을 이유로 사임 상소를 올렸는데(『일성록』 철종 13년 6월 26일) 왕은 간곡히 말렸다.
36 실제로 암행어사 등은 이정을 들어서 백성들을 효유하였다(『일성록』 철종 13년 6월 25일 전라우도 암행어사 이후선).

와 이예吏隷, 그리고 각궁속各宮屬의 가출加出 명색을 일일이 깎으라는 뜻으로 감결을 받아 성책을 만들어서 본청에 보고하도록 하였다(등/철종13.7.6). 둘째로 균역청의 역할을 강화하려 하였다. 균역이 실시된 뒤 어염선세는 마땅히 균역청에 속해야 하는데 아직 사사로이 내수사, 궁방, 사부가士夫家, 아문衙門이 늑점하고 있는 점을 지적하면서 이를 모두 균역청에 속하도록 하고 영읍에서 사사로이 걷고 있는 어조漁條까지 조사하여 보고하도록 하였다(등 / 철종 13.7.6).[37] 셋째, 각도 시기전결 가운데 수조에서 누락된 여결, 은결의 경우 균역을 시행할 때 수령에게 자수하게 하여 감일필減一疋 대신 활용하도록 했는데, 지금 이정 과정에서 환곡을 일부 견탕하게 되면 부족한 모곡을 채우기 위해 함경도를 제외한 7도의 은결隱結을 일일이 자수하여 8월 20일까지 보고하고 만일 관리들이 서로 덮어주면서 사실대로 고하지 않으면 국결國結을 훔친 것으로 간주하도록 하였다.[38] 넷째, 군정의 경우 전정, 환정과 같이 명목이 번다하지 않으므로 철저히 조사하도록 하고, 동포洞布의 경우 법규에 해당하지는 않지만 실상 군액軍額이라는 것은 수포收布하는 것이므로 수를 정확히 헤아려서 부과하면 의미가 있다고 보았다.[39] 또한 감영에 6월까지 보고하도록 하였는데도 아직 보내지 않은 영남, 호남, 서북 감사에게 빨리 보고하도록 관문關文을 보냈기도 하였다.[40] 다음 날인 7월 7일에는 각궁방 면세결은 구궁舊宮과 대수代數가 다한 궁토 가운데 법으로 마땅히 거두어야 할 것은 일일이 첨부하여 출세出稅하도록 하였다. 이정에 따른 재정책을 마련하려고 여러 가지로 구상하고 있음을 알 수 있다.

---

37 여기에 덧붙인 跋辭에서는 私稅 私捧을 일일이 조사해서 균역청으로 들어가야 한다는 점을 강조하였다.
38 跋辭에서는 은결은 법전에 금한다는 점을 또다시 강조하였다.
39 跋辭에서는 洞布에 대해 강조하였다.
40 『이정청등록』 철종 13년 7월 6일. 이날 정원용이 참석하지 않은 가운데 이런 논의가 있었다. 그는 7월 10일에는 총재관 직을 사임하였다(이상 『경산일록』 5책 308쪽).

7월 15일 조두순은 여러 가지 정책을 건의하였다. 여기에는 성학聖學을 비롯하여 병사, 수령의 신중한 선택을 당부하였고, 암행어사 수계 가운데 장범贓犯한 자에 대해서는 가동家僮을 가두고 환징還徵하도록 하면서 이 또한 리구타폐釐捄他弊라고 하였다. 무엇보다도 왕이 삼정 이정에 노력하는 점을 영조대 균역법과 비교하면서 이번 삼정이정은 균역법에 비하면 여러 가지 일을 바로잡는다는 점을 강조하였다. 또한 균역법 당시 병사, 수령 등이 영읍의 사세事勢를 참작하여 급대 수요를 분정分定한 것처럼 지금도 이에 의거하도록 하자는 뜻을 밝혔다. 급대 문제에 대해 방법을 찾고자 하는 것이었다.

한편 이렇게 논의가 진전되는 가운데 지역으로부터 감사들의 장계가 올라오기 시작하였다. 이정청의 복계날짜를 보면 경기도가 가장 빠르게 6월 29일 올렸고, 경상도는 7월, 충청도는 8월 2일, 강원도 8월 5일, 함경도 윤8월 6일, 황해도 윤8월 23일 등이다.[41]

지역마다 약간씩 보고 내용에 차이가 있으나 대체로 환곡의 심각성을 거론하고 중앙의 적절한 대책을 요구하는 내용이었다. 6월 29일 가장 먼저 보고를 한 경기도는 환곡 실태를 정확하게 보고하지 않았으나 환곡이 고갈되었다고 하면서 궁방전 가운데 전라도에 이정한 망정결望定結을 이용하여 10년간 환곡을 만들어 모조를 계속 확보하면 어느 정도 복구가 가능하다고 하였다.[42] 경상도는 환총이 절미折米 117만 5969석인데 남아있는 수는 49만 2075석에 지나지 않는다고 하였다.[43] 그 가운데서도 실제 분급 액수는 22만 1987석이었다고 하였다.[44] 그리고 충청도는 곡총이 절미 60만 9872석이며 그

---

41 경상도는 李敦榮, 『汾督公彙』「嶺南三政啓」(국립 31-102)에 실려 있으며, 다른 지역은 모두 『이정청등록』에 실려 있다. 경기도를 제하고는 8월에 들어서서 장계가 거론되는 것은 7월 후반에는 이하전사건의 추국이 있어서 미뤄지지 않았을까 추측된다.

42 『임술록』「鍾山集抄」임술 6월 29일, 306쪽. 경기도에서 전라도로 移定한 액수는 철종 5년 2659결(『일성록』철종 5년 윤7월 14일). 이 문제는 전날인 6월 28일 올린 전라도 선무사 조 구하의 별단에도 같은 내용이 들어 있었다(『일성록』철종 13년 6월 28일).

43 李敦榮, 『汾督公彙』「嶺南三政啓」(국립 31-102).

가운데 2만 3350석만 남아있고 나머지 58만 4178석은 포흠이라고 하였다. 특히 충청도는 모조가 담당하는 재정인 절미 3만 256석 가운데 실제로 분급 되는 환곡의 모조 2335석을 제외하고 부족한 2만 7921석은 수조결收租結에 분배하였다고 하면서 매년 모조 재정은 정식으로 실결에서 상정가로 분배하 여 시행하고 남은 환곡은 각 읍에 고르게 배분하여 예비 재정으로 하자고 건의하였다.[45] 또한 도결은 4읍은 이미 혁파하였고 19읍은 삼정 이정 후 혁파하도록 하였다. 충청도는 실제 사정이 열악함에 따라 대책도 상당히 적극적이었다고 볼 수 있다. 8월 5일 강원도의 보고에 의하면 강원도는 환총 이 23만 3840석으로 각 읍의 유망과 지금의 포흠(時存逋)을 합하면 11만 3천 여 석이라고 한다. 이 가운데 평창, 인제의 환곡이 9만 6146석이나 되었는데 모두 포흠이 되었으며, 나머지 13만 7690여 석은 여러 읍에 있는데 포흠이 많지 않다고 하였다. 그러나 모조는 다른 방법으로 마련하여 백징하지 않는 다고 하였다. 그 외 은결, 도결, 동포 등을 다루는데 도결, 동포의 경우 민이 원하는 것으로 보고하였다.[46] 함경도는 명천 이북 여러 읍의 환곡을 3분의 2는 5년에 걸쳐 새 곡식으로 바꾸고(改色) 3분의 1은 탕감할 것과, 각 진보鎭堡 의 허류곡 2만 511석을 모두 탕감할 것과, 북병영에서 소관하는 10읍에 있는 군향곡 7만 531석 가운데 회령 등 5읍은 전곡참반錢穀參半, 무산은 모두 대전代 錢으로, 그리고 나머지 길주 등 4읍은 그대로 둘 것 등을 요구하였다.[47] 황해 도는 호구가 모두 12만 8천여 호인데 비하여 환호還戶는 7, 8만 호에 지나지 않아서 각종 환곡의 절반을 분급하면 39만여 석이어서 호당 5~6석이나 되

44 『승정원일기』 철종 13년 9월 30일.
45 『임술록』 「이정청등록」 임술 8월 2일, 316쪽. 이 때문에 충청도는 고종초에 '罷還歸結'로 나아갔다.
46 『임술록』 「이정청등록」 임술 8월 5일, 319쪽. '至於耗條 某樣拮据 實無白徵之歎'. 그리고 회양 등 4읍에서 도결을 하는데 환포의 방법으로 행해진 것은 아니었는지 별로 폐단이 없 다고 하였다(위의 책, 320쪽. '淮陽等四邑都結 旣從民願 各成邑規 別無爲弊之端').
47 『임술록』 「이정청등록」 임술 윤8월 6일, 626~627쪽.

어 근본적인 변통이 필요하다고 하였다. 포흠으로는 은율이 6600여 석, 장연이 5390여 석, 문화는 1만 4660여 석, 신천은 6690여 석이라고 하였다.[48]

이상 6도의 보고는 그 뒤 환곡 대책을 마련하는데 기본적인 자료가 되었다.[49] 그러나 각 읍마다 보고의 내용이 달랐으며, 따라서 당연히 감영 보고의 수준도 도마다 차이가 있을 수밖에 없었다.[50]

2) 파환귀결과 이정절목의 작성

파환귀결의 방책이 제기된 것은 8월에 들어서였다. 8월 13일 이정청에서 조두순은 팔도八道의 환곡을 탕파하고 경용經用을 매 결당 2냥씩 내어야 한다는 주장을 하였고, 정원용은 전답에 대한 가렴, 군역에 대한 첩역문제, 환곡 허류 등에 대한 이정을 주장하였다. 김흥근은 조두순의 의견에 찬성하였고 김좌근은 파환 결렴의 어려움 때문에 결론을 내리지 못하였다.[51] 조두순의 파환귀결 의견에 김흥근은 찬성, 김좌근은 유보적이었다면 정원용은 적극 반대하고 삼정의 폐단을 제거하고 바로잡는 것으로 주장하였다. 그 뒤 조두순은 8월 27일 다수의 의견을 정리하여 계를 올렸다.[52] 개략의 내용을 살펴

---

48 『승정원일기』 철종 13년 윤8월 23일.
49 그 밖에 전라도, 평안도의 보고는 확인이 되지 않는다.
50 李敦榮, 『嶺南三政啓』 '列邑之條列各其邑弊報來者 有各異規 其所遵行或在於經法之外 揆以事體有不敢上聞'; 『승정원일기』 철종 13년 6월 22일 '(金)興根曰 三政規例道不相同 而邑各異例'.
51 『경산일록』 1862년 8월 13일. 이날 논의는 매우 중요함에도 불구하고 『일성록』, 『이정청등록』 모두 빠졌다. 박규수도 조두순에 대해 '欲盡罷列邑還向斂散之法 一切取給於田賦 設倉分儲 以需經用 撰進節目 籌劃詳密 而竟未果行 公常以此恨之'(『환재집』 권5 '領議政致仕奉朝賀贈公謚狀').라고 하였다.
52 대략 8월 말이면 전국의 삼정소가 거의 올라왔던 것으로 보인다. 본래 6월 12일 삼정책문을 전국으로 하송하면서 가장 먼 지역이라도 이정청 공문 도착한 날짜로부터 70일 내에 올리도록 하였다.

보면 군정은 구파口疤, 동포洞布 간에 편의에 따라 행하고 황구첨정, 백골징포, 첩역은 고치도록 하였으며, 전정은 개량이 가장 중요한 데 일시에 할 수 없으므로 사세에 따라 하도록 하며 환정은 파환귀결 하도록 하였다. 그 밖에 조두순은 각양상납 정비情費는 신칙하도록 하였고, 전국의 역답驛畓이 권매된 것을 환속하도록, 주역鑄役은 함흥 감영에서 설소設所하도록, 각 읍 천포川浦는 권기勸起하도록, 각 영의 성역城役과 교량역橋梁役을 맡은 공장工匠의 급료는 각 영에서 담당하도록 하였다.[53] 여기에 대해 철종은 이정책자를 절목節目을 내어서 경외에 반시頒示하도록 하였다. 더욱 발사跋辭에 따르면 관문이 도착하는 대로 한문과 한글로 방곡마다 붙여서 백성들이 알도록 하고 탕환귀결을 하였으니 환곡의 분급 수봉은 영원히 혁파되었고 경외에서 필요한 환모는 필요한 만큼 급대를 하겠다고 하였다. 이처럼 이정책은 매우 급박하게 진행되어 나갔다. 같은 날 겸공조판서 김병학을 비국당상으로 환차하고 더불어 이정청 당상으로 차정되었는데, 이와 같은 진행과 관련 있는 것 같다. 또한 파환귀결이 됨에 따라 경용經用으로 급대할 부분과 작곡作穀 저류儲留(항류곡을 말함) 등의 문제는 먼저 작년 결총結總과 각도 보고한 것으로 초안을 만들고 국왕이 열람한 뒤 '삼정구폐절목'은 추후 수정하여 들이도록 하였다(일/철종 13.8.30). 이런 과정을 거쳐 윤8월 7일 삼정이정절목三政釐整節目이 만들어졌다.[54] 윤8월 10일 왕에게 계하啓下를 하였으며(실/철종13.윤8.11), 다음 날 왕의 명령에 따라 이정청 총재관과 당상들은 모여 절목을 평가하였다.[55]

먼저 왕은 절목에 대해 각자 소견을 말하라고 하였다. 정원용은 수백 년

---

53 『일성록』 철종 13년 8월 27일. 이날 鑄錢을 설치하고 훈련대장 김병국을 구관하도록 하였는데(『경산일록』 5권 312쪽) 이는 파환귀결에 따른 대책과 관련이 있을 듯하다.
54 『임술록』「이정청등록』 임술 윤8월 7일, 330쪽. 『일성록』에는 윤8월 8일자로 이정절목의 내용이 실려 있다.
55 『일성록』 철종 13년 윤8월 11일, 396~399쪽. 이날 모임에는 정원용, 김흥근, 김좌근, 조두순, 김병기, 김병국, 홍재철, 김보근, 윤치수, 이경재, 김학성, 김대근, 정기세, 서대순, 조휘림, 김병덕, 홍우길, 김병주, 남병길 등이 참여하여 각기 의견을 말하였다.

내려오던 법을 하루아침에 없애버리는 것에 대한 우려, 그리고 토지에 대한
세는 한번 결정하면 변함이 없는데 가결을 하면 계속 폐단이 있을 것이라는
우려를 말했다. 반면 김홍근은 환곡의 폐단이 크다는 것과 모곡을 취하지
않으면 급대할 방법이 없으므로 환곡을 폐지하고 전결로 귀착하는 것이라고
긍정적으로 평가하였다. 김좌근은 팔도八道 물정物情 리해利害와 편부便否를 아
직 헤아리기가 어려우므로 감사, 수령, 이민에게 순문詢問하여 시행할 것을
주장하였다. 왕도 순문에 대해 수긍하자 조두순은 본청을 설치한 지 오래되
었고 세월을 허송할 수 없어서 절목을 계하하였으며, 궁극의 리해利害에 대해
서는 미리 예측할 수 없다고 하였다. 왕은 정원용이 절목과 다른 의견을
내었으니 신중하려는 뜻이며 중론이 같지 않으니 더 좋은 절목을 따로 만들
라고 명하였다. 두 가지 견해 사이에서 고민하는 왕의 모습을 잘 보여준다.
그러나 논쟁은 이후에도 뜨겁게 달아올랐다. 정원용의 주장을 더 소개한다면
환곡을 대읍 5~6천석, 중읍 4~5천석, 소읍 1~2천석으로 줄여 거기에 대한
모조만 작전하여 거두면서 가작이나 이전, 이무 등을 없애고 실곡으로 분급
운영하자는 것이었으며 파환귀결은 결국 토지에 대해 새로운 결전結錢을 부
과하는 것이기 때문에 성공할 수 없다고 강조하였다. 이에 맞서 조두순은
환곡을 그대로 두고 교구를 한다면 어찌 변경의 논의라고 할 수 있겠느냐며
이미 빈장부에 지나지 않다는 점을 강조하였다. 또 하나 취모에 대해서 정원
용은 필요하며 그렇지 않으면 경비를 줄이더라도 가결은 안 된다는 주장이고
조두순은 취모取耗는 본래 있지 않은 제도라고 반대하면서 가결加結은 수령이
남봉해서 금단하는 것이고 정식으로 걷는 것은 괜찮다고 하였고, 김홍근은
별도로 절목을 만들어서 들이도록 중재하였다.[56]

---

56 『일성록』철종 13년 윤8월 11일. 왕은 절목을 만들 것을 계속 강조하였다. 연석이 끝난 뒤,
   심지어 정원용이 귀가한 뒤에는 사관을 보내어 며칠간 말미를 주면서 만들 것을 요구하였
   다(『경산일록』14책 임술 윤8월 11일, 5책 313쪽).

그런데 윤8월 14일자 기록을 보면 이정청 주서注書들이 빨리 정리하지 않았다고 하여 처벌을 받았는데 정리하기 어려웠던 것으로 보인다(일/철종13.윤8.14). 8월 17일에는 영부사 정원용이 이정절목 책자를 올리면서 차자箚子를 올렸다.[57] 이때 사안이 중요해서 다른 의논을 모아 종합하려고 애썼음을 보여주고 있다. 정원용은 전정, 군정은 이미 지회知會하여 다시 논의할 필요가 없는데 환곡은 각도의 사정과 관습이 다르다는 점을 강조하였다. 곧 황해도와 평안도는 폐단이 심하지 않아서 별로 고칠 것이 없고 4도都의 경우도 규칙을 잘 지키기 때문에 개혁할 필요는 없는데, 삼남이 폐막이 심하니 감사의 보고를 기다려 고쳐야 한다고 하였다. 결국 마지막 결정은 안동 김씨에게 돌아갔다. 정원용의 일기에 따르면 18일 이정청 회의가 있었는데 김좌근은 전날 국구 김문근과 더불어 왕에게서 절목 문제를 18일 회의에 모여 상의하도록 하였다면서 이전에 정한 절목을 입용하자고 하였다. 정원용과 김흥근이 동의하자 여러 당상들에게도 요청하여 동의를 받았다.[58] 이에 좌의정 조두순이 들어가 이전 정한 절목으로 각도에 행회하고 이정청을 철파한다고 초기를 올렸다. 그리고 공식적으로는 윤8월 19일 모든 일정을 마무리 지었다. 이날 기록을 보면 먼저 이정청등록에는 삼정이정 이전 계하절목을 행회하고 그 가운데 첨입된 조건을 수정을 기다려 입계하도록 하였고, 또한 삼정이정에 대한 경외京外 대책對策으로 입격入格된 자들에게도 시상하라고 명하였다.(일, 승/철종13.윤8.19). 이로써 이정청은 이날로 철파되었고 이후 삼정에 관련된 보고서는 비변사에서 거행하도록 하였다.[59]

---

57 『일성록』 철종 13년 윤8월 17일. 고려대 도서관에서 소장한 『三政釐整節目』(趙斗淳 撰, 대학원 B7 A31)에는 「還政釐整節目」이 부기되었다. 이 내용은 12월 11일에 확정된 '삼남환정구폐절목'과 기록방식과 숫자, 해당지역 등에 차이가 있어서 아마도 이때 작성된 것으로 추측된다.

58 『경산일록』 14책 철종 13년 윤8월 18일(번역본 5책 314쪽). 일기에는 '모두 들을 따름이다'라고 기록하고 있다.

59 『비변사등록』 철종 13년 윤8월 19일. 공식적으로는 이날 모든 마무리를 하면서 김좌근은

이처럼 이정절목이 정해지는 과정은 매우 복잡하였다. 최고 권력자 김좌근이 영의정에서 물러난 가운데 실무관료의 소임을 맡았던 조두순과 정원용간의 정책대결로서 진행되었다. 김좌근도 일찍이 환곡에 대한 위기의식을 느끼면서 대변통, 대경장을 주장한 적이 있었으므로[60] 그보다 더 악화된 상황을 외면하기 어려웠다. 또한 집권세력 내에서도 많은 이들이 개혁안을 올렸다. 이정청의 인물 가운데도 남병철, 신석우[61] 등이 올렸으며, 비변사당상 가운데서도 이삼현, 김영작 등이 올렸다. 박규수의 우인友人 가운데서는 앞의 남병철, 신석우, 김영작을 비롯하여 김윤식, 윤종의 등도 이정책을 올렸다.[62] 또한 박규수를 승지로 임명하려고 하였으나 이루어지지 못하였다(일/철종13.윤8.2). 조두순을 중심으로 김병학, 신석우, 남병철 등 이정에 적극적인 세력을 늘리고 시급하게 시행하려는 움직임을 찾아볼 수 있다. 이러한 상황 속에서 조두순의 이정책이 통과되었다. 이같은 과정을 살펴본다면 결국 김좌근 세력도 두 가지 대책 가운데 조두순 안을 선택한 셈이었다.

4. 삼정이정책의 방향

삼정이정책 가운데 가장 중요한 내용은 환정이며, 이는 파환귀결과 항류곡 제도로 귀결되었다.[63] 무엇보다도 그간 부세의 일환으로 이용되었던 환곡을

총재관들을 모두 불러 백록동 산장에서 모임을 가졌다(『경산일록』 철종 13년 윤8월 19일).

60 『승정원일기』 철종 5년 2월 15일(『조선정치사』 하, 청년사, 637쪽, 주5에서 재인용).

61 신석우는 경상감사 시절에도 단성의 환곡대책을 적극적으로 제시하였다(송찬섭, 2002, 앞의 책, 108~110쪽).

62 김명호, 2008, 앞의 책, 546~552쪽. 남병철이 1863년 갑자기 돌아가자 趙斗淳, 尹定鉉, 金炳學, 申錫禧, 朴珪壽, 金尙鉉 등이 서문을 썼다(『규재유고』).

63 전정과 군정은 그간 폐단에 대한 중앙 차원에서 재정비하는 셈이지만, 다만 전정의 경우 파환귀결의 결전에 대한 재정 마련과 직결된다.

전면 폐지하였다. 환곡제 개혁에 대한 논의는 오랫동안 있었으며 파환귀결을 이끌었던 조두순의 경우에도 사창제를 설치할 것을 주장하였다.[64] 그러나 이미 환모還耗가 경용經用에 이용되었으므로 옛날의 사창과는 다를 수밖에 없는데다가 사창을 시행하려면 향약이 제대로 운영이 되어야 하는데 지금은 어려우므로 환곡 운영을 없애고 별도의 재정을 마련하도록 하였다. 그러나 원곡을 모두 없앤 것이 아니라 허류 가운데 3분의 2를 탕감하고 나머지 3분의 1에 대해서는 받기 어려운 것은 제하고 포흠한 자가 살아 있는 것에 한하여 10년간 모조 없이 돈으로 거두어 급대 관청인 균역청으로 올리도록 하였다.

이 때 환총은 절미 517만여 석(합각곡 800만 석 정도)으로 18세기 말~19세기 초에 합각곡 1000만 석에 이르렀던 것과 비교하면 상당히 감소되었다.[65] 더구나 허류가 280여만 석에 이르러 환총의 54%나 되어 18세기 말 15% 정도에 비하면 월등히 높았다.[66] 환총이 줄고 대부분이 허류되었다는 점이 이 시기의 환곡문제의 심각성을 보여주며, 환곡제가 소멸되어 감을 보여준다.

둘째 재정 보용책으로 토지에 대해 일정한 액수를 부과하였다. 토지가 재용을 끌어내는데 가장 적절할 뿐만 아니라 이전 균역법 때도 시행해본 경험이 있다는 점과 토지를 가진 자는 부담 능력이 있으며 반면 토지가 없는 빈민은 부담에서 제외되기 때문에 구휼의 방법으로서도 의미를 두고자 하였다. 전국의 전결 가운데 정전, 속전뿐만 아니라 면세복호, 각종 잡위 전까지도 포함하여 모든 시기결에 대하여 결당 2냥씩을 부과하였다. 중앙각사에

---

64 趙斗淳, 『三政錄』「社倉節目」.
65 오일주, 1992, 「조선후기 재정구조의 변동과 환곡의 부세화」, 『무악실학회』 3, 82쪽, <표 12> 참조.
66 오일주, 위의 논문, 108쪽, <표 25> 참조.

대한 상납, 영읍의 재정 및 부세에 부과되는 색락, 태가 잡비까지 계산하여 포함했다. 이처럼 토지에 대해 부과하는 대신 전세, 대동, 결전 외에는 수취를 일체 금지했다는 점에서 무분별한 결렴은 어느 정도 지양되었다고 할 수 있었다. 또한 도별로 여餘·부족不足의 차이가 심하였으나 전국적으로 통합하여 재정을 꾸려나갔으므로 문제가 없었다. 이와 같은 결전은 균역법의 결전 시행이후 처음으로 중앙 부세의 명목으로 일정한 세액이 부과된 것으로서 당시 와환취모 등 환곡제의 변화 추세 속에서 부세화된 것이었다.

그러나 파환귀결을 하였다고 하여 환곡의 형태가 완전히 소멸된 것은 아니었다. 토지에 결렴함으로써 재정 보용은 가능하였으나 환곡이 담당하는 진휼적인 기능과 예비곡의 역할을 대신할 제도가 필요하였다. 환곡제 개혁에 대한 논의는 오랫동안 있었으며 파환귀결을 이끌었던 조두순의 경우에도 사창제를 설치할 것을 주장하였다.[67] 그러나 현실적으로 사창제는 운영이 어렵다고 보고 대신 예비곡의 필요성에 초점을 맞추어 읍단위가 아닌 운송이 편리한 곳을 기준으로 하여 항류곡을 두었다. 항류곡은 모두 150만 석으로 도별 크기와 지역적 성격에 따라 대미(49만 5천 석), 소미(49만 5천 석), 황두(21만 석), 정조正租(30만 석) 등을 나누어 계산하였다. 새로이 작곡作穀하는데 드는 비용은 상정가보다 높은 액수인 미 5냥, 소미 4냥, 황두 2.5냥 정조 2.4냥으로 계산하였으며[68] 이를 합하면 모두 570만 냥이 필요하였다. 환총 가운데 허류를 제외한 실류實留 236만 석을 3년에 걸쳐 상정가로 작전作錢하였으며 이미 내렸던 내탕전 5만 냥(일 / 철종13.7.5)도 항류미를 마련하는데 이용하고자 하였음을 알 수 있다. 사실 항류곡을 150만 석으로 잡은 것도 위에서 보듯이 환곡이 본래 다른 세미보다 질이 낮았고 상정가를 3냥으로 할 수밖에 없는데

---

67 趙斗淳, 『三政錄』 「社倉節目」.
68 『임술록』 「이정록등록」 三政釐正節目, 338쪽. '作穀之規今年爲始 令各其邑分排貿取 而劬擇 精實 無或如前者還穀之麤劣'.

비해 항류곡은 시가에 가깝게 해야 했기 때문에 더 많이 설치하기 어려웠을 것이다. 경기, 충청, 평안도 등 허류가 심한 지역은 실류만으로는 항류미를 설치하기 어려웠지만 다른 지역은 차액이 남았다. 전국의 실류實留와 내하전 內下錢을 합하면 모두 683만여 냥으로서 항류곡 비용 570만 냥을 제하고도 114만여 냥이 남았다. 이처럼 전국적으로 한꺼번에 설치하고자 했으므로 실류가 부족한 지역까지도 설치가 가능할 수 있었다. 그 밖에 평안도의 전세 및 대동수미 가운데 관향지방조管餉支放條 1만 5천 석을 제외한 나머지라든가 각도, 각 읍의 자비곡과 월과곡月課穀은 항류곡에 덧붙였으며, 각도의 병·수 영과 성향곡 그리고 경상도의 표왜량漂倭粮 등도 항류곡에서 배정하였다.

항류곡의 운영방안은 다음과 같았다. 먼저 옮기기에 편리한 곳에 항류창을 두었다. 그리고 관리는 읍 단위로 좌수, 이방, 호장을 감색으로 정하였다. 그리고 곡식을 2년마다 개색하였는데 그 방법은 환곡의 분급 운영과는 달리 경기, 삼남은 저치미와, 강원도와 황해도는 상정미와 상환하였고 나머지는 매년 봄에 시가로 발매하고 가을에 액수에 맞춰 사들이는 방법을 사용하였 다. 이처럼 이제 진휼의 기능은 사라지고 예비곡으로서 저치하였으므로 사창 과도 차이가 있다고 하겠다.

항류곡은 환총의 29.0%, 실류의 63.6%정도로서 본래의 환곡제에 비하면 상당히 줄어들었으며 이전의 환곡과는 다른 성격이었다. 그러나 당시 실류조 차 실제로 창고에 남아있었던 것이 아니었으므로 항류곡을 마련하는 부담이 적지 않았다. 또한 항류곡은 예비곡의 기능을 가지고 있으나 분급 운영을 하지 않아 구휼의 역할을 하지는 못하였다. 아직 환곡에 의존하는 소농민의 경우에는 타격이 되었다.

이로써 '파환', '귀결', 그리고 항류곡제도가 만들어졌다. 그러나 애초에 계획하였던 어염선세가 급대로 사용되지 못하였고, 궁방전 등에 대해 결렴을 부과하지 못하였다. 이 때문에 환곡 모조 대신 이용될 재용財用이 토지를 대상으로 부담지워질 수밖에 없었다. 또한 기존의 부세 수취 구조의 전면적인 개혁이 뒤따르지 않았기 때문에 상납세액에 따른 부가세가 없어지기 어려웠다. 결국 정원용이 지적하였듯이 토지에 대한 별도의 부담으로 인식될 수밖에 없었다. 따라서 현실적으로 시행되기에는 어려움이 많았다.

5. 삼정이정청의 해산과 이정책의 변화

이정청절목은 반포되었지만 이것으로 모든 일이 끝난 것은 아니었다. 파환 귀결에 대한 농민들의 불만도 적지 않았다. 파환귀결은 농민들의 부담을 줄이려는 의도도 들어있지만 국곡國穀에 대한 마련책도 들어 있다. 또한 실류라고 파악한 것 가운데 실제로는 허류가 상당수 포함되어 있어 농민들에게 부담이 되었다. 또한 당시 지방 행정체제로서는 이 같은 '대변통'을 일시에 원활하게 운영하기란 쉽지 않았다.[69] 불만은 여러 곳에서 나타났는데 특히 경기(4도 포함), 충청 등이 중심이 되었다. 경기도 광주와 같이 수어청이 있어서 군민들이 환곡으로 생계를 유지하는데 이제 환곡이 없어지고 돈으로 지급되면서 시가에 미치지 못하기 때문에 불만이 많았다.

이러한 불만은 항쟁으로 폭발하기도 하였다. 충청도 청안에서는 파환귀결이 결정되고 나서 가장 먼저 10월 2일 항쟁이 일어났다. 모조를 토지에 부과한데다가 다시 군전보폐전軍錢補弊錢을 결가에 첨부해서 거두기로 하여 결가가 늘어난데 대한 불만이 컸기 때문이었다.[70] 결정적 타격은 광주부의 시위였던 듯하다. 10월 8일 광주판관 정기명鄭基命의 보고에 따르면 탕환귀결로 인해 환곡의 분급이 혁파되어 군민軍民들이 호소하여 호조상납 노비공 급대전 6천 냥과 호조 구획성향곡 2천 석을 환침還寢하도록 하였다(일 / 철종

---

69 여기에 관해서는 송찬섭, 2002, 앞의 책, 186~188쪽 참조.
70 『일성록』 철종 13년 12월 8일, 64책 530쪽.

14.10.8) 그러다가 10월 23일 시위사건이 일어났는데 통영 군교와 광주민 수만 명이 미가를 매석 5냥으로 집전하여 항류미를 만들게 한 것이 과하다고 광주부에 소를 올렸으나 허락되지 않자 6~7만 명이 도성에 들어가 조두순 과 정원용의 집 앞에서 5~6일간 시위를 벌였다.[71] 이들은 결국 환곡을 옛날 법규로 되돌리고 결전結錢 부과를 정지한다는 명령이 내린 뒤 되돌아갔다. 광주는 당시 정치, 군사, 경제적으로 매우 중요한 지역이었다. 당시 헌종의 장인인 영돈녕부사 홍재룡이 광주유수를 맡고 있었다. 도성에까지 몰려든 광주민의 시위가 파환귀결이 무너지는데 결정적인 역할을 한 것이다. 또한 각 지역의 반응도 문제가 되었다. 정원용은 파환귀결을 여러 도에서 불편하 게 여시고 심지어 민소까지 있었다는 점을 강조하였다.[72] 김좌근도 각도의 방백과 수령들과 읍재들에게 물어보기를 요청하였는데[73] 지역의 여론에 대 해 촉각을 세우고 있었던 것이다. 따라서 김좌근은 파환귀결에 일단 찬성하 였지만 나중에 다시 뒤집었다고 생각된다.

한편 파환귀결에 대한 반발이 중앙과 지방에서 계속 제기되었으므로 군현 에서도 이를 관망하고 공납을 제대로 납부하지 않았다.[74] 이와 같이 지방관 청에서는 시행상의 문제점 때문에, 농민들은 결전의 부담 때문에 불편하다는 여론과 민소가 많이 일어났던 것이다.

이처럼 파환귀결에 대한 반대가 일어나는 가운데 파환귀결을 주도하였던

---

71 『龍湖閒錄』14책 「京書所錄諸條」(국사편찬위원회 간행, 한국사료총서 25);『승정원일기』 철종 13년 11월 3일. 그런데 姜瑋에 의하면 통영 군교와 광주민이 '蕩還歸結'에 불만을 품 고 비변사에 소를 올리고 시위를 벌였다고도 한다(姜瑋,『古歡堂收草』「擬三政捄弊策」). 조 두순과 정원용의 집앞에서 시위를 벌였다는 사실이 중요하다. 서울근교이기 때문에 이 두 사람이 정책의 중요입안자임라는 정보를 가지고 있었던 것이다. 정원용에 따르면 광주민 1만여 명이 연명상소를 하였다고 한다(『경산일록』 5권 1862년 10월 29일, 312쪽).
72 『경산일록』 1862년 10월 29일.
73 『경산일록』 1862년 윤8월 11일(5권 313쪽).
74 『승정원일기』 철종 13년 10월 28일, '(鄭元容)又奏日 三政釐整節目頒下之後 或言便或言不 便 自前新令之初 例皆如此矣 聞外邑多觀望不卽擧行 非但公納愆滯之可悶 事體極爲未安矣'.

좌의정 조두순이 계속 사직소를 내었으며 왕은 한 차례 반대를 표했지만(17일자) 결국 이를 수용하였다.[75] 사직의 이유는 건강이었지만 실상은 파환귀결 이후 진행되었던 상황과 관련이 있을 것이다. 대신 파환귀결을 처음부터 반대하였던 정원용에게 영의정을 제수하였다(일 / 철종13.10.19). 왕은 가주서 오인태, 우부승지 박도빈, 공조판서 서형순을 시흥 아왕리(현재 광명시 학온 2통) 거처로까지 보내어 전유하였지만[76] 정원용은 계속 거부하였다(19, 21, 24일자). 결국 왕이 형조판서 신석희를 보내어 직접 영접하러 가겠다고 하자 정원용은 결국 수용하였다.[77]

왕이 이처럼 정원용에게 매달리는 것은 삼정이정책의 실시가 여의치 않으면서 이를 수습하기 위한 방편으로 보인다. 결국 정원용은 재상직을 수락하고 처음으로 왕을 차대次對한 자리에서 왕이 일강日講을 정지하고 정치를 태만히 하여 재이가 거듭 일어나고 나라가 위태로워 근래 소요가 일어난다고 비판을 하였으며, 삼정 이정절목 반하한 뒤 편, 불편의 말이 있으며 외읍에서는 관망하고 즉시 거행하지 않아서 공납이 건체한다고 평가하였고, 왕은 새로 반포한 절목이 군급窘急의 염려가 있다고 하면서 대신들의 견해를 물었다.[78] 여기에 대해 호조판서 김학성 등은 아뢸 일이 없다고 하였고[79] 홍문관

75 『일성록』 철종 13년 10월 17일, 19일. 실록에는 받아들인 것으로 나옴.
76 『일성록』 철종 13년 10월 19일, 21일, 22일. 姜瑋에 의하면 광주 사건 때문에 이전 삼정대책에 문제가 있다고 보고 다시금 대신들로 하여금 논의하도록 하고 鄭元容을 기용하였다고 한다(「擬三政捄弊策」).
77 『일성록』 철종 13년 10월 25일. 정원용은 궁궐로 들어와 왕을 만난 다음 날에도 한 차례 사직소를 올렸다(『일성록』 철종 13년 10월 26일).
78 『일성록』 철종 13년 10월 28일. '日講'은 11월 8일부터 재개되었는데 이때 경연 영사로서 참석한 정원용은 "人主는 천명이 있다는 것을 어떻게 아느냐"는 물음으로 왕에게서 민심의 향배를 보고 안다는 답을 이끌어낸 뒤 "근일 민정의 소요는 모두 전하가 勤學 勤政하지 않은 때문이다. 일강을 임자(1852)에 시작해서 갑인(1854) 여름에 5경을 마치고 詩經을 하다가 정지하여 아직 필독하지 못했다."고 다그쳤다(『일성록』 철종 13년 11월 8일). 이날부터 『실록』에 일강에 대한 기사를 반드시 기재하였다.
79 김학성은 앞서 이정절목 결정 과정에서도 적극적인 의사를 표명하지 않았다(『일성록』 철

의 의견을 묻자 교리 정현덕이 교구의 근본은 성학聖學에 있다는 원론적인 이야기를 하였으며 그 밖에 양사兩司는 아무도 진참하지 않았다(승/철종 13.10.28). 결국 정원용의 의견에 대한 반대의 입장은 없었다. 그 다음 날 비변사에서는 어제 경연에서 새로 반포한 절목이 군급하다는 염려에 따라 강구하라는 교지가 있었고 대신들과 상의한 결과 모두 구규를 복행하는 것이 편하다고 하여 환정還政, 결정結政을 구규舊規에 따라 거행하고 대신 탕포蕩逋와 구폐捄弊를 아뢰겠다고 하였다(일/철종13.10.29). 이날 영의정 정원용의 계품에 따라 논의가 되었듯이 그 뒤 삼정 문제는 그의 견해대로 이정과 견감의 방향으로 이루어졌다.[80] 그 골격은 11월 15일 정원용의 계에 나타난다. 이에 따르면 경기, 황해, 강원, 함경도와 수원, 광주, 개성, 강화 등 4도都는 폐단이 심하지 않으므로 감사의 보고에 따라 폐단이 심한 것만 제거하고, 평안도는 최근에 폐단이 심하므로 직접 조사를 거친 다음 천천히 강구하며, 삼남은 환정과 결정結政 모두 폐단이 심한데 결정結政은 근래 고을에서 과외科外로 함부로 받아들인 것은 모두 조사하여 감면하고 환정還政은 그간 정책으로 제시된 것 가운데 약간 손질하여 행하도록 하였다.[81] 그리고 구체적인 대책으로는 12월 11일 '삼남환정구폐절목'이 만들어졌다.[82] 이 내용은 앞서 제시하였던 절목을 이후 지역상황을 참고하고, 한편으로는 급대의 방법을 더 보완하였으며, 무엇보다 한 해를 늦춰 다음 해 시행하도록 하였다. 상당한 탕감과 급대책이 담겨 있어서 '경장更張'이라고 일컬어졌지만 그 성과는 잘 알 수 없다.[83]

종 13년 윤8월 11일).
80 『경산록』 권3 묘지, 한국문집총간 300, 506쪽. 『경산일록』1862년 10월 29일.
81 『일성록』 철종 13년 11월 15일.
82 『비변사등록』 철종 13년 12월 11일. 그리고 다음해 3월 강원도의 환곡 이정을 하였다(『비변사등록』 철종 14년 3월 1일).
83 '임술경장'이후 구폐가 남아있고 유명무실했다는 주장도 있지만(『일성록』 고종 15년 7월 19일) 정책의 내용과 시행은 구분할 필요가 있다.

이상 파환귀결에 대한 반대의 이유를 정리하면 다음과 같다. 첫째, 결전의 경우 결가 전체 책정에 대한 대책이 없이 별도의 결전結錢을 부과하는 것에 대한 반대였다. 이는 결국 토지에 대하여 별도의 부세의 첨가하는 것이라고 보았다. 둘째, 환곡을 혁파한 뒤 항류곡恒留穀을 설치함에 있어 당시 환곡의 실제 유고의 액수와 곡식을 질을 고려할 때 실류實留라고 파악된 액수에 대하여 모두 일시에 작전 상납하는 것은 부담이 매우 컸다. 따라서 당시 환곡을 이정할 필요가 있음에도 불구하고 삼정이정책의 내용이 이를 담고 있지 못하였던 것이다.

박규수는 삼정이정이 급급하게 밀어붙이는 점에 대해 자신의 본래 의도와 어긋난다고 보았다.[84] 박규수의 친우로서 그의 입장을 잘 대변하고 있는 윤종의의 삼정책을 보면 영조 때 균역법 실시를 선례로 들어 향후 3년의 준비 기간이 필요하다고 하였다.[85] 균역법과 함께 조선시대 최고의 개혁안인 대동법의 경우는 백여 년 간의 기한이 걸렸다는 점에서 그의 주장은 주목할 필요가 있다. 그런 점에서 준비가 부족한 가운데 너무 성급하게 추진했던 점이 실패의 가장 큰 원인으로 꼽을 수 있다.

6. 맺음말

이상 삼정이정청의 설립과 활동 전반에 대해 살펴보았다. 이정청의 활동은 『이정청등록』에 기록되어 있는데, 대략 이정청에서 결정된 내용은 담겨 있지만 내부에서 논란이 되었던 문제는 상당히 제외되어 있다. 따라서 여기에 관해서는 『일성록』 등 다른 자료에 의해 보완할 수 있었다.

---

84 김명호, 2008, 앞의 책, 544쪽.
85 윤종의 「삼정구폐책」『임술록』, 406~407쪽.

삼정이정청은 5월 25일 만들어져서 윤8월 19일까지 110일 정도 존속하였다. 짧은 기간이었지만 이를 통해 농민항쟁 이후 중앙권력층의 대책의 흐름을 살펴볼 수 있었다.

철종이 왕위에 오르고 그것도 순조의 뒤를 이은 것으로 오르면서 김조순 가문이 권력을 거의 전적으로 장악하였다. 더구나 철종 2년 김조순의 7촌 조카인 김문근의 딸이 왕비로 책봉이 되면서 더욱 심화되었다. 김조순의 아들 김좌근은 철종 3년 4월 우의정, 4년 2월에 영의정에 오른 뒤 국정을 전담하였다고 보인다. 가령 철종 말년까지 김좌근과 안동 김씨의 절친한 협력자인 정원용을 제하고는 한 사람도 영의정에 오르지 못할 정도였다.

철종은 재위 10년경부터 비교적 적극적인 정치행위를 하려고 하였으나 별 영향을 미치지 못하다가 1862년 농민항쟁이 발발하자 다시 적극적으로 나섰고 이때 좌의정이었던 조두순도 심각한 현실문제에 대한 이정에 앞장섰다. 이정의 임무를 맡은 삼정이정청은 시원임 대신들과 1의 전임당상들을 중심으로 구성되었으나 실제 인적구성은 안동 김씨 세력들이 중심이었다. 조두순은 손상익하損上益下와 이혁을 적극 내세우며 삼정이정책의 작성으로 나아갔으며 안동 김씨 세력들은 이를 수용하는 자세를 취하였다. 안동 김씨 세력과 가까우면서도 현실론을 내세운 정원용은 반대의 목소리를 냈지만 당시 긴급한 상황에서는 삼정이정책이 통과되었다. 그러나 지역에서는 이정책에 대한 이해가 제대로 되지 않았으며 원칙대로 실행할 힘이 없었다. 여러 지역에서 파환귀결에 대한 문제점과 저항이 터져 나오고 이정책은 흔들렸다. 결국 조두순도 좌의정에서 물러나고 정원용이 영의정으로 복귀하고는 정책을 다시 검토하였다. 왕도 정원용의 의견을 수용하고 환곡의 탕감과 구폐책으로 방향을 전환하였다.

조두순과 정원용이 삼정문제를 둘러싸고 이견이 가장 첨예하였으며 대립이 심하였다. 파환귀결을 중심으로 한 당시 이정방향은 당시 시행이 가능했을까? 이정의 필요성이 있고, 대동법, 균역법을 잇는 부세개혁안으로서 당위

성도 있었다. 다음으로 이정책의 내용은 따져보면 그 이전에도 탕감과 한년
배봉限年排捧, 와환臥還, 사창제 등 부분적으로 시행되었던 것들이었다. 그러나
지역에 따라 부분적으로 시행되던 제도를 한꺼번에 시행하기에는 준비과정
이 미비했던 것으로 보인다. 게다가 그 과정에서 세금 부담이 컸다. 결렴에
있어서 전국 전결 가운데 정전, 속전뿐 아니라 면세복호, 각종 잡위전까지도
포함되었다.

　이 때문에 철종을 이어 성립한 대원군정권 때도 이 내용을 일시에 시행하
지 못하였다. 지역마다 차이성과 급대의 마련이 중요한 원인이었다. 정원용
이나 김좌근이 누차 이야기한대로 환곡의 경우 지역마다 사정이 다르다는
인식은 중요하다고 하겠다. 본래 박규수도 한 지역에서 시행하고 확대해
나가자는 안을 제시하였다. 결국 일시에 전국적으로 시행하는 것은 어려웠을
것이다. 실제 대원군 초기에 조두순이 영의정, 김병학이 우의정을 맡았으면
서 사창제와 함께 충청도, 평안도 등 한 지역씩 파환귀결이 시행되어 나갔다.
결국 1894년이 되어서야 결호전제도結戶錢制度, 사환제社還制가 전국적으로 시
행되었다. 이와 같은 진행양상을 볼때 1862년 이정책은 그 당시 문제점과
해결책을 잘 짚었지만 당시 체제로서는 원활하게 시행되기란 매우 어려운
실정이었다고 평가된다.

철종대 정국과
권력집중 양상

임술민란 배경과 관련하여

임혜련(林惠蓮)*

1. 머리말

19세기 정치사는 이제까지 세도정치勢道政治로 그 성격이 규정되어 왔다. 세도정치는 안동安東 금문金門과 풍양豊壤 조문趙門 두 외척들이 정치권력을 장악하였고, 조선후기의 수많은 사회경제적 문제의 해결을 뒤로 한 채 지배층의 권력 쟁탈로 점철된 시기였다고 부정적으로 인식되어 왔다. 19세기는 공통적으로 나이가 어린 국왕이 즉위하거나(순조, 헌종) 왕위계승이 어려워 계승권 이외에서 급작스럽게 국왕이 즉위하였다.(철종, 고종) 이에 따라 대왕대비의 수렴청정垂簾聽政이 공통적으로 시행되었다.[1] 그러므로 대왕대비가 정권을 잡고 그에 따른 외척세력들이 전횡을 하였다는 것이 일반적인 시각이다. 특히 철종은 강화도에서 일반인처럼 지내다가 왕이 될 준비가 되지 못한 상황에서 안동安東 금문金門에 의해 왕위에 올라 그들의 허수아비였으며, 이

---

* 충남대학교 국사학과 강사
1 임혜련, 2008, 「19세기 垂簾聽政 硏究」, 숙명여자대학교 박사학위논문.

시기는 세도정치의 폐해가 절정에 이르렀고, 봉건사회의 모순에 대항한 민의 저항으로 1862년 임술민란이 일어났다는 것이 철종대에 대한 인식이었다.

이제까지 철종대 정치사는 『조선정치사』에서 언급된 바 있다. 이 책은 19세기 정치사를 종합적으로 연구하여 정국동향·정치구조·정국운영론 등 다양한 측면에서 접근하였다. 19세기의 세도정치를 외척 가문의 인물들이 비변사備邊司 장악과 본관록本館錄 시행 등을 통해 정치에 대거 참여함에 따라 권력을 장악하게 되었다고 제도적인 측면에서 고찰하였다. 그리고 19세기 정치의 흐름을 각 왕대별로 각 외척집단간의 이해관계를 중심에 두고 서술하였다.[2] 이 외에도 철종과 고종의 왕위계승의 문제와 정통성을 다룬 연구,[3] 왕실의 종실들과 관련된 역모사건을 『추안급국안』『포도청일기』 등 자료를 발굴하여 역사적 의미를 밝힌 연구가 있다.[4] 또한 19세기 정치를 외척세력에 대한 반외척세력의 구도로 파악하여 주로 효명세자 대리청정기의 정치와 활동 관료들에 초점을 맞추었던 연구도 있다.[5] 그러나 조선시대 연구에서 19세기 연구가 미진한 가운데 철종대 연구, 특히 지배층에 대한 연구는 매우 소략하게 이루어져왔다. 여기에 철종대 연구가 집권 말기에 발생하였던 임술민란에 집중되었던 만큼 지배층은 민란을 발생하게 한 원인으로 막연하게 부정적인 인식만 형성되어 왔다. 위의 연구 성과들에서도 철종대는 주된 분석 대상에서 제외되어 개설적으로 설명되거나, 안동 김문의 권력 집중을 비판하면서도 실상 그들의 정국에서 활동과 집권상을 구체적으로 규명한 연구는 전무한 실정이다. 그 이유는 사료의 한계, 세도정치의 폐해, 임술민란의 발생처럼 철종대를 부정적으로 평가할 수밖에 없는 요소들이

---

2 한국역사연구회, 1990, 『조선정치사』 상·하, 청년사.
3 洪順敏, 1992, 「19세기 왕위의 승계과정과 정통성」, 『국사관논총』 40.
4 김우철, 2010, 「憲宗 10년 懷平君 李元慶 謀反 사건과 그 의미」, 『역사와담론』 55; 김우철, 2010, 「철종 2년 李明燮 모반 사건의 성격」, 『한국사학보』 40.
5 김명숙, 2004, 『19세기 정치론 연구』, 한양대출판부.

있었기 때문이라 생각한다.

본고는 1862년 농민항쟁이 발생하고 그에 대한 대책을 모색하던 배경을 철종대 정국과 권력 집중 양상을 통해 이해하려고 한다. 이를 위해 철종 년간을 크게 세 시기로 구분하여 정국의 주안점과 정치권력의 향배를 추적하고자 한다. 시기 구분의 기준은 철종의 즉위와 당시 주도 정치세력 형성의 가장 중요한 요소였던 순원왕후純元王后의 행보를 기점으로 하였다. 1기는 철종 2년까지(1849~1851) 순원왕후가 수렴청정을 하였던 시기이다. 철종을 즉위시킨 순원왕후가 자신의 결정을 합리화하기 위해 철종의 정통성을 확보해주면서, 한편으로 안동 김문의 세도를 유지하기 위한 준비의 기간이었다. 2기는 철종 3년부터 철종 8년까지(1851~1857) 철종이 친정親政을 하였던 시기이며 철종 8년 순원왕후가 승하할 때까지이다. 이 시기 철종은 스스로 즉위를 합리화하고, 국왕으로서 권위를 확보하기 위해 노력하였으며, 안동 김문 중심의 관인층은 집권을 공고화하려 했던 기간이었다. 3기는 철종 9년부터 14년까지의 기간이다.(1858~1863) 이 시기 철종은 순원왕후와 그 선대를 추모하며, 한편으로 자신의 정통성과 왕권 강화를 시도하였다. 안동 김문은 가문의 위상이 강화된 가운데 철종의 인척, 종친들을 제거하며 지배 체제를 유지하려 하였다. 이러한 시기에 1862년 임술민란이 발생하였고, 삼정의 폐단을 해결하기 위한 논의가 이루어졌으나 성과를 거두지 못하였다.

본고는 이상의 시기구분을 바탕으로 철종과 집권 관인층이 주안점으로 삼았던 사안과 그 과정에서 안동 김문으로 권력이 집중되는 양상을 검토하려 한다. 이를 위해 2장은 철종의 입장에서 왕으로서 위상을 확보하기 위한 과정을 철종 즉위의 특수성과 이를 해결하기 위한 정통성 강화 작업을 중심으로 살펴보려 한다. 3장에서는 관인층, 특히 안동 김문의 입장에서 권력을 집중화해 가는 과정을 관료제도의 점유와 사건·사안을 처리하는 속에서 살펴보고, 여기에 대한 철종의 대응을 이해하려 한다. 철종 집권 후반에 발생한 임술민란은 조선사회의 총체적인 사회·경제 문제가 폭발한 것이지만,

이러한 민의 동요에도 개혁이 이루어지지 못했던 데에는 철종과 집권 관인층이 민의 문제보다 정통성 확보와 권력 집중을 우선시했기 때문이라 생각한다.

2. 철종 즉위와 정통성 확보 노력

1) 철종 즉위의 문제점

헌종이 후사를 두지 못한 가운데 재위 15년 만에 승하하자(1849년) 대왕대비 순원왕후는 철종哲宗을 즉위시키고 수렴청정을 하였다. 철종은 사도세자思悼世子의 증손으로 그의 즉위는 당시 왕실에서 왕위계승의 어려움을 단적으로 보여준다. 철종은 사도세자와 양제良娣 임씨林氏 사이에서 태어난 은언군恩彦君 裀祠의 손자이다. 은언군과 전산 이씨 사이의 아들이 철종의 아버지 이광李瓛이며, 그는 부인 최씨와의 사이에서 회평군懷平君 명明·영평군永平君 욱昱을, 염씨廉氏와 사이에서 철종을 낳았다.[6] 순원왕후는 영조英祖의 유일한 혈맥이라며 철종을 후사로 결정하여 자신과 순조의 아들로 삼아 순조의 뒤를 이어 왕위를 계승하도록 하였다.[7] 철종은 왕자로서 군호는 물론 19세였음에도 관례冠禮도 치르지 않았기에 덕완군德完君의 군호를 받고 관례를 치른 후 즉위할 수 있었다.[8] 철종의 즉위는 크게 두 가지 문제점을 가지고 있었다. 하나는

---

6 원래 이광에게 부인은 세명이 있었는데, 영평군의 어머니 이씨는 너무 미천하여 영평군은 가계상으로는 최씨의 소생으로 기록되어 있다.
7 『哲宗實錄』에는 철종이 헌종의 대통을 이었으며, 考는 순조, 母妃는 순원왕후 김씨라 하였다. 『璿源系譜記略』 「璿源世系」에도 철종은 순조를 이었기 때문에 순조의 후사는 익종과 철종으로 기재되어 있다.
8 『日省錄』 憲宗 15年 6月 9日 乙亥.

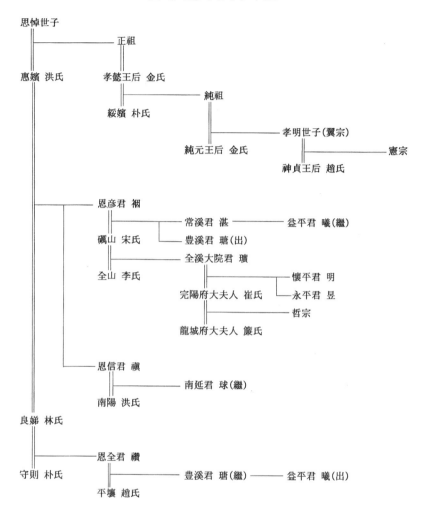

철종의 선대가 죄인으로 처벌을 받은 것이며, 다른 하나는 철종은 숙부이면서 조카 헌종을 뒤이어 즉위했다는 것이다.

첫째, 철종의 선대는 영조~헌종대에 이르기까지 죄인으로 처벌을 받았다.

철종의 조부祖父 은언군과 그 동생 은신군恩信君은 영조 47년 왕자로서 방자한 행동을 한다 하여 제주도에 유배되었다가 이곳에서 은신군은 사망하였고, 은언군은 석방된바 있다.[10] 은언군의 배다른 동생 은전군恩全君은 정조 즉위년 홍상범의 역모에 연루되어 죽음을 당하였으며, 은언군의 아들 상계군常溪君은 정조대 홍국영이 누이 원빈 홍씨의 양자로 들여 왕으로 추대하려고 한다는 사건에 연루되어 죽음을 당하였다. 이때 은언군은 강화도로 귀양을 가게 되었고, 순조 원년 신유사옥辛酉邪獄에서 부인 송씨와 상계군의 처 신씨가 주 문모周文謨 신부에게 세례를 받은 천주교도라는 것이 드러나자 함께 사사賜死 당하였다.[11]

은언군의 아들인 풍계군과 전계군은 순조 12년 이진채·박종일 역모사건 에서 추대의 대상이 되어 궁지에 몰렸으나 순조의 비호로 죽음을 면하였다. 순조 22년 이들에게 가시울타리를 철거하고 혼수를 내려주어 혼인을 할 수 있도록 하여 후사를 얻을 수 있었다.[12] 그러나 전계군의 장남 회평군懷平君은 헌종 10년 그를 추대하려는 모반사건에 연루되어 사사당하였고, 이때 철종 을 비롯한 가족들은 강화도 교동으로 옮겨졌다.[13] 이렇듯 철종의 선대는 영 조말 부터 이들을 추대하려는 사건에 그 대상자로 지목되는 등 여러 사건에 연루되어 처벌을 받았다. 이는 철종의 즉위 명분과 정통성에 문제가 되었던 것이다.

둘째, 철종은 헌종의 대통을 이어 즉위하였으나 항렬로는 헌종의 숙부였다 는 것이다. 헌종은 8세에 즉위하여 재위 15년동안 후사를 두지 못하였으며,

---

9 洪順敏, 1992, 「19세기 왕위의 승계과정과 정통성」, 『국사관논총』 40, 부표 참고.
10 崔鳳永, 1992, 「壬午禍變과 英祖末·正祖初의 政治勢力」, 『조선후기 당쟁의 종합적 검토』, 한국정신문화연구원, 276쪽.
11 『純祖實錄』 卷1, 純祖 元年 5月 29日 甲辰.
12 洪順敏, 1992, 앞의 논문, 31쪽.
13 김우철, 2010, 「憲宗 10년 懷平君 李元慶 謀反 사건과 그 의미」, 『역사와담론』 55, 276~279 쪽.

순조의 적장손이었던 만큼 아들항렬의 인물은 물론 형제 항렬의 종실의 인물을 찾기 어려웠다.[14] 철종은 순조와 순원왕후의 양자가 되어 즉위하였다. 순원왕후가 양자를 입후한다면 그 항렬은 익종翼宗과 같은 사도세자의 증손의 항렬이 된다. 당시 대상 인물은 풍계군의 아들 익평군益平君, 전계군全溪君의 아들 영평군永平君과 철종이 있었다. 이들 중 철종이 선택된 것은 그나마 후사로 삼기에 적절했기 때문이다. 익평군의 아버지 풍계군은 신유사옥때 죽음을 당한 은언군의 부인 송씨의 아들이었다. 영평군은 전계대원군의 아들이긴 하나 그 어머니의 신분이 매우 미천하였던 것, 전계군의 장남 회평군이 사망하고 없었기 때문에 영평군은 전계군의 후사로 남아야 했던 것도 이유가 된다.

또 다른 이유로는 선왕의 유지遺旨가 없었던 상황에서 순원왕후는 철종을 아들로 입후하여 즉위시킨 후 왕의 모후母后이자 왕실의 가장 어른으로서 명분을 가지고 준비되지 않은 아들을 위해 수렴청정을 하려고 했기 때문이다. 앞서 순조와 헌종대 모두 대왕대비의 수렴청정이 시행되었으나 모두 왕이 15세가 되는 해에 친정을 위한 철렴을 단행하였다.[15] 순원왕후는 수렴청정에 대한 강한 의지를 가지고 있었는데,[16] 그러기에는 19세인 철종이 나이는 많았으나 그나마 왕으로서 수업을 받지 못했다는 명분과 더하여 수렴청정을 할 수 있는 상한선의 나이였다. 그러기에 20세가 넘어선 익평군이나

---

14 헌종의 형제 항렬로는 남연군의 손자 이재원이 있다. 그러나 남연군은 순조 15년 은신군의 후사로 입후되었던 만큼 혈연적으로 헌종과 관계를 찾기 어렵다. 반면 철종은 비록 항렬은 숙부 항렬이었으나 영조의 玄孫으로 헌종과 혈연상 관계가 그나마 다른 인물들보다 가깝다고 볼 수 있다.(임혜련, 2008, 「19세기 수렴청정 연구」, 숙명여대 박사학위논문, 189쪽.)

15 임혜련, 2009, 「19세기 垂簾聽政의 특징-제도적 측면을 중심으로」, 『조선시대사학보』48.

16 순원왕후는 헌종대에도 수렴청정을 하여 조선에서는 유일하게 두 차례 수렴청정을 하였다. 헌종대에는 헌종의 나이가 8세여서 수렴청정이 불가피한 상황임에도 거듭 거절하다 수락한데 비하면, 철종대에는 나라의 일이 중대하므로 수렴청정을 미룰 수 없다며 적극적으로 임하였다. 이는 철종이 즉위할 당시 정치적 상황이 헌종대에 비하여 순원왕후와 안동 김문에게 유리하지 만은 않았기 때문이었다.(임혜련, 2008, 앞의 논문, 192쪽)

영평군은 그 대상으로 적절하지 못하였던 것이다.

철종은 영조의 혈손이라고는 하나 순원왕후가 "만고 풍상을 겪어 거의 村童이나 다름없다"고 하였듯이[17] 강화도에서 일반 백성들과 다름없이 살아왔다. 철종은 제왕의 수업은 커녕 학문도 제대로 쌓지 못했다. 즉위직후 철종은 어려서 『통감』 2권과 『소학』은 읽었지만 근래에는 공부한 바가 없어 그나마 기억할 수 없다고 하였다. 이에 순원왕후는 "주상은 지난날 어려움도 많았고 오랫동안 시골에서 살아왔으나, 옛날의 제왕 중에도 민간에서 생장한 이가 있어 백성들의 괴로움을 빠짐없이 알아 愛民의 정사를 해왔으니 지금 주상도 백성들의 일을 익히 알고 있을 것이오"라고 하였다.[18] 철종 성장의 특수한 상황에서 부족한 공부는 대신들에게 부탁하였고, 철종의 성장과정이 백성을 사랑하는 자질을 가졌다고 애써 의미를 부여하였으나 그만큼 철종의 즉위는 다양한 문제를 가지고 있음을 보여주는 것이다.

이상에서 철종의 즉위 과정과 그 문제점을 살펴보았다. 철종은 왕위계승의 어려움 속에 순원왕후의 결정으로 즉위하였지만, 왕으로서의 자질과 수업이 이루어지지 않은 상황에서 죄인의 후손이며, 조카의 뒤를 이어 즉위했다는 문제점을 가지고 있었다. 이러한 철종 즉위의 특수성은 이후 철종대 정국에서 중요한 배경으로 작용하게 된다.

2) 정통성 확보를 위한 노력

철종 치세 전반에 걸쳐 중요한 비중을 차지했던 사안은 바로 철종의 정통

---

17 『순원왕후 어필봉서』[규 27785 : 이승희 역주, 2010, 『순원왕후 한글편지』, 푸른역사, 205~211쪽의 해독과 현대어역을 참고로 하여 인용하였다.(205~211쪽)]
18 『哲宗實錄』 卷1, 哲宗 卽位年 6月 9日 乙亥.

성 확보를 위한 조처들이었다. 철종 1기에는 철종을 즉위시킨 순원왕후가 즉위의 명분을 확보해 주려는 결정들을 하였으며, 2기에는 철종 스스로 자신 즉위를 합리화하고 왕실의 권위를 높여 그 계승자인 자신의 위상을 높여 갔다. 3기에는 철종 자신의 가족들에 대한 봉작과 함께 순조·순원왕후에 대한 존숭과 왕권의 위상을 과시하려는 행보를 이어갔다.

수렴청정기였던 철종 1기에 순원왕후는 철종의 즉위 명분 확보를 위해 철종의 선대에 대한 봉작과 제사를 시행하고, 선대의 죄명을 씻어주었다. 이는 철종을 즉위시킨 순원왕후에게도 부담이 되었던 사안인 만큼 이러한 조처를 통해 철종의 정통성을 확보해 주었던 것이다. 순원왕후는 철종을 후사로 결정하고 은언군 내외를 부작復爵하면서[19] 사친·지친들의 봉작을 서둘러 하교하였다. 철종의 부친 이광李㼅은 철종 즉위시 까지 군호도 받지 못하고 있었으므로 과거 선조宣祖가 사친을 덕흥대원군으로 봉작한 고사를 참고하여 군호를 정하고 추상追上하도록 명하였다.[20] 순원왕후의 하교 이후 신료들은 㼅이 상계군·풍계군과 같은 항렬이므로 '계溪'자를 넣어 전계군 全溪君으로 정하고 곧 그를 대원군으로 칭하였다. 또한 전계군의 부인들을 봉작하고 특히 철종의 외조부모도 증직하도록 하였다.[21] 여기에 경기감영이 전계대원군과 두 부인의 묘를 다시 만들고, 병조는 수묘군守墓軍을 정하도록 하였으며,[22] 전계대원군의 사우祠宇를 만들도록 하였고,[23] 궁방을 마련하여 결수를 획정하였다.[24]

이어서 순원왕후는 철종의 선대先代와 지친至親들의 봉작을 추진하였다. 은

---

19 『憲宗實錄』 卷16, 憲宗 15年 6月 8日 甲戌.
20 『(純元王后) 綸綍』 卷7, 哲宗 卽位年 6月 14日.(奎12857)
21 『日省錄』 哲宗 元年 4月 19日 辛巳.
22 『日省錄』 哲宗 卽位年 6月 24日 庚寅.
23 『日省錄』 哲宗 卽位年 9月 22日 丙申.
24 『日省錄』 哲宗 卽位年 7月 4日 己亥.

언군의 아들 상계군, 풍계군을 봉작하였고, 영평군·익평군도 봉작하였으며, 철종의 작은 형인 영평군의 부인에게도 작호를 내렸다.[25] 철종 2년에는 후사가 없었던 은전군에게 풍계군을 입후하도록 하였다.[26] 이러한 순원왕후의 조처는 종친이라고 하기 부끄러울 정도였던 철종의 사친을 대원군으로 추숭하고, 그 선대 및 형제들을 봉작하여 왕실의 종실로서 면모를 갖추도록 하기 위한 것이다. 이를 통해 왕실의 종실중에서 후사를 결정하였다는 명분을 갖출 수 있었다.

다음으로 순원왕후는 철종의 정통성을 약화시키는 중요한 문제였던 선대가 죄인으로 처벌되었던 사안을 은언군 일가에 대한 변무辨誣로 해결하였다. 순원왕후는 은언군의 신유년 일을 비롯하여 은언군 집안에 관계된 문적文籍을 모조리 세초하라고 명하였으며,[27] 철종의 큰형 회평군이 사사당하였던 헌종 10년의 옥사를 보고하게 한 후 이에 대한 신설伸雪을 명하였다.[28] 이는 현 왕의 친가를 죄인으로 방치할 수 없다는 것이었으며, 이러한 인물을 왕으로 지명한 순원왕후의 부담을 덜고,[29] 왕위계승 결정을 합리화하기 위한 조처였다. 철종 1기의 이러한 조처들을 통해 철종은 그나마 영조의 혈손으로 왕위를 계승했다는 명분을 가질 수 있었다.

철종이 친정을 하게 된 철종 2기에는 철종 스스로 자신의 즉위를 합리화하고 왕실에서의 권위를 확보하기 위해 선대왕과 왕비들에 대한 위상을 높여갔다. 이는 순조와 순원왕후를 존숭하여 자신의 왕통을 확인하였고, 대통을 계승한 의미를 강조하기 위해 선대왕에 대한 존숭이 이루어졌다. 여기에

---

25 『哲宗實錄』卷1, 哲宗 卽位年 6月 23日 己丑.
26 『哲宗實錄』卷3, 哲宗 2年 7月 12日 丙申.
27 『哲宗實錄』卷1, 哲宗 卽位年 9月 12日 丙午.
28 『日省錄』哲宗 元年 5月 18日 乙酉.
29 순원왕후는 김흥근에게 "상감이 죄를 지은 집안의 자손으로 지내서 보고 들은 것이 없으니 책망할 길도 없고 속만 갖가지 생각이 끓으니 내 근련은 공연히 탈진하여 견딜 길이 없다."며 심리적 부담을 전하였다.(이승희 역주, 2010, 앞의 책, 127쪽)

이들의 가문과 지친들에 대한 존숭과 포장도 함께 이루어졌다.

철종은 자신을 왕으로 만들어 준 순원왕후와 안동 김문에게 보은의 마음을 가지고 있었고, 이는 "자성에 대한 誠孝가 융숭했다."는 평가에서도 나타나듯 효를 중요시 하였다.[30] 철종은 순조와 순원왕후의 아들로 입후되었던 만큼 두 분에 대한 존숭과 함께 대통을 계승한 헌종과 익종, 사도세자와 영조에 대한 존숭을 효를 바탕으로 시행하였다. 친정을 시작한 철종은 그간 순원왕후의 수렴청정에 대한 보은으로 존호를 가상加上하였다. 이어 "純考와 太母의 공덕 찬양은 情禮를 펴려는 뜻에서 말미암은 것이다."라고 하며 순조에게 존호를 추상하고, 순원왕후에게도 역시 존호를 가상하였다.[31] 존호가상의 논리는 부모에 대한 정이었던 것이다. 순조는 선대왕들에게 자신을 항상 小子라고 칭하며 자식으로서의 도리를 강조하였다. 철종은 4년 부덕한 자신이 왕업을 이어받았다며 대통을 계승한 것을 상기시키며 익종과 헌종의 존호를 追上하도록 하였다.[32]

철종은 사도세자가 태어난지 120년이 되는 철종 6년을 앞두고 사도세자와 자신의 정리情理를 추모하고 싶다며 사도세자의 대리청정을 높이 평가하면서 그에 대해 존호를 추상하고 직접 경모궁에 책인冊印을 올리고 작헌례를 시행하였다.[33] 여기에 철종은 인릉·수릉·휘경원을 천봉遷封하겠다고 하고, 특히 인릉 천봉시에 직접 참여하여 현궁을 내리는 것을 보겠다고 하였다. 철종이 순조·익종·수빈 박씨의 릉을 천봉한 것은 풍수상 더욱 좋은 곳으로 옮긴 것이라고 하나 이들의 후손이 되어 왕위를 계승한 것을 강조하고 이를 통해 정통성을 강화하려는 조처였다. 인릉 천봉에 직접 참여하는 것은 옥

---

30 『哲宗實錄』 卷15, ‘哲宗 行錄’.
31 『哲宗實錄』 卷4, 哲宗 3年 11月 12日 戊午.
32 『哲宗實錄』 卷5, 哲宗 4年 8月 9일 辛巳.
33 『哲宗實錄』 卷7, 哲宗 6年 1월 21일 乙酉.

당·시원임대신의 만류로 환수하기는 하였지만,[34] 철종은 다소 과도한 행보를 보이며 선대왕들에 대한 효를 보이려고 하였다. 또한 철종은 영조의 유일한 혈육이라는 명분으로 즉위한 만큼 영조의 행보를 뒤따르려 하였다. 철종은 영조가 어머니로서 존숭하였던 인원왕후가 69세되었던 경사가 있었던 것처럼 순원왕후가 이듬해 70세가 되므로 이를 함께 기념하고자 진찬進饌을 개최하도록 하였다.[35] 이토록 철종은 선대왕과 왕비들에 대한 존숭을 통해 자신이 영조의 혈통을 계승하였고, 대통을 이었다는 정통성을 강화하며 왕으로서의 입지를 다지려고 하였다. 그리고 그러한 조처에는 모비母妃 순원왕후에 대한 효를 바탕으로 하였다.

철종 8년 8월 순원왕후가 승하하자 철종의 존숭과 효의 표현은 절정에 달하였다. 순원왕후가 승하한 후 정원용鄭元容은 순조의 묘호를 '조祖'로 높이고 존호를 가상하자고 하였다. 그때 이미 순원왕후의 시호가 결정되어 있었던 상황에서 순조가 '조'로 높아지게 되자 순원왕후의 빈전殯殿에 존호를 추상하게 되었다. 국상 중 빈전에 존호를 추상하는 것은 이제까지 한 번도 없었던 전례였다.[36] 철종은 이것이 효자의 마음을 펴는 일이라고 하며 빈전의 명정을 개명하도록 하였다. 순조는 친히 순원왕후의 애책·행록을 지었고, 발인시 대여를 직접 수행 하겠다고 까지 하였다.[37] 이는 신료들의 강력한 반대로 시행되지는 못하였으나 철종은 하현궁下玄宮에 친림하겠다는 뜻을 관철하여 결국 산릉에 나가 직접 참여하였다.[38] 철종은 순원왕후가 강도江島에서 어렵게 살고 있던 자신에게 왕업을 이어주고, 수렴청정을 하여 도와주면서 자신을 왕으로 만들어 주었다고 하였다. 더욱이 자신을 아들로서 보살펴

---

34 『哲宗實錄』卷8, 哲宗 7년 9월 3일 丁巳.
35 『日省錄』哲宗 7年 11월 24일 戊寅.
36 『日省錄』哲宗 8年 9월 20일 戊戌.
37 『哲宗實錄』卷9, 哲宗 8年 10월 5일 壬子.
38 『哲宗實錄』卷9, 哲宗 8년 12월 17일 甲子.

주었고, 철종이 사친이 일찍 돌아가셔서 효를 다할 수 없었는데, 이러한 순원 왕후에게 효를 다 하려 하였으나 돌아가셨다며 매우 슬퍼하였다.[39] 결국 철종은 자신을 왕으로 삼아준 순원왕후에 대한 보은을 효를 통해 다하려고 했던 것이다.

철종은 4년 유생들의 건의를 받아들여 안동 김문의 세 유현 김창흡·김원행·김이안을 석실서원에 제배하도록 하였고,[40] 김창집도 추배하라는 유생들의 건의를 바로 시행하도록 하였다. 순원왕후가 승하하자 "나 소자 큰 상사를 당한 이후 외롭고 애통한 마음이 그칠 바가 없다."라고 하며 김조순 내외의 사판에 치제하도록 한 후 김조순을 석실서원에 추배하도록 하였다.[41] 한편 헌종·철종대 정계에서 활동하였던 김수근이 사망하자 그에게 시호를 내리고 재상에 추증하도록 하였다. 안동 김문의 유현들이 연이어 석실서원에 추배되어 존숭된 것은 철종이 순원왕후의 가문을 특별히 생각했던 것에 관련된다. 그러나 철종이 순원왕후에게 아들의 도리를 다하고, 고마워하는 마음을 가졌던 것에 편승하여 유생들이 안동 김문을 대표로 하는 노론의 의리를 강화하기 위한 것이기도 하였다. 국구나 재상도 아니었던 김수근에 대해 추모의 뜻을 다한 것은 즉위 후 정치의 주도권을 차지하였던 안동 김문의 행보를 철종이 인정해주는 조처이기도 하였다.

철종은 선대왕을 존숭하고 효를 다하면서 그 과정에서 정통성을 강화하는 가운데 자신의 정치력을 시험해 보기도 하였다. 철종은 6년 사도세자에게 존호를 추상 한 후 혜경궁 홍씨 집안의 위상을 높이기 위해 홍인한洪麟漢의 관작을 회복하도록 하였다. 철종은 홍인한이 정조의 즉위를 방해하려고 했던 것은 그의 본뜻이 아니었고, 정조도 그의 원통한 뜻을 알고 있었으며, 혜경궁

---

39 『哲宗實錄』卷9, 哲宗 8년 11월 7일 甲申.
40 『哲宗實錄』卷5, 哲宗 4년 11월 28일 己巳.
41 『哲宗實錄』卷9, 哲宗 8년 11월 9일 丙戌; 『哲宗實錄』卷9, 哲宗 8年 11月 29日 丙午.

집안을 위해 신설하고 싶다고 하였다.[42] 이때의 관작 회복은 언관들과 시원임대신들의 반대로 명을 환수하였지만, 그해 12월 다시 한번 관작회복을 명하였다. 혜경궁이 홍인한으로 인해 슬퍼했고, 정조가 밤낮으로 이를 슬퍼했는데, 철종 자신도 정조의 슬픔을 함께 나누는 것이 자식된 도리라는 것이었다. 철종은 혜경궁의 지친을 허물이 없이 하는 것이 그 자손인 자신이 은덕을 갚는 길이라고 하며 관작회복을 명하였던 것이다.[43] 철종은 사도세자의 증손자인 만큼 혜경궁에 대한 효를 다하기 위해 이러한 명을 내렸다. 그러나 선대왕들에 대한 존숭을 통해 자신의 정통성이 어느 정도 확보되었다고 판단하여 정조의 의리를 따르던 시파時派였던 안동 김문에 대한 정치적 시험으로 볼 수 있다.

철종은 익종 대리청정기 핵심 관료로 활동하다가 유배되었고 후에 추탈당한 금노경金魯敬의 관작을 회복하겠다고 하였다.[44] 철종이 이러한 결정을 한 것은 순조가 그를 보호하려고 했다는 것, 영조의 장녀로 총애를 받았던 화순옹주和順翁主의 사판이 의지할 데가 없다는 것이었다.[45] 김노경은 화순옹주의 손자이며, 金正喜의 생부이기도 하다. 철종은 영조와 순조의 혈통을 계승하였기에 영조에게는 외증손자가 되는 김노경의 관작회복을 단행하려한 것이었다. 그러나 김정희가 철종 2년 권돈인의 당여로서 처벌을 받았고, 그러한 정치적 결정을 한 관료들이 정국을 주도하던 상황에서 철종의 뜻이 성사되기 어려웠다. 결국 김노경의 관작회복은 이루어지지 않았다. 그럼에도 철종의 이러한 조처는 당시 관료들에게 왕통을 명분으로 정치적 전환을 가져오려는

42 『日省錄』哲宗 6年 4월 18일 庚戌.
43 『日省錄』哲宗 6年 12月 15일 甲辰.
44 익종 대리청정기의 김노경의 활동은 김명숙의 연구가 참고가 된다.(김명숙, 2004, 『19세기 정치론 연구』, 한양대출판부.) 김노경을 비롯한 대리청정기 관료들에 대한 처벌과 당시 정국의 동향은 오수창의 글에 정리되어 있다.(오수창, 1990, 「정국의 추이」, 『조선정치사』 상, 청년사.)
45 『哲宗實錄』卷8, 哲宗 8년 4월 3일 甲申.

시도였다고 할 수 있다.

순원왕후가 승하한 이후였던 철종 3기에 철종은 순조와 순원왕후에 대한 존숭, 자신의 가족들에 대한 봉작, 앞서 2기에 뜻을 이루지 못했던 정치적 시도에 대한 결정을 내리면서 정통성을 강화하려 하였다. 반면 안동 김문은 순조와 순원왕후가 존숭되는 것에 힘입어 선대를 추증하고 이들을 배향한 서원의 사액賜額을 받아내면서 위상을 강화하였으며, 헌종의 세실世室을 결정하도록 하였다.

철종은 자신이 관작을 회복하려다 신료들의 반대로 이루지 못한 홍인한의 관작회복을 성사시킨 후[46] 헌종 10년 역모사건으로 사사당한 큰 형을 회평군懷平君에 봉작하도록 하였고, 상계군·풍계군·회평군을 정1품에 증작贈爵하도록 하였다.[47] 철종은 홍인한이 관작이 회복되어 혜경궁 집안에 남아있던 죄안이 없어진 만큼 사도세자의 후손들의 위상을 높여 주었고, 아울러 자신의 친형의 군호를 내려주어 종실로서의 면모를 회복시켜주었던 것이다.

철종은 9년 4월 시원임 대신들이 순원왕후가 70세 되는 해를 기념하기 위해 존호를 추상하자고 하자 이를 받아들이고, 그 자리에서 김좌근을 영의정에 제수하였다.[48] 이어 6월에는 순조의 영정影幀을 봉안하도록 하였으며, 이후 철종 11년과 12년에도 순조와 순원왕후에게 존호를 추상하였다. 또한 10년 10월에는 김문근의 상소를 받아들여 헌종을 세실로 삼았다. 부모인 순조와 순원왕후의 위상이 높아지고, 선왕 헌종이 세실이 된 것은 이러한 선왕들을 계승한 철종의 지위를 강화하여 주는 의미를 가지고 있다. 그러나 반드시 그렇지만은 않다.

철종 9년 순조와 순원왕후에 대한 존호를 추상하자 신료들은 순조의 공덕

---

46 『哲宗實錄』 卷10, 哲宗 9년 10월 25일 丁卯.
47 『日省錄』 哲宗 9年 11월 9일 庚辰.
48 『日省錄』 哲宗 9年 4월 1일 丙午.

중 순조 11년 발생하였던 홍경래난을 평정시킨 것을 강조하면서 이때 참여하였던 신하들의 공을 구별하여 공신으로 대우하자고 하였다.[49] 이는 홍경래난이 김조순이 주도하여 진압하였던 만큼 안동 김문의 위상을 높이기 위한 제안이었다. 순조와 순원왕후의 위상이 높아지자 안동 김문에서는 자신들의 선조를 추증하도록 하면서 지위를 공고히 하려고 하였다. 김좌근은 송시열의 적전 권상하權尙夏에게 부조의 은혜를 베풀도록 하였고, 조두순은 금신겸金信謙에게 좨주를 추증하라고 하여 학문적으로 안김의 위상을 정립하는데 힘을 보탰다. 철종 11년에도 순조와 순원왕후의 존호를 추상한 후 김창협과 이재에게 不祧之典을 시행하도록 하였다.[50] 철종 12년 1월에는 비변사와 유생들의 건의로 순원왕후의 고조부 금제겸金濟謙을 부조하도록 하였다.[51] 영남 유생들은 김상용·김상헌·김조순을 배향한 서산서원에 사액을 내려줄 것을 상소하였고,[52] 함경도 유생이었던 신재면은 김제겸과 김원행을 함께 제향 하는데 사액할 것을 청하였다.[53] 역시 안동 김문에 대한 포장을 통해 그들은 가문의 위상을 더욱 높여갔던 것이다.

이렇듯 순원왕후가 승하한 이후에 안동 김문은 철종이 순조와 순원왕후를 존숭하는 분위기 속에서 선대의 위상을 높여 자신들의 지위를 강화하려 하였다. 19세기의 정치 주도세력은 국왕, 왕실의 권위가 그들이 권력을 유지하는데 중요한 기반이 되었기 때문이다.[54] 헌종의 세실을 청한 것도 정국을 주도하던 자신들의 정당성을 굳히기 위한 것이었다.[55] 철종도 또한 자신의 정치력을 보이고, 효를 다한다는 그간의 입장을 지속하여 혜경궁가의 죄안을

---

49 『哲宗實錄』 卷10, 哲宗 9년1월 20일 辛酉.
50 『哲宗實錄』 卷10, 哲宗 11年 12月 10日 己巳.
51 『哲宗實錄』 卷13, 哲宗 12年 1月 13日 壬人.
52 『哲宗實錄』 卷13, 哲宗 12年 3月 17日 乙巳.
53 『哲宗實錄』 卷13, 哲宗 12年 5月 2日 己丑.
54 오수창, 1997, 「세도정치의 성립과 전개」, 『한국사』 32, 216쪽.
55 오수창, 1990, 앞의 논문, 1990, 77쪽.

없애고 자신의 친속들의 지위를 회복시키고 높여주었다. 당시 신료들은 의리 문제와 관계된 홍인한의 문제는 반대하였으나 회평군의 신원에는 크게 반대하지 않았다. 신료들의 청을 받아들인 순조와 순원왕후의 추상은 철종의 지위를 표면적으로는 높여줄 수 있었다. 그러나 이렇듯 철종과 안동 김문이 이미 돌아가신 선대에 대한 포상과 추증에 힘쓰며 이를 통해 지위를 강화하는데 몰두 하였을 때 삼정으로 고통 받던 백성들은 임술민란을 통해 봉기하였다.

철종대에는 국가 재정상태도 좋지 않았다. 그러나 왕으로써 위상 강화가 중요했던 철종은 10년 서궐西闕을 수리하도록 하였다.[56] 철종은 호조의 재정이 고갈되어 국가 재정이 좋지 않은 것은 알지만 서궐을 수리하는 것이 급하다며 수리비용에 대한 방책을 논의하도록 하였다. 서궐의 수리비용은 영남과 관동지역의 공삼과 사도四道에서 내는 갑주가미甲冑價米에서 충당하기로 하였다.[57] 철종대 국가 재정이 부족했던 것은 연이은 자연재해와 백성들의 경제적 피폐의 영향도 있었으나, 철종의 정통성 확보를 위한 왕실 전례·행사가 증가한 때문이다. 이곳에 비용이 많이 소모되다보니 국가 재정이 부족하게 된 원인중 하나가 되었고, 순원왕후에 대한 여러 번 존호 가상, 순조의 위상 강화, 그 외에 릉 천봉 등 행사와 전례의 지속된 시행은 국가재정을 불안하게 하였다. 봉불동전封不動錢을 환곡으로 바꾸어 이자를 받는 것,[58] 둔전을 설치하게 하는 것 등은 국가 재정을 확충하기 위한 것이었다. 삼정으로 인한 폐단은 해결되지 못하고, 관리들의 탐학이 백성들의 고통을 가중시키는 가운데, 국가 재정도 궁핍하였던 경제적인 문제는 결국 철종 치세 말기가 되면서 전국적인 민란을 발생시켰다.

---

56 『哲宗實錄』 卷11, 哲宗 10년 7월 20일 戊子.
57 『哲宗實錄』 卷11, 哲宗 10年 9月 2日 戊辰.
58 『哲宗實錄』 卷1, 哲宗 卽位年 11月 15日 戊申.

선왕의 유촉을 기반으로 세도를 유지하던 순조·헌종대와는 달리 순원왕후에 의해 철종이 즉위하였고, 그 순원왕후의 입지를 바탕으로 안동 김문은 세도를 지속하려 하였다. 그러나 순원왕후가 승하하자 안동 김문은 스스로 자신들의 지위를 유지하고 강화하기 위해서 조상들에 대한 포장에 힘쓰고, 철종 역시 이에 편승하여 정통성을 강화하려 하는 사이 백성들은 그들 관심의 우선에서 멀어졌던 것이 임술민란의 배경으로 자리하고 있었다.

3. 철종대 권력 집중 양상

1) 안동 김문 중심의 관료군 구성

19세기에는 중앙의 정치권력이 특정한 소수 가문에 집중되며, 극소수의 권세가들이 국왕을 능가하는 권한을 행사하였다. 이들은 비변사備邊司를 중심으로 하여 권력을 행사하였고, 비변사에는 유력 성관들의 인물들이 참여하면서 결국 가문으로 권력이 집중되는 현상을 가져왔다.[59] 순조대에 안동 김문·반남 박문·풍양 조문 외척 연합이 경주 김문 벽파를 정계에서 도태시키고, 반남 박문도 그 지위를 보존하지 못한 가운데 헌종대에는 순조의 유촉을 받은 풍양 조문과 안동 김문이 정국을 주도하였다. 외척들 간에 협력하던 분위기는 철종대 오면서 안동 김문이 독주를 하는 것으로 변화하였다. 안동 김문과 그 인척들이 고위 관직, 비변사에 참여하였던 실태를 통해 당시 권력의 집중화 양상을 이해해보겠다.[60]

---

59 한국역사연구회, 1990, 『조선정치사』 상·하, 청년사.
60 기존 『조선정치사』의 연구는 순조~철종대를 대상으로 하여 특정 성관과 가문의 권력 독점 여부를 분석하였다. 그러나 철종대의 권력 양상을 이해하기 위해 본고에서는 철종 년간

국정을 책임지는 재상이 속한 의정부議政府는 최고의 관서로서 기능을 비변사에 넘겨주었다고 하나 여기에 임명된 재상의 면면들을 보면 통치자가 국정을 운영할 방향을 알 수 있게 한다. 철종대 의정부 삼정승은 안동 김문과 친 안김계 인물들이 주도하였다. 다음은 철종대 의정부 삼정승을 정리한 것이다.

〈표 2〉 철종대 의정부 삼정승[61]

구분	철종 1기		철종 2기					
	즉위년	원년 2년	3년	4년	6년	7년	8년	9년
(월)	8월	11 2 7	1 4 5	2	6 10	11 5 10	1 3	3
영의정	정원용	조인영 · 권돈인	김흥근	김흥근	김좌근	김좌근	김좌근	김좌근
좌의정	김도희	정원용 · 김흥근	박영원	이헌구			김도희	
우의정		권돈인 · 박영원	이헌구	김좌근	조두순	박회수		조두순
원임	김도희, 박영원, 이헌구, 조두순							

구분	철종 3기					
	9	10년	11년	12년	13년	14년
(월)	3	12 1	5 1 3 윤3 1	5 10	4 11	9 12
영의정	김좌근	정원용		정원용	김좌근	정원용 · 김좌근
좌의정	조두순	박회수	박회수	박회수	조두순	조두순
우의정			조두순			
원임	정원용, 김좌근, 김흥근, 조두순					

　철종 1기는 안동김, 친안김계 등용을 위한 모색기라 볼 수 있다. 철종 즉위 후 영의정에 정원용鄭元容이 임용되어 1년 4개월간 독상체제로 운영되었

　을 대상으로 하여 분석하였다.
61 『哲宗實錄』『日省錄』 참고.

다. 정원용은 친 안김계 인물로 순원왕후의 신임을 받고 있는 인물이었다. 그러다가 철종 원년 11월에는 조인영과 풍양 조씨계 권돈인權敦仁이 우의정이 되었고, 조인영이 사망한 후 권돈인이 영의정이 되었다. 수렴청정을 하고 있던 순원왕후는 자신의 가문이 세도권력을 행사할 수 있는 기반을 만들면서도 안동 김문의 정치적 독주에 대한 경계를 일으키지 않기 위한 일보 후퇴의 인사라 보인다. 이미 철종 즉위년 조득영의 아들 조병현趙秉鉉이 사사되면서 풍조계에 대한 처분이 이루어졌고, 그에 대한 반발도 또한 존재하기 때문에 조병현의 사사는 정치적 공박이 아닌 조병현 자신의 문제에 비롯된 것이며, 이로 인한 정치적 보복은 없다는 것을 보여주기 위한 조처라 볼 수 있다. 반면 이때의 인사는 향후 안동 김문이 권력을 독주하기 위한 준비의 과정이기도 했다. 권돈인이 영의정에 임용되었을 때 금흥근金興根이 좌의정에 임용되면서 재상에 안동 김문이 전면에 등장하였기 때문이다.

철종 2기에는 안동 김문에서만 영의정이 배출되었다. 김흥근이 철종 3년부터 영의정에 올랐으며, 금좌근金左根도 우의정이 되어 재상반열에 올랐다. 이러한 결정은 철럼한 순원왕후의 의중이 반영된 것이었다. 순원왕후는 김흥근이 영의정에 임명되자 김좌근 혼자 인 것 보다는 나으며, 종형제가 마음을 합하여 대소사를 의논하여 매사를 공평하게 하라고 하였다.[62] 철종 4년 김좌근도 영의정에 오르자 안동 김문은 최고위 관료로서 국정 운영 책임자의 위상을 갖게 되었다. 철종대 안동 김문의 핵심은 바로 김흥근과 김좌근이었던 것이다. 철종 3기에는 김좌근과 정원용이 번갈아가며 영의정을 담당하였다. 또한 박회수, 조두순이 정승의 직임을 담당하였다. 임술민란이 발생하였던 시기에는 영의정 김좌근이 잠시 물러났으나 곧 정원용을 거쳐 김좌근이 철종 승하시까지 영의정을 담당하였다. 철종대 의정부는 철저하게 안동 김문

---

62 이승희 역주, 2010, 앞의 책, 211쪽.

이 중심이 되었다. 특히 순원왕후가 철렴한 이후에는 김흥근·김좌근·정원용만이 영의정이 될 수 있었다. 이는 권력이 안동 김문에게 집중되고 있었고, 철종 역시 이에 대안이 없었던 상황을 반영한다.

정치구조의 측면에서 세도정치의 특징을 가장 잘 보여주는 것이 비변사이다. 비변사는 이 시기 명실상부한 국가의 최고의 관부가 되어 군사, 국가재정, 중요 관직의 인사, 지방 행정등을 논의하여 처리하면서 사실상 통치 실권을 장악하였다.[63] 철종대 비변사는 안동 김문이 그 중심에 있었다. 아래의 표는 철종대 비변사 당상을 정리한 것이다. 시기상 기준은 철종이 즉위한 직후(①), 조병현과 풍양 조문 세력을 숙청한 후(②), 즉위 이듬해(③)의 당상을 살펴보았다. 철종 2년에 권돈인이 물러나면서 풍양 조문 세력이 크게 약화되고, 순원왕후가 수렴청정에서 물러난 상황을 철종 3년 2월의 당상을 통해 살펴보고(④), 철종 6년 의리문제로 관인층의 균열이 잠시 일어났기 때문에 이후의 상황을 철종 7년 정월에 파악하고자 한다(⑤). 다음은 순원왕후가 승하한 이후 철종 9년 정월(⑥), 임술민란이 발생하기 직전 철종 13년 정월(⑦), 그리고 민란 이후 철종 14년(⑧)의 비변사 당상을 살펴보겠다.

〈표 3〉 철종년간 비변사 당상 역임자[64]

(* 안김, ** 인척)

이름	①즉위7	②즉위9	③원년1	④3년2	⑤7년1	⑥9년1	⑦13년1	⑧14년2	당상	의천횟수	이름	①즉위7	②즉위9	③원년1	④3년2	⑤7년1	⑥9년1	⑦13년1	⑧14년2	당상	의천횟수
趙寅永	■	■									權敎仁	■	■			■	■				
鄭元容	■	■	■	■				■			金道喜	■	■	■	■	■	■				
李憲球 **	■	■	■	■	■	■			구		朴晦壽	■	■	■	■	■	■				

---

63 오수창, 1997, 앞의 논문, 230~231쪽.
64 『備邊司謄錄』참고. 비변사 관원은 도제조·제조·부제조·낭청·서리이지만, 이중 부제조 이상을 당상이라고 한다.

金興根 *			■	■	■	■	■	주, 유		趙斗淳		■	■	■	■	■	■	구	
金左根 *	■	■	■	■	■	■	■	공, 구, 유	19	朴永元				■					
金汶根 *			■	■	■	■	■	예	17	金輔根 *		■	■			■		■	10
金洙根 *			■					구	13	金大根 *					■		■		
金炳國 *				■	■	■		유제주구	20	金英根 *						■	■	예	
金炳冀 *			■	■	■			주유공구제	8	金漢淳 *					■				
金炳學 *				■			■	공	4	金蘭淳 *	■	■						예	
金炳德 *				■	■			유, 제, 구	20	南秉吉 **							■	유, 제	8
金炳㴲 *				■				1		南秉哲 **					■			예	5
金炳喬 *					■	■				南獻教				■	■	■			
金炳弼 *						■		구		金鏵					■	■		유	32
金學性	■	■	■		■			유, 구, 예	10	金箕晩			■	■	■	■		공, 구	5
洪祐吉					■	■		구	2	洪鍾序					■			예	
洪在龍	■	■	■	■	■			주, 유, 예	1	洪鍾英	■	■	■		■	■	■	유, 구, 제	43
洪在喆 **	■	■		■	■			구	1	洪鍾應	■	■		■	■	■		유, 제	23
趙冀永	■	■	■	■						趙得林				■			■	공	8
趙秉夔 **				■				구		趙徽林				■	■			유	6
趙秉駿	■	■	■	■	■			구, 예, 유	25	鄭基世					■				
李謙在 **					■					李熙絅				■	■			예	12
李景在 **	■		■	■	■	■		구, 유, 공	22	李鶴秀			■	■	■			예	
李敦榮	■	■	■	■				유	13	徐箕淳	■			■				구	
李若愚	■	■	■	■	■			구		徐念淳				■	■			유, 공, 구	5
李嘉愚	■	■	■	■				구		徐戴淳			■	■	■	■			

Left table:

이름	1	2	3	4	5	6	비고	수
金參鉉						■		
成逸默	■	■	■				구, 유	10
尹定鉉	■	■	■	■	■		구	2
李景純	■	■	■				예	13
姜時永	■	■	■	■	■	■		
金鼎集	■		■	■			유	9
金景善			■					
金應均				■				
徐相五	■	■	■				예	
徐有薰			■	■	■	■	구, 유	13
申觀浩	■							
申錫禧				■	■			
沈樂臣				■			예	
柳相弼		■	■		■		예	13
尹致秀 **	■	■		■	■	■	유, 구	1
李圭徹			■		■		예	1
李明迪				■			예	
洪友淳			■	■				
李源命					■	■	구	
李宜翼				■		■	예	
李鼎臣	■	■	■	■				
李禔正	■	■	■					
任百秀						■		
鄭健朝						■		
曹錫雨						■		
趙鶴年	■	■	■	■			공	
韓正教					■		구	

Right table:

이름	1	2	3	4	5	6	비고	수
徐左輔	■	■	■					
徐憲淳	■	■	■		■	■	공, 구	
徐喜淳	■	■	■		■		공, 구	
李啓朝	■	■	■				유	37
金輔鉉						■	예	2
金永爵						■		
朴齊憲			■	■	■	■		
洪學淵	■	■	■				예	
徐英淳				■			예	
宋近洙						■		
申錫愚 **					■	■	유	
沈敬澤						■		
吳取善					■			
尹敎成						■	예	
尹致定 **					■			30
李根友				■	■	■		
李穆淵				■			예	
李㝱					■	■		
李應植	■							
李寅皋					■	■	구	
李鍾愚					■		유, 구	2
任百經					■	■		
趙亨復	■	■	■				예	
鄭㝡朝				■				
趙然昌				■		■	공	
許棨					■	■	예	2
韓鎭庭					■	■		

洪祐順				■			洪耆燮	■	■						예
洪遠燮					■	예	洪說謨				■	■	■	■	
시기별 당상 수	① 34명/ ② 36명 / ③ 36명 / ④ 36명 / ⑤ 38명 / ⑥ 46명 / ⑦ 44명 / ⑧ 49명

　　위의 표에서 지정한 시기에 비변사 당상堂上을 역임한 인물은 모두 110명이다. 인사권을 행사하는 의천議薦에 참여한 인원은 39명이며, 이들의 의천 횟수는 모두 468회였다. 전체 당상 역임자 중 안동 김문은 16명이며, 그들의 인척은 10명이다. 당상 중 안동 김문과 인척관계가 형성된 인물을 살펴보면 이헌구는 김복순의 사위이며, 김영근과 처남매부사이였다. 남병철과 남병길은 모두 김조순의 외손자이다. 특히 남병철은 김조근의 딸과 혼인하여 사위가 되며, 김병기와는 처남매부사이가 된다. 조병기는 조인영의 아들로 풍양 조문 인물이지만 그는 김유근의 사위이다. 풍양 조문과 안동 김문 사이는 사돈관계를 맺기도 한 것이었다. 이겸재는 김조순의 사위이며, 이경재는 김병덕의 장인이므로 그 아버지 김흥근과는 사돈이 된다. 윤치수는 김대근의 처남이며, 윤치정은 윤치수의 동생이었다. 신석우는 김병주의 장인이며, 홍재철은 김흥근과 사돈이다. 인척들까지 합하면 비변사 당상 중 안동 김문과 전체 비변사 당상 110명 중 안동 김문은 16명으로 그 비율은 14.5%이며, 그들과 인척 관계를 맺은 인물들은 10명이다. 전체 당상 중 안동 김문과 그 인척은 모두 26명으로 23.6%를 차지하고 있었다. 비변사의 활동 중 4도 유수·북도 관찰사·의주 부윤과 같이 정치·경제·군사적으로 중요한 지역을 담당하는 관직자를 논의하여 천거하는 의천은 비변사 당상들의 인사권 행사 여부를 알 수 있게 한다. 전체 인원 중 의천에 참여한 인원은 39명이다.

---

65 『備邊司謄錄』을 참고로 만든 <표 3>을 재분석.

	당상의 분포		의천 참가자 분포		의천회수별 분포	
	인원	비율[66]	인원	비율[67]	회수	비율
① 안동 김문	16명	14.5%	9명	23 %	112회	23.9%
② 안김 인척	10명	9.1%	6명	15.3%	67회	14.3%
① + ②	26명	23.6%	15명	38.4%	179회	38.2%
	총 인원 : 110명		총 참여인원:39명		총 의천 횟수:468회	

전체 당상 중 35.4%가 의천에 참여하는 것이다. 그런데 의천 참가자의 23%
는 안동 김문이며, 그들의 인척까지 합하면 38.4%이다. 비변사 관원 전체에
서 차지하는 비중보다 의천에 참여하는 비중이 상당히 상승했다는 것을 알
수 있으며,(14.5% → 23%) 이는 인척들을 포함하면 그 비중은 더욱 상승한
다.(23.6% → 38.4%) 또한 개별 의천의 회수를 살펴보면 안동 김문이 가장
많은 의천을 했으며, 의천 참가자 분포보다 그 비율이 소폭이지만 상승하고
있음을 알 수 있다.(23% → 23.9%) 이는 의천을 하는데 있어서도 안동 김문과
그들의 인척이 더 큰 역할을 하고 있다는 것을 반영하는 것이다. 이 시기
비변사를 주도하였던 인물들은 안동 김문이었고, 이들과 연혼관계를 맺은
가문들과 함께 중심 관료군을 구성한 것이다. 다음은 시기별로 안동 김문의
집권을 살펴보겠다.

---

66 해당시기 당상 전체 인원(110명)에 대한 비율이다.
67 의천 참가자 39명에 대한 비율이다.
68 『備邊司謄錄』을 참고로 만든 <표 3>을 재분석.

	철종 1기			철종 2기		철종 3기		
	즉위 7월	즉위 9월	원년 1월	3년 2월	7년 1월	9년 1월	13년 1월	14년 2월
당상 수	34명	36명	36명	36명	38명	46명	44명	49명
안동 김문	2명	3명	3명	4명	9명	8명	9명	12명
비 율	5.8%	8.3%	8.3%	11.1%	23.6%	17.3%	20.4%	24.4%

위의 표를 보면 비변사 당상은 순원왕후가 승하한 후 철종 3기부터 그 증가 폭이 컸다. 세도정치를 배태한 대왕대비의 승하로 지배 관인층은 더욱 권력을 독점하면서 그 공백을 메우려 했기 때문으로 보인다. 비변사 당상 중에서 안동 김문이 차지하는 비중은 점점 늘어갔다. 이는 철종년간 안동 김문이 결국 국정을 주도하고 그들의 세력을 확장한 것을 의미한다. 순원왕 후가 철렴을 하면서 11.1%로 늘어난 안동 김문 당상은 철종 6년의 의리문제 를 비롯한 철종의 정치적 행보가 이루어지자 23.6%로 급격하게 늘어났다. 이는 안동 김문의 세력을 확장하여 지배권력을 공고히 하기 위한 것이었다. 순원왕후 승하 후에는 비율이 다소 줄어들기는 하였으나(23.6% → 17.3%) 전 체 당상의 인원이 크게 늘어난 것이고(38명 → 46명), 안동 김문의 차이는 크 지 않았다. 철종이 왕권을 강화하려는 시도와 이러한 시도를 사전에 봉쇄하 고, 안동 김문 선대의 포장과 서원 배향이 여러 차례 이루어졌던 철종 3기 중반에는 안동 김문의 비중이 20.4%였고, 이 상태에서 임술민란이 발생하였 다. 그리고 임술민란이 끝난 후에 안동 김문의 당상 비율은 24.4%로 최고로 상승하였다. 임술민란으로 지배층이 위기를 경험하였기에 지배권을 강화하 기 위한 것이었으며, 철종 치세 동안 권력을 집중화한 결과라고 볼 수 있다.

---

69 『備邊司謄錄』참고.

〈표 6〉 철종대 비변사 전임당상[69]

(* 안김, ** 인척)

	철종 1기			철종 2기		철종 3기		
	즉위년 7월	즉위년9월	원년 1월	3년 2월	7년 1월	9년 1월	13년 1월	14년 2월
이헌구**				구관				
조두순				구관				
김좌근*		구관	유사, 구관	공시, 구관				
김흥근*				주교, 유사				
김수근*				구관				
김병국*						유, 제, 구	주, 유, 구	구관
김병기*				유사, 제언		주, 유, 공, 구		주, 유, 구
김병학*								공시
김병덕*							유, 제, 구	구관
김병필*								구관
김학성		유사, 구관						
김기만					공시, 구관	구관		
김위						유사		
남병길**								유사, 제언
홍우길							구관	구관
홍재룡					주교, 유사	구관		
홍재철**					구관			
홍종영			유, 제, 구	유사, 구관	구관			
홍종응					유사, 제언			
조득림							공	

이름								
조휘림							유사	
조병기**						구관		
조병준	구관	구관	구관		유사			
이경재**	구관				유사	유서	공시, 구관	구관
이돈영			유사	유사		구관		
서기순				구관				
이약우	구관	구관		구관	구관	구관		
이가우				구관				
서념순					유, 공, 구			
서헌순						공시	구관	
서희순					구관			
성수묵	유사, 구관	유사, 구관	유사, 구관					
이계조				유사				
김정집				유사				
서유훈					구관	유사		
신석우**							유사	유사
윤정현					구관	구관		
윤치수**		유사, 구관						
이원명								구관
이인고							구관	
이종우							유사, 구관	
조연창								공시
조학년	공시	공시	공시					
한정교							구관	

또한 임술민란에 대해 안동 김문은 책임지지 않았음을 반영한다. 이토록

19세기 정치의 중심 기관이었던 비변사는 안동 김문에 의해 주도되었다. 이를 좀 더 심화하여 살펴보겠다.

비변사 전임당상專任堂上은 녹봉을 받으며 비변사에 재직하는 관직으로 각각 맡은 업무에 따라 명칭이 있다. 특정한 도의 직무를 주관하는 팔도구관당상八道句管堂上, 비변사 전체적인 업무를 주관하는 유사당상有司堂上, 이밖에 특정한 소관업무를 담당하는 공시당상貢市堂上·제언사당상堤堰司堂上·주교사당상舟橋司堂上을 의미한다.[70] 비변사 당상으로서 실제 역할은 전임당상으로서 이루어질 수 있었다. 철종대 전임당상을 역임한 당상은 모두 44명이다. 이중 안동 김문은 8명(18.1%)이며, 그들의 인척은 7명이다.(15.9%) 안동김문과 인척은 모두 15명으로 그 비율은 34%이다. 비변사의 업무 중 1/3이 안동 김문 주도로 이루어지고 있었던 것이다.

그런데 한명의 당상이 여러 전임당상직을 겸하기도 하기 때문에 겸하는 당상직을 각각 개별 인원으로 파악하여 살펴보면, 당상에게 임명되었던 당상직은 108개였다. 이중 안동 김문이 30개(27.7%)를 차지하였고, 그 인척들은 15개(13.9%)를 차지하였다. 곧 안동 김문과 인척들은 41.6%의 전임당상직에 임명되었던 것이다. 전임당상의 비율에서도 안동 김문 세력의 비중이 1/3을 차지했으나, 개별 전임당상직에 임명되는 비중은 41.6%로 크게 늘어났다. 시기별로 보면 철종 1기의 전임당상직 26개 중 안김은 3개를 차지하였다.(11.5%) 이러한 비중은 철종년간 증가하여 철종 2기의 34개의 전임당상직 중 안동 김문은 7개를 담당하였으며,(20.5%) 철종 3기에는 48개의 전임당상직 중 안동 김문은 20개를 차지하여 그 비중은 무려 41.7%였다. 이는 비변사 안에서도 안동 김문으로 실제 업무가 집중되었으며, 이들은 여러 개의 전임당상직을 겸직하면서 권력을 독점하였던 것이다. 이러한 안동 김문으로 권력

---

70 오수창, 1997, 앞의 논문, 231쪽.

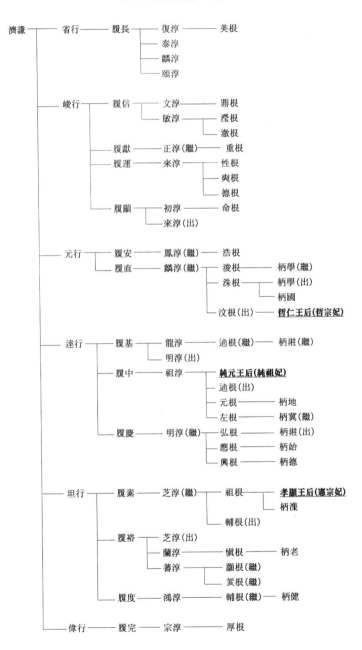

〈표 7〉 안동 김문 가계도[71]

이 집중되는 양상은 철종대에 점차적으로 늘어나서 철종 3기가 되면 정치권력의 주도권은 안동 김문이 확정적으로 장악하는 양상을 보여주었다.

전임당상직을 겸직하였던 인물은 순원왕후 수렴청정기 전후 김좌근·김흥근·에서 김병기·김병국·김병덕으로 변화하였다. 이들은 김조순의 손자 항렬이 된다. 김조순이 정조의 유지를 받아 순조를 보도하면서 안동 김씨의 세도를 열게 된 후 60여 년이 지난 기간에 3대에 걸쳐서 외척가문의 지위를 이어갔으며, 권력을 장악해갔다.

그렇다면 비변사를 장악하였던 안동 김문은 그 직분에 충실하였을까. 비변사 담당 업무가 특히 사회·경제·지방의 문제였기 때문에 삼정문란의 폐해, 그로 인한 임술민란의 발생은 권력을 독점한 안동 김문이 민생 문제를 해결하는 데는 소홀했음을 보여주는 것이다. 또한 비변사에서 의천하였던 전라 감사 김시연金始淵이 민란에서 탐학한 관료 농민군의 공격 대상이 되었던 것을 보면[72] 그들의 인사 참여도 문제점을 가지고 있었다고 보인다. 안동 김문을 중심으로 한 관인층들은 권력을 차지하고 독점하는 것이 중요했기에 직임에 맞는 역할을 다 하지 못했던 것 같다. 철종 치세 동안 정치권력은 안동 김문으로 집중되어갔다. 이들을 중심으로 한 집권 관인층들은 다음 절에서 서술하겠지만 요직을 차지하고 권력을 집중해 가는 것을 보다 중요시하였다. 그러므로 민란에 대한 해결책을 제시하는데 소극적이었고, 김좌근이 민란 발생 후 영의정을 사직한 것처럼 회피하려 하였다. 임술민란의 심각성을 인지하고 삼정이정청을 설치하여 '삼정이정절목'이 만들어지기 까지 권력의 핵심이었던 안동 김문과 그 인척들의 적극적인 활동과 의견 개진은 이루어지지 않았다. 민생문제와 관계가 깊은 비변사를 장악하면서도 사회·경제문제가 심화되었고, 이에 대한 개혁책을 적극적으로 제시하지 못한 것은

---

71 『敦寧譜諜』'왕비편'참고.(2007, 한국학중앙연구원)
72 『哲宗實錄』卷14, 哲宗 13年 5月 20日 辛丑.

최고의 집권세력으로 역할에 충실하지 못했던 것으로 이 또한 임술 민란의 배경으로 파악할 수 있겠다.

2) 사건·사안을 통한 권력의 집중과 철종

안동 김문을 중심으로 한 철종대 관인층은 철종 즉위 초부터 견제 세력을 제거하고, 다른 세력이 정치적 입지를 확보할 수 있는 상황을 차단하였다. 철종 1기에는 조병현과 권돈인을 도태시키고, 철종의 국혼을 안동 김문과 치르면서 권력 기반을 마련하였다. 2기에는 조하망曹夏望 문집 간행을 계기로 집권 관인층의 균열이 생길 듯하였으나 이내 봉합되었으며, 사도세자 추숭을 제기했던 남인들을 처벌하면서 관인층은 정치적 입지를 공고히 하였다. 철종 3기에는 초기 철종이 왕권을 강화하려는 움직임을 보이자 집권층은 철종을 곤란하게 하는 사건, 종친들을 제거하면서 권력을 유지하였다.

헌종이 승하한지 채 열흘이 되지 않아 헌종대 풍양 조문의 중심인물이었던 조병현과 그 주변 인물에 대한 탄핵이 시작되었다. 조병현과 안동 김문의 대립은 헌종 말년부터 이미 있어왔다. 헌종 13년 조병현은 "국권을 멋대로 쓰고 한 세상을 속인 권간"이라는 탄핵을 받아 유배되었다가 헌종이 승하하기 6개월전에 석방되었으며, 안동 김문 김홍근도 헌종 14년 서상교의 탄핵을 받아 유배되었다. 유배에서 풀려난 조병현은 정계 복귀를 위해 노력을 했던 듯 하고, 이를 막기 위해 조병현에 대한 탄핵이 상중喪中 임에도 이루어졌다. 이때 윤치영은 조병현의 당여로, 이응식·이능권·신관호·김건 등의 무관들도 권돈인과 매우 친밀하다는 이유로 함께 공격받았다. 결국 순원왕후는 8월 23일 조병현을 사사賜死하도록 하였다.[73] 이는 그가 정치적으로 재기하면 안동 김문에게 위협이 될 수 있기 때문에 철종즉위 직후 이루어진 것이며, 이는 조병현뿐만 아니라 풍양 조문과 그 세력을 정치에서 도태하기 위한 시작이었다.

안동 김문은 이후 권돈인을 정치권에서 물러나게 하였다. 권돈인은 김정희와 교유가 깊었으며, 풍양 조문과 함께 활동하던 인물이었다. 순원왕후는 철종 원년 조인영을 영의정에 임명하면서 권돈인을 우의정에 제수하였다. 안동 김문이 세력을 강화해가고는 있었으나 표면적으로 선대왕대의 뜻을 따르고 있다는 것을 보여주기 위한 순원왕후 특유의 정치적 행보였다. 철종 원년 12월 조인영이 사망하자 이듬해 5월 전 대사헌 이노병은 권돈인이 부당한 방법으로 인사에 압력을 행했다고 탄핵을 하였고[74] 곧 발생한 진종眞宗 조천祧遷 전례를 두고 권돈인은 삭탈관직 되어 문외출송 되었다가 부처되었다.

헌종의 부묘祔廟를 앞두고 발생한 진종 조천 전례 문제는 철종의 왕위계승상 문제점을 드러낸 것이었다. 철종은 헌종의 대통을 이어 즉위했으나 순조의 아들로서 즉위한 것이었다. 즉 대통과 혈통에서 항렬상 불일치의 문제를 가지고 있었다. 왕위를 즉위한 순서를 따르면 진종은 5대째가 되어 영녕전永寧殿으로 신위가 옮겨져야 하지만, 순조의 아들이라는 친서親序관계를 따르면 진종은 철종의 증조부가 되어 신위를 옮길 수 없는 것이었다. 권돈인은 친서 관계를 강조하여 조천에 반대하였으나 김도희・김흥근・박영원 등 대다수 대신들은 승통承統을 중요하게 여겨서 조천을 주장하였다.[75] 이들은 제왕가는 승통을 중시 여긴다는 것을 강조하였고, 철종은 조천을 결정하였다. 이후 권돈인은 전례문제뿐만 아니라 권력과 세도를 탐하였다는 탄핵을 받고 처벌받았다. 권돈인이 제거된 후 그와 친분이 두터웠던 김정희도 그와 붕비朋比를

---

73 『哲宗實錄』 卷1, 哲宗 卽位年 7月 14日 己酉 : 『哲宗實錄』 卷1, 哲宗 卽位年 8月 23日 戊子.

74 『哲宗實錄』 卷3, 哲宗 2年 5月 23日 己酉.

75 신해조천예송은 이영춘의 논문이 참고가 된다.(이영춘, 1997, 「철종 초의 신해조천예송」, 『조선시대사학보』 창간호.)

이루었다는 죄목으로 형제들과 함께 유배당하였다.

안동 김문은 이어 치러진 철종의 국혼이 금문근金汶根의 집안으로 결정되자 외척으로서의 지위를 다시 확보할 수 있었다. 안동 김문은 김조순이 순조와 국혼을 치르고 정조의 유촉遺囑을 받으면서 세도가로서 발돋움 할 수 있었다. 이들에게 외척이라는 지위는 권력을 장악하고 유지하는 중요한 기반이었던 만큼 헌종의 왕비도 금조근金祖根의 딸이 간택된 바 있다. 그런데 헌종비 효현왕후와 김조근은 이미 사망하였기 때문에 안동 김문은 외척으로서의 위상이 이전보다는 못하였다. 비록 순원왕후가 수렴청정을 하고는 있으나 외척으로서 지위를 더하여 권력을 독점하기 위해서 다시 철종비를 안동 김문에서 간택하였던 것이다. 순원왕후는 새로이 국구가 된 김문근에게 "항상 출입하면서 더욱 힘써서 보도하라."라고 하여[76] 그의 정계진출을 보장하고 외척으로서의 활동을 기대하였다. 철종 즉위 초 안동 김문이 중심이 된 대신세력들은 경쟁세력을 물리치고 강력한 권력을 장악할 수 있었으며,[77] 외척으로의 지위를 확보하면서 정국을 주도할 기반을 마련하였다.

철종 2기에는 철종이 1기에 있었던 사건을 환수하려 하였으며, 자신의 세력을 육성하기 위한 모색의 기간이기도 하였다. 철종은 3년 9월 권돈인과 김정희의 일을 정계停啓하도록 하였다.[78] 특히 4년 10월 신하들의 반대를 뒤로하고 조병현을 탕척하도록 하였다.[79] 이어 조병현의 당여로 처벌받았던 서상교와 이능권의 유배지를 옮기도록 하였다.[80] 이러한 조처가 안동 김문에 대한 반동의 의미가 있음에도 가능했던 것은 이미 풍양 조문은 정치적으로 약해졌기 때문에 신료들도 더 이상 반대하지 않았던 것으로 보인다. 철종은

---

76 『哲宗實錄』 卷3, 哲宗 2年 8月 24日 丁未.
77 오수창, 1990, 앞의 논문, 117~122쪽.
78 『日省錄』 哲宗 3年 9月 3일 庚戌.
79 『日省錄』 哲宗 4年 10月 10일 辛巳.
80 『日省錄』 哲宗 4年 12月 28일 戊戌.

7년 권돈인을 판부사에 임명하여 정계에 복귀하도록 하였다.[81] 그렇다고 해서 이들이 철종의 세력이 될 수 있었던 것은 아니었다. 이 시기 철종은 자신의 세력을 육성하는 것보다 선대에 대한 효를 강조하면서 정통성 강화에 좀 더 심혈을 기울였다.

안동 김문을 중심으로 한 집권 관인층은 철종 5년부터 이듬해까지 '조하망 문집 간행'을 두고 잠시 균열의 양상을 보였다. 경상감사 조석우가 철종 5년 그의 고조부 조하망의 문집을 발간하였는데, 그 중 윤증에게 올린 제문에 송시열의 존주양이尊周攘夷 명분을 비난하는 내용이 있었던 것이다.[82] 송시열의 명분은 안동 김문의 척화파 김상헌과 의리를 같이 하는 것으로 그 후손들이었던 안동 김문은 이 문집 간행이 자신들에 대한 도전이라 여겼던 것 같다. 철종은 치죄를 주장하는 유생들에게 강경한 입장을 보이다가 조하망의 추탈을 윤허하였다.[83] 그런데 이듬해 유생들이 윤선거·윤증 부자와 조석우 이현일을 탄핵하자 집권 관인층 중 소론계였던 정원용·정기세 부자, 이돈영, 이유원 등은 항의의 표시로 철종의 파주 행행行幸에 참여하지 않았다. 행행을 다녀온 철종은 이돈영·정기세·이유원등을 간삭의 율을 시행하였고, 대사헌 이경재가 소론측을 탄핵하자 이약우가 '당동벌이黨同伐異'라 비난하여 다시 관학유생들에게 탄핵을 받는 등 집권층이 균열되었다. 노론계 김좌근·조두순은 송시열의 의리는 국시라는 주장을 하며 소론계를 공박하였다.[84] 철종은 자신은 조정자調停者라고 하며, 조정의 의미로 정원용을 서용하지 말도록 하였다. 이후 조석우는 귀양을 갔으나 철종은 이듬해 다시 정원용을 등용하였고, 조석우도 석방되었으며 조하망의 관작도 회복하였다. 비록 이러

---

81 『日省錄』哲宗 7年 5월 6일 壬戌.
82 『哲宗實錄』卷6, 哲宗 5年 11月 11日 丙子.
83 『哲宗實錄』卷6, 哲宗 5年 12月 9日 癸卯.
84 『哲宗實錄』卷7, 哲宗 6年 9月 5日 乙丑.

한 의리문제는 집권 관인층의 균열을 잠시 가져오기는 하였지만 심각한 지경에 이르기 전에 수습이 되어 정계에 큰 영향을 끼쳤다고 보기는 어렵다.[85] 그만큼 안동 김문을 중심으로 한 지배체제의 공고함을 확인시켜준 것이었다.

철종 6년 사도세자의 존호 추상이 이루어지자 호군 유치명柳致明은 사도세자의 추숭을 주장하였다. 이에 대사간 박내만朴來萬은 유치명이 "더할 수 없는 엄중한 의리를 범했다."고 하며 비판하였다.[86] 여기에 권재대權載大는 정조의 뜻이 사도세자 추숭에 있었으나 반대세력을 의식하여 암시했다는 상소를 올렸다.[87] 시원임대신들은 권재대를 추국할 것을 주장하였으나 철종을 그를 유배시키고 사태를 마무리 하였다. 안동 김문등 당시 집권층은 시파였다. 의리문제에서 정조의 의리를 따르는 집단이었던 것이다. 선왕의 의리를 따르고, 그 유지를 받아 정권을 공고히 해왔던 안동 김문에게 사도세자 추숭은 정조가 세워놓은 의리를 파기하고 추숭의리로 정치권력을 잡으려는 남인南人의 시도로 이해될 수 있다. 철종은 사도세자가 추숭된다면 자신의 정통성은 더욱 강화될 수 있다. 그러나 철종 역시 정조의 의리를 따라야하는 입장이었고, 무엇보다 안동 김문과 대치하기엔 현실적으로 역부족이었던 만큼 철종도 추숭을 허락하지 않았다. 대신 철종은 이러한 논쟁이 발생하였던 시점에서 혜경궁의 위해 홍인한의 관작회복을 시도하며 정치력을 행사해 보려고 하였다.

순원왕후가 승하한 철종 3기 초반에는 철종이 왕권을 강화하기 위해 노력하였으나, 집권층은 철종의 인척과 종친들을 제거하면서 지배체제를 유지하려 하였다. 순원왕후가 승하하자 이에 대한 예를 다한 철종은 9년 10월 원자元子 탄생을 계기로 홍인한·조하망 등의 관작을 회복하였다.[88] 철종은 서궐

---

85 오수창, 1997, 앞의 논문, 210쪽.
86 『哲宗實錄』卷7, 哲宗 6年 4月 2日 甲午.
87 『哲宗實錄』卷7, 哲宗 6年 7月 22日 癸未.

을 수리하도록 하고 강화도의 만녕전萬寧殿을 중건하게 하는 등 공역을 일으켰다. 영조의 영정을 모신 만녕전을 중건하게 한 것은 영조의 혈맥이라는 정통성을 다시 확인하기 위한 것이었다. 한편 철종은 군사력을 강화하기 위해 훈련도감 소속의 마보군과 별기군에서 60명을 뽑아 무예도감을 가설하려 하였다.[89] 철종은 순조와 헌종이 오위도총부의 기능을 강화하려 했던 것을 다시 시도하여 군권을 확보하려 하였다. 철종은 즉위 10년 유치선, 이듬해 이원명을 도총관에 중비中批로 임명하였고, 12년에는 신석희와 이휘녕을 각각 도총관과 부총관에 역시 중비로 제수하였다. 이는 철종이 비롯 허설화되었지만 오위도총부를 통해 군통수권을 회복하려는 시도로 볼 수 있다.[90] 이러한 시도가 지속되어 왕의 물리적 힘이 강화되는데 까지는 이르지 못하였다. 그러나 이러한 시도는 집권 관인들을 자극하는 일이었다.

집권 관인층은 철종이 방면하고 등용하였던 권돈인을 다시 탄핵하여 중도부처하게 하였고, 철종이 서용의 명을 내렸지만, 권돈인은 그 명을 받기 전에 사망하였다.[91] 이후 안동 김문을 중심으로 한 관인층은 종친과 철종의 인척을 제거하며 왕을 압박하였다. 철종 11년 종친 경평군慶平君 이세보李世輔가 안동 김문을 무함했다는 혐의로 탄핵을 받았다.[92] 경평군은 인조의 동생인 능원대군의 8대손으로 철종 2년 은전군의 입후자 풍계군에게 입후되면서 경평군의 작호를 받았고 이름도 호昈로 개명하였다.[93] 경평군은 철종대 종부

---

88 『日省錄』哲宗 9年 10月 25日 丁卯.
89 『日省錄』哲宗 12年 11月 1日 乙酉.
90 조선시대 왕의 군사통수권은 오위도총부와 오위체제를 통해 행사되도록 제도가 만들어졌다. 그러나 군영체제가 등장하고 여러 군영은 각 군영의 대장의 독자적인 지위를 받는 체제를 갖추어지게 되었고, 군영대장에 주로 외척이 임명됨에 따라 오위도총부는 궁궐을 숙위하는 기능만 갖게 되었다.(오종록, 1990, 「중앙 군영의 변동과 정치적 기능」, 『조선정치사』하, 청년사, 474~475쪽)
91 『哲宗實錄』卷11, 哲宗 10年 1月 7日 戊寅 :『哲宗實錄』卷11, 哲宗 10年 4月 15日 乙卯 :『哲宗實錄』卷11, 哲宗 10年 4月 18日 戊午.
92 『哲宗實錄』卷12, 哲宗 11年 11月 2日 辛卯.

시 제조로서 『선원보략』을 수정하고, 철종 8년 정사로 청나라에 다녀오는 등 종친으로 역할을 해왔다. 더욱이 경평군은 철종에게 재종형이 되는 사이로 철종과 수라를 함께 먹을 정도로 가까운 사이였다.[94] 안동 김문은 경평군을 경계하고 있던 중 그가 안동 김문을 비판하는 발언을 하자 그를 제거하려고 했던 것이다. 철종이 처분을 주저하자 김좌근·김문근·김병국·김병익 등은 도성 밖으로 나가며 시위하였다.[95] 이에 철종은 경평군을 신지도로 위리안치하고, 그의 작호를 삭제한 후 이세보로 이름을 돌렸으며, 김좌근 등에게 돌아올 것을 부탁하였다.[96] 안동 김문은 그들의 권력 유지에 이세보가 방해가 될 것으로 판단하고 그를 제거하도록 하였던 것이다.

철종이 무예도감을 가설하겠다고 하여 김병국과 대립한 직후 강화유수의 장계를 통해 염종수를 처벌하는 사건이 발생하였다. 염종수廉宗秀가 원래 본관인 용담을 지우고 파주로 본관을 바꾸어 기재했다는 것이다. 이것은 철종의 어머니 부대부인이 용담 염씨인데, 용담 염씨는 파주 염씨에게 갈라져 나온 것 이므로 염종수는 자신을 파주 염씨라 하고 영원부대부인의 친속으로 입후되어 권세를 행하려 했다는 것이다.[97] 즉 염종수가 철종의 가족임을 사칭하여 권세를 누리려한 것으로 강상의 죄를 범했다는 혐의로 그는 참수되었고 그 아들도 연좌시켰다. 이는 철종의 어머니를 매개로 권세를 칭하려는 사람이 있었다는 것으로 안동 김문으로서는 자신들의 외척으로 권력 독주에 철종이 뭐라 할수 없음을 알려주기 위해 사안을 크게 확대한 것으로 보인다.

철종 13년 철종이 크게 병이 났다 회복된 후 2월 진주민란을 시작으로 하여 전국에서 민들의 봉기가 일어났다. 조정에서는 민란 보고를 받고 안핵

---

93 『稗林』「哲宗記事」哲宗 11年 11月.
94 진동혁, 1982, 「이세보의 철종조 현실비판시조고」, 『동방학지』 30, 198쪽.
95 『稗林』「哲宗記事」哲宗 11年 11月.
96 『哲宗實錄』卷12, 哲宗 11年 11月 3日 壬辰.
97 『哲宗實錄』卷12, 哲宗 11年 11月 6日 庚寅.

사를 파견하면서 삼정폐단을 마련하던 와중에 이하전李夏銓 옥사가 발생하였다. 전 오위장이었던 김순성 등이 다수의 무사를 모아 이하전을 왕으로 추대하려고 했다는 혐의가 보고되었던 것이다. 임술민란의 폐단을 시정하고 민생을 구해야할 상황에서 옥사는 확대되어 결국 이하전은 제주에 위리안치되었다가 사사당하였다.[98] 이하전은 덕흥대원군의 사손이었던 완창군 이시인의 아들로 헌종 사후 권돈인이 후사로 논의할 정도로 종실 인물 중에서는 뛰어났던 것 같다.[99] 철종이 크게 병이 났었고, 민란으로 정국이 어수선할 때 집권층은 종실의 문제를 거론하여 관심을 돌리고, 혼란 속에 철종 이후를 도모하는 일이 발생할 것을 방지하기 위해 옥사를 일으킨 것이었다.

이토록 안동 김문을 중심으로 한 집권세력은 철종대 여러 사건 사안을 통해 위협이 될 만한 세력을 제거하였다. 여기에 철종 년간 중요 관직에 진출하는 비중이 높아졌던 상황과 합하여 철종대 안동 김문은 소위 세도가문으로 세도정치의 주인이 될 수 있었다. 반면 철종은 왕으로서 권한을 행사하려고 하였으나 태생적으로 순원왕후와 안동 김문에 의해 즉위한 철종이 스스로 왕권을 강화하는 것은 성공하기 어려웠다.

4. 맺음말 : 철종대 정국에서 임술민란

이상에서 본고는 철종의 통치기를 세 시기로 구분하여 철종이 국왕의 위상과 정통성을 확보하기 위한 조처들과 다른 한편으로 안동 김문이 권력을 집중화 하는 과정을 관직 점유와 사건·사안의 처리 속에서 검토해 보았다. 왕이 될 준비가 없이 순원왕후에 의해 즉위한 철종은 통치기간 내내 왕으로

---

98 『哲宗實錄』卷14, 哲宗 13年 8月 11日 辛酉.
99 오수창, 1990, 앞의 글, 122쪽.

서의 정통성을 확보하려 하였다. 철종 1기에는 철종을 즉위시킨 순원왕후가 그 위상을 높여주었으며, 2기에는 철종이 왕실의 권위를 높이고, 특히 순원왕후에 대한 효를 강조하면서 이들과의 관련성을 확보하며 자신의 위상을 높여갔다. 그러나 순원왕후에 대한 지나친 보은과 존숭은 그 외척인 안동 김문의 위상과 입지를 강화해주는 결과를 가져오기도 하였다. 3기에는 순원왕후가 승하한 후 순조와 순원왕후를 존숭하면서 철종의 가족들에 대한 예우를 통해 스스로 권위를 확보하려 하였다. 철종대 집권 관인층은 안동 김문을 대표로 하였다. 철종 1기부터 집권 기반을 마련하였던 안동 김문은 김흥근과 김좌근이 중심이 되어 의정부를 장악하였다. 또한 안동 김문은 비변사에 당상으로 참여하는 비중이 점점 증가하여 이 시기 실제 최고의 관서였던 비변사를 주도하였다. 철종 즉위 당시 5.8%의 비율이 철종 14년에는 24.4%로 늘어났다. 안동 김문은 비변사의 전임 당상을 차지하여 실제 정치를 주도하였다. 그리고 관료를 임명하는 의천에 참여하는 비중도 높았다. 여기에 각종 사건·사안을 통해 반대세력, 위협 인물들을 제거하면서 안동 김문은 철종대 정국을 주도하였다.

철종은 강화도에서 일반민들처럼 살다가 즉위하였다. 그런 만큼 철종은 당시 백성들의 괴로움을 잘 이해할 수 있을 것이라 생각되었다. 19세기의 심각한 문제였던 삼정의 문제도 철종은 알고 있었던 듯하다. "군정·적정·전정의 삼정은 국가에 있어서 대정인데, 현재 3정이 모두 병들어서 민생이 고달프고 초췌해졌다."[100]는 철종의 인식이 이를 알려준다. 특히 철종은 적정, 즉 환곡이 백성들에게 가장 큰 폐단이라 생각하였다. 철종은 수령들에게 이러한 백성들의 괴로움을 알고 제대로 임무를 수행할 것을 지시하였다. 철종은 "방백과 수령 가운데 탐오스러움이 가장 극심한 자는 침실의 벽에

---

100 『哲宗實錄』 卷4, 哲宗 3年 10月 22日 己亥.

써놓았다."[101]고 할 정도로 탐관오리의 폐해를 인지하고 있었으며, 이것이 백성들을 수탈하고 사사로운 이익을 꾀하며 당시 만연된 풍조라 한탄하고 이를 경계하였다.[102]

조정에서는 이러한 백성들의 고충, 특히 조세부담을 덜어주기 위해서 세금을 탕감해주거나 그중 사정이 괜찮은 다른 지역으로 세금부담을 옮기거나, 납부 기일을 늘려주는 정책들을 시행하였다. 또한 철종은 백성들의 삶은 수령에게 달려있고, 그러한 수령을 관리감독 하는 감사의 역할을 강조하며,[103] 수령 인사를 효과적으로 하여 치적이 있는 사람은 좋은 자리로 옮겨주고, 임무를 제대로 수행하지 못할 경우는 파면하도록 하였다. 가뭄, 홍수와 같은 재해를 당했을 때는 위유사를 파견하고 세금을 탕감해주도록 하기도 하였다. 그러나 이는 근본적인 해결책이 아니었기에, 철종 13년 2월 29일 경상감사가 진주의 백성들이 병사兵使를 협박하고 인명을 불태웠다는 민란을 보고하면서 임술민란이 전개되었다.

임술민란은 경제적으로 발전하고, 사회적으로 신분제가 동요되었던 중세 사회가 새로운 시대로 전환되려는 시점에서 발생하였다. 사회경제적인 발전과 변화상을 지배층을 파악하고, 이를 수용할 수 있는 대책을 내어 놓는 것이 그들의 임무일 것이다. 본고에서 검토한 바와 같이 그러나 철종대 정국에서 백성들은 지배층의 관심 대상의 우선순위에서 밀려나 있었다. 철종은 순원왕후가 왕으로 결정해준 바람에 갑자기 왕이 되었으므로 이에 보은하는 한편으로 자신의 정통성과 왕권을 신장시키고 싶어 했다. 여기에 왕으로서 자질과 수업을 받지 못한 상황에서 즉위한 철종에게 오랜 시간동안 적체된 사회경제 문제를 해결할 수 있는 능력이 과연 있었을까 하는 의문이 든다.

---

101 『哲宗實錄』 卷11, 哲宗 10年 3月 5日 乙亥.
102 『哲宗實錄』 卷6, 哲宗 5年 2月 25日 乙丑.
103 『哲宗實錄』 卷9, 哲宗 8年 9月 6日 甲申.

순조대부터 세도를 담당했던 안동 김문은 선왕의 유지가 없었던 상황에서 순원왕후의 수렴청정을 기반으로 권력독점의 배경을 구축하고, 철종이 순원왕후와 순조를 존숭하는 것에 편승하여 가문의 지위를 상승시킬 수 있었다. 이들은 비변사를 통해 관직을 다수 차지하고 이를 재생산해 낼 수 있는 구조를 만들었다. 철종대 정국은 왕으로서 위상을 찾으려는 철종과 이를 오히려 이용하고 견제하며 권력을 독점해 간 안동김문이 만들어냈다. 이들의 관심사는 백성들의 고통과 그에 대한 해결이 우선에 있지 않았다. 민란으로 자칫 권력이 무너질까봐, 왕위에서 물러나게 될까봐 대책을 마련할 수는 있었지만 근본적으로 권력획득과 보존이 우선이었다고 판단된다. 민란 발생으로 당황하면서도 민의를 알게 되어 삼정이정청을 설치하고 이정의 의견을 널리 구하여 해결하려는 노력을 하였던 점은 의의가 있다. 그러나 결국 삼정의 문제보다는 권력의 유지가 우선되는 한 그 노력은 성공하기 어려웠기에 전국적인 민들의 저항에서 제기된 문제들을 해결하지 못하였던 것이다.

단성민란과 향리층의 지속과 변동

권기중(權奇重)*

1. 머리말

임술민란의 발생배경이 삼정三政의 문란과 깊은 연관성이 있음은 주지의 사실이다. 특히 삼정 가운데서도 환정還政이 주요 원인으로 알려져 있다. 그 이유의 하나는 환곡 운영과정에서의 향리 포흠을 둘러싼 갈등 때문이며, 다른 하나는 환곡 포흠을 비롯한 다양한 명목의 잡세가 결가結價 속에 포함되었기 때문이다.[1]

그런데 환곡이 19세기에 와서 특히 문제가 된 이유는 당시의 시대적 상황과 밀접한 관련을 맺고 있다. 첫째는 흉년으로 인한 미징수 환곡의 지속적 증가 현상이며, 둘째는 향리층을 비롯한 중간관리층의 부정행위이며, 셋째는 환곡 이자가 국가 재정에 충당되는 비중의 증가이다.[2] 특히 지방에서는 재정

---

* 한성대학교 사학과 교수.

1 송찬섭, 『朝鮮後期 還穀制改革硏究』, 서울대출판부, 2002, 95면 참조.

2 문용식, 『朝鮮後期 賑政과 還穀運營』, 경인문화사, 2000. 234~236면 참조.

의 부족분을 대부분 환곡의 운영으로 충당하고자 하였기 때문에,[3] 환곡 운영을 둘러싼 민관民官의 갈등은 피할 수 없는 문제였다.

단성민란의 발생배경 역시 환곡과 밀접한 관련을 맺고 있었다. 단성은 지역의 협소함과 척박함에도 불구하고, 환총還摠이 10만석이나 되었기 때문이다.[4] 이러한 사정에 놓여있었기 때문에 단성지역에서의 민과 관 사이에 환곡을 둘러싼 첨예한 대립은 피할 수 없었다. 특히 단성의 사족들은 비옥한 토지를 소유하면서 그 지역의 민들에게 강한 영향력을 행사하고 있었다.[5] 따라서 부세수취를 둘러싸고 사족을 대표로 하는 민과 향리를 대표로 하는 관 사이의 대립은 예견된 것이나 마찬가지였다. 단성민란은 이러한 양자간의 갈등이 전면에 드러난 대표적인 사건이라 할 수 있다.

본 글은 위의 사실들은 염두에 두고 단성민란을 전후한 시기의 단성현 향리가문의 변화여부, 향리층에 대한 당시 사회의 인식, 향리층의 관계망 등을 살펴보았다. 권력의 하수인으로서, 혹은 행정실무자로서 민중의 반대편에 서 있었던 향리층에 대한 분석을 통해 조선후기 사회의 지속과 변동문제에 대한 이해의 폭이 좀 더 넓어지길 기대한다.

2. 단성민란의 전개양상

1862년 임술민란은 단성현에서 시작되었다. 단성현은 한반도 남부지역의 산악계곡에 위치한 작은 군현이었다. 1914년에 인근의 산청군에 통폐합되어

---

3 오일주, 「조선후기 재정구조의 변동과 환곡의 부세화」, 『실학사상연구』 3, 무악실학회, 1992
4 「鍾山集抄」『壬戌錄』 227면, "還弊則處處同然 而以目下最甚論之 丹城縣還摠爲十萬石 赤梁鎭還摠爲十萬餘石 若過一二年 則亦當滿萬 以若至殘至小之邑鎭 還摠若是夥多"
5 김준형, 「조선후기 단성지역 사회변화의 역사적 특성–사족층의 입지변화와 대응을 중심으로」, 『단성 호적대장 연구』, 2003

304   임술민란과 19세기 동아시아 민중운동

현재 행정구역은 경상남도 산청군 단성면·도산면·생비량면·신등면·북동면이다. 경상남도와 전라남도, 전라북도에 걸쳐 있는 지리산의 웅석봉(1099m)을 서북쪽 경계선으로 하여 산청·진주와 접하고 있었고, 소백산맥의 덕유산 줄기에서 뻗어나온 황매산(1108m)을 동쪽 경계선으로 하여 삼가와 접하고 있었다. 그 사이에 여러 산줄기가 뻗어있고 계곡이 형성되어 있었다.

단성현의 중앙으로는 덕유산에서 발원한 남강이 북쪽으로부터 흘러와 단성현의 중앙을 관통해 남쪽으로 흘러가고 그 사이에 황매산에서 발원한 양천강이 동쪽에서 흘러들어와 남강에 합류한다. 계곡을 따라 곳곳에 지류들이 형성되어 이 두 강에 합류하고 그 계곡과 지류 부근에 마을과 전답들이 형성되어 있다. 이같이 단성현은 지리산에 인접한 산간지역이었기 때문에 평야지역이 많지 않았지만 일찍부터 계곡물을 이용한 수전水田이 한전旱田보다 많아서 토지는 비옥한 편에 속하였다.[6] 1789년에 전국의 호수戶數와 인구수를 파악한 『호구총수戶口摠數』에서도 단성현이 작은 현이었음을 확인할 수 있다. 호수는 경상도의 조사대상이 된 53개 군현 가운데 37위인 3,012호이며 인구수는 53개 군현 가운데 33위로서 13,839명이었다.

이러한 단성현의 가장 큰 폐단은 10만석에 이르는 환곡이었다. 이 환곡문제가 어떻게 단성민란을 촉발했는지 그 전개과정을 민란의 지도자였던 김인섭金麟燮 부자父子를 중심으로 간략히 언급하면 다음과 같다. 단성의 사족들은 이미 1850년대 이래로 지속적으로 환곡의 폐단과 운영 주체인 향리층의 처벌을 감영과 읍에 호소와 항의를 하고 있었는데, 60년대에 들어와 이 문제에 관심을 가진 인물은 김령金㰑과 그의 아들 김인섭이었다. 이들은 본관이 상산商山으로 조선 초기에 단성현 법물리에 정착하여 살다가 1839년 단계리

---

6 김준형, 앞의 책, 86면 참조.

로 옮겨왔다. 이들이 단성현의 유력가문으로 인정받은 이유는 김인섭 때문이다. 그는 1846년 문과급제 후 승문원 권지부정자, 사간원 정언 등을 역임하고, 1858년에 젊은 나이인 32세에 고향에 돌아왔다. 그가 내려온 시기는 단성현에 환곡이 크게 문제시되던 상황이었다. 그는 사족의 권위를 회복하고 환곡 폐단을 해결하기 위해 향중의 사족을 이끌어오던 아버지 김령을 도우고 있었다.

김인섭 부자를 포함한 지역 사족들의 활동이 적극적으로 전개된 것은 1861년 12월경부터였다. 12월 23일 현감 임병묵이 이무미移貿米 3천석을 횡령한 것이 발각되었는데, 이것이 단성민란을 촉발한 계기가 되었다. 이듬해인 1862년 1월 9일 단성현의 대소민인 500여 명은 이를 성토하기 위하여 감영에 가서 직접 소장을 올리기로 결정하고, 김령을 대표로 추대하였다. 김령을 비롯한 사족 6·7명은 감영에서 긍정적인 답변을 얻었는데, 그 내용은 이무전移貿錢을 단성민에게 다시 나누어주고 농민들에게 거두어들인 곡식도 돌려주라고 것이었다. 그러나 현감은 이를 끝내 시행하지 않았다. 이에 단성민들은 현감과 향리층에게 직접 사안의 해결을 요구하였다. 이에 사태의 심각성을 깨달은 현감은 두 번이나 감영으로 도망거리다가 붙잡혔고, 현감이 붙잡혀 돌아온 다음날인 2월 4일 단성민란이 일어났다.

김령과 사족층을 포함한 단성민들은 포흠곡을 쌓아둔 창고를 불사르고 장부를 붙태웠으며, 이에 대항하여 향리를 비롯한 관속층들은 몽둥이와 돌을 준비하였다가 가차없이 사족들을 공격하였다. 향리들이 이같이 무자비하게 사족들을 공격하는 모습은 다른 지역에서는 잘 나타나지 않는다. 김령과 김인섭 부자도 이 과정에서 얻어맞고 쓰러졌다. 당시 읍내에는 40여 명에 달하는 향청 임원들이 모두 모여 있었는데, 이들이 향리들의 공격대상이었던 것이다. 분노한 단성민들은 현감에게 욕을 퍼붓고 이방과 창색리의 집을 불태웠다. 현감 임병묵은 감영으로 도주하였다가 2월 15일 파직되었고, 이 과정에서 사족들이 일시적으로 읍권을 장악할 수 있었다.

이후 단성의 사족들은 좌수와 이방을 새로 뽑고, 중앙과 감영에 지속적으로 자신들의 입장을 호소하였지만, 결과적으로 단성민들은 이 사건으로 아무런 소득도 얻지 못하였다. 5월 8일 단성현에 도착한 선무사 이삼현을 비롯한 중앙 정부에서는 이들의 입장을 전혀 고려하지 않았던 것이다. 오히려 단성 사건을 주도했던 사족층들은 체포되어 형장을 맞고 유배되었다. 김령 역시 다음 해 8월까지 전라도 영광군 임자도에서 유배생활을 하였으며, 김인섭은 의금부에 끌려가 곤장 30대를 맞고, 관직이 삭탈되었다. 민란 이후 환곡은 1만석을 제외하고는 경감되었지만, 민란 이후에도 관청에서는 여전히 매년 1,600석에서 1천여 석 정도를 가작加作[7]하는 등 환곡 운영에 있어서의 모순은 해결되지 않았다.[8]

3. 단성현의 향리사회

부세수취를 둘러싸고 민들과 심각한 갈등을 겪고 있었던 단성민란 전후의 향리사회에는 어떤 변화가 일어나고 있었을까. 이를 구체적으로 확인하기 위해서 우선 민란 전후의 주도 향리가문에 변화가 있었는지를 살펴보고자 한다. 1678~1864년 사이 단성현에는 모두 408명의 향리들이 기록되어 있다.[9] 이들의 성씨를 살펴보면, 모두 50여개가 되는데, 이 가운데 19세기까지

---

7 원래 作錢해야 하는 수보다 곡식 수를 임의로 더 늘려 작전하는 것. 작전하는 환곡량이 많으면 많을수록 관청의 화폐수입은 증가함. 시가에 따른 작전과 관련된 환곡의 영리화가 가작을 야기함(문용식 앞의 책 297면).
8 이상 단성민란의 구체적 전개과정은 망원한국사연구실 19세기 농민항쟁분과, 『1862년 농민항쟁-중세말기 전국농민들의 반봉건투쟁』, 동녘, 1988, 116~130면을 참조하였음.
9 분석대상이 된 식년은 향리들의 거주지였던 현내면의 호적대장이 남아있는 1678, 1717, 1720, 1729, 1732, 1750, 1759, 1762, 1780, 1783, 1786, 1825, 1828, 1864년이다. 1735년과 1789년은 인멸이 심해 분석대상에서 제외했다.

꾸준히 향리를 배출하는 성씨는 5개에 불과하다. 나머지 성씨에서는 2~3세대 정도 향리를 배출하는데 그치고 있다.[10] 향리의 업무가 세습을 원칙으로 함에도 불구하고, 향리사회에서는 다양한 성씨들이 출입하고 있었음이 확인된다. <표 1>를 통해 좀 더 살펴보자.

〈표 1〉 단성현의 향리 성씨와 향리 직역의 분포

	戶長 · 記官		貢生		鄕所吏 · 鄕校吏		기타 향리직역		姓氏別 합계	
	인원수	점유율	인원수	점유율	인원수	점유율	인원수	점유율	인원수	점유율
합천이씨	14	29.79	45	26.32	6	5.56	13	15.85	78	19.12
전주최씨	18	38.30	29	16.96	5	4.63	2	2.44	54	13.24
김해김씨	3	6.38	9	5.26	17	15.74	11	13.41	40	9.80
밀양박씨	1	2.13	14	8.19	15	13.89	13	15.85	43	10.54
김해허씨	4	8.51	8	4.68	2	1.85	3	3.66	17	4.17
小計	40	85.11	105	61.40	45	41.67	42	51.22	232	56.86
기타성씨	7	14.89	66	38.60	63	58.33	40	48.78	176	43.14
合計	47	100	171	100	108	100	82	100	408	100

<표 1>을 통해 두 가지의 의미 있는 사실을 확인할 수 있다. 첫째, 5개 성씨에서 상층 향리인 호장·기관의 85%를 차지하고 있었으며, 그 중에서도 합천 이씨와 전주 최씨가 호장과 기관의 68%를 차지하고 있다. 이 두 성씨집단이 단성의 향리사회를 주도했음을 알 수 있다. 둘째, 향교소속이나 향소소속의 향리, 혹은 소동 등의 하층 향리직역은 주요 성씨가 아닌 다수의

---

10 권기중, 「조선후기 단성현 향리층의 분화양상」, 『대동문화연구』 47, 2004

많은 성씨집단에서 높은 점유율을 보이고 있다. 이는 상층 향리직역을 몇몇 가문에서 독점하는 대신에 하층 향리직역은 일반민들이 좀 더 쉽게 접근할 수 있었음을 보여준다.

그런데 이러한 양상은 민란이 끝난 1864년에도 큰 변화를 보이지 않았다. 즉 합천 이씨와 전주 최씨 두 향리가문은 여전히 건재했다. 1864년 호적대장에는 모두 5명의 호장과 기관이 기재되어 있는데 이 가운데 4명은 위의 두 가문출신이었다. 1864년 호적대장에 기재된 호장 이문길의 아버지는 1825년 호적대장에 기재된 호장 이경현으로, 그의 두 형인 이학돈과 이성돈은 각각 공생으로 1825년 호적대장에 기재되어 있다. 이학돈과 이성돈의 족보상의 이름은 이헌조와 이헌룡이다. 이들은 단성현에서 가장 많은 향리를 배출한 합천이씨 이후남계열 가운데서도 18세기 이후 가장 많은 향리를 후손으로 둔 이중원의 고손자들이다. 1864년 호적대장에 기재된 호장 최만욱과 최만기는 4촌간인데, 그의 할아버지는 최치백으로 18세기말에 공생으로 호적에 기재되었으며, 전주최씨 가운데 가장 많은 향리를 배출한 최해운계열의 후손들이다.[11]

다음으로 단성현 향리수의 변화양상을 살펴보고자 한다. 그 이유는 향리 폐단의 원인 중 하나로 중앙정부나 사족층에게 늘 지적된 사항이 향리수 과다의 문제였기 때문이다. 이 글의 주된 관심이 되는 19세기의 향리수 변화 양상을 호적대장을 통해 확인하는 데에는 한계가 있다. 읍치지역인 현내면의 호적대장이 1825, 1828, 1864년 3개 식년 밖에 남아있지 않기 때문이다. 그럼에도 불구하고 1864년의 호적대장을 통해 그 이전 시기와 다른 특징을 발견할 수 있다. 그것은 향리수가 19세기 전반기에 비해 상당히 소수라는 사실이다. 아래 <그림 1>에서 보듯이 1864년의 호적대장을 보면

---

11 권기중, 「조선후기 단성현의 향역분포와 계승양상」, 『역사와 현실』 41, 2001.

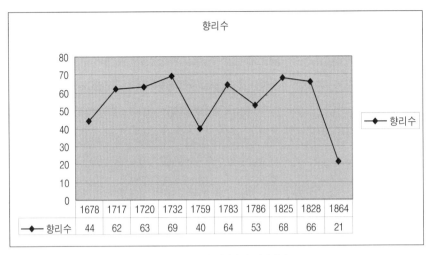

〈그림 1〉 단성현 향리수의 변화양상

향리수가 19세기 전반기에 비해 갑자기 급감한다.[12]

    <그림 1>을 통해 보면 민란의 결과 향리수가 감소했다고 해석할 여지는 충분하다. 하지만 실제 향리수가 감소하려면, 지방 행정조직에 획기적 변화가 있어야 한다. 하지만 19세기에는 각종 부세기구의 증설로 인해, 행정조직이 분화되어 향리수는 도리어 증가한다.[13] 그럼에도 불구하고 1864년 호적대장의 향리수 감소는 국가의 이액감액정책吏額減額政策에 대한 군현의 대응으로 보여진다. 아래의 자료는 임술민란이 일어났던 철종 13년의 이액감액정책의 내용이다.

---

12 한편, 1759년의 향리수 급감은 다른 원인 때문이다. 1759년의 단성현 현내면 호적대장은 3리 南山村 9통 4호 이후부터 4리 大方村 5통 앞까지가 누락되었다. 1762년 3리 9통 4호부터 4리 대방 5통 앞까지의 향리수는 8명이 나타난다. 따라서 1759년의 향리수의 변화는 호적대장의 불완전성에 원인이 있다.

13 孫炳圭, 『李朝後期地方財政史の硏究』, 東京大 博士學位論文, 2001, 228~236면 참조.

각 읍의 향리수가 지나치게 많아 다양한 폐단이 많습니다. 가령 본읍의 향리 직임이 몇 개라고 한다면, 향리수는 직임에 따라 수를 정하여, 영구히 차례대로 차임하게 하고, 원액외에 몇 사람을 더 정할 때는 빈 자리에 따라 원액에 올려 붙입니다. 순영으로 하여금 각읍 수령과 상의하여 정수성책을 상송하게 하십시오[14]

당시 정부는 임술민란에 대한 조치의 하나로 향리수 감액정책을 제시하고 있었는데, 그 내용은 향리수의 정원을 군현의 향리 직임 수에 맞추어 정하라는 것이다. 단성현 역시 실제 향리수가 감소하지 않았더라도 공문서인 호적대장에 국가가 제시한 정책에 따라 직임 수에 해당하는 향리수만을 호적대장에 기재했을 가능성은 충분하다.[15]

이는 단성현의 『경술庚戌(1850) 인리관안人吏官案(이하 『관안』)』을 통해 추정할 수 있다.[16] 이 『관안』에는 단성현의 향리명부에 해당하는 「경술정월인리관안庚戌正月人吏官案」과 향리가 구체적으로 어떤 직임을 담당하고 있었는지를 보여주는 「경술이월인리분방庚戌二月人吏分榜」이 포함되어 있다. 이 자료를 통해 모두 64명의 향리들을 확인할 수 있다.[17] 그런데 여기에서 흥미로운 사실은 아래 <표 2>와 <표 4>의 「경술정원인리관안」과 「경술이월인리분방」의 향리수이다. 이 자료들에는 각각 61명과 18명의 향리(-직임은 30개)가 기재되어 있는데, 이 숫자는 각각 호적대장에서 확인한 19세기 전반의 향리수 60여명과 1864년의 향리수 21명과 비슷하다. 향리감액정책이 직임수에 따

---

14 『備邊司謄錄』哲宗 13年 12月 11日, "一各邑吏額過多 爲弊多端 假令本邑任窠爲幾何 則額數依任窠數定置 以爲從久次輪差之地 而原額外加定幾人 隨闕陞付 令巡營 商議於各邑倅定數成冊上送是白齊"

15 張東杓, 『朝鮮後期 地方財政硏究』, 國學資料院, 1999, 143~152면 참조.

16 이 자료는 지역문화연구소장이신 정승모 선생께서 제공해 주셨다. 다시 한번 감사의 말씀을 드린다.

17 『경술정월인리관안』의 61명과 「경술이월인리분방」에 새롭게 등장한 3명.

른 향리수를 정수定數로 하는 정책이었음을 감안한다면, 단성현에서는 민란 이후에 국가의 정책에 호응하여 「경술정월인리관안庚戌正月人吏官案」의 향리수 가 아닌 직임을 정확히 구분해놓은 「경술이월인리분방」의 향리수를 호적대 장에 기재한 것이다.

『관안』을 통해 단성현의 성씨별 분포양상과 업무를 좀 더 자세히 살펴보 자. 『관안』에는 단성현의 제반 업무를 담당하는 몇 종류의 名簿가 포함되어 있다. 순서대로 나열하면, 「경술정월인리관안庚戌正月人吏官案 ─ 이하 「인리관 안」」, 「경술이월향임좌목庚戌二月鄕任座目」, 「팔면집강八面執綱」, 「군관좌목軍官座 目」, 「인리분방人吏分榜」, 「관노질官奴秩」 등이 그것이다. 본 글에서는 이 가운 데, 향리층의 존재양상을 보여주는 「인리관안」과 「인리분방」을 중심으로 논의를 전개하고자 한다.

〈표 2〉「경술정월인리관안」의 향리 직역과 명단[18]

順番	職役	姓名	出入	順番	職役	姓名	出入	順番	職役	姓名	出入
1	戶長	愼正默		22	人吏	李敬稷	除案	43	人吏	金聖奎	
2	前戶長	崔善根		23	人吏	金井八		44	人吏	宋桓成	
3	前戶長	愼琦裕		24	人吏	崔孔彦		45	人吏	朴八俊	(박팔주)
4	前戶長	李敏浩		25	人吏	權武夏		46	通引	宋桓成	陞吏
5	詔文記官	崔昌斗		26	人吏	金以奎		47	通引	崔光國	
6	詔文記官	崔崙	身死	27	人吏	朱南耆		48	通引	朴八周	陞吏
7	詔文記官	崔林		28	人吏	李志洪		49	通引	昔河錫	
8	詔文記官	崔璿斗		29	人吏	柳宜洪		50	通引	金以亨	
9	詔文記官	崔榮宇		30	人吏	朴景一		51	通引	金必魯	除案
10	詔文記官	崔敬郁		31	人吏	許權		52	通引	崔鎭五	

18 이 관안에는 使令 명단도 있으나, 향리가 맡는 직역이 아니라 제외하였음.

11	詔文記官	李成敏		32	人吏	崔仁琪	身死	53	通引	崔口口	
12	詔文記官	崔允明		33	人吏	金履口	呈頉	54	通引	李啓錫	
13	詔文記官	李三祚		34	人吏	李基口		55	通引	孔日文	納贖頉
14	詔文記官	崔鎭明		35	人吏	朱雲祚		56	通引	孫聖대	
15	詔文記官	李求錫		36	人吏	宋奎成		57	通引	權景直	除案
16	詔文記官	愼成蘊		37	人吏	朱匡祿		58	通引	李今錫	
17	詔文記官	愼必寧		38	人吏	崔漢周		59	通引	李斗錫	
18	詔文記官	李佑錫		39	人吏	愼相謹		60	通引	李愼成	
19	人吏	朱正烈		40	人吏	朴思根		61	通引	李元日	
20	人吏	金星漢	身死	41	人吏	朴五祥		62	通引	鄭基成	
21	人吏	崔斗郁		42	人吏	崔茂吉		63	通引	崔錫周	

*음영이 들어간 인물은 인리로 陞吏한 사람으로 이중 기재됨.

<표 2>를 통해 두 가지의 기본적인 사실이 확인된다. 첫째, 호장과 기관을 포함하여 61명의 향리들이 확인된다.[19] 그리고 이 가운데 8명은 사망, 납속, 정탈 등의 이유로 향리층에서 탈락하였다.

둘째, 성씨별 분포를 확인할 수 있다. 이를 다시 간략히 표로 정리하면, 아래 <표3>과 같다.

---

19 송환성, 박팔주는 통인에서 인리로 승급하면서 두 번 기재됨. 송환성이 통인에서 인리로 승급하면서 인리안에 기재된 사실로 볼 때, 통인 박팔주는 인리 박팔준으로 비정할 수 있음.

姓氏	(前)戶長, 記官	人吏	通引	合計
李	5	3	5	13
崔	9	5	4	18
愼	4	1		5
金		5	2	7
朴		4	1	5
朱		4		4
宋		2	1	3
기타 7성씨		3	5	8
合計	18	27	18	63

<표 3>에 등장하는 호장과 기관 가운데 이씨와 최씨는 전주 최씨와 합천 이씨 향리파 출신일 것이다. 단성현에서 이씨와 최씨 가운데 호장과 기관을 역임한 성관은 위의 두 성관 외에는 확인되지 않기 때문이다. 김씨, 박씨, 주씨 등은 18세기 이래 향리직역을 꾸준히 수행해 온 김해 김씨, 밀양 박씨, 웅천 주씨 등으로 보인다. 이들 성관은 확인 가능한 19세기 호적대장에 여전히 향리 직역을 지는 성씨로 기재되고 있기 때문이다. 이와 함께 주목되는 사실은 이전까지 단성현에서 한번도 향리 직역을 지지 않았던 거창 신씨[20]가 호장과 기관의 직역을 담당하고 있었다는 사실이다.

다음으로 향리들이 어떤 업무를 담당하고 있었는지, 「인리분방人吏分榜」을 통해 확인해보자. 단성현의 향리 업무는 이 자료에 따르면 30개의 명목으로 구분되는데, 크게 '색色'과 '서원書員'으로 나눠 살펴볼 수 있다.

---

20 이들 중 한명인 조문기관 신필녕이 1864년 호적대장에 거창 신씨로 등재되어 있다.

먼저, 색에 대해 알아보자. 향리의 업무는 호장과 육방의 명목으로 수행되기도 했지만, '색리色吏'라는 호칭으로 수행되는 것이 일반적이다. 색리의 색은 '빗'으로 읽히는 이두문자로 지금의 ○○과課나 ○○계係와 같은 부서에 해당된다.[21] 또한 '색'은 그 자체로 색리의 의미를 가지고 사용되는 경우가 많아, 육방과 마찬가지로 부서명이자 직명으로 쓰이고 있다.[22] 조선후기 지방군현의 읍사례를 보면 호장이나, 이방, 승발 역시 각기 호장색, 이방색, 승발색 등으로 기록하는 경우가 다수임을 확인할 수 있다. 따라서 아래 <표 4>의 색은 특정부서의 담당업무의 의미로, 혹은 하나 하나가 부서의 의미로 사용될 수 있다. 예를 들어 7번의 진상색은 예리 즉 예방소속의 향리 최경욱이 담당하며, 고세색 역시 예방 소속의 향리 유의홍이 담당하는 것으로 기록되었다. 최경욱과 유의홍은 예리로서 진상, 고세雇稅의 업무를 담당했던 것이다.

〈표 4〉「人吏分榜」에 기록된 향리의 담당 업무와 명단

順番	담당업무	姓名	順番	담당업무	姓名
1	戶長	崔善根	16	醫生	朴景林
2	吏房	崔昌斗	17	生比良書員	朴景林
3	戶房色	愼琦裕	18	元堂書員	崔璿斗
4	邑倉色	朱南耆	19	縣內書員	李佑錫
5	外倉色	崔林	20	北洞書員	宋桓成
6	都書員	宋奎成	21	都山書員	朴思根
7	進上色 -公禮吏	崔敬郁	22	法勿也書員	朴思根

---

21 장지영·장세경, 『이두사전』, 산호, 1991, 170면.
22 지방군현의 행정·재정업무를 실제 주관했던 육방은 부서명이자 직명을 가리키는 이중의 의미를 지니고 있다(金弼東, 「朝鮮後期 地方吏胥集團의 組織構造(상·하)」『韓國學報』2 8·29, 1982, 106면 참조).

8	雇稅色 -公禮吏	柳宜洪	23	貿易色	朴思根
9	首刑吏	李成敏	24	新等書員	朴八周
10	官廳色		25	悟洞書員	
11	兵房色	許權	26	採鍊色	朴思根
12	水軍色		27	軍器色	朴思根
13	工房色	朱孔祚	28	靑大口魚貿易色	朴思根
14	宮錢色		29	騎船色	朱孔祚
15	結錢色	愼憙蘊	30	承發	朱孔祚

다음으로 서원에 대해 살펴보자. 서원 역시 특정업무를 담당한다는 의미에서는 색리의 하나로 볼 수 있다. 이러한 서원은 양전量田과 전세의 수취와 관련된 일을 담당하였다. 조선후기에 들어와 부세가 토지로 집중되는 도결화 현상이 일반적이었음을 감안한다면, 서원은 상당한 요직이었을 것이다. 18세기 사례이지만 황윤석黃胤錫이 목천현감으로 부임했을 때의 다음 사례는 서원이 얼마나 요직이었는가를 보여준다.

창색 유대혁은 마땅히 체직되어야 하나 거듭 차정되었기 때문에 다시 사직했다. 따라서 김인갑을 창색으로 대신 차정하였다. (김인갑은) 작년에 (내가) 新迎할 때 先應色이었기 때문에 예에 따라 마땅히 도서원을 삼아야 하지만, 이미 신여대가 어머니의 행차를 다시 맞이하여 먼저 그를 도서원으로 차정하였다. 이런 까닭에 부득이하게 김인갑을 창색으로 삼았다. 김홍술(본명 동환) 역시 내가 신영할 때, 배행했기 때문에 특별히 서면의 서원으로 차정했다. 서면은 가장 큰 면으로 양민이 가장 많아서 (그가) 포흠을 면하는데 도움이 될 수 있을 것이다. 또 전관 유한규가 신영할 때 지응한 권재형과 배행한 이유대는 모두 유월의 환차를 기다렸다가 이에 따라 처리하고, 유대혁은 유월을 기다렸다가 관청색으로 삼을 것이다.[23]

도서원과 서원의 자리는 황윤석이 목천에 부임해오는 과정에서 가장 큰 도움을 준 향리에게 우선 배정하는 요직이었다. 단성현에서는 현을 구성하는 8면의 서원 가운데 7면의 서원과 책임자인 도서원을 <표 4>를 통해 확인할 수 있다.[24] 이우석과 최선두, 박사근과 박팔주, 박경림, 송규성과 송환성 등이 그들이다. 이우석과 최선두는 「인리관안」에서 조문기관으로, 박경림을 제외한 나머지는 모두 인리로 확인된다.[25] 이 가운데 이우석과 최선두, 박사근 등은 이 지역을 대표하는 향리가문인 합천 이씨, 전주 최씨, 그리고 밀양 박씨로 예상된다. 이들 가운데 박사근은 「인리분방」에서 도산서원과 법물야 서원 뿐만 아니라 무역색, 채련색, 군기색, 청대구어무역색 등 모두 6개의 업무를 겸직하고 있다. 송규성과 송환성은 회덕 송씨로 추정된다. 그 이유는 이미 18세기 후반부터 단성현에서 서원직을 수행하는 회덕 송씨가 확인되기 때문이다.[26] 자료가 불완전하여 추정에 불과하나, 회덕송씨는 이 지역에서 꾸준히 서원의 업무를 담당했을 것이다.

그런데 <표 4>를 통해 부세수취를 위해서는 반드시 필요한 몇몇 향리직임이 빠져있다는 사실도 확인된다. 대동법과 균역법의 실시 이후 그 담당업무를 보는 대동색과 균역색을 비롯하여, 중앙 군역자의 군포를 수납하던 어영색과 금위색 등이 그들이다. 뿐만 아니라, 향교, 향소 등에 소속된 향리들도 제외되어 있다. 따라서 실제 단성현에는 여기에 포함되지 않은 다수의 행정실무자들이 더 있었을 것으로 예상된다.

---

23 『頤齋亂藁』 권32 정조3 12월 2일, "倉色劉大爀 應遞而因差則再辭 故代差金仁甲 卽昨年新迎時 先應色 故依例當爲都書員 而旣有申汝大再迎慈行 先受都書員之差 故不得已仁甲爲倉色 而金泓述(本名東煥)亦以新迎時隨陪 故特差西面書員 爲其最大之面 良民最多 有可以求助免逋故也 又令前官柳漢奎之新迎 支應權載衡 隨陪李有大 並待六月換差時 從長區處 又令劉大爀 待六月移差官廳色"
24 오동서원이 누구인지는 「인리분방」에 기재되어 있지 않다.
25 박경림은 「경술정월인리관안」에서 확인되지 않는다.
26 권기중, 2001, 앞의 논문, 77면 참조

왜 모든 향리 직임자들이 「인리분방」에 기록되지 않았을까. 이러한 자료 상의 한계가 생긴 이유는 간단하다. 앞서 제시한 『이재난고』의 자료로 추론 해보면, 황윤석은 12월에 향리에 대한 차정을 실시하고, 이때 차정되지 못한 향리들은 6월을 기다렸다가 차정하고자 하였다. 단성현에도 이월달에 「인리 분방」이 고시된 것으로 보아 정월이나 2월에 한번, 그리고 6월과 7월 중에 한번, 이렇게 일년에 두 번 향리 직임을 차정했을 것이다. 위의 자료에서 확인되지 않았던 대동색 등의 직임은 현재 확인할 수 없으나, 6월 혹은 7월에 새롭게 직임을 고시한 「인리분방」에 기재되었을 것이다.

그리고 단성민란 이후에도 단성현의 향리조직에 획기적 변화는 확인되지 않는다. 향리조직구조에 대한 개편은 1895년 9월에서야 가능하였다.[27] 따라서 1850년대의 향리 조직과 인원수는 단성민란 이후에도 여전히 유지되었을 것이다.

4. 민란주도층과 향리

앞서 살펴본 바와 같이 민란을 전후한 시기에 단성현의 향리사회는 여전히 세습 향리가 지방관아의 행정실무를 장악하고 있었다. 그렇다면 이 시기의 민란주도층인 사족층과 향리층은 어떤 관계를 유지하고 있었을까. 다음의 자료를 보자.

---

27 1895년의 이서조직개편은 조세업무에서 향리들을 분리시키기 위한 세무과의 설치, 향리수를 절반 이하로 축소시키는 내용을 골자로 한다. 하지만 이 제도개편은 향리층의 강력한 저항에 의해 무력화되어 광무년간의 지방정책에서는 다시 조세행정과 지방재정이 향리층에게 전적으로 환원되었다(유정현, 「1894~1904년 지방재정제도의 개혁과 이서층 동향」, 『진단학보』 73, 1992. 참조).

A. (2월 29일) 향청 임원들이 청심정에 모두 모여 좌수와 이방, 호장을 선출하였다.[28]

B. (3월 18일) 무릇 단성현의 쌓인 포흠을 뿌리 뽑지 않으면 단성현은 존속할 수 없습니다. 쌓인 포흠을 없애려면 그 원흉 6,7명을 반드시 주살하여야 할 것입니다. 그 나머지 징수할만한 자는 급하게 독촉하고 만약 배상할 수 없는 자는 다 견책하여 그대로 모두 군현 밖으로 쫓아내십시오.[29]

C. (5월 8일) 처음에 듣기로는, 삼반관속은 다 향중에서 차출한 역속, 무부, 고공 등이고, 관청은 오래도록 폐쇄되었으며, 현감의 조석꺼리도 소위 관청리가 주막에서 사온다고 했는데, … 지금 단성현에 와보니, 시중드는 관속들이 의복이 모두 선명하고, 행동거지가 숙달되어 있는 것이 역속이나 무부의 무리가 아닌 듯 하여 심히 의아스러웠다. … 현감 이원정이 입견하길래, 그 까닭을 물으니, 답하기를 "(선무사가 도착한다는) 노문이 어제 도착했길래, 향중에서 차출한 관속들에게 '너희들이 능히 (선무사) 행차를 지응하고 접대할 수 있겠는가'하고 물었습니다. 모두 다 할 수 없다고 하여 '그렇다면 큰 탈이 날 것이다. 너희들은 모두 물러가고 이전 관속들을 불러들이는 것이 좋겠다'라고 하였습니다. 지금 일을 거행하는 사람들은 모두 전일의 관속이지 향중에서 차출한 자들이 아닙니다"라고 하였다.[30]

위 자료에서 보듯이, 단성민란 직후에 사족들은 좌수와 이방, 호장 등 관속

---

28 『단계일기』 1862년 2월 29일, "鄕員大會淸心亭 薦出座首吏戶"
29 「丹城前正言金麟燮單子」 『壬戌錄』, 39면, "大抵丹之積逋不拔 則邑無以存 積逋欲拔 則必誅 元魁六七漢 其餘則察其可徵者 急督之 如不可償者 則悉躅之 而仍爲盡逐出境"
30 「鍾山集抄」 『壬戌錄』 214면, …始聞三班之屬 皆自鄕中差出 卽驛屬・巫夫・雇丁等輩也 官廳 久閉 縣監朝夕之飯 所謂官廳吏 買來於店舍 … 而及到丹界 廷候官屬 衣服皆鮮明 擧行極鍊 熟 非驛屬・巫夫之類也 已甚訝惑…縣監李源鼎入見 故問其委折 則答以昨日路文來到 故謂 鄕中差出之官屬曰 汝等能支待行次乎 皆曰不能 然則必將大生頉 汝等其各退去 招入前日官 屬可也 目下擧行 皆前日官屬 而非鄕差出者也

층을 자신들 뜻대로 선출하여 읍정邑政을 장악하고자 하였다. 이와 함께 이들은 3월 18일에 진주에 도착한 안핵사 박규수에게 김인섭이 대표로 단자를 올려 단성의 실태와 포흠 향리의 주살과 出境을 주장하며, 자신들의 정당성을 알리고자 하였다. 하지만 박규수는 단성현에 가보지도 않고서 김인섭 부자의 죄상을 미리 지목하여 그들을 도리어 처단하고자 하였다. 그런데 박규수가 김인섭 부자를 처벌하고자 한 이유는 현직 관료와 지방 사족과의 대립이라는 측면과 함께 노론계 인물이었던 박규수가 영남 일원의 명망있는 남인계 사족들을 이 민란을 계기로 일망타진하려한 측면이 같이 고려되어야 할 것이다.[31]

신임현감 이원정 역시 박규수와 같은 입장에 있었다. 그는 사족들의 세력에 밀려 군현 업무를 볼 수 없었고 식사조차도 관청리가 주막에서 사서 바치는 정도였다. 하지만 결국 세 달이 지나지 않아, 현감 이원정은 선무사 이삼현의 접대를 핑계로 군현 행정을 민란 이전의 기존 향리층에게 맡겨버렸다. 노론층이 정국을 주도하는 한 남인계 지방사족들의 정치력은 상당한 한계가 있을 수 밖에 없었을 것이다.

이러한 상황하에서 단성의 사족들과 향리들의 관계는 어떻게 전개되었을까. 민란주도층의 핵심 인물이었던 김인섭과 향리층의 관계를 통해 그 일단을 유추해 보자. 먼저 이방 이동팔과의 관계를 김인섭이 작성한 두 종류의 자료를 통해 살펴보자.

A. 옛 유리(=吏房) 이동팔이라고 하는 자가 흉당을 몰래 이끌고 와서는 개인적으로 (신임 현감을 맞이하려) 떠나갔다고 하니, 그 마음은 지난날 한 마음으로 작간한 일들이 하루아침에 탄로 나서 새로운 수령에게 죄를

---

31 金玄操, 「단성민란에 대한 연구」 『조선후기의 체제위기와 사회변동』, 정신문화연구원, 1989

받을까 두려워서 분주히 달려간 것입니다. 갖은 아부로 일향을 능멸하려고 하여 그리 한 것입니다.[32]

B. 향리 이동팔이 왔다. 들으니 관에서 향민을 모아놓고 모름지기 세금 외에 篙工米 몇 백석을 더 거두고, 배 만드는 값 천여량을 또 징수한다고 한다. 영구히 항식이 되면, 단성읍이 보전되기 어렵다.[33]

전술한 바와 같이, 김인섭은 단성민란이 발생한 당시 아버지인 김령과 함께 향리들에게 구타당하는 치욕을 겪었다. 민란 이후 이 지역사족들은 바로 이 문제를 거론하면서 사족과 향리간의 명분을 바로 잡아달라고 요구하였다. 하지만 선무사 이삼현은 김인섭이 난민들과 함께 관아에 들어와 관장을 능욕하자 관속들이 분을 참지 못하고 구타한 것이라고 옹호하면서, 도리어 관장을 능욕한 사족들의 명분을 바로 잡아야 한다고 강변하였다.[34] 이 사건에서 알 수 있듯이 김인섭은 단성의 향리층에게 씻을 수 없는 치욕을 경험한 것이다. 그 중심에는 합천 이씨 향리가의 이방 이동팔이 있었다.[35]

이동팔은 민란 직후 기존 향리층을 이끌고 신임 현감을 영접하러 상경하는데, 이는 지역 사족들의 의사와는 무관한 것이었다. 이 지역 사족들은 그들이 차정한 좌수와 이방 등으로 신임 현감을 맞이하려 했기 때문이다. 이러한 일이 발생한 후 18년 만에 김인섭의 일기에 등장한 이동팔은 김인섭에게

---

32 「丹城前正言金麟燮單子」『壬戌錄』, 39면, "舊由吏李東八爲名漢 潛引兇黨 私自發去云 蓋其心 以爲向日同心作奸之事 恐或一朝綻露 得罪於新使君 奔走馳去 以獻媚百態 凌蔑一鄕而然也"

33 『단계일기』 1880년 1월 23일, "李吏東八來謁 聞官會鄕民 方勸加稅外篙工米幾百石 又徵造船費千餘兩云 永爲恒式 丹邑難保"

34 「丹城前正言金麟燮單子」『壬戌錄』, 37~40면

35 이동팔은 합천 이씨 향리가문의 인물로 여겨진다. 비록 호적대장에서 이동팔이란 인물은 확인되지 않으나, 조선후기 이래 단성현에서 합천 이씨 향리파외에 또 다른 이씨가 이방과 같은 상층 향리를 역임한 사례는 단 한번도 없기 때문이다.

관아의 잡역세 징수와 관련된 사정을 알려주고 있다. 단성민란 당시 사족들에게 가장 극악한 향리로 지목된 이동팔은 여전히 부세수취와 관련된 업무를 보고 있었으며, 그 사정을 김인섭에게 알려주고 있다. 저간의 사정은 알 수 없으나, 앞으로 있을 새로운 세금 징수를 미리 통보함으로써 사족층의 대표라 할 수 있는 김인섭과의 타협을 시도한 것으로 보인다.

두 번째로 호장 신필녕과의 관계를 살펴보자. 신필녕의 본관은 거창이다. 1864년 호적대장 사조란를 통해 그의 가계를 살펴보면, 부는 안일호장 신이교愼以敎, 조부는 계공랑 신지일愼志一, 증조는 신가항愼可恒, 외조부는 안일호장 학승鶴升이다. 그의 부인은 진양晉陽 하성河姓이며, 처부는 섭호장 하계호河啓浩, 처조는 장사랑 하석홍河碩洪, 처증조는 계공랑 하용언河龍彦이다. 처외조는 안일호장 오경수吳慶秀였다. 계공랑과 종사랑은 호장을 거친 향리가 국가에서 받은 동반직 품계이다.[36] 이로 보아 이 가계는 향리로서 상당한 명문에 해당된다. 이들은 19세기 전반까지의 단성현 호적대장에서 확인되지 않는다. 이들은 거창의 향리가문으로 세거하다가 이포吏逋 혹은 가문내의 이임吏任경쟁에서의 탈락 등의 이유로 단성현으로 이주했을 가능성이 크다.[37] 이같이 전문 지식을 바탕으로 다른 지역으로 이주하였음에도 여전히 향리가의 전통을 계승한 사례는 전라도에서도 확인된다.[38] 이러한 과정을 거쳐 단성현의 향리가 된 신필녕과 김인섭의 관계를 『단계일기』를 통해 확인해 보자.

> A. 향리 신필녕이 방문했다. 그는 강직하여 그 무리들부터 받아들여지지 못했다. 막걸리를 한잔 매겨 보냈다.[39]

---

36 『六典條例』권1, 「吏典」'鄕吏給帖', "每冬季月二十五日後 考各邑陳省 給攝戶長 正朝戶長 安逸戶長帖 過此則將仕郎從仕郎帖次次成給 限通德而止"
37 李勛相, 『朝鮮後期의 鄕吏』一潮閣, 1990, 39면 참조
38 홍성찬, 「19·20세기초 鄕吏層의 사회적 동향-谷城 丁氏家의 사례를 중심으로」『경제사학』 24호, 1998

B. 향리 신필녕이 방문했다. 그가 강직하니 가상하다. 내가 청절을 지킬
   수 있게 돕는다.[40]
C. 쌍충록 서문을 읍리 신필녕을 위해 작성하였다.[41]
D. 향리 신이 검소로부터 방문했다. 그 할아버지의 쌍충록 서문을 받아
   갔다.[42]

   신필녕은 1850년 『관안』에는 기관으로, 1864년에는 호장으로서 단성현
향리가운데 중심적 위치에 있었다. 그는 위의 일기에서 보듯이 조상을 현양
하기 위한 책의 서문을 김인섭에게 부탁하여 받아 내고 있다. 이는 당시
향리사회에서 자신들의 존재감을 드러내기 위해 조상의 업적을 인근 사족이
나 수령에게 부탁하던 일반적인 행위의 하나였다.[43] 조선왕조는 임란과 호란
을 겪고 또 인조반정이 일어나자 이를 계기로 포충창절褒忠彰節을 중요한 정책
으로 내세웠다. 이런 정책의 영향으로 충·효·열과 같은 강상과 대의명분
을 강조하고 조상과 가문을 내세우려는 숭조·문벌의식이 조선후기 사회에
팽배했다.[44] 이러한 시대적 분위기는 충신을 선조로 둔 향리들이 상층향리직
에 임명되는데 긍정적인 요소로 작용하였다. 당시 수령들은 군현통치에서
향리가 차지하는 위치를 인정하고 있었으나, 이들을 바라보는 시각은 매우
부정적이었다.[45] 이때 충신의 후손이라는 조건은 상층향리직 임명에 관여했
던 수령과 사족에게[46] 중요한 선택의 기준이 되었을 것이다.[47] 신필녕은 김인

---

39 『단계일기』 1879년 8월 8일, "愼吏弼令來謁 渠性直 不容於渠流 沽飮醇醪去"
40 『단계일기』 1880년 6월 9일, "愼吏弼令來謁 渠直截 可尙勗余固守淸操"
41 『단계일기』 1881년 5월 3일, "序雙忠錄 -爲邑吏愼必寧作-"
42 『단계일기』 1881년 5월 8일, "愼吏自檢所來謁 受其祖雙忠錄序去"
43 李勛相, 앞의 책, 235면 참조.
44 이수건, 「남명학과 의병활동의 역사적 의의」, 『남명학연구』 2, 1992, 11면 참조.
45 『居官雜錄』「近民要覽」附鄕吏弊, "夫吏者國之蠹也 民之瘼也 然吏之於國 亦不可無也 夫稅
   納之節 軍布軍器等節 倉穀之幾何 邑務之緩急 文簿之紛紜 獄訟之措處 法令之擧行 戶口之
   多少 結卜之幾何與 其各項 大小事 爲非吏則 不能詳知 非吏則 亦不能擧行 然則吏之於國 似
   有功效 而反有其害 偸食國財 上納常滯 浚竭民膏 蒼生難保 其故由何"

섭을 통해 자신들이 충신집안이라는 점을 확인받고자 한 것 같다.

이외에도 향리들은 부세수취 문제와 문안 인사 등의 이유로 김인섭을 빈번하게 방문하고 있었다. 이 가운데 書員의 방문과 관련된 자료 몇 가지를 예시하면 다음과 같다.

> A. 서원이 와서 虛卜와 引卜을 조사했는데, 모두 128부 2속이었다.[48]
> B. 서원 이두석이 방문하여 考卜한 것이 54부 8속이었다.[49]
> C. 서원 최동규를 불러 考卜한 것이 21부 5속이었다.[50]
> D. 해당 리의 서원 박진언이 방문하여 考卜하였다. 영읍에서 정한 卜價는 양반은 1냥 5전이고, 하호는 2량이라고 한다.[51]
> E. 서원이 와서 結斂을 佃卜에게 이록하고 갔다.[52]

위의 자료는 서원이 김인섭가의 토지 결부수가 잘못 계산되었거나 변화가 생겼을 때, 이를 재조사하기 위해 김인섭을 방문하고 있는 사례들이다. 이는 김인섭가에서 부담할 결가結價와 관련하여 매우 민감한 사안들이라 할 수 있다.

이와 같이 지역내의 사족과 향리들은 늘 대립과 갈등관계를 유지한 것은 아니었다. 비록 그들은 서로의 필요에 의해 것이었겠지만 상호간에 어느

---

46 『栗谷先生全書』卷16, 雜著3, 海州一鄕約束, "鄕吏中選擇淸謹吏 置簿勸善 上戶長吏房 必以淸謹者 備望差定 若有他岐圖得者 勿許行公事"; 權紀, 『永嘉誌』"上戶長吏房 上中壇謹愼可當人擇差"

47 권기중, 「임진왜란 시기 향리층의 동향과 전후(戰後)의 향리사회 – 경상도 지역을 중심으로 –」『역사와 현실』64. 2007.

48 『단계일기』1870년 11월 2일, "書員來考虛卜及引卜合一百二十八負二束"

49 『단계일기』1874년 12월 5일, "書員李斗錫來謁考卜五十四負八束"

50 『단계일기』1879년 11월 2일, "招書員崔東奎考卜二十一負五束"

51 『단계일기』1885년 10월 26일, "該里書員朴珍彦來謁考卜卜价自營邑酌定班戶一兩五戔下戶二兩云"

52 『단계일기』1888년 7월 13일, "書員出來結斂移錄佃卜去"

정도의 인적 네트워크를 맺으며, 군현내의 문제를 해결해 나가고 있었던 것이다.

5. 맺음말

이상에서 살펴본 바와 같이, 단성 민란의 과정속에서도 민들의 주된 공격 대상이었던 향리층들은 이후 시기에도 여전히 전통의 향리가문을 중심으로 군현의 행정을 전담하고 있었다. 민란주도층은 향리 포흠의 핵심인물들을 처벌할 것을 주장하였지만 중앙정부의 대표자들은 이를 묵살하였고, 그들을 행정현장에 복귀시켰다. 중앙정부나 지방수령의 입장에서는 기존의 행정조직을 통한 민의 통치가 더 급선무였던 것이다. 이는 향리층의 실무능력을 인정했기 때문이기도 하나, 다른 측면에서 본다면 향리 포흠에 대한 입장이 서로 달랐기 때문일 것이다.

향리 포흠의 사전적 의미는 향리가 조세를 포탈하거나 관아의 물품을 사사로이 소비하여 부족을 초래하는 것을 말한다. 사전적 의미대로라면 앞서 살펴본 황윤석은 자신이 수령으로 부임하는데 공이 있다는 이유로, 부정축재를 위해 관아의 재산을 축낸 향리에게 요직을 맡기고 그의 포흠를 해결해주려는 사람이 되어버린다.[53] 향리 포흠은 향리 개인이 사사로이 사용한 부분도 적지 않았겠으나, 많은 부분이 중앙과 지방 재정에 사용되었다. 중앙과 지방의 관료들은 이러한 사실을 알고 있었기 때문에 민란 이후에도 여전히 기존의 향리층에게 행정실무를 전담시켰을 것이다.

한편, 단성 향리들은 사족과도 일종의 네트워크를 형성하려고 노력하고

---

53 『頤齋亂藁』권32 정조3 12월 2일, "金泓述(本名東煥)亦以新迎時隨陪 故特差西面書員 爲其 最大之面 良民最多 有可以求助免逋故也"

있었다. 이는 이 지역을 대표하는 김인섭과의 관계속에서 확인된다. 김인섭의 『단계일기』을 보면, 단성과 인근 지역의 향리들은 수시로 김인섭을 방문하고 있다. 방문 이유는 조세관련 사항, 중앙과 지방의 소식 전달, 문안 인사, 개인적 부탁 등 다양했다. 이 과정에서 향리들이 김인섭의 개인적 편의를 봐준 것은 말할 나위도 없다.

이와 같이 단성민란 발생의 주요인 중 하나였던 기존 향리가문들이 몰락하지 않고 살아남을 수 있었던 이유는 두 가지로 정도로 설명이 가능할 것 같다. 하나는 여러 세대를 거치면서 익혀온 전문행정능력에 대한 중앙 혹은 지방정부의 신뢰이며, 다른 하나는 지역 내외의 여러 세력과 맺고 있었던 네트워크의 구축이 그것이다.[54]

---

54 향리층의 혼인 네트워크는 권기중, 「조선 후기 향리층의 혼인 네트워크-『경상도단성현호적대장』을 중심으로」, 『한국사학보』 33, 2008, 참조

3 부

19세기 동아시아
민중운동의 실상

임술민란의 발생배경이 삼정三政의 문란과 깊은 연관 성이 있음은 주지의 사실이다. 특히 삼정 가운데서도

환정還政이 주요 원인으로 알려져 있다. 그 이유의 하나는 환곡 운영과정에서의 향리 포흠을 둘러싼 갈등 때문이며, 다른 하나는 환곡 포흠을 비롯한 다양한 명목의 잡세가 결가結價 속에 포함되었기 때문이다. 그런데 환곡이 19세기에 와서 특히 문제가 된 이유는 당시의 시대적 상황과 밀접한 관련을 맺고 있다. 첫째는 흉년으로 인한 미징수 환곡의 지속적 증가 현상이며, 둘째는 향리층을 비롯한 중간관리 층의 부정행위이며, 셋째는 환곡 이자가 국가 재정에 충당되는 비중의 증가이다. 특히 지방에서는 재정의 부족분을 대부분 환곡의 운영 으로 충당하고자 하였기 때문에, 환곡 운영을 둘러싼 민관民官의 갈등은 피할 수 없는 문제였다. 단성민란의 발생배경 역시 환곡과 밀접 한 관련을 맺고 있었다. 단성은 지역의 협소함과 척박함에도 불구하고, 환총還摠이 10만석이나 되었기 때문이다. 이러한 사정에 놓여있 었기 때문에 단성지역에서의 민과 관 사이에 환곡을 둘러싼 첨예한 대립은 피할 수 없었다. 특히 단성의 사족들은 비 옥한 토지를 소유하면서 그 지역의 민들에게 강한 영향력을 행사하고 있었다. 따라서 부세수취를 둘러싸고 사족 을 대표로 하는 민과 향리를 대표로 하는 관 사이의 대립은 예견된 것이나 마찬가지였다. 단성민란은 이러한 양 자간의 갈등이 전면에 드러난 대표적인 사건이라 할 수 있다. 본 글은 위의 사실들을 염두에 두고 단성민란을 전 후한 시기의 단성현 향리가문의 변화여부, 향리층에 대한 당시 사회의 인식, 향리층의 관계망 등을 살펴보았다.

1841~1842년 종인걸鍾人杰의 난亂을 통해서 본 청대 지방사회

홍성화(洪成和)*

1. 머리말

동아시아에서 18세기는 번영의 시기였다. 조선은 영정조시대英正祖時代, 에도막부는 도쿠가와 요시무네(德川吉宗, 재위 1716~1745)라는 각각의 황금기를 맞이하였고, 청대 중국만 하더라도 강희제, 옹정제, 건륭제라는 걸출한 황제들의 집권시기였고, 그 번영의 모습은 19세기 초까지 줄곧 이어졌다. 이 시기를 흔히 '건가성세乾嘉盛世(1736~1820)'라고 할 정도였다. 그러나 청조의 번영상이 눈부시면 눈부실수록 그 그림자도 더욱 짙어져만 갔다. 번영이 점차 언제까지나 지속될 수 없으리라는 것이 자각되었을 때 드디어 그 그림자는 각 지역에서, 그리고 여러 가지 모습을 띤 정치세력으로 등장해서 그 번영상이 얼마나 덧없었는가를 스스로 증명하기 시작하였다.

19세기가 되면서 청조는 점차 압박해 오는 외세와 대항하면서도 자신이

---

* 부산대학교 역사교육과 교수.

만들어낸 수많은 그림자들과 싸우지 않으면 안 되었다. '내우외환'이라는 말이 이처럼 어울리는 시기도 많지 않을 것이다. 그 수많은 그림자들 가운데 작지만 여러 가지 의미를 담고 있는 것이 바로 1841년에서 42년까지 43일 동안 호북성에서 일어난 종인걸鍾人杰의 난이라고 할 수 있다.

종인걸鍾人杰의 난은 그 보다 앞서 일어난 가경嘉慶 백련교白蓮敎의 난亂[1]이나 태평천국 운동 등에 비하면 규모에서나 영향력에 있어서나 도저히 비교할 수 없는 소규모의 것이다.[2] 그렇지만 이 반란은 지역사회와 밀접한 관련을 맺고 발생한 것이었다. 그렇기 때문에 이 반란이 어떻게 일어났으며 어떻게 진압되고, 그리고 그 사후대책은 어떠하였는가를 살펴본다면, 청대 후기 지역사회와 국가의 관계를 살펴 볼 수 있는 매우 좋은 소재가 되리라 생각된다.

종인걸鍾人杰 난의 사례는 또한 중국 근현대사 연구에서 커다란 비중을 차지하고 있는 민중운동사 연구를 재검토하는데에도 하나의 좋은 소재가 되리라 생각된다. 실제로 2000년대에 들어와서 중국 근대 민중반란사 연구는 커다란 전환점을 맞이하였다. 그 대표적인 사례로서 태평천국 운동사를 들 수 있을 것이다. 이에 관한 최근 연구사를 정리한 김성찬의 논문[3]에 따르면, 중국근현대사연구의 기본 패러다임이었던 '혁명사관'이 퇴조하면서, 격렬한 반성과 과감한 새로운 연구방법을 모색하고 있는 단계라고 한다. 첫 번째, 가장 두드러진 변화의 흐름으로 우선 계급사관, 계급분석론의 효용성에 대해서 비판적이 되었고, 두 번째는 정신분석학이나 서구의 최신 정치이

---

1 嘉慶年間 白蓮敎의 난에 대해서는 이준갑, 『중국 사천사회연구 1644-1911』(서울대학교출판부, 2002); 鈴木中正, 『淸朝中期史硏究』(愛知大學國際問題硏究所, 1952); 山田賢, 『移住民の秩序 : 淸代四川地域社會史硏究』(名古屋大學出版會, 1995). 참조.
2 鍾人杰의 난에 대한 전론은 현재까지, 陳輝, 「鍾人杰起義史實考」, 『華中師院學報』(哲學社會科學版), 1984-1.이 유일하다. 堀川哲男 외, 하세봉 역, 『아시아 역사와 문화』5(신서원, 1996) pp.54-56.의 종인걸의 난에 대한 소개도 참조.
3 金誠贊, 「新世紀 初頭(2000-2012年) 中國 太平天國學界의 苦惱와 實驗的 挑戰」 『中國近現代史硏究』55, 2012. 참조.

론 등을 비롯한 새로운 연구 패러다임의 수용. 세 번째는 태평천국과 홍수전의 역사적 위상에 대한 근본적인 비판이 있었다고 한다. 특히 첫 번째에 관해서는 농민운동으로서의 태평천국에 대한 부정까지 이루어지고 있는 것이 실정이라고 한다.[4]

물론 이 종인걸鍾人杰의 난은 태평천국太平天國 운동運動과는 직접적인 연관은 없지만, 청대 후기 지역사회에서 민란民亂의 존재양태에 대해서 살펴 볼 수 있는 좋은 소재임에 틀림없으리라 생각된다.

2. 1841년 : 교룡蛟龍이 날고 까마귀가 슬피 울던 해

호북성湖北省 숭양현崇陽縣은 성성省城인 무창부武昌府에 속한 곳으로 산악지역에 위치하고 있다.[5] 도광년간道光年間, 세계사를 바꾸어 놓았다고 할 수 있는 아편전쟁이 한창이었던 1841~42년이라는 시기에 이 산악지역에서 일어났던 한 사건에 주목하기란 쉽지 않으리라 생각된다. 현재 숭양현崇陽縣은 호북성湖北省 함녕시咸寧市에 해당하는 곳으로 성회省會인 무한武漢의 바로 밑에 위치

---

4 農民起義로서의 태평천국像을 재검토하였던 최초의 연구는 宮崎市定의 연구라고 할 수 있다. 宮崎市定, 「太平天國の性質について」『史林』48-2, 1965(同, 『宮崎市定全集』卷16, 岩波書店, 1993, 재수록). 참조 이 논문에서 宮崎市定은 아편전쟁 이후 남경조약에 의해서 上海가 개항됨에 따라서, 五嶺山脈과 광동지역을 연결하는 수송망에 종사하는 대규모의 노동력은 실업상태에 빠지게 되었고, 뿐만 아니라 廣西와 湖南地域의 아편밀매 상인들도 커다란 타격을 받을 수 밖에 없었다. 즉 상해개항으로 인한 실업자들의 반란이 태평천국이라고 주장하면서 농민운동설을 부정하였다. 이에 대한 반론으로는 小島晋治, 「宮崎市定氏の「太平天國の性質について」について」『歴史評論』191, 1966. 참조.

5 「湖廣總督 裕泰, 湖北巡撫 趙炳言 奏摺」(道光21年12月16日) "崇陽縣地處山陬" 鍾人杰의 난에 대한 모든 상주문과 공술문은 종인걸의 난(the Rebellion of Chung Jen-chieh)에 관한 사료를 모아 놓은 compiled by Philip A. Kuhn and John K. Fairbank with the assistance of Beatrice S. Bartlett and Chiang Yung-che, Introduction to Ch'ing Document, Harvard University, John King Fairbank Center for East Asian Research, 1986(Revised Edition, 1993).에 의거하였다.

하고 있으며, 호남성湖南省과 강서성江西省과 닿아 있는 지역이다.[6] 현재는 무한시武漢市와 독립해서 함녕시咸寧市로 승격되었지만, 청대까지만 하더라도 무창부武昌府 밑에 9개 속현屬縣 가운데 하나였다. 숭양현崇陽縣 이외에도 사건의 배경이 된 통성현通城縣이나 포기현浦圻縣(현재의 赤壁市) 역시 모두 무창부武昌府의 속현 가운데 하나였다.[7]

동치同治『숭양현지崇陽縣志』는 이 해에 대해서 다음과 같이 기록하고 있다.

道光21년(1841) 辛丑年 봄, (때 아닌) 장마가 지속되었고, (봄에 익어야 할) 보리가 여름이 되어야 비로소 익곤 하였다. 5월 烏뭇山 龍塘堰에 蛟龍이 날아올랐다. 6월 벼의 묘에 해충이 들끓었으며, 겨울 10월 西山의 주민이 토굴 속에서 쥐를 한 마리 잡았는데, 머리는 다섯인데 꼬리는 하나였다고 한다. 주민은 이를 삶아 먹었다고 한다. 11월 큰 눈이 내렸는데, 그 다음 달에도 그치지 않을 정도였다. (11월) 까마귀 수만 마리가 날라 올랐는데 그 규모가 해를 가릴 정도였다. 그 소리가 매우 애달았는데, 縣廳 지붕에 모여 들었다. 이를 아무리 쫓으려 해도 끄떡 없었다. 그 다음 달 종인걸의 반란이 일어났다. 다음 해에 官兵이 崇陽縣城에 진입해서야 비로소 (반란군이) 해산되었다. (道光21년) 逆黨의 수괴인 鍾人杰, 陳寶銘, 汪敦族이 난을 일으켜서 縣城을 함락하고, 知縣 師長治 典史 王光宇를 살해하였다. 그 전에 鍾人杰과 여러 生員들은 걸핏하면 訴訟을 일으켜서 (生員에서) 축출되었으며, 그 다음에도 계속 胥吏들과 소송에 얽혀서 (이로 인해) 반란까지 일으키게 되었다.[8]

---

6 同治『崇陽縣志』卷1「疆域」「星夜」14쪽 "崇陽縣在武昌府, 南居江西·湖南·湖北三省之交."
7 武昌府에는 直隸州 1곳(興國州)과 9개의 속현이 있었다. 9개의 속현 명칭은 다음과 같다. 江夏縣, 武昌縣, 嘉魚縣, 浦圻縣, 咸寧縣, 崇陽縣, 通城縣, 大治縣, 通山縣. 한편 同治『崇陽縣志』(卷1「疆域」「界至」16쪽)에서는 鍾人杰亂의 무대가 되는 각지와의 거리를 다음과 같이 적고 있다. "陸路七十里至浦圻縣治, 九十里至通城縣治, 九十里至通山縣治, 一百三十里至咸寧縣治, 陸路三百六十里, 水路五百四十里達武昌城, 陸路三千九百二十里, 水路五千五百三十里達京師."
8 同治『崇陽縣志』卷12「雜志」「災祥」

"龍塘堰에 蛟龍이 날아올랐다"는 표현은 아마도 토네이도나 용오름 현상을 묘사한 것이라고 추측되지만 현재로서는 정확한 실상은 알 수가 없다. 어쨌든 "보리가 여름이 되어야 비로소 익곤 했다"는 표현에도 알 수 있듯이 이 해는 전반적으로 냉해가 심각했던 시기였다.

확실히 이 1841년과 42년은 기후가 심상치 않은 해였다. 다음의 기사를 보도록 하자.

> 官兵이 崇陽縣에 입성해서 逆首는 바로 체포되었고, (관부는) 흩어진 백성들을 招撫함으로써 비로소 백성들이 본업으로 복귀할 수 있었다. 여름에 커다란 기근이 들어서 貧民들은 草根木皮를 캐서 식량으로 삼았다. 知縣 金運門이 창고를 열어서 平糶함으로써 穀價는 일시에 떨어지게 되었다.[9]

한편, 『청실록淸實錄』「도광道光21년年12월조月條」에서도 "이 (崇陽)縣은 僻村이고 산자락에 위치해 있으며 땅이 넓은 곳이 거의 없다. … 湖北省 일대에는 굶주린 백성들이 매우 많았다"[10]고 적고 있는데 대체로 『숭양현지崇陽縣志』의 서술과 일치한다고 하겠다.

즉 이 1841년은 냉해가 지속되었고, 이것이 기근으로 이어졌으며, 다시 민심이 흉흉해지는 원인으로 작용하였다. 이러한 기온저하 현상은 숭양현崇陽縣에 한정된 현상은 결코 아니었다. 같은 시기 호남성湖南省에서도 동일한 현상이 확인되는데,[11] 특히 "道光 이후 혜성, 유성의 출현, 지진이나 우박, 유색

---

9 同治『崇陽縣志』卷12「雜志」,「災祥」
10 『淸實錄』道光21年 12月 辛丑日 "該縣僻處山陬, 地面并不遼闊. … 湖北省城一帶, 饑民甚多."
11 田炯權,「淸 後期~민국기 湖南의 天變災異·지방지기록과 水旱災」,『중국사연구』64, 2010; 김문기,「17세기 강남의 기후와 농업」,『동양사학연구』99, 2007, 112-113쪽; 김문기는 이 논문에서 19세기초반의 이상기후에 대해서 다음과 같이 지적하고 있다. "19세기 松江府의 대표적인 농서인 姜皐의『浦泖農咨』도 1833년 여름과 가을의 이상저온 현상으로 곡물이 냉해를 받고 있음을 지적했다. 19세기 중반에『農政發明』을 비롯하여『浦泖農咨』·『江

눈비 등 기이한 天變災異가 집중적으로 발생한 것을 쉽게 확인"[12]할 수 있다. 이처럼 점증하는 자연재해는 단순히 심리적인 측면뿐만 아니라, 종인걸의 난이 일어나는데 하나의 중요한 배경이 되었다고 생각된다. 즉 생산량의 저하가 사회불안요소의 증대로 이어졌을 뿐만 아니라, 아래에서 다루려고 하는 조세납부 체계에 많은 영향을 주었음에 틀림없기 때문이다.

이 지역은 행정비중으로서는 원래는 '간결簡缺'에 해당하는 지역이었는데 도광道光22년 '피번난요결疲繁難要缺'로 바뀌었다.[13] 그 이유는 대체 무엇 때문일까. 바로 종인걸鍾人杰(1803~1842)의 난 때문이었다. 다음에서는 이 난의 발생과정을 살펴보기로 하자.

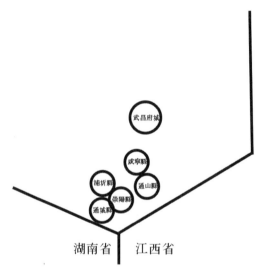

<그림 1> '종인걸의 난'의 무대인 武昌府와 그 속현들

南催耕課稻編』 등의 농서가 출현하는 것은 19세기의 기후한랭화 현상과 밀접한 관련이 있다."

12 田炯權, 2010, 173쪽.

13 同治『崇陽縣志』卷1「疆域」 "國朝因之, 武昌府十屬, 崇陽中縣簡缺, 道光二十二年改題疲繁難要缺." 이러한 淸代 지방행정의 등급구분에 대해서는 W.Skinner, "Cities and the Hierarchy of Local Systems" W.Skinner edt, The City in Late Imperial China, Stanford University Press, 1977.

3. 반란의 시작과 끝, 그리고 성격

이 난의 중심인물인 종인걸鍾人杰이 체포당한 뒤에 남긴 구술이 다행히 남아 있다[14]. 아래에서는 이 구술을 중심으로 종인걸의 난을 재구성해 보기로 하자.

> 鍾人杰의 구술. 나는 崇陽縣 橋墩保(현재 白霓橋) 사람으로 현재 39세이다. 나는 道光7年(1827) 王學政에 의해 선발되어 縣學에 진학하여 文生(=生員)이 되었다. … (道光) 16년(1836)에 석탄을 캐던 程中和를 비호하여 고소를 하게 되었을 때 대신 고소장을 작성해 주었다. 이 일에 연루되어 生員에서 축출되었으며 徒刑을 받아서 (湖北省) 孝感縣에 유배되었으나, 나중에 配所에서 곤궁하였기 때문에 탈출하여 (崇陽縣으로) 도망왔다.
>
> 평소에 사이가 좋았던 陳寶銘과 汪敦族 등과 함께 錢糧(=세금) 납부 문제로 인하여 書差(=胥吏)들과 송사에 얽매이게 되었다. 나는 각 保의 花戶(=납세자)들에게 소송비용을 추렴해서 내도록 사주하였고, 이 돈을 각각 나누어서 착복하였다. 吳石川이라는 사람이 (湖廣) 總督衙門에 직접 고소를 하여 총독의 직접 심문을 받게 되었다. 원고와 피고 모두 각각 징계를 받고 官府에서 축출되었다. 나와 陳寶銘, 汪敦族 등은 사안이 완결되어서 (訟事에 관련된) 비용을 걷을 수 없게 되었고, 書差 역시 고소를 받아서 官府에서 내쫓겼기 때문에 서로 원망하게 되었다. 마침내 우연한 사건을 계기로 하여 분쟁이 생기고 마침내 원한을 품게 되었다.

이 내용에서 가장 두드러진 특징은 종인걸鍾人杰이라는 인물이 보통 일반적

---

14 반란의 지도자인 鍾人杰 등의 구술은 「鍾人杰口述, 陳寶銘口述, 汪敦族口述」, 『近代史資料』(北京, 1963-1) 참조. 한편 종인걸은 字가 貴村, 아명은 九인데 주위 사람들은 통상 鍾九라고 하였다고 한다. 嘉慶8年 癸亥年(1803년) 생으로서 아버지 鍾義和는 농부였는데 어려서 아버지를 여의고 어머니의 손에 컸다고 한다. 깊은 산속에서 살다가 橋墩保 白霓鎭 부근의 鍾氏 마을에서 성장하였다고 한다. 집에는 방이 3,4칸이었고 경지는 다소 있었을 뿐이라고 한다. 陳輝, 1984, 41쪽. 참조.

인 농민이나 상인이 아니라, 초급 학위소지자인 '생원生員'이었다는 점이다.[15] 비단 종인걸 뿐만 아니라 이 난에 가담한 주요 인물들(金太和,[16] 陳寶銘, 汪敦族) 모두 생원生員들이었다. 물론 문생文生이냐 무생武生이냐라는 차이점은 있지만 말이다.

실로 향촌의 지도층임에 틀림없고, 지방관地方官조차 그들을 무시할 수 없었고, 요역면제('優免特權')을 비롯하여 여러 가지 면에서 법적인 우대를 받던 존재들이었다. 그런데 그는 정중화程中和라는 인물을 비호하다가 생원에서 축출되어 도형徒刑까지 받게 되었다는 것은 심상치 않은 일이다. 원래 『청률清律』에 따르면 도형徒刑을 받으면 호북성湖北省의 경우, 아래에 위치한 호남성湖南省을 지나서 광동성廣東省 해북海北의 염장鹽場에 보내져서 노역을 살도록 되어 있으나[17], 그다지 멀리 떨어지지 않은 같은 호북성湖北省 효감현孝感縣으로 보내진 것은 아마도 그가 생원生員 신분이었기 때문이리라. 그런데 효감현孝感縣에서 즉시 도망쳐서 여전히 고향 숭양현崇陽縣에서 암암리에 활약하고 있었다는 점도 당시 청조清朝의 유배지 관리 형태를 알 수 있다는 점에서 매우 주목할 만하다고 생각된다.

그런데 그들 생원生員들이 주로 하던 일은 거인擧人이나 진사進士가 되기 위해서 '거업擧業'이라고 불리던 과거수험 생활이 아니라 세금납부에 관한 일이었다는 점이 두드러진 특징이라고 할 수 있다. 그리고 그가 거주지인 교돈보橋墩保는 현재 숭양현崇陽縣 백예교白霓橋에 해당하는 곳으로 지도상으로 볼 때 숭양현성崇陽縣城과 불과 10여 킬로 떨어진 곳이었다. 이처럼 현아문에

---

15 生員은 下級紳士로서 '士民'에 해당되었지만 그들을 부를 때는 '相公'이라고 호칭하여야만 했으며, 徭役이 면제되었다. 何柄棣, 조영록 외역, 『중국과거제도의 사회사적 연구』(동국대학교 출판부, 1987), 39쪽.
16 「湖北崇陽縣知縣師君墓誌銘」, 『魏源集』上冊(中華書局, 1976), 338쪽, "生員鍾人杰金太和者…"
17 『大清律例』「刑律」「徒流遷徙地方」"湖廣布政司府分 發廣東海北塩場"

근접한 지역의 조세租稅마저 현縣아문에서 직접 징수하지 않고 생원들이 조세 청부를 담당하고 있었다는 것은 실로 조세청부('包攬') 관행[18]이 얼마나 광범 위하게 이루어지고 있었는가를 알 수 있게 한다.

앞서 그가 생원生員에서 축출되었던 정중화程中和에 관한 사건은 숭양현성崇陽縣城 서쪽으로 수 킬로 떨어진 곳에 정중화程中和 등이 탄광을 열어 놓고 있었는데, 그 지방의 신사紳士가 풍수를 망친다는 이유로 고소를 하였고, 종인 걸은 대신 소장을 작성해 주었다고 한다. 이를 계기로 생원에서 척혁斥革되어 유형流刑을 받았다.[19] 이 역시 이권에 관련된 것이라고 할 수 있을 것이다. 또한 이 사건에 대한 목창아穆彰阿(1782~1856)의 상주에 따르면 "이들 역도들 은 모두 오랜 경험을 쌓은 송곤訟棍들이며 자술서에 교활한 내용들이 많다"[20] 고 하고 있다. 송곤訟棍이라는 존재는 주지하다시피, 남에게 소송을 제기하도 록 꼬드겨 이득을 취하는 존재인 송사訟師에 대한 멸칭이다.[21] 즉 숭양현崇陽縣 의 생원층은 지역사회의 이권에 전방위적으로 개입하고 있었던 것이다. 그 가운데에서도 특히 조세징수를 계기로 서차書差(=戶書, 胥吏)들과 얽히면서 분 규는 점점 눈덩이처럼 확대되기 시작하였다.

후에 書差 王士奇의 가옥을 파괴하게 되면서, 蔡紹勛이 소송장을 작성해 주어 서 書差로 하여금 省城에 가서 고소하도록 사주하였다. (이에 관한 업무를 맡은) 委員이 파견되어서 崇陽縣으로 와서 (사안에 관련된 사람들을) 체포하였는데, 이 사안에 올라와 있는 金太和와 蔡得章이 모두 체포되어 압송되었다. 金太和는

18 세금청부관행인 '包攬'에 대해서는 西村元照, 「淸初の包攬－－私征体制の確立, 解禁から請 負徵税制へ」, 『東洋史研究』 35-3, 1976; 山本英史, 『淸代中國の地域支配』(慶應義塾大學出版 會, 2007) 第3章 「紳衿による税糧包攬と淸朝國家」 참조.
19 趙壁華 「平定崇陽紀略」, 『湖北通志』 卷70.
20 「穆彰阿等 上奏文」(道光22年4月28日) "該逆等均系積慣訟棍, 供詞狡猾."
21 訟師에 대해서는 夫馬進, 「明淸時代訟師と訴訟制度」, 梅原郁編, 『中國近世の法制と社會』 (京都, 京都大學人文科學硏究所, 1993) 참조.

여러 번 그 아들인 金攀先을 통하여 서신을 보내와서 우리들에게 방법을 강구하여 구원해 줄 것을 요청하였다. 나는 蔡紹勛을 불러 들어 잡아서 그를 협박하여 소송을 끝내려고 하였다. 陳寶銘, 汪敦族 등과 상의하여 21년 12월10일, 형제인 鍾十四, 陳寶銘의 兄弟인 陳寶亮, 金太和의 아들 金攀先, 그리고 조카인 金恢先, 그리고 평소 나와 사이가 좋았던 汪潰仔, 燒肉它三, 譚九海, 但扶瀧, 雷一靑, 金靑茂, 劉老五 등을 소집하였다. 아울러 (소집된) 金靑茂 등은 다시 사람들을 규합하였다. 이 날 밤이 되기만을 기다려서 다 함께 蔡紹勛의 집에 당도하였다. 蔡紹勛은 이미 소문을 듣고 달아난 뒤였으며, 듣자하니 현성으로 도망하였다고 한다. 나는 즉시 채소훈의 집을 방화하였고, 뭇 사람을 거느리고 현성에 당도하였다. 이 때는 이미 밤이 깊어서 縣城의 문은 닫힌 뒤였다. (그 다음날인) 11일에도 여전히 현성문이 열리지 않았다. 나는 현성 밖에 있으면서 원래는 知縣이 蔡紹勛을 잡아서 나에게 넘겨준다면 해산할 생각이었으나, 師知縣은 綠營과 회합을 한 뒤에 사람을 데리고 성 위에서 나를 꾸짖었다. 나는 채소훈을 붙잡지 못하면 결코 물러날 생각이 없었다. 12일 날이 밝았을 때, 金靑茂는 사람을 데리고 가서 서쪽 성벽에 무너진 담장에 나무판을 대고 성내로 들어가서 성문을 열었다. 모두 물밀 듯이 밀고 들어가서 채소훈을 찾았으나 찾지 못하였다. 師知縣을 에워싸고 總督에게 아뢰어서 金太和를 돌려 보내는 품신을 보내도록 요구하였으나 그는 허락하지 않았다. 아울러 우리들을 체포하도록 명령하였다. 나는 화가 나서 汪潰仔와 燒肉它三에게 師知縣을 살해하도록 하였다.

　이 구술에 따르면 실제 반란은 애초부터 의도된 것이 아니라, 우연한 계기로 일어났다는 점을 알 수 있다. 숭양현崇陽縣의 생원층은 현성縣城[22]이 아닌 향촌鄕村에서 다수의 재력과 무력을 지니고 있었고, 반면 서리들은 사회적 지위는 낮았지만 대신 그들이 근무하고 있는 현아문縣衙門의 비호를 받고 있었다. 그리고 위의 서술에서 그가 동원했고 수족처럼 부렸으며, 나아가 지현知縣을 살해하였던 왕궤자汪潰仔, 소육타삼燒肉它三, 담구해譚九海 등의 인물은 무

---

22 同治 『崇陽縣志』 卷2 「建置志上」(53쪽) "崇陽縣城…高二丈周一千三百三十五步."

뢰無賴 내지는 무뢰無賴에 가까운 존재들이라고 보이는데, 이를 보면 생원층이 무뢰를 거느릴 정도의 위세를 지니고 있었다는 점을 알 수 있다.

이 반란은 바로 세금납부 문제를 둘러싸고 생원층과 서리층의 반목으로 일어난 것이라고 할 수 있다. ① 세금납부에 관해서 생원生員과 서리胥吏들과 의 반목 → ② 이를 둘러싼 일련의 소송과 체포 → ③ 소송으로 해결되지 않는 사건을 자신들이 가지고 있는 폭력수단으로 해결하려 함. → ④ 생원층 의 주도하에 현성縣城 점거 → ⑤ 지방관 살해 → ⑥ 반란이라는 과정을 겪게 되었던 것이다. 계속해서 남은 구술들을 살펴보기로 하자.

> 나는 知縣이 살해된 것을 보고 나서, 官兵이 와서 (나를) 체포할 것이 두려워 서, 陳寶銘, 汪敦族, 鍾十四, 陳寶亮, 金攀先, 汪漬仔, 燒肉它三, 譚九海, 但扶瀧, 雷一靑, 金靑茂, 劉老五 등과 縣城을 점령하고 항거할 것을 상의하였는데, 陳寶亮 등은 응낙하였다. 나는 그 자리에서 雷老春, 高老潰, 羅老幺, 鍾萬志, … 孫得和 등을 비롯하여 이름을 적지 않은 다수의 사람들도 모두 해산하는 것을 허락하지 않았고, 일제히 縣의 衙門으로 밀고 들어갔다. 창고와 감옥을 약탈하면서, 두 명의 여자들을 발견하였는데 이미 縣衙門에서 이미 목을 매어 자살하였고, (나 머지) 식구들은 모두 흩어져서 도망간 상태였다. 나는 陳寶銘에게 현성을 지키 도록 하였고, (省城에서 파견된) 外委 鄧永煊을 잡아서 감시하였다. (죽은) 師知縣 은 이미 자신의 官印을 사람을 시켜서 (崇陽縣) 밖으로 보냈기 때문에, 다만 典史와 外委의 印章만을 확보할 수 있었다.
>
> 나는 元帥라고 칭하고 陳寶銘과 汪敦族을 副帥로 삼았고, 鍾十四 … 劉老爲 등을 두목으로 임명하였다. 西城 밖에 帥臺를 설치하였고, 領旗, 帥印 그리고 아울러서 "三軍司命" "都督大元帥"의 깃발까지 만들었다. 우선 蔡紹勛의 일가족 과 원수인 書差 丁炳揚, 龔永華, 程紹蘭, 余印慶, 吳升, 張懷慶 등 수 십명을 찾아 내서 살해하였다. 陳寶銘 등은 48개 保를 찾아가서 각 保마다 사람들을 천 명씩 (우리들에게) 보내서 돕도록 하였다. 만약 따르지 않으면 즉시 살해하도록 하였 다. 白淸이라는 승려가 있었는데, 자칭 부적과 주술로서 총을 막아낼 수 있다고 주장하면서 참가하였다. 陳寶銘의 조카인 陳寶沅, 형제 陳寶田이 소식을 듣고 왔다. 나는 역시 이들을 머물게 하여 무리에 가담시켰다. 陳寶銘과 汪敦族 및

각 두목들은 각각 자신의 이름으로 사람들을 규합하거나 협박하여 700명, 800명, 8·900명 등을 얻었는데, (그 총수가) 대략 만여명에 달했다. (그들은) 수시로 출입이 무상하여 실제 명수와 각각의 성명은 그 기재가 불명확하였다. 다만 紅布 한 장에 기록하였는데, 매 사람마다 하루에 쌀2升, 동전20文으로 정한 뒤, 각 두목에게 주어 각처에 나누어주기로 하였다. 관문을 설치하여 수비하였다.

崇陽縣의 書差가 (이웃) 通城(縣)에 도주하여 숨어 있다는 이야기를 듣게 되었다. 그곳은 매우 가까운 곳이기 때문에, 12월17일 譚九海로 하여금 감독하에 병력을 거느리고 먼저 공격하도록 하였다. 通城의 典史와 敎官, 外委는 모두 성내에 없었고, 知縣만이 사람을 거느리고 저항하였는데, 우리들에게 패배하여 살해당하였고, 縣城을 획득할 수 있게 되었다. 汪敦族을 파견하여 그곳의 지현으로 삼았다. 但扶瀧을 千總으로 삼았고, 또한 두목 鍾十四 등도 千總으로 임명하였다.

여기에서 주목할 것은 반란에 참가한 인원인 만여 명이 어떻게 반란에 가담하였는가이다. 여기에서 보는 한, 참여자가 만여 명까지 확대된 것은 결코 이들이 자발적으로 참여했기 때문은 아니었다. 이들은 각 두목의 협박뿐만 아니라, "하루에 쌀2升, 동전20文"이라는 눈앞의 이익 때문에 참여했던 것이고, 반란의 취지에 동의하는 정도는 아니었기 때문에, "출입이 無常"하였고 '오합향민烏合鄕民'[23]이라고 불리기도 하였다. 아니! 애초부터 반란의 취지라는 것 그 자체가 없었다고 하는 편이 옳으리라. 이러한 의미에서 이종인걸鍾人杰의 난을 농민반란[24]이나 민중반란으로 규정하는 것은 곤란하다고 생각된다. 이것은 일반 민중이 직접적으로 분쟁의 당사자로서 참여한

---

23 「湖北崇陽縣知縣師君墓誌銘」
24 현재 중국의 대표적인 포털 가운데 하나인 Baidu에서는 종인걸을 농민반란의 지도자로 서술하고 있다. http://baike.baidu.com/view/384898.htm(2012년 10월 확인) 또한 다른 중국의 백과사전 서비스에서도 종인걸 등을 '農民起義라고 표기하고 있다. http://www.hudong.com/wiki/%E9%92%9F%E4%BA%BA%E6%9D%B0(2012년 10월 확인)

것이 아니라, 생원층生員層과 서리간의 분쟁이 격화 되서 일어난 것이며, 하급 신사들이 주도한 반란에 일정한 금전적인 혜택을 얻기 위하여 참여하였기 때문이다.

또한 숭양현崇陽縣에서의 반란이 확대된 계기도 역시 그 복수의 대상인 서리胥吏들이 인근의 통성현通城縣으로 숨었기 때문에, 이들을 잡아서 복수를 하려는 데에서 출발하였던 것이다. 결국 통성현通城縣에서 채소훈을 잡아서 살해하는데 성공하였다.[25] 그리고 종인걸鍾人杰이 "三軍司命" "都督大元帥" 등의 직책을 만들어서 자칭한 것은 조직 자체를 유지하기 위한 수단이었다고 생각된다. 그러나 일단 애초부터 서리胥吏 채소훈蔡紹勛의 집을 불태웠을 때부터 이미 돌이킬 수 없는 길을 가고 있었던 것임에는 분명하다.

종인걸鍾人杰이 이 반란을 어떻게 생각하고 있었는가에 대해서는 사료마다 상이하다. 반란 주모자 가운데 하나인 왕돈족汪敦族의 구술에 따르면 다음과 같다.

> 그 때 종인걸은 다음과 같은 謠言을 만들었다. (謠言의 내용은 다음과 같다) "通城縣을 파하면 錢糧이 생기고, 通山縣을 파하면 硫黃을 얻을 수 있으며, 浦圻縣을 파하면 싸울 곳이 생기고, 咸寧縣을 파하면 武昌으로 갈 수 있다. 武昌에 도착해서 왕 노릇을 하겠다". 때문에 종인걸은 여러 차례 通山縣과 浦圻縣의 각처에 사람을 보내었다. … 나는 또한 告示를 내어서 각 鄕에 보내서 부호들에게 강제로 식량을 바치도록 하였다. 만약 따르지 않을 시에는 즉시 살해하였다. 두려워한 鄕民들은 30擔에서 50擔 정도 식량을 바쳤고, 서로 도와서 식량을 운송해 왔다.[26]

> 鍾人杰은 鍾勤王의 僞號를 참칭하였다고 한다.[27]

---

25 陳輝, 1984. 43쪽.
26 「汪敦族口述」, 『近代史資料』北京, 1963-1. 참조.

金靑茂 등은 종인걸을 鍾勤王으로 추대하였으나 종인걸은 허락하지 않았다.[28]

　　다만 종인걸은 鍾勤王을 자칭하였다는 一節은 결코 인정하지 않았다. 또한 汪潰仔 등이 師長治를 살해하였던 것도 역시 (鍾人杰이) 꾸짖거나 (살해하도록) 명령하지 않았다고 하였다. (이 점은 종인걸의) 원래 공술과는 조금 차이가 있다.[29]

　　확실히 반란군 내부에서는 계기가 어찌 되었든 간에 순조롭게 그것도 매우 짧은 시간 동안 3현縣을 함락하였기 때문에 이 반란이 기세를 타면 무창武昌까지 점령할 수 있다는 낙관론이 있었음에 틀림없다. 그리고 무창武昌을 점령하였다면 아마도 좀 더 명확한 구상을 발표할 시간과 자금을 확보할 수 있었으리라. 그렇지만 그런 시간을 허락하지 않고 청군淸軍은 신속하게 종인걸의 난을 진압하는데 성공했다. 반란은 겨우 40여일 정도로 끝이 났고, 정작 종인걸 그 자신이 무엇을 끝내 노렸는가라는 것을 명확히 체계화할 시간도 채 갖지 못한 채 막을 내리고 말았다. 종인걸이 왕을 칭했는가 아닌가라는 점이 불명확한 것은 바로 종인걸 그 자신 역시 그 점에 대해서 확신을 갖지 못했기 때문에, 그 점에 대한 서술이 달라지는 것은 아닐까 생각된다.

　　그렇다면 반란은 어떻게 마무리 되었을까.

　　鍾十四와 陳寶沅는 사람을 대신하여 16일 浦圻縣을 공격하였는데, 뜻밖에 사람들의 의견이 맞지 않아서 관병에게 계속 패하게 되었으며, 살해당한 사람들이 몇 천명에 이르렀다. 안에서는 두목 金靑茂, 劉老五는 浦圻縣에서 관병의 총에 사살당하고 말았다. 나는 또다시 사람을 파견하여 出戰하도록 하였으나,

---

27 『淸實錄』道光22年「1月28日條」.
28 「穆彰阿等 上奏文」(道光22年4月28日).
29 「穆彰阿等 上奏文」(道光22年4月28日).

협박을 받아서 참가하게 된 衆人들은 총독이 告示曉諭를 포고하였다는 이야기를 듣고 모두 따르려 하지 않았고, 점점 도망가서 (무리가) 흩어지게 되었다.

또한 관병이 사방으로 포위해서 들어오고, 汪敦族들은 소식을 듣고 崇陽縣으로 돌아왔고, (나는 그를) 조사하였다. 나와 陳寶銘, 汪敦族은 형세가 점점 고립됨으로 깨닫고서 帥印과 領旗 등을 없애 버리고 도망하려고 하였다. 마침 紳民의 다수가 나를 성 밖으로 나오기를 유도하였고, (성 밖을 나와서) 멀리 도주하지 못한 상태에서 관병이 포위하였고, 나와 陳寶銘, 汪敦族 등은 체포되어 압송당하게 되었다.

나는 지방관을 살해하여 그 죄가 겁이 났으며 정세가 급하여 성을 점령한 것으로서 결코 그 이전에 미리 반란을 모의한 것이 아니었다. 또한 邪敎를 포고하거나 비밀결사를 조직한 것도 결코 아니다. 師知縣은 부임한지 겨우 3개월여에 달했기 때문에, 백성들을 학대하여 변란이 일어날 일도 하지 않았다. 공모한 사람들은 실로 나와 陳寶銘 등 14명에 불과하고, 그 나머지는 (이 14명이) 이리저리 끌어들이거나 협박하여 참가하게 한 사람들이다. 나의 四叔인 鍾沅達과 나의 부인, 아이들은 모두 사정을 모르고 있었다. 이는 거짓이 아니다.

구술을 남긴 사람은 종인걸鍾人杰 이외에도 진보명陳寶銘, 왕돈족汪敦族이지만, 약간의 차이를 제외하면 거의 대동소이하다고 할 수 있다. 주모자인 종인걸의 구술이야 말로 가장 중요한 사료 가운데 하나이다. 특히 그의 구술에서 위의 마지막 문단이야 말로 이 반란의 성격을 가장 잘 보여준다고 생각된다. 그리고 "師知縣은 부임한지 겨우 3개월여에 달했기 때문에, 백성들을 학대하여 변란이 일어날 일도 하지 않았다"는 진술에서도 알 수 있듯이 이 반란은 흔히 중국사에서 발견되는 '관핍민반官逼民反'형型 반란도 아님도 확실하다.[30]

---

30 반면 堀川哲男, 1996, p.56에서는 "경과 과정에서 보아도 계획인 모반은 아닌, 하다 보니 현성을 점거하고 저항을 하지 않을 수 없게 된, 이른바 "관이 괴롭히니 백성은 반란을 일으킨다" 혹은 "괴로움을 당해 량산(梁山)에 올라간다(『水滸傳』)"는 유형의 것이었다"라고 서술하고 있다. 그러나 이러한 서술은 재고되어야 할 것이다. 일단 본고에서 계속 되풀이 서술하고 있듯이 백성이 반란의 주체도 아니며, 관부의 괴롭힘보다는, 거꾸로 서리와 하층 신사간의 갈등에 관부와 백성들까지 휘말리게 된 것이 이 사건의 본질이라고 할 수 있다.

이 점은 "師長治는 부임한지 겨우 100일 남짓하였고 漕糧을 거두는데 耗羨을 거두지 않았으니 鍾人杰은 (반란의 원인을 師長治의) 탓으로 돌릴 수 없을 것"이라는 사장치師長治의 묘지명墓誌銘에서도 확인할 수 있다. 그야말로 이 반란은 세금납부를 맡은 오로지 생원과 서리들 간의 재판이 폭력적으로 확대되어 나타난 것이라고 할 수 있다.

그리고 위의 공술서를 보는 한, 상층신사인 '신민紳民'들과 하층신사들인 생원들 간에는 어느 정도 균열이 있었던 것은 분명하다.[31] 이 반란에 관련된 주모자들은 모두 십여 명에 달하는 생원生員들[32]이었지만, 상층신사들의 이름은 찾을 수 없다. 오히려 현성縣城에서 거주하는 상층신사들은 이 반란에 가담하지 않고 정부군의 편에 있었다고 봐도 좋을 것이다. 이 점은 상층신사들의 태도를 칭찬하는 도광제道光帝의 상유上諭에서도 확인할 수 있다.

崇陽縣 紳士들은 이 기회를 틈타서 首逆이 縣城을 나가도록 유도하였고, 官兵과 義勇 등은 빨리 현지에 도착하여 首犯 종인걸과 要犯 陳寶銘 汪敦族 등을 모두 산 채로 체포하였다. … 이 일에 관여한 文武 官員 그리고 향도 역할을 하고 내응하고 羈縻하거나 (鍾人杰 등을) 유인하였던 紳士나 주민들, 그리고 義勇에 참여한 사람들에 대해서는 모두 사실에 근거하여 보고하도록 하고, 朕(道光帝)의 恩賜를 기다리도록 하라.[33]

이를 보는 한 도시에 거주하는 상층신사上層紳士와 향촌에 거주하는 하층신사下層紳士 간에는 반란에 대해서 현저한 입장차이가 있었다는 점이 확인된다.

---

31 崇陽縣에서 上層紳士(=도시)와 下層紳士(=향촌)로 거주지가 나뉘어지는 현상은 明末淸初 이후 上層紳士가 점차 도시로 거주지를 옮기는 현상(즉 城居地主)에 따른 것으로 생각된다. 이에 대해서는 北村敬直, 「明末.淸初における地主について」, 『淸代社會經濟史硏究』(朋友書店, 1978) 참조.
32 「湖北崇陽縣知縣師君墓誌銘」 "所獲首從各犯文武生員至十餘人".
33 『淸實錄』道光22年 「1月28日條」.

앞서 반복해서 지적하였던 대로 이 반란의 원인은 향촌鄕村을 장악하여 그 세금을 청부받는 역할을 하였던 하층신사下層紳士('生員')와 실제 세무 행정을 맡은 서리胥吏('戶書') 들 간의 갈등에 다름 아니었고, 여기에 관여하지 않았던 상층신사上層紳士들은 당연히 가담할 하등의 필요를 느끼지 못했을 것이다.

<그림 2> 崇陽縣의 縣城(=도시)과 鄕村의 세력

그렇다면 이 반란의 원인이 된 조세징수 문제란 도대체 어떤 것이었는가. 이 점에 대해서 살펴보도록 하자.

4. 조세징수를 둘러싼 갈등구조

이 문제에 관해서 가장 잘 묘사하고 있는 것은 위원魏源(1794~1857)이 남긴 「호북숭양현지현사군묘지명湖北崇陽縣知縣師君墓誌銘」이라고 할 수 있다.

　　崇陽縣은 萬山에 둘러 싸여 있어서 胥役(=胥吏)이 행패를 부리고 있었다. 下鄕에 錢糧과 漕米 독촉을 하면서 그 백성들을 마음대로 유린하고 있었다. 生員 鍾人傑과 金太和도 역시 많은 행패를 부리고 있었는데, 그 黨羽인 陳寶銘, 汪敦族과 함께 包攬을 하여 세금을 납부하고 있었다. 몇 년이 지나지 않아서 많은 부를 쌓게 되었다. (세금 징수에 관한 것 때문에) 縣胥와 대립하게 되었는데, 이전 知縣 折錦元은 어리석어서 이 문제를 잘 다스리지 못했다. 줄곧 이와 같은 胥役의 행위로 인하여 세금에 관한 두 차례의 다툼이 있었고, (湖北) 巡撫 伍長華의 명령('批')에 의거하여 漕米1석 당 1斗를 추가하는 것으로 하였고, (납세자의 명부를 적은) 戶冊을 만들어서 縣에 보내도록 하였고, (문제를 일으킨) 差房을 없애버렸다.

이 구절을 보는 한, 숭양현崇陽縣에서 징세徵稅를 담당한 사람들은 생원生員과 서리들이었다는 점을 알 수 있다. 그렇다면 생원生員들은 어떤 지점에서 조세징수에 개입하였던 것일까.

원래 청대에서 조세는 흔히 '자봉투궤自封投櫃'[34]라고 하듯이 백성들이 자발적으로 관아에 납부하는 것을 이상으로 삼고 있었다. 그러나 세금납부라는 것이 자발성에 의지해서 되는 것이 아닌 만큼, 관아의 독촉('催徵')은 필수적일 수밖에 없었는데, 한정된 지방관아의 행정력을 대신해서 조세 납부를 청부받는 관행, 즉 '포람(包攬)'이 나타났고, 특히 숭양현崇陽縣에서는 이를 담당했던 세력들이 생원들이었던 것이다. 지역사회의 리더들이 개입한 만큼, 단순히 작은 이익을 도모해서 포람包攬을 담당했던 것이 아닌 것은 너무나 자명하다고 할 수 있다. 이 점은 "몇 년이 지나지 않아서 많은 부를 쌓게 되었"다는 구절에서도 확인할 수 있다.

그렇다면 이 숭양현崇陽縣에서 포람包攬은 왜 문제가 되었던 것일까. 동치同治 『숭양현지崇陽縣志』에서는 다음과 같이 포람包攬의 폐해에 대해서 적고 있다.

---

34 山本英史, 『淸代中國の地域支配』(慶應義塾大學出版會, 2007) 第2章 「自封投櫃制の構造」 참조.

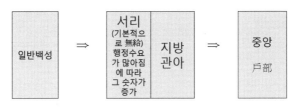

<그림 3> 淸代 조세징수의 흐름

　湖北省 조세에 관한 오래된 폐단으로 인해서 백성들은 부가징수('浮')와 강제
징수('勒')로 고통을 받고 있지만, 관에서는 통제를 하지 않고 있다. 조세를 백성
들로부터 거두는 자는 배가 부르고, 이를 관부에 납부하는 자는 가난하다. 조량
을 운반하는 군대와 선박을 명분으로 雜費를 착복하고 있고, 상하 衙門의 모든
陋規를 대고 있다.[35]

　이를 보면 조세 징수에 관한 문제는 숭양현崇陽縣 뿐만 아니라 호북성湖北省
전체에 걸친 문제였다고 할 수 있다.[36] 비단 호북성湖北省만의 문제가 아니라,
전 중국에 걸친 심각한 사회현상 가운데 하나라고 할 수 있다. 앞서 인용한
「호북숭양현지현사군묘지명湖北崇陽縣知縣師君墓誌銘」에서 분쟁이 있었을 때 "巡
撫 伍長華의 명령('批')에 의거하여 漕米1석 당 1斗를 추가하는 것"으로 하였
다는 구절을 보면, 통상적인 포람包攬은 1석당 1두斗 이상의 부가징수를 하였
던 것만은 분명하다. 이러는 과정에서 생원生員과 서리胥吏들 간에 문제가 발
생했던 것은 아마도 생원들이 가져온 포람분包攬分 가운데에서 서리 몫으로
받을 누규陋規를 지나치게 요구해서 벌어진 갈등일 가능성이 많다.
　이 점은 다음과 같은 구절에서도 확인된다.

---

35 同治『崇陽縣志』卷4「食貨」「田賦」"湖北漕務積弊. 民苦浮勒, 官無經制. 其取於民者厚, 其
　交於公者微. 類皆中飽於丁船雜費. 及上下衙門一切陋規."
36 청대 후기 호북성의 조세징수 상황과 그 문제점에 대해서는 戴鞍鋼「晚淸湖北漕政述略」,
　『江淮論壇』 1988-10.

이 숭양현에서는 매번 세금징수가 개시되었을 때 각 戶書는 멋대로 각 납세호('花戶')에게 耗羨銀이나 樣米를 강제로 거두었고, 때때로 다툼이 벌어지기도 한 것이 오래되었다.[37]

이러는 분쟁 가운데에서 지방관아는 어떠한 자세를 취하였던 것일까. 앞서 인용한 동치同治 『숭양현지崇陽縣志』의 구절에서도 알 수 있듯이 "관에서는 통제를 하지 않고 있"었다는 것이 분명한 사실이었다. 좀 더 자세한 사정을 「호북숭양현지현사군묘지명湖北崇陽縣知縣師君墓誌銘」에서 살펴보기로 하자.

武昌府知府 明埈은 (이 분쟁을) 임시방편으로 조정하기만 하였고, 이로 인해 奸民들은 날로 방자해졌다. 호광독무는 折錦元을 탄핵하여 파면하였고, 金雲門을 (崇陽縣) 知縣署理로 임명하고, 金太和를 체포해서 武昌 (知府 衙門의) 감옥에 가두었다. (종인걸 등의) 세력이 적었기 때문에 체포되었다. 이 해 9월 師長治가 부임해 왔는데, 종인걸은 上流(白羊山水의 상류)에서 (자신에 대한) 체포가 매우 신속하게 이루어진다는 것을 듣고, 원수인 생원('仇生') 蔡紹勛이 사주한 것으로 의심한 것이다. (그래서 자신의) 당파들과 약속을 하고 강을 건너서 채소훈을 잡으려 하였다. (채소훈의 집에) 도달하였을 때 채소훈은 이미 현성으로 들어간 뒤였다. … 아울러 上司(武昌知府)에게 金太和를 석방시켜 줄 것을 청하도록 하였다. 이 때 武昌府 知府 明埈은 사무로 인해서 浦圻縣에 머물고 있었는데, 崇陽縣과는 하루 거리였다. 師長治는 먼저 큰 아들에게 官印을 품고 몰래 성을 빠져나가서, 明埈에게 崇陽縣에 와서 진압해 줄 것을 청하도록 하였다. 그러나 명준은 (鍾人杰의) 무리가 점점 성하였기 때문에 급히 武昌으로 돌아갔다. 師長治는 적을 꾸짖고 죽음을 맞이하였고, 妾 吳氏와 질녀는 모두 순사하였다. 師長治는 부임한지 겨우 100일 남짓하였고 漕糧을 거두는데 耗羨을 거두지 않았으니 鍾人杰은 (반란의 원인을) 師長治의 탓으로 돌릴 수 없을 것이다.

---

37 「穆彰阿等 上奏文」(道光22年4月28日).

여기에서 보는 한 지방관의 모습은 상당히 무기력하다고 밖에는 할 수 없을 것이다. 그들 역시 문제가 무엇인지 모를 리가 없었지만, 그저 수동적인 자세로 일관하고 있다. 오히려 종인걸鍾人杰의 난으로 희생당한 사장치師長治의 경우, 그가 이 문제를 해결하기 위하여 적극적으로 종인걸 등을 체포하려고 하였기 때문에, 이 반란이 일어났다고 해도 과언이 아닐 것이다. 전임 숭양현 지현 절금원折錦元이나 무창부 지부 명준明埈의 모습이 일견 무기력해 보이지만, 실제로는 그들이 오히려 실제로 지방관아의 힘을 스스로 잘 파악하고 있었기 때문은 아닐까 생각된다.

실제로 청대淸代에서 포람관행包攬慣行이 광범위하게 이루어졌던 것은 지방관아가 전체 향촌을 장악하지 못하고, 세금을 모두 징수할 수 없었다는 근본적인 한계가 있었기 때문이었다. 이 행정공백을 메운 이들이 바로 하층신사下層紳士들이었다. 이들 하층신사들은 비단 행정공백을 메웠을 뿐만 아니라, 그 공백을 틈타서 한편으로는 사복을 채우는 존재들이기도 하였다.[38] 그리고 이 하층신사들이 사복을 채우면서 점점 성장하여 드디어는 현성縣城을 공격하는, 즉 공권력 그 자체에 도전하는 현상으로까지 발전하였던 것이다.

다음으로는 목창아穆彰阿가 올린 상주문을 좀 더 살펴보기로 하자.

---

38 이러한 崇陽縣의 모습은 비단 이곳에 한정된 현상은 아니었다. 청조의 지방 통치는 지방관과 紳士라는 양축을 통해서 운용되었기 때문이다. 이 점에 대해서 費孝通은 "雙軌政治"라는 개념으로 설명하고 있다. 즉 황제권력과 지역사회가 만나는 최일선인 縣衙門에는 황제의 절대적인 권력을 대표하는 지방관이 胥吏나 保正 등을 수하로 두고 톱다운(top-down)방식으로 작동하는 공식적인 루트가 있었고, 그의 반대편에 다운톱(down-top)방식으로 지방의 여론을 전달하는 紳士가 있었다. 費孝通은 예를 들어 재난시에 부득불 부가세를 징수하려고 할 때, 지방의 여론은 이를 거부하고자 하더라도 공식적으로 이를 제기하는 것이 아니라, 막후에서 知縣과의 교섭을 통하여 이의를 제기하고 교섭한다고 설명한다. 이는 知縣의 체면('面子')을 살려 주기 위한 고려 속에서 나온 것이고, 이를 통하여 자신의 목적을 달성할 수 있다고 서술하고 있다. 費孝通, 「鄕土重建」, 『費孝通文集』 卷4(群言出版社, 1999). 참조.

道光19년(1839) 숭양현의 지현인 折錦元의 임기내에 陳寶銘, 汪敦族, 金太和와 蔡得章 등은 崇陽縣 戶書의 積弊에 대해서 고소하려고 하였다. 나는 종인걸 등에게 상의하였는데, 종인걸은 도주상태인지라 이름을 드러내고 앞장서기에는 불편한 점이 있기 때문에, 소송을 뒤에서 사주하였다. 전임 湖廣總督 周天爵이 소송을 처리하였는데, 직접 (관련자들을) 심문하였고 戶書들을 처벌하여 파직하는 것으로 사안을 종결지었다. (道光) 20년(1840)이 되어서 漕糧을 징수하였을 때에 오랜 습관대로 소송을 사주하는 경우도 있었다. 현재 이미 피살된 蔡紹勛이 종용하여 각 파직된 戶書들이 몰래 다시 (漕糧을) 독점하려고 하였다. 종인걸은 또한 金太和를 武昌에 보내서 소송하도록 사주하였는데 (이 건은) 아직 완결되지 않았으며, 쫓겨난 戶書 王士奇·金兩儀 등은 (종인걸 등에 대해서) 원한을 품고 있었다. 21년(1814) 정월간 蔡得章이 혼인하게 된 것을 핑계로 하여 (종인걸 등이) 감언이설로 남의 재산을 사취하였다고 하여 관에 상신하여 죄를 주도록 하였다. 채득장은 (자신이 사는 곳의) 保人을 다수 소집하였고, 王士奇의 가옥이 파괴된 것에 대해서 蔡紹勛은 王士奇를 대신하여 고소장을 작성하고 省城에 가서 고소하였다. 채득장을 체포하여 金太和와 함께 함께 구금하였고, 아울러서 折錦元을 탄핵하여 지현에서 물러나고 말았다.

이 상주문을 보면, 다음과 같은 사실을 알 수 있다. 첫 번째 소송이야 말로 민간에서 분쟁이 있을 때에 가장 효과적으로 사용되던 해결수단이었다는 점이다. 생원과 서리층 간의 분쟁은 호광총독湖廣總督이 직접 처리할 정도로 커다란 분쟁이었지만, 이를 중재하고 조정할 수 있는 세력은 존재하지 않았다.

두 번째 청대 지방사회에서 문제가 발생하였을 때, 관아에서 어떻게 처리하였는지를 분명히 알 수 있다. 지방관아에서는 어떤 문제가 있을지라도 사전事前에 개입하는 일은 극히 적었다고 생각된다. 위의 상주문에서처럼 문제가 발생한 뒤에, 이해관계 당사자들이 아문에 고소를 해 왔을 때, 즉 재판이 벌어졌을 때 비로소 사후事後로 개입을 하였던 것이다. 이러한 의미에서 청대 중국사회에서 '재판'이란 지방관아가 민간영역에 개입하여 '공정한 중재자'로서 항상 그 존재의 의의를 과시할 수 있었던 가장 커다란 기회였다고 할 수 있다.

5. 반란이 남긴 긴 그림자

3절에서는 반란의 사후 처리과정을 통해서, 청조淸朝 정부가 어떠한 모습을 보여주었는가에 대해서 살펴보고자 한다. 반란이 발생한 뒤에 청조는 매우 신속하게 대응하였다.

> 逆犯 종인걸 등은 대담하게도 지방관을 살해하고 현성을 점거하여 각 향의 保正을 협박하여 (자신들을) 돕도록 하였다. 지금은 각 鄕의 구리와 철을 모아서 병기를 제조하고 있다. 또한 각 요해지에서 길을 파서 끊거나, 관문을 설치하여 대항하려하고 있으니 실로 그 죄가 크고 극악하다고 할 수 있다. 반드시 신속하게 박멸하여 國憲을 펼치도록 하라.[39]

> (崇陽縣의) 땅이 산악지대에 위치하고 있기 때문에, 이를 이유로 삼아서 사태를 그쳐서는 결코 안된다. 이번 일로 인하여 관병을 파견하고 향용을 모집하며 필요한 군량 등에 관한 모든 항목에 비용을 지출하도록 허락한다. (또한) 일이 끝나면 사실대로 보고서를 작성하도록 500리 諭令으로 통보하는 바이다.[40]

그 결과 일단 난의 주모자들은 앞서 서술한대로 모두 체포되었고, 다음과 같이 처리되었다.

---

39 『淸實錄』道光22年. 1月.
40 『淸實錄』道光22年. 1月.

汪敦族 역시 崇陽縣으로 돌아와서, 紳士 등의 유도를 받아서 鍾人杰, 陳寶銘, 汪敦族은 군영으로 가서 투항하여 모두 체포되었다. 이 사안 내에 반란에 참가한 죄인들이 200여명이고, 호광총독 유태 등은 (그 죄에 따라서) 凌遲刑, 斬梟, 發遣으로 각각 분류하고, 종인걸 등 3명은 북경으로 압송하였다.[41]

이 정도는 통상적으로 어느 왕조에서도 흔히 볼 수 있는 처리 과정으로서 청조만의 고유의 것이라고는 할 수 없을 것이다. 이 밖에 『청실록淸實錄』이나 상유上諭 등에서 발견되는 도광제道光帝의 지시는 매우 상세한 것이 그 특징이라고 할 수 있다.

(鍾人杰의) 黨羽가 각처에 산재해 있으니, 咨文을 비밀리에 보내어 (이들을) 체포하여, 남은 무리를 남기지 않도록 하는 것이야 말로 매우 중요하다.[42]

한 명이라도 놓쳐서 잔당을 남기지 말도록 하라. 이전에 보낸 上奏文에서 총알을 막을 수 있다고 사기치는 중('僧人')에 대한 것이 있었는데, 지금은 체포했는지 묻고 싶다. 만약 이미 죽었다면 그 역승의 이름은 무엇이고, 어떠한 증거들이 있는지 호광총독으로 하여금 확실하게 조사하도록 하라. 만약 놓쳤다면 마땅히 산채로 체포해서 북경으로 압송하여 (다른 사람들을) 선동하지 못하도록 할 것이다.

놀랍게도 도광제道光帝는 요승妖僧 한 명에 대해서도 일일이 지시를 내리고 있는 것이다. 목창아穆彰阿가 올린 상주문上奏文과 종인걸의 구술을 살펴보면, 오히려 목창아穆彰阿의 상주문이 훨씬 더 내용이 풍부하고 상세함을 알 수 있다. 요컨대 청조 중앙정부가 가지고 있는 정보력은 매우 놀라울 정도였고, 반란의 진행상황, 대처, 그리고 왜 반란이 일어났는가에 대해서도 상세하게

---

41 「穆彰阿等 上奏文」(道光22年4月28日).
42 『淸實錄』道光21年 12月.

파악하고 있었다. 이 뿐만 아니라 도광제道光帝는 사후처리 과정에서 지나친 진압이 없기를 신신당부하고 있다.

　　湖廣總督의 上奏에 따르면 주둔하거나 통과한 지방에서는 臣民들이 (군대가 지나가는) 길 옆에 분향을 하고 무릎을 꿇었다고 한다. 군대를 이끌고 있는 각 관원들은 모두 함부로 (주민들을) 살육하지 말도록 하라. 현재 (崇陽縣 일대의) 지방은 평온하다고 하니, 짐의 마음이 매우 위안이 된다.[43]

그렇지만 실제로 도광제道光帝가 매우 염려한 사안은 반란의 가담자들이 변발을 하지 않고 있었다는 점에 있었다.[44]

　　이들 비곤(痞棍)들은 모두 변발('剃頭')을 하지 않으니, (이들의) 자술서에는 從逆者들은 모두 변발을 하지 않고 있다고 한다. 이들 痞棍은 기꺼이 逆黨을 따랐으니, 그 黨羽들은 반드시 그 무리가 많을 것이다. … (湖廣總督) 裕泰로 하여금 이 匪徒의 무리가 반란에 참가한 뒤에 비로소 변발을 하지 않은 것인지의 여부에 대해서 비밀리에 조사하도록 하라. 헤아려 보건데 痞棍들의 惡習으로는 평일에도 변발을 하지 않았으리라 생각되니, (湖廣總督은) 사실에 근거해서 조사한 뒤에 다시 상세하게 상주토록 하라. 만약 不法的인 일이 있었다면 수시로 즉각 체포해서 엄하게 징벌을 하여, 그 근본까지 정화해야 할 것이다. 이 諭令을 통지해서 尋奏토록 하라. 湖北 首逆 종인걸 등 몇 명과 그 두목들은 변란을 일으킨 뒤에 변발을 하지 않았나, 그 밖에 다른 단순 가담자들은 여전히 평상대로 변발을 하고 있으니, 실로 痞棍이라고는 할 수 없다. 평소 머리를 기르는 일은 오로지 (鍾人杰의 난에) 가담한 남은 무리들뿐이니, (이들이 난이 끝난 뒤에) 도망할까 염려스럽다.

43 『淸實錄』道光22年「1月28日條」.
44 변발이 지닌 정치적 의미에 대해서는, 필립 쿤, 이영옥 역『영혼을 훔치는 사람들 - 1768년 중국을 뒤흔든 공포와 광기』(책과함께, 2004); 谷井俊仁,「乾隆時代の一廣域犯罪事件と國家の對應-割辮案の社會史的素描」,『史林』1987-11 참조.

변발에 대한 사항은 매우 중요한 것으로 이에 대해서 道光帝는 다음과 같은 상유를 다시 내리고 있다.

> 吳其濬의 상주에 따르면 다음과 같다. 현재 체포한 23명과 2명의 죄수는 형상이 매우 흉악하며, 원래 痞棍이며 결코 剃頭를 하지 않고 있다. 供述에 따르면 기꺼이 자발적으로 반란에 참가한 자들은 모두 변발을 하지 않고 있다고 한다. 이들 痞棍은 기꺼이 반란에 참가한 것으로서 그 참가한 자들이 많을 것이다. 만약 이 기회를 이용하여 모두 일망타진 하지 않는다면, 반드시 장래에 후환을 남기고야 말 것이다. 裕泰로 하여금 이들이 匪徒들이 반란에 참가한 이후에야 비로소 剃頭를 하지 않았는가의 여부와 혹은 痞棍의 惡習으로 평소에도 剃頭를 하지 않았는가를 비밀리에 조사하도록 하여, 사실에 근거하여 覆奏하도록 하라. 만약 불법의 정황이 있다면 수시로 체포함에 힘쓰고 엄히 징치하도록 하라.[45]

『청실록淸實錄』을 비롯하여 다른 사료에도 이들이 평상시에도 체두剃頭(변발)를 하지 않는가에 대한 사료는 찾을 길이 없다. 그리고 위의 자료 이외에 이들이 명시적으로 반만反滿의 기치를 내걸었던 사료도 역시 찾을 수가 없다.[46]

그렇다면 이 난의 기본적인 원인을 제공했던 조세체제에 대해서는 어떻게 대처하였는가에 대해서 살펴보기로 하자. 동치同治 『숭양현지崇陽縣志』에는 무창부武昌府의 포고문을 담고 있는데 내용은 다음과 같다.

> 다만 각 州縣의 사정이 다르고, 어떻게 분별하여 (부가세를) 삭감할지에 관한 章程을 새울 것인가는 道府의 지방관에 맡기며, 그들이 친히 (현지에) 가서 조사하도록 하여, 州縣官이 숨기고 피하는 것을 막아서 실효를 거두도록 한다. 本府

---

45 『淸實錄』「道光22年 2月 庚辰朔」.
46 陳輝, 1984, 46쪽.

(武昌府)가 직접 소속 각 주현에 가서 사정을 헤아리고, 徵收와 兌運의 실비를 조사하여, 戶部의 方案대로 折價하여 세금으로 충당하도록 한다. 부가비용과 착취의 積弊가 너무나 심한 州縣은 합리적으로 삭감한다. 아울러 兌運의 비용을 절약하여 이를 돌려서 세금으로 충당한다. 부가비용의 제거는 실로 백성들에게 유익할 뿐만 아니라, 국가재정에도 유익하니, 반드시 성실히 감독하고 조사하여야만 한다. '因地制宜'해서 (지방관들끼리) 협력하여 방안을 협력하도록 한다. 9월 이전으로 기한을 정하여 합리적인 방안을 通稟으로 상신하며, 조금이라도 지체해서는 안 될 것이다.

관리官吏와 정역丁役(=서리)이 만약 감히 상례常例에 벗어나서 많은 수탈을 한다면, (지방관이) 직접 방문한다. 혹 고발당한 정서丁胥는 바로 체포하여 장 사杖死('杖斃')시킨다. 지방관은 이 사안을 전문적으로 다루어서 엄격하게 탄핵하고 징벌을 내려야 한다. 순무가 내린 상세한 명령대로 숭양현에서는 징세를 개시하는 것 이외에도 삭감된 부가비용에 대한 목록을 작성하고, 숭양현의 신사紳士, 금령金衿, 사인士人 등은 이를 상세히 숙지해야만 할 것이다. 너희들은 순무巡撫 및 무창부武昌府 지부가 백성의 어려움을 헤아리고 있다는 것과 부가비용을 없애고 정가定價를 제정하는 고충을 깊이 알아야만 할 것이다. 옛날 장정대로 대대적으로 (부가비용을) 없애서 매석당每石當 족전足錢4천문을 일률적으로 절수折收하며 모미耗米와 수각표비手脚票費는 그 내에 포함시키고, 그 나머지 항목을 집어넣는 것을 허락하지 않는다. 민간의 분문分文을 다량으로 수탈하는 너희들 신민臣民은 하루 속히 하늘이 준 양심을 격발하여 기꺼이 납세를 하여 이를 끝마쳐야 할 것이다. 금년의 조량미석漕糧米石을 지체함이 없이 그대로 시행하여야 하며, 이 장정章程대로 금년내로 완전히 완납해야할 것이다. 너희들 신민紳民 등이 만약 자애함을 모르고 고의로 항거하거나 규정을 어긴다면, 반드시 체포하여 조례條例대로 치죄할 것이며 결코 용서하지 않을 것이다.

매우 강경한 포고문이라고 할 수 있다. 여기에서는 문제가 되었던 부가비용 징수와 강제징수('浮勒')에 대해서 철저히 개혁하려고 하는 방침이 담겨 있다. 그렇지만 이러한 개혁도 역시 실효를 거두지 못했다는 점은 어찌 보면 자명한 일이기도 하였다.[47] 앞서 인용하였던 「호북숭양현지현사군묘지명湖北 崇陽縣知縣師君墓誌銘」에서는 개혁 뒤의 결과를 다음과 같이 적고 있다.

> 국가가 일곱 개 省을 통하여 漕糧을 보낸 지 200년이 되었다. 幇費는 나날이 늘어나고 銀價는 나날이 높아만 가고 있다. 本色과 折色 모두 낭비가 많아지고 있다. 여기에 문제점이 있다. (租稅 납부를) 독점한 生監과 (백성들을) 강탈하는 胥役이 서로 백성들을 괴롭히면서 각자의 주장을 굽히지 않고 있다. 弱肉强食이 끊이질 않고 있으니, 그 곪은 곳이 터진다면 양패구상('俱傷兩敗')할 것임에 틀림없다. 비록 잘 다스리는 자가 있어도 역시 어찌할 수 없거나, 혹은 그 화를 대신 입기 마련이다. 근년 浙江省의 歸安縣이나 仁和縣, 江蘇省의 丹陽縣이나 震澤縣, 江西省의 新喩縣에서는 세금수송('漕事')로 인하여 커다란 소송사건이 일어났는데, 모두 소규모 군대가 동원되었다. 그러나 숭양현만은 대규모 군대가 동원된 것이다. 이 뿐만 아니라, 숭양현의 사건이 발생한지 2년이 되지 않았는데도 湖南省 耒陽縣에서도 다시 錢漕에 부가비용을 무리하게 거두었기 때문에 民衆('衆')이 격분하여 현성을 포위한 일이 생겼고, (이에) 湖廣總督이 두 省(호북성과 호남성)의 병력을 동원하여 瓦子山을 포위하고 공격하는 일이 발생했다.

이 조세문제에 대한 위원魏源의 서술, "비록 잘 다스리는 자가 있어도 역시 어찌할 수 없거나, 혹은 그 화를 대신 입기 마련"이라는 구절이야 말로 문제의 핵심을 찌르고 있다고 하지 않을 수 없다. 청대 조세징수 시스템 전체를 개혁하지 않고 말단에서 드러난 몇 가지 문제에 정부가 아무리 강경하게

---

47 道光年間 이후에도 이러한 조세체계는 여전히 개혁되지 않았다. 이에 대해서는 並木賴壽, 「1850年代, 河南聯莊會의 抗糧暴動」, 『捻軍と華北社會』(硏文出版, 2010) 참조. 河南省의 사례이지만 조세체계문제로 抗糧運動이 일어나는 문제와 과정을 살펴보는데 도움이 된다.

대응한다고 해도, 문제는 결코 풀릴 수 없다는 점, 또한 시스템 전체의 개혁이 일어나지 않는 한, 수많은 다른 '종인걸鍾人杰'이 각지에서 다른 모습으로 나타나고 있으며 앞으로도 나타날 것이라는 점 역시 위원魏源은 자각하고 있었던 것이다.

6. 맺음말

이하에서는 종인걸鍾人杰의 반란이 갖는 시대적 의미에 대해서 간략히 서술함으로써 결론을 대신하고자 한다. 앞서 서술하였듯이 18세기는 주지하다시피 번영의 시대였고 그 시대의 결과 가운데 하나는 폭발적인 인구의 증가로 귀결되었다. 학자들 간에 수치상에 약간의 이견이 있지만, 대체로 명말에 1억에서 1억5천이었던 중국의 인구는 1850년대에는 4억3천만까지 증가하였다.[48] 이러한 인구 증가는 잘 알려져 있듯이, 신대륙 작물의 보급과 호남성 등을 비롯한 농업 프론티어의 확대(이른바 '湖廣熟天下足')와 산악지역의 개발('山區經濟'[49])도 있지만 재연재해에 신속히 대응하는 잘 정비된 관료제도의 뒷받침[50]도 간과할 수 없을 것이다.

1억5천명이었을 때 행정의 기본단위인 '현縣'의 숫자는 1,300여개였지만, 인구가 3억여 명에 달했을 때에도 현縣의 숫자는 거의 변화가 없었다. 즉 청초淸初 때 1개 현당 인구는 10만을 상회할 정도였지만, 19세기가 되면서 현縣이 관리해야 할 인구의 숫자는 과거에 비해서 2~3배로 폭증하였다. 하지만 청조淸朝는 이 시스템을 바꾸려 하지 않았다. 그 결과 현縣에서는 증대된

---

48 허핑티 저·청철웅 역, 『중국의 인구』(책세상, 1994).
49 傅衣凌, 『明淸社會經濟史論文集』(人民出版社, 1982).
50 P.E.빌, 정철웅 역, 『18세기 중국의 관료제도와 자연재해』(민음사, 1995).

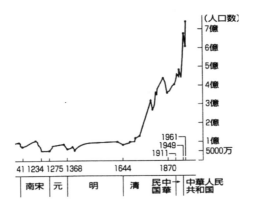

<그림 4> 명청시대의 인구변화
* 출전 : 趙文林 · 謝淑君 『中國人口史』 人民出版社,
1998.

행정 부담을 분산하기 위하여 비정규직(irregular position)인 서리층胥吏層의 비
대화를 가져 왔으며, 세역징수를 위하여 향촌의 하급신사층에게 이를 의뢰하
지 않으면 안 되었다.[51] 건륭년간乾隆年間의 막대한 대외원정과 가경년간嘉慶年
間의 백련교白蓮敎의 난을 진압하기 위하여 막대한 재정을 소모하였던 청조정
부로서는 이 부족분을 채워 줄 수 있는 현실적인 힘을 점차 상실해 가고
있던 상황이었다.

　결국 인구 증가로 인해서 커져만 가는 국가행정의 공백을 메우기 위하여
서리胥吏와 신사紳士의 권한은 비대해져 갔고, 이들은 다시 민중들에게 정규세
액보다 더 많은 부가세와 과외징수를 자행하는 악순환이 이어졌다. 그리고
국가권력, 특히 당시의 지방행정시스템으로는 이 둘을 막을 현실적인 힘을

---

51 이와 같은 상황을 W. 스키너는 '비공식적 통치(informal governance)'라고 묘사하고 있다.
W.Skinner, "Cities and the Hierarchy of Local Systems" W.Skinner edt, The City in Late Imperial
China, Stanford University Press, 1977. pp.336-343.

갖지 못한 상태였다.[52] 결국 이러한 과정 속에서 서리와 신사紳士의 대립이 폭력적으로 나타난 사건 가운데 하나가 '종인걸의 난'이라고 할 수 있다.

이러한 현상은 중국만의 고립적인 현상은 결코 아니었다. 시기는 20년 정도 뒤의 일이지만 1862년(哲宗13年) 진주晉州를 비롯하여 전국 71곳에서 벌어진 이른바 '임술민란壬戌民亂'에는 지방관아의 부가세와 과외징수라는 세역의 불공평함이 커다란 원인으로 자리 잡고 있었다.[53] 한편 에도말기의 일본에서도 역시 19세기 초반 텐보잇키(天保一揆)를 비롯하여, 1837년 양명학자이자 하타모토(旗本)인 오오시오 헤이하치로(大塩平八郎, 1793-1837)가 오사카에서 일으킨 난('大塩平八郎의 亂) 등이 일어나서 민중항쟁이 뚜렷하게 격렬해지던 시기이기도 하였다. 더군다나 오오시오가 난을 일으킨 오사카는 막부의 직할령이었고, 그 자신은 오사카의 치안을 담당하는 직위인 '정봉행조여력町奉行組与力'에 있었기 때문에, 이는 일본사회에 더욱 큰 충격을 주었다. 막부를 지탱하는 하타모토(旗本)마저 막부에 저항하는 모습은, 생원이면서도 현성縣城을 점거하는 종인걸의 모습과 공통점이 많다고 할 수 있다.

근세일본의 경우 잇키나 반란의 원인은 다양하지만, 텐포년간(天保年間, 1830-43)의 대기근으로 고통 받는 백성들에 대해서 강호막부江戶幕府는 적절한

---

52 道光年間 재정위기에 대해서는 劉海峰, 「論道光末年國家財政的虛耗」, 『民營科技』 2008-11. 참조.

53 송양섭, 「임술민란기 부세문제 인식과 三政改革의 방향」(성균관대학교 동아시아학술원 『壬戌民亂 150주년기념 학술대회－19세기 동아시아의 민중운동과 조선사회』 2012년7월 발표문) "정규수취액과는 별도로 부과되는 잡다한 명목의 부가세나 과외징수로 인해 나타나는 과중한 부담의 문제였다. 백성들은 정규세액을 크게 웃도는 부담을 강요받았고 이는 농민은 물론 향촌사회의 존립을 위협하는 중대한 요인으로 작용했다." 조선후기의 경우, 중국의 경우처럼 하급신사들이 조세청부에 개입하지 않고, 양반층이 아닌 良人 가운데에서 鄕望이 있는 자를 골라서 임명한 面任들과 서리층이 담당하였다. 그리고 그들에 대한 지방관의 장악력은 청조 중국의 경우보다 높았다고 생각된다. 조선후기 조세징수의 문제는 지방관과 서리층의 발호에 있었던 것이다. 이런 점에서 淸朝와 朝鮮의 경우, 부가세와 과외징수라는 심각한 재정구조의 문제를 안고 있다는 점은 공통적이라고 할 수 있지만, 서로 다른 사회구조로 인해서 그 책임주체는 상이해 질 수 밖에 없었다.

조치를 취하기는커녕, 관례에 따라 에도막부로 보내는 미곡 징수량을 전혀 바꾸려고 하지 않았기 때문에 일어난 대응이었다. 변화된 사회상황에 대해서 적절한 정책이 뒤따라주지 못했기 때문에, 민중의 공분을 사서 반란이 일어났다는 점에서는 3국 모두 어느 정도 공통점을 가지고 있다고 할 수 있다. 특히 에도막부의 경우, 오오시오 헤이하치로의 난이 일어났던 해인 1837년(天保8年), 미국 상선 모리슨 호에 일본이 포격을 가했던 이른바 '모리슨 호 사건'이 일어났다. 에도막부로서 1837년이라는 해는 내우(=大塩平八郎의 난)와 외환(=이양선의 도래)이 동시에 일어났던 시기였는데, 이 점도 바로 4년 뒤인 1841년에 내우(=종인걸의 난)와 외환(=아편전쟁)을 동시에 겪었던 청조의 사례와 상당히 유사한 패턴이라는 점도 매우 흥미롭다.

전반적으로 조선朝鮮, 청조淸朝, 강호막부江戶幕府를 동요하게 만든 근본원인이 되었던 인구의 급격한 증가는 17세기와 18세기 대대적인 농업개발로 인한 것이었다.[54] 그러나 19세기초반, 조선朝鮮과 청조淸朝, 강호막부江戶幕府 모두 폭증한 인구를 짊어지고 있으면서, 격화되는 사회모순을 제대로 처리할 수 없다는 점에서 공통점을 지니고 있었다. 농업개발이 가능했던 여러 가지 원인 가운데 하나는 18세기 동아시아 3국에서 정치권력이 매우 안정적이었다는 점도 간과할 수 없다. 실로 아이러니하지만, 19세기 위기의 원인은 18세기의 '성세盛世'와 '선정善政'에도 부분적인 원인을 찾을 수 있다고 할 수 있다. 바꾸어 말하자면 어제의 안정이 오늘의 동요를 가져온 커다란 원인으로 작용했던 것이다.

---

54 동아시아 사회에서 인구증가에 대해서는 宮嶋博史「東アジア小農社會の形成」,『アジアから 考える Ⅵ 長期社會變動』(東京大學出版會, 1994); 에도시대 경지개발과 인구증가에 대해서 는, 키토 히로시 저, 최혜주・손병규 역,『인구로 읽는 일본사』(어문학사, 2009); 齋藤修「 大開墾・人口・小農經濟」, 速水融他編,『日本經濟史Ⅰ 經濟社會の成立』(岩波書店, 1988). 참조.

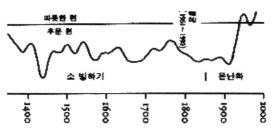

<그림 5> 근세시기의 전세계적 기온변화

* 출전: 브라이언 페이건, 『기후는 역사를 어떻게 만들었는가』,
  중심, 2002.

    그 밖에도 이 시기는 공교롭게도 19세기초반 뚜렷한 기온저하 현상을 겪고 있었다. 18세기 후반 전반적으로 상승일로에 있어서 농업생산에 긍정적인 작용을 하였던 기온[55]은 19세기 전반이 되면서 하강하는 경향을 띠기 시작하였고, 그와 아울러서 재해災害의 빈도도 더욱 높아졌다.[56] 이러한 기상이변은 본 논문의 1절에서 인용한 「숭양현지崇陽縣志」의 서술에서도 확인할 수 있다. 이러한 기상이변은 기근으로 이어질 수밖에 없었다. 앞서 서술한 에도시대 텐포년간의 기근도 역시 전국적인 냉해[57]가 그 원인이 되었다는 점은 잘 알려져 있다. 인구가 이미 증가한 상황에서 대기근은 조세 체납을 증가시켰고, 자연스럽게 세금을 둘러싼 잠재적인 사회적 모순을 폭발시키는 도화선으로 작용하였던 것이다.

    흔히 아편전쟁을 계기로 중국이 근대화가 시작되었다고들 말한다. 하지만 이것은 당시 중국사회가 처한 '내우외환內憂外患' 가운데 '외환外患'만을 이야기 한 것에 불과할지도 모른다. 중국사회 내부는 이미 상당히 심각한 사회모

55 유소민, 박기수·차경애 역, 『기후의 반역』(성균관대출판부, 2005), 189쪽.
56 田炯權, 2010, 185쪽.
57 김문기, 「김문기의 널뛰는 기후, 춤추는 역사 <23> 감바라의 밤 눈, 소빙기와 우키요에」,
   『국제신문』 2011. 9. 21일자.

순에 직면해 있었고, 이를 해결하기 위해서는 무언가 사회가 근본적으로 달라지지 않으면 안 되는 막다른 골목에 점차 내몰리고 있었다. 1841년 호북성의 산악지역에서 발생한 소규모의, 그리고 단기간의 반란은 청조淸朝와 중국사회가 처한 내부적인 곤경과 모순점을 상징적으로 보여주는 사건임에 틀림없을 것이다.

조선의 민본주의와 민중운동

근세 일본과의 비교

조경달(趙景達)*

1. 머리말

조선왕조는 국초부터 주자학을 국교화國敎化하여 유교국가를 표방하고, 그것을 원리로 하는 유교적 민본주의 정치문화를 육성하였다. 유교적 민본주의의 기저에는 일군만민—君萬民의 이상理想이 가로놓여 있는데, 이러한 원리 하에서는 교화가 주이고 규율은 그에 뒤따르는 것이었기에 국왕에 대한 직소도 용이하였다. 이러한 교화주의=문치주의는 국가적인 노력을 통해 행해졌으며, 과거제도와 표리의 관계에 있는 양반관료나 재지사족에 의한 부단한 민중교화를 통해서도 추진되었다. 그리고 이러한 정치문화는 왕조후기에 이르러서는 유교윤리가 민중세계까지도 뿌리를 내리는 데에 이르렀는데, 이는 조선의 정치사회를 더욱더 특징짓게 되었다(越景達 2002, 2009). 이와 같은 정치문화는 영조(재위 1724~1776)와 정조(재위 1776~1800), 그 중에서도 정조

---

* 일본 치바대학 교수.

시대 이후 '민본' 이념을 품게 되었고, 이를 '국체'라고 생각하는 정치사상으로까지 승화해 갔다(李泰鎭 2000).

이러한 유교적 민본주의 정치문화는 근세 일본에도 존재하고 있었다. 후카야 카즈미(深谷克己)는 근세일본에 인정仁政 이데올로기를 전제한 공의公儀와 은뢰恩賴관계 = '백성성립'이라는 논리가 성립해있었다는 점을 선구적으로 도출해냈고, 이를 동아시아의 교유敎諭를 축으로 하는 '유교핵儒敎核' 정치문화로 자리매김했다(深谷克己 1973, 1993, 2006), 정치문화라고 하기 위해서는 헤게모니와도 관련하여, 치자와 피치자 사이에 사회문화적 콘센서스가 있어야만 하는데, 그 같은 회로역시 존재하고 있었다. 와카오 마사키(若尾政希)는 쿠스노키 마사시게(楠木正成)를 단순히 영웅으로서가 아니라 명군明君으로 그리려 했던 근세초기 일본의 '태평기太平記 읽기'를 통해, 인정仁政 이데올로기의 중요성이 각층에 인지되었다고 하였다(若尾政希 1999). 또한 오가와 카즈야(小川和也)에 의하면 유교적 통치논리는 중국·조선으로부터 이른바 목민서(지방관의 민정지남서)가 유입, 간행되는 형태로도 보급되었다고 하였다(小川和也 2008). 전국시대의 난세로부터 도쿠가와(德川)의 평화로의 이행은 실로 무武에서 문文으로의 이행을 의도한 것처럼 보인다.

그러나 근세일본에서는 무위武威가 한층 더 중요성을 확보하고 있었다. '태평기太平記 읽기'의 세계에서는, 사실 '수기修己'(道德)가 '치인治人'(政治)에 종속되었으며, '불법佛法'도 '왕법王法'에 종속되어 통치를 위한 이데올로기 장치로서 기능할 뿐이었다. 이러한 상황에서 무위가 다시금 표방되어, 덕치德治 이상으로 형벌의 중요성이 이야기되고 있었다. 또한 민본주의에 의해 일어난 목민의식도 엄격한 법치사상과 '오스쿠이'(御救 : 幕府나 영주가 재해를 입은 무사, 백성들을 구제하기 위해 시행했던 시책, 역자 주)'와 같은 인정仁政주의가 양립하였는데, 긴급시에는 '오스쿠이'이나, 평시에는 '법령'이 중시되었다.[1] '법령'이라고 해도 유교적 규범에 기반 한 것으로서, 교화적 측면도 있었기에 인정주의와 모순되지 않는다고 생각되었던 듯한데, 이와 같이 '법령'을 중시하는 입장은 조선과는 조금 차이가 있다. 와타나베 히로시(渡辺浩)에 의하면 근세의 통치자들은 외부에서 들어온 '인정仁政'·'덕치德治'론과 무사들의 감각에 따른 토착적인 '무치武治'론 사이에서 흔들리고 있었다고 한다(渡辺浩 2010). 확실히, 점차 전자를 고려한 논의가 늘어나긴 했지만 한편으로, 민들을 동정하고 배려하여 인구가 늘어난다면 연공年貢도 늘어날 것이라는 '교활한 '무치武治'론' 이라는 일면도 계속되고 있었다. 명군明君으로 유명한 우에스기 요잔(上杉鷹山) 조차도 군주는 '국가인민을 위해' 존재해야만 한다고 하였는데, 여기서 국가는 인민보다도 상위에 놓여졌다. 본래의 유교적 민본주의에 의하면 민은 국가보다 중요하며, 그렇기에 '민국'이 되는 것이다. 요잔이 조선에 있었다면 그의 사상은 완전히 이단시 되지 않을 수 없었을 것이다.

유교적 민본주의를 둘러싼 이와 같은 조선과 일본 간의 사상적 차이성은 각각 19세기경 활발해진 신분상승현상의 존재양태에도 영향을 미치고 있었다. 신분상승 = 무사화라는 세계를 극명하게 묘사하고 있는 후카야 카츠미(深谷克己)의 연구는 매우 흥미로운데(深谷克己 2006), 그에 의하면 막부말기에 이르러 신분상승은 오로지 무인화武人化라는 형태로만 달성되었다고 한다. 히라카와 아라타(平川新)에 의하면, 막부말기 유명 검사劍士의 다수가 백성이나 쵸닌(町人) 출신이었으며, 신분상승은 학문을 통해서가 아니라, 무술을 통해서 재빠르게 이루어지는 경향이 있었다고 한다(平川新 2008). 신센구미(新選組)가 그 전형이었고, 그야말로 '무인의 길'이었다. 이러한 사태는 '학문을 통해 성인聖人에 이르러야 한다'라고 생각하는 조선이나 중국의 주자학적

---

1 이와 같은 이해는 도쿠가와 츠나요시(德川綱吉) 시대의 다이로(大老) 홋타 마사토시(堀田正俊)의 사상을 연구한 오가와 카즈야(小川和也)씨의 의론에 의거한 것인데, 심포지움 때 대회장에서 오가와씨로부터 일면 그와 같기는 하나, 오해도 있다는 지적을 받았다. 조선과의 비교에 대해서는 필자가 언급하고 있으며, 큰 틀에서의 이해는 바뀌지 않았는데, 오가와씨의 연구는 조선이나 중국과의 비교를 생각할 때 매우 중요하다. 본서의 심포지움 종합토론 부분을 참조해주길 바란다.

교학세계와는 대체로 달랐다. 신분상승을 위한 가장 좋은 길이었던 과거는 그 같은 교학세계를 전제로 하여 비로소 성립될 수 있었다고 할 수 있다. 그리고 그것은 문자 그대로 '군자君子의 길'이었으며, 매우 먼 길이기는 하나, 모두가 목표로 해야만 할 '성인聖人의 길'을 향한 첫 발자국 이었다. 그러나 모두가 목표로 해야만 할 '성인의 길'은 면학기회가 절대적으로 부족했던 민중으로서는 너무도 어려운 길이었다. 조선에서 학문을 하지 않더라도 주문 呪文과 선약仙藥을 통해 군자 = 양반이 될 수 있다는 이야기를 설파하였던 동학(趙景達 1988)이 절대적인 인기를 얻을 수 있었던 것은, 모두가 절실히 바라고 있던 '성인의 길'이 민중세계에 내면화 되어 있었기 때문임에 틀림없다.

단적으로 말해서, 유교적 민본주의는 조선에서는 통치 그 자체의 원리였으나, 일본에서는 통치 수단이었다는 측면이 농후하였던 것이 아닐까라고 하는 것이 필자의 견해이다. 따라서 여기서는 그러한 부분을 더 분명히 밝히기 위해 민본주의와 민중운동의 문제에 대해 비교사적으로 고찰해보고자 한다. 구체적으로는 민중운동을 둘러싼 조선측의 언설과 논리를 탐구한 다음, 일본과 조선에서 사족과 민중이 함께 결기하였을 때, 어떤 차이점이 발생하는가를 탐구해보려고 한다. 여기서 일본의 사례로서 거론하려는 것이 바로 오오시오 헤이하치로의 난(大塩平八郎の亂)이다.

2. 조선위정자의 민란관―임술민란을 둘러싼 언설

조선왕조말기, 조선남부를 연쇄적으로 휩쓴 민란으로서 유명한 것이 바로 1862년의 임술민란이다. 임술민란은 경상도 단성과 진주에서 2월에 발생한 민란을 시작으로 각지로 퍼져나갔다. 경상도, 전라도, 충청도를 비롯한 삼남 지방을 중심으로, 함경도, 경기도, 황해도까지 불똥이 튀었고, 확인되는 것만으로도 전국 71개 읍에서 민란이 발생했다. 민란이라고는 하나, 조선의 경우 민란의 지도자가 양반 = 사족인 경우는 흔했다. 물론 임술민란의 주체는 小民 = 일반민중이었고, 그 중에서도 빈궁한 농민이나 유민, 머슴, 나무꾼, 행상인 등의 활약이 눈부셨다. 지도자도 그들 속에서 나온 경우가 많았다.

그러나 조선의 민본주의를 고찰할 때 시사적인 부분은 때때로 大民 = 재지사족이 임술민란의 지도자로 활동하고 있었다는 점이다. '향촌 유학자 중에서 문자를 조금 볼 줄 알고, 어느 정도의 권력을 지니고 있는 자'라든가 '사민부로士民父老'로 인식되던 사족들은, 일상적인 상황에서도 지방정치에 관여하고 있었고, 임술민란이 발생하자 지도자로서 일어섰다. 사족지도자 중에서는 스스로 솔선하여 지도자가 되었던 자가 있는가 하면, 민중들의 요청에 의해 맡게 된 자들도 있었다. 혹은 협박을 받아 지도자가 된 자도 있었다. 전직 조정 관료가 관여했던 민란도 몇 차례 발생하였는데, 그들의 충성심을 믿고 있던 왕정王政의 입장에서 이는 예삿일이 아니었다.

다시 말해, 적극적이었든 소극적이었든 간에 임술민란에서 재지사족은, 지도자의 역할을 맡겠다고 자처하였거나, 아니면 민중들로부터 지도자를 맡을 자로서 기대를 받고 있었던 것이다. 여기에는, 士라는 존재가 민본의 입장에서 민중의 덕망원망德望願望에 응하여 정의를 실현해야만 하는 존재라는 관념이, 사士와 민民, 쌍방 사이에서 공유되고 있었다는 사실을 보여준다. 사족에 의한 향촌질서의 조화로운 재생을 당위로 여기는 심성은, 민란이라는 비일상적 세계가 전개되는 과정에서 일거에 현현화顯現化해 갔던 것이다.

이상과 같은 임술민란의 전체상에 대해서는 이미 논한 바가 있으며, 사족에 의한 향촌질서재생이란 심성의 기저에 있는 재지질서관에 대해 필자는 덕망가德望家적 질서관이라는 개념을 부여했다(趙景達, 2002). 여기에는 당연히, 유교적 민본주의 정치사상이라는 정치문화가 기능하고 있었다고 보아야만 한다. 그렇다면 지배층은 임술민란을 구체적으로 어떻게 인식하였고, 또 민본주의 사상을 어떻게 발로하였던 것일까. 별도의 논문에서는 이 점에 대해

충분히 논하지 못하였다. 여기서는 지배층의 언설을 분석하여 이 문제에 대해 파고들어가 보고자한다. 이하에서는 한국 국사편찬위원회편 『임술록』 (1974년)에 보이는 사료에 근거하여 약간의 고찰을 해보고자 한다.

우선 국왕의 유시를 살펴보겠다. 당시 국왕 철종은 임술민란의 발단인 진주민란에 대처하기 위해 안핵사按覈使(조사관)로 개명파였던 박규수를 파견 하였는데, 그가 출발하기에 앞서 다음과 같은 전교(교령)을 내렸다.(6쪽)

> 나는 이번 진주에서 일어난 일을 보고 매우 분개한 점이 있다. 영남(경상도) 는 예부터 鄒魯의 고장이라 불리어 群賢들을 배출하였다. 풍속은 순후하고 사람 들은 모두 제후에 열 임명되어도 될 정도이다.(그런데) 근래, 咨歎愁怨하게 되어 민은 살아가기가 어려워져, 결국은 이번과 같은 변란이 일어나기에 이르렀다. 이것이 어찌 본심이 그러해서 일어난 사태라고 말할 수 있겠는가.(이 같은 사태 에 이른 이유는) 첫 번째는 내가 부덕한 탓으로 바른 길로 이끄는 데 힘을 다하지 못했기 때문이다. 두 번째는 牧禦의 신하(지방관)가 조정에서 백성을 보살피는(어루만지는) 뜻을 널리 퍼트리지 못한 탓이다. 내 스스로 돌아보니 부끄러워 얼굴이 붉어지며, 마음을 가눌 수가 없다. 斯民들은 열성조 때부터 休養生息하여 길러온 이들이다. 그런데 얼마나 고통스럽게 했으면 기율을 위배 하고 죄과를 범하는 데에 이르렀는가. 징렴(수탈)에 얼마나 기율이 없었고, 掊克(부당한 징수)이 얼마나 절도를 잃어버렸기에 이런 사태에 이르렀는가. 帥臣과 守臣은 체포한 뒤에 엄히 처벌하고, 南民(진주의 백성)에게 사죄하게 하라.

경상도 지역은 역대 왕들의 선정 덕분에 본래 순박한 풍속을 지니고 있었 는데, 철종 자신의 부덕不德과 가렴주구 때문에 주민들을 난민亂民으로 만들어 버렸으므로, 지방관을 엄히 처벌하고, 진주의 백성들에게 사죄하라는 것이 다. 이 전교에는 유교적 민본주의의 전형적 논리가 보인다. 성선설의 입장에 서 민중은 본래 순박하다는 점을 인정한 위에, 그들이 난민亂民이 된 것은 위정자의 정치가 좋지 않았기 때문이라는 견해인 것이다. 그 중에서 주목해야만 할 부분은, 먼저 통치의 정점에 군림하는 국왕자신의 부덕 때문이라는 자기비판을 하고 있다는 점이다. 본성이 선량한 민들의 폭발이, 최고지도자 = 국왕의 덕에 대한 문제로 돌려진 것이다. 도덕과 정치를 연속하는 것으로 옵티미스틱(optimistic)하게 생각하는 주자학적 사유 하에서는, 정치가 정도를 얻지 못하는 이유를 어디까지나 위정자의 덕에 대한 문제로 환원시킨다. 여기서는, 민중은 선량하나 또한 어리석다는 논리가 움직이고 있다. 반대로 말하자면, 어리석기는 하나 선량한 민이 위정자의 덕에 의해 잘 다스려질 것이라는 덕치의 논리가 슬쩍 드러나는 것이다. 정치의 주체는 어디까지나 국왕이나 사족이며, 민은 객체일 뿐이다. 그렇기 때문에 덕치를 실현하지 못한 목민 = 지방관은 난민亂民 이상의 처벌을 받지 않을 수 없게 되는 것이다. '사민斯民'이란 문자 그대로 '이 백성(民)'이라는 의미이나, 친근감을 표현한 단어이기도 하며, 본래 국왕-목민-민은 덕치에 의해 사이좋은 관계로 서로 얽혀야만 했다.

물론 이 같은 철종의 발언은 역시 언설일 뿐이었다는 일면을 지니고 있다. 진주의 민란이 전국적으로 확산되고 수습이 어렵게 되자, 철종은 지도자를 효수에 처하며 엄단의 뜻을 보이기 시작했다(망원한국사연구실 1988). 그러나 한편으로 지방관은 장형이나 정배에 처해지긴 했으나, 사형에 이르지는 않았다. 이를 보자면 유교적 민본주의라는 것은 허위적인 정치사상이었다고 할 수도 있겠다. 철종이 진실로 자신의 '부덕'을 인정했는지 아닌지 의심스럽다.

그러나 소요가 너무 심해졌기 때문에 '사민斯民'관이 후퇴할 수밖에 없었다고 보는 것이 당연한 이치일 것이다. 문제는 어디까지나 유교적 민본주의 사유의 존재형태와 논리이다. 무위武威가 처음부터 전면에 내세워지는 경우는 없으며, 민란 수습을 위한 우선적 열쇠는 문치적 논리였다. 이노우에 카츠오(井上勝生)에 의하면, 일본의 백성 잇키(一揆)에 대한 처벌과 비교할 때, 민란 자체의 격렬함은 조선이 더 심했으나, 처벌에 관해서는 일본이 더 엄했다고 한다(井上勝生 2002). 임술민란에서도 효수에 처해진 것은 지도자뿐이었다. 철종은 박규수에게 '진주의 백성들이 이미 죄를 저질러 용서는 불가하나, 주모자와 그에 따른 자를 분류하여 법에 따라 처벌하라. 조사를 할 때에는 때로도가 지나칠 때가 있는데, 나의 사민斯民들을 애처롭게 여겨, 옥석이 섞여버리는 걱정이 들지 않도록 하라'라고 명하고 있었다. 이러한 철종의 말에는 소요가 극렬해져서 법령 = 규율로서 엄격한 처벌이 필요한 단계에 이르렀다 할지라도, 법 적용을 최소한으로 해야만 한다는 교화주의가 다시금 얼굴을 드러내고 있는 것이다. 이 같은 철종의 의도를 받아들여, 박규수도 진주 백성들을 '사민斯民', '적자赤子'라고 부르면서 진주 백성이 난민亂民의 죄를 범하게 된 것을 지방관의 책임으로 돌리고, 이를 생각하면 '통한을 금치 못하여 눈물이 그치지 않는다'(3~4쪽)라고 하였다.

이 같은 '사민斯民'관은 관인의 상소에도 보인다.『임술록』에는 관인의 상소가 네 편 실려 있다. 그 중에서 세 편은 다음과 같은 논조이다.

- 경상감사 이돈영의 상소: '열읍에서 悖民들이 난을 일으킨 것은 群訴에서 시작되었는데, 切骨冤苦를 견디지 못해 猖獗縱肆에 이르게 되어, 어찌할 수 없는 사태가 되어버린 것입니다. 이는 정말이지 가련한 일이 아닐 수 없으니 죄를 주어서는 안됩니다.'(82쪽)
- 장령 정직동의 상소: '매양 적절한 인재를 등용하지 못하여, 鞭扑의 고통과 貪歈의 학정에 민들은 살아갈 방도를 찾지 못하고 그러한 원망 때문에 오늘날 삼남의 사태에 이르게 된 것입니다. 斯民은 조종조부터 休養生民하였습니다.'(83쪽)
- 집의 윤치현의 상소: '조정은 어찌하여 作亂한 백성만 주벌하고, 治亂한 牧伯은 주벌하지 않는 것입니까. 원래 斯民이란 三代의 民입니다. 殿下의 赤子입니다. 그 심성이 어찌 예전에 선했는데 지금은 악할 것이며, 어제는 따랐는데 오늘은 반역하는 것이겠습니까.'(89쪽)

모두 '사민斯民', '적자赤子'관에 입각하여, 소요에 이른 민중을 동정하고, 소요의 책임을 지방관에 돌리고 있다. 민중은 어디까지나 어리석기는 하나 선량한 아이와 같은 존재였다. 그러나 나머지 한 편의 상소는 조금 내용을 달리한다. 부호군 이만운의 상소가 그것인데, '소민小民과 사족은 본래 같은 부류가 아닙니다. 어찌 같을 수 있겠습니까. 하물며 지벌地閥이 있고 호망號望을 행해야만 할 자들이야 말로 더욱 그러합니다.'(85쪽) 이라 하면서 박규수의 조사를 비판하고 있었다. 그렇다는 것은, 박규수는 '사민斯民'관의 입장에서 소요의 책임을 지방관에게 돌리는 동시에 지도자를 사족으로 보았던데 반하여, 이만운은 이를 '小民의 죄를 무리하게 사족에게 덮어씌우려는 것'으로 인식하였던 것이다. 그에 의하면 소요의 성격과 사족의 입장은 다음과 같았다.(88쪽)

> 오늘날 亂民의 소요는 정말이지 지금까지 없었던 변괴이며, 스스로 하늘의 주벌을 내린 것(自干天誅)입니다.(亂民이) 탐학의 도탄을 견딜 수 없었던 것은 병든 몸에 원망이 충만하여 고통스런 신음을 내고 있었기 때문입니다. 물에 빠지고 불에 타는 고통으로부터의 구제를 요청한 訴狀에서 이미 환하게 알 수 있습니다. 士民은 대체로 같은 고난을 겪고 있으나, 의리를 두려워하며 죽는다 하더라도 난을 일으키지 않는 것은 大民士人인 것이며, 그 父兄子弟입니다.

이만운은 士가 망동을 행할 리가 없으며, 소요를 일으킨 것은 민民이다는 점을 분명히 하는 뿌리 깊은 우민관愚民觀의 입장에 서 있었다. 이는 보수파적 의론이다. 의리를 아는 士는 죽음을 무릅쓰고 국가에 대한 충절을 다하는 자라고 생각하고 있었던 것이다. 그렇기 때문에, 士를 소요의 지도자로 보는 박규수의 재정裁定을 참을 수 없었던 것이다. 그러나 또한 흥미로운 부분은, 민이 행한 행위를 '천주天誅'라고 이야기하고 있는 부분이다. '干'에는 '분수를 넘어 행동하다'라는 함의도 있기에 민중을 비난하고 있는 부분이기도 하나, 다만 민의 행위를 '천주天誅'라고 보는 시선에서 역시 유교적 민본주의를 느낄 수 있다. 민의 목소리는 하늘의 목소리다라고 한편으로는 인정하고 있었던 것이다.

이상과 같이, 임술민란 당시 국왕이하의 관료들은 민란의 원인을 지방관의 학정에서 찾으려는 했다는 부분에서 거의 일치된 견해를 보이고 있었다. 주자학에서는 덕을 지닌 자 = 군자의 정치는 저절로 선정善政이 된다는, 옵티미스틱한 자연 논리가 움직이고 있다. 정치라는 것은 덕의 발로이며, 작위 = 정치기술이나 정치제도의 문제의 원인이 아니다. 그렇기에 악덕惡德한 지방관을 임명한 국왕의 덕도 문제가 된다. 정치의 근본은 기술이 아니라, 어디까지나 덕이 있는 인재의 등용여부에 달려 있는 것이다. 그리고 덕의 실현을 가늠하는 지표는 어디까지나 민의 생활이 충족 되었는가 아닌가에 따라 판단되는 것이다. 본래 천리天理라는 것은 자연에 뿐 아니라, 사회와 국가의 구석구석까지 관철되지 않으면 안 된다. 그것이야말로 덕치지배에 다름 아닌 것인데, 유교적 민본주의란 실로, 그와 같은 천리天理에 준거하여, 조선의 부동의 정치원리로 자리매김하고 있었던 것이다.

3. 민중운동지도자의 사상
─오오시오(大塩) 격문과 전봉준 포고문의 비교

조선 역사상 최대의 민중반란은 1894년에 일어난 갑오농민전쟁이라 보아도 될 것이다. 이 반란에서는 수만, 아니 수십만의 민중이 참가하거나 혹은 말려들었다. 지도자로서, 한 부류는 향반鄕班이라 불린 재지사족이었으나, 다른 한 부류로서 민중도 사士의식을 가지고 이 반란에 참여했다는 점은 중요하다. 사士란 의미상으로는 천하국가를 위해 언동言動하는 자를 지칭하였으나, 천인합일天人合一 설을 설파하는 동학, 그 중에서도 이러한 이단파에 의해 정신 무장된 민중은 누구라도 士가 될 수 있다는 상승적 평등의식을 배양하여 반란의 주체가 될 수 있었다. 그럼에도 불구하고, 역시 본래 사士였던 자들의 지도 정신이 중요하였기에, 이들은 반란의 전 과정에서 책임감을 가지려

하였다. 이러한 인물군 중에서 최고지도자로서 추대된 이가 바로 전봉준이라는 사람이었다(越景達 1998).

즉, 조선에서 사士가 민중지도자가 되었던 예는 임술민란뿐만이 아니며, 흔하게 있었던 현상이었다고 할 수 있다. 갑오농민전쟁은 그 정점에 선 반란이었다. 그에 비교하자면, 근세일본에서 무사가 민중반란의 지도자가 된 예는 매우 드물었다고 하지 않을 수 없다. 시마바라의 난(島原の亂) 이래, 병농분리 하의 일본에서는 일어나기 어려운 일이었다. 때문에, 1837년(天保8) 발생한 오오시오 헤이하치로의 난(大塩平八郎の亂)이 막부를 뒤흔들었던 것도 무리는 아니었다.

사士가 지도자였던 조선과, 그러한 현상이 드물었던 일본, 이라는 점으로 양자를 비교하는 것 자체로 흥미로운데, 여기서는 오오시오가 작성한 격문과 전봉준이 작성한 포고문을 비교함으로써 양자의 유교적 세계관의 차이를 고찰해보고자 한다. 물론 오오시오는 양명학자로서 당시 이미 유명한 이였으며, 전봉준도 원래 주자학적 교양인이었음에 틀림없다. 전봉준은 오오시오만큼 많은 문장을 남기지 않았으며, 포고문이라 할지라도 그가 직접 작성한 것인지 실증되지 않은 상태이다. 당시부터 직필 포고문이라고 전해 내려오고 있을 뿐이긴 하나, 그러나 적어도 그의 책임 하에 작성되고 배포된 것이며, 그의 사상이 반영되어 있는 것임에는 틀림없다. 전봉준은 동학도였으며, 동학의 근간에는 유교가 깔려있었다. 포고문은 한문으로 작성되었는데, 포고문의 호소의 대상이 주자학적 논리를 당위로 하는 사족과 상층민중이었음이 명백하며, 전봉준은 촌락지배층인 그들과 연계하여 민중운동을 계획하였다. 때문에 포고문의 주자학적 언사가 농후해졌던 것이라 생각된다.[2] 이러한 점

---

2 주문과 선약을 통해 누구나 용이하게 천인합일을 이룰 수 있다고 주장한 동학은, 萬人聖人觀을 내세운 종교라고 여겨지고 있으나, 그러한 점에서 그것은 조선에서 이루어진 양명학적 전개의 하나의 표현이 아니었을까라고도 생각된다. 주자학 지상주의가 철저히 행해진

에서, 한문에 능했던 오오시오가 일부러 평이한 문장으로 작성하였던 격문에 오오시오의 사상이 더 잘 반영되었다고 볼 수 있다. 미야기 키미코(宮城公子)가 「오오시오 혼신의 사상적 유서遺書」라고 한 것도 그 때문이다(宮城公子 2005). 그러나 양자모두 민중운동의 문장이며, 비교사적 관점에서도 적합한 문헌이라 할 수 있다.[3]

* 오오시오 격문과 전봉준 포고문은 논문 말미에 전문을 게재한다. 번호를 붙여서 본문과의 대응관계를 표시하였다.

1) 시세관

격문과 포고문 모두, 시세의 변화와 함께 국가사회가 타락해간다는 유교적 타락사관을 공유하고 있다(a-①② · b-②③). 고대古代가 한 없이 이상화되고 있는 것이다. 그리고 役人 · 관료의 부패와 타락을 모두 격렬하게 규탄하고 있다. 오오시오 격문에서는 도덕인의 없이 한 사람 한 가문 만을 위해 지술智術을 펼치고 민백성民百姓을 수탈하고 있다고 하고 있다(a-②). 전봉준 포고문에서도 중앙관료로부터 지방관료에 이르기까지 국가와 만민을 배려

조선에서 양명학은 邪學으로 여겨졌고, 주자학의 내재적 자기비판은 토속적 신앙과의 연계를 통해 가능해졌던 것으로, 그것이 바로 동학이었다는 것이 필자의 견해이다. 때문에 전봉준의 사상도 주자학과는 구별되는 내용을 가지고 있었음이 분명한데, 그것이 바로 '守心敬天'의 사상이다(趙景達 1998). 그러나 그것은 주자학이 절대적 교학이라 여겨지던 조선의 사상적 상황 속에서, 주관적으로는 주자학의 발전적 모습으로 생각될 가능성이 있다. 동학의 창시자였던 최제우조차, 내실은 어떨지 모르나, 정면에서 주자학 비판을 전개한 것은 아니었다.

3 갑오농민전쟁 당시 동학농민군이 내세운 격문으로 유명한 것으로 오지영의 『東學史』에 실린 것이 있다. 제1차 농민전쟁 개시를 포고하는 白山大會에서 발포된 것으로 알려져 있다. 이는 漢韓혼합문으로작성되었는데, 『동학사』에서만 발견되는 것으로서 사료적 신빙성이 낮으므로, 여기서는 무시하도록 한다.

하지 않고 중간수탈을 하여 사리사욕을 채우고 있다고 하였다(b-③). 한편으로 오오시오 격문에서는 천견론天譴論까지 전개하여 말세적 인식을 보이고 있다(a-②). 원래 말세론은 조선의 경우가 훨씬 풍부하며(越景達 2002), 동학도 종말사상을 전제로 창시되었다는 일면을 가지고 있으나, 오오시오 격문과 전봉준 포고문은 그 반대이다. 후자는 주자학적 천리사상이 농후하며, 합리적인 문장으로 작성되었다. 오오시오 격문에서는 '사후의 극락성불' 까지 언급되고 있는데(a-⑥), 이는 근본적으로 불교를 부정할 수 없는 일본적 사상의 특성이었던 것일까. 조선에서는 습합적인 사상이 형성되기 어려웠다. 동학은 유·불·도 삼교가 합일된 것이라 여겨지고는 있으나, 도덕관에 있어서는 유교를 거의 그대로 받아들이고 있다.[4] 극락과 같은 내세관도 수용하지 않았다. '사후의 극락성불'을 오오시오가 정말로 믿고 있었는지 확실치 않으나, 적어도 오오시오가 그러한 정신세계를 가지고 있는 사람들에 대한 이해를 이와 같이 표현하고 있었다고는 말 할 수 있을 것이다.

2) 도덕관

주자학에서는 자연-인성-실천이 천리에 의해 하나의 길로 관철되고 있다. 그러한 점에서 본다면 전봉준 포고문이 우선 인성론에서 의론을 시작하고 있는 것도 쉽게 이해가 간다(b-①). 인간은 누구나 원래부터 도덕적 존재임이 분명하다는 점을 포고문은 부동의 전제로 삼고 있다. 그리고 전봉준은 동학 농민군의 각 부대장에게 '4대 약속'을 요구하였는데, 그 네 번째 항에서는 '효제충신孝悌忠信한 사람이 거주하고 있는 촌락의 10리 이내에 주둔해서는

---

4 남녀평등을 주장하였다는 점에서 동학은 유교에서 일보 전진한 것처럼 보이나, 젠더적 규범의식은 전혀 변하지 않았다.

안 된다'라고 하였다. 천리에 따라 도덕적으로 살고 있는 자를 존중하지 않아서는 안 된다. 그것은 신분을 초월하고 있었다.

그러나 오오시오 격문에서는 그렇지 않다. '도덕인의도 없이 변변치 못한 신분에서 일어나 중요한 역직에 올라'(a-②)라고 하여, 신분이 낮은 자가 도덕인의를 갖출 수 없다는 듯한 언사를 보이고 있다. 또한 오오시오 자신에 대해서도 '탕왕무왕湯王武王의 세위勢位도 없고, 공자맹자孔子孟子의 도덕도 없어, 부질없이 칩거하고 있을 뿐이다'(a-②)라든지, '도덕인의 없는 변변치 못한 신분'(a-③)이라며 겸허하게 이야기하고 있다. 성인聖人에 미칠 수 없다는 것은 당연한 겸허함일지 모르나, '성인聖人의 길'은 누구나 목표로 하여야만하는 것이라 생각하는 주자학에 있어서는 반드시 그러하지도 않다. 단순히 목표로 삼는 것뿐만 아니라, 목표로 하지 않으면 안 되는 인간의 길인 것이다. 그렇기 때문에 전봉준 포고문에서는 자신들의 겸허함을 '우리 무리가 초야의 유민이긴 하나'(b-⑤)라는 언사정도에서 그치고 있다. 조선에서는 유학자라고 한다면, 결코 스스로가 부덕하다는 말을 할 수는 없는 것이다.

그러나 이상하게도, 이 같은 점은 오오시오가 신봉하는 만인성인관萬人聖人觀의 양명학에서는 매우 당연한 일이다. 오오시오는 양명학자로 자인하였고 양명학자로서 둘째가라면 서러워할 만한 인물이었으나, 여기서는 성인聖人을 고대의 위인에 한정하는 일본적 고학파古學派의 영향이 있었던 것으로 보인다. 단순히 언설에 불과했을 수 있으나, 적어도 성인聖人이란 현실에는 존재하지 않는다고 생각하는 근세 일본사회의 사상적 상황을 고려한 언사였을 가능성도 있으며, 조선적 도덕관과의 차이는 선명하다. 일본에서는 사농공상士農工商이 각각 특유의 규범이나 가치관을 지닌다는 것이 당연한 상식이었다. '성인聖人의 길'을 당위로 하는 조선에서는, 일원적 가치관이 지배하고 있었으나, 이에 부정적이었던 일본에서는 다원적 가치관이 지배하고 있었던 것이다.

3) 민중관

신분에 따라 도덕이 다르다고 하는 것은 그야말로 근세 일본적인 논리이다. '聖人의 길'이 멀고 어렵더라도, 조선에서는 누구나 목표로 삼아야 할 만한 길이었고, 士라는 자는 그에 가장 가까운 존재였다. 그러나 18~19세기에 신분제가 크게 붕괴되어 가면서, 신분과 직업을 분리하여, '효제충순孝悌忠順'한 덕이 있는 자는 신분에 관계없이 일체적으로 士이다 라는 사상의 형성이, 주자학에서 나온 실학과, 그 발전 형태인 개화사상이 영위되는 속에서 이루어지게 되었다. 예를 들어 천업賤業에 종사하고 있는 인간이라도 그렇다는 것이다(越景達 2002). 이는 주자학적 논리가 다다른 지점이며, 자각하지 못하는 사이 양명학적 전회轉回가 이루어진 결과라고도 할 수 있을 것이다.[5]

동학은 이러한 사상이 형성되는 중에 창시되었다. 동학농민군 내부에서는 상하 구별이 없이 서로 '접장接丈'이라 부르며 경의를 표했다고 한다. 전봉준은 어디까지나 탐관오리의 처단을 주장했던데 불과했고, 폭력은 극력 억제되어어야만 할 것으로 여겨졌다. 그래서 '4대 약속'의 3조까지가 '① 적과 대면하게 되었을 때 칼에 피를 묻히지 않고 이기는 자를 수공首功으로 한다. ② 어쩔 수 없이 전투를 하게 되었을 때도, 인명을 상하지 않게 하는 것을 귀하게 여긴다. ③ 행군할 때는 사람과 물건을 상하게 하지 않는다.' 라고 구성되었던 것이다. 사인士人, 민인民人 구분할 것 없이 인간은 모두 같이 본연의 성性(善)을 지니고 있으므로, 함부로 폭력을 행사해서는 안 되며, 교화를 위주로 하는 규율을 적용해야만 했다. 그것이 바로 '4대 약속' 과 함께 일반 농민병사들에게 내려진 '12개 군호軍號'(① 항복한 자는 愛對하라 ②곤경에 처한 자는 구제하라 ③ 탐관은 쫓아내라 ④ 순종하는 자는 敬服하라 ⑤ 굶주린 사람은

---

5 양명학이 일견 주자학과 적대하는 듯이 보이면서도, 실은 연속된 사상적 영위에 의한 결과물이었다는 점은 시마다 켄지(島田虔次) 가 일찍이 논한 바 있다(島田虔次, 1967).

먹이라 ⑥ 간활한 자는 타일러라 ⑦ 도망하는 자는 쫓지 말라 ⑧ 가난한 자는 진휼하라 ⑨ 불충한 자는 제거하라 ⑩ 거역하는 자는 효유하라 ⑪ 병자에게는 약을 주라 ⑫ 불효한 자는 형벌을 가하라) 이다. '民은 나라의 근본이다. 근본을 상하게 하면 나라는 망한다'(b-④) 라는 유교적 민본주의 입장에 있는 이상, 이는 당연한 일이며, 거역하는 자라 할지라도 우선은 효유해야만 하는 것이다. 더구나 항복한 자는 사랑으로 대하지 않으면 안 될 대상이었다. 제2차 봉기에서 동학농민군은 규율이 이완되어 폭력화가 진행되었고, 전봉준의 고뇌가 깊어지게 되나, 당초 그가 생각했던 봉기 구상은 어디까지나 주자학적 교화주의에 입각한 것이었다.

오오시오 격문은 이와 대략 차이를 보이고 있으며, 봉기 그 자체가 처음부터 폭력적이었다. 오오시오에게 '만물일체의 인仁'을 상실한 '봉행奉行과 제역인役人', 그리고 그들과 엮여서 사욕을 제멋대로 취하는 '부자들'은 결코 용서하려해도 할 수 없는 존재였으며(a-③④), 묻고 대답할 것 없이 '주벌', '주륙'할 대상이었다(a-⑤). 게다가 그들에게 '주진注進'한 자들 역시 모두 죽여도 상관없다는 격렬함을 보인다(a-⑦). 유학자가 작성하였음에도 불구하고, 오오시오 격문에서는 '민은 나라의 근본이다'라는 언사가 한 번도 나타나지 않는다. 물론 귀중한 장서를 팔아서 개인적으로 진휼을 시행하기도 했던 오오시오가 유교적 민본주의 입장에 서 있었다는 것은 분명하나, 일부러 그랬는지 민본이란 언사는 숨겨진 채 보이지 않는다. 게다가 오오시오는 불화살·철포(조총)을 난사하여 오사카(大坂) 시가지에 불을 질렀고, 오사카 시가지의 5분의 1가량을 태워버렸는데, 이는 이른바 '오오시오의 화재(大塩燒け)'라 회자 될 정도의 사건이었다. 이러한 행위에는 민중에 대한 배려가 전혀 보이지 않는다. 화재 때문에 얼마나 많은 사람들이 곤궁에 빠질지, 오오시오에게 그런 건 아무 상관도 없는 일이었을까. 사람들에게 어려움을 가져오는 천견天譴에 대하여 '하늘로부터의 깊은 경계, 고마운 계시'라고 하고 있었던(a-②) 것도 이해하기 어렵다. 전봉준 포고문에 '각기 민업에 편안히 종사하며 함께 태평한 세월을 축하하고, 모두 임금의 교화를 누리게 된다면 천만다행일 것이다'(b-⑤) 라고 한 것과 같은 안민의 논리가, 오오시오 격문에는 완전히 반대라고 해도 될 정도로, 나타나지 않는다고 말하지 않을 수 없다. '지행합일'을 이야기하는 양명학에서는 주관주의적 행동을 중요시하기 때문이라고 할 수 있을지도 모르나, 실은 오오시오에게 민이란 스스로에게 엄한 규율을 적용해 온 자신과 같은 군자에게 범접할 수 없는 부덕한 존재로 비추어졌던 것이 아닐까. 그렇다고 한다면 원래의 양명학과는 조금 다른 유학자의 상이 그려진다. 그것이야 말로 일본 양명학이다고 한다면, 양명학에 대한 비교도 이루어질 필요가 있을 것이다.

오오시오는 원래 꽤나 강한 상승 지향 욕구를 가지고 있었고, 입신출세를 하지 못하는 데 대한 초조함 때문에 리고리스틱(rigoristic : 엄격주의, 역자 주)한 면학생활을 하게 된 직정경행형直情徑行型 인물이었다고 한다. 은거한 이후에도 에도(江戶)에 올라가 중앙정치에 참여하는 것을 몽상하기도 했다. 여기서는 신분제 사회에 대한 앰비벌런트(ambivalent : 양면적 감정, 상반된 감정, 역자 주)한 인식을 엿볼 수 있다. 다소 현대적 해석이라 볼 수도 있으나, 히라카와 아라타(平川新)가 오오시오의 행위를 반사회적이라 비판하였던 것도 완전히 틀리지는 않았다고 생각된다(平川新 2008). 오오시오의 행동이 민중에 대한 진실 된 애정으로부터 유발된 결과라고는 도저히 생각되지 않는다. 그러나 그러한 개인적 평가는 별개로 하고, 오오시오의 난에는 유교적 민본주의에 있어서 조선과는 다른 이질적 논리를 가지고 있었던 근세 일본적 사상의 존재형태가 반영되어 있었던 것은 아닐까.

4) 국가관

위에서 논한 바와 같이, 오오시오 격문과 전봉준 포고문에서는 공통적으로 고대古代가 이상화 되어 있다. 따라서 양자모두 복고주의적 이상정치를 지향하고 있다. 그러나 일군만민—君萬民의 논리의 경우, 오오시오 격문에서는 포착되지 않으나, 전봉준 포고문에서는 명료하게 나타난다. 국왕은 '인효자애仁孝慈愛하여 신명성예神明聖叡' 하므로 '현량賢良하고 정직한 신하'만 있으면 이상적인 정치가 행해질 것이라 한다(b-②).[6] 전봉준은 현실적으로는 '현량하고 정직한 신하'의 존재를 인정하고 있지 않기 때문에, 그가 이상으로 하는 것은 역시 일군만민의 체제이다. 애초에 갑오농민전쟁이란 중간지배층을 무력적으로 배제하고 한성(서울)로 공격해 들어가 국왕 고종에게 폐정개혁을 직소하려고 한 민중운동이었다.

그러나 오오시오 격문에서는 '탕왕무왕湯王武王', '천조황태신天照皇太神', '신무제어神武帝御', '동조신군東照神君' 등은 이상화되고 있으나, 현실의 쇼군(將軍)은 전혀 이상화되지 않고 있다. '어느 땅에 있더라도, 인민은 도쿠가와 가문의 지배하에 있음에 틀림없다'라는 점을 인정하면서도(a-③), 현재의 쇼군을 이상화하려고 하지는 않았다. 또한 '천자天子'는 아시카가(足利) 시대이래 은거하고 있으므로 기대할 수 없다. 따라서 할 수 없이 스스로 결기하는 것이다는 것이 오오시오 격문이 말하고 있는 바이다. 그리고 스스로의 행위는 '아마테라스오오미카미(天照皇太神)의 시대로 돌아가기는 어렵다 할지라도, 중흥의 기상을 회복하려고 하는 것'(a-⑥)으로서, 국가 중흥을 위한 것이라고 하였다.

그러나 오오시오의 거병은 갑자기 일어난 무력행사였으며, 막번幕藩체제를 향한 요구는 일체 없었다. 과연 이것이 중흥을 기할 수 있는 행동이었는가. 그 부분에 대해 신경을 쓰고 있었는지, 오오시오 격문에는 '우리는 천하를 찬탈하기 위해 일어난 것이 아니다'라고 하고 있었는데, '말하자면 탕湯·무武·한고조漢高祖·명태조明太祖가 민을 애도하여 군주를 주벌하고, 천토天討를

---

6 ―君萬民정치의 논리에서는, 무엇보다도 국왕의 도덕성과 현명성이 논점이 되므로, 국왕의 덕을 찬양하는 것은 매우 흔한 수법이었으며, 상소 등에서 자주 사용되었다.

집행하였던 것과 같은 성심誠心일 뿐이다'(a-⑧) 라든지, '천명을 받들어 천토를 행한다'라고도 말하고 있다. 이래서는 역성혁명이 되어버린다. 와타나베 히로시(渡辺浩)는 이러한 점에 착목하여, 오오시오는 방벌放伐을 실행하여 신왕조를 세우려 했던 것이라 주장하고 있다(渡辺浩 2010).

그렇지만 오오시오 격문은 논리적으로 맞지 않는 부분이 너무도 많다. 대의명분론에 입각하여 천황정치를 부흥시키려는 것은 아니며, 그렇다고 해서 막번幕藩체제를 재구축하려는 논리도 불명확하다. 유교에서 인정되고 있는 역성혁명 논리도 선명하지는 않다. 오오시오는 스스로를 성인聖人에는 멀리 미치지 못하는 자로 위치 짓고 있으며, 그렇다면 역성혁명을 일으키는 것은 불가능하다. 천명을 받들고 있다고는 하나, 스스로는 천명을 받은 존재가 아니라고 말하는 것과 마찬가지이기 때문이다.

오오시오가 유학을 필사적으로 공부하였다는 점은 분명하다. 그러나 그의 국가관이 과연 진정한 유교원리에 의거한 것이었을까. 오오시오가 아무리 만인성인관萬人聖人觀을 공부하였다 할지라도, 다양한 격식과 복잡한 신분제가 관철되고 있는 현실의 막번幕藩체제 하에서는, 민본주의적 논리도, 일군만민의 논리도, 대의명분론도, 역성혁명의 논리도, 충분히 내면화 할 수 없었던 것이 아닐까하는 것이 필자의 견해이다.

중국과 조선에서는 유교가 원리로서 확고했다. 자연・도덕・정치를 관통하는 리理라는 존재를 확신하는 주자학에서는 정치규범뿐만 아니라 생활규범도 리적理的 이어야만 한다고 요구되어, 유교적 교화는 사회 구석구석까지 부단히 행해졌다. 사회와 국가 그 자체가 예제禮制를 통해 유교에 즉응卽應한 형태로서 편성되어, 사람들도 또한 유교적 사유를 당위로 하고 있었던 것이다. 또한 원래부터 효의 교설教說 속에는 죽음(死)의 문제가 포함되어 있으며, 생사의 연속성을 믿고 있던 유교로서, 그러한 합리주의라는 것은 이면에 종교적 성격도 숨기고 있었다(加地伸行 1990). 따라서 중국이나 조선에서는 정교일치가 반쯤은 원칙화되어 사람들의 생활을 구속했다. 유교적 제례가 생활의 일부로서 확고하게 자리 잡고 있었고, 유교는 단순히 원리로서만 작용한 것이 아니라 성교화聖教化 되어 있었다. 물론 그렇다고 할지라도 민중 세계에는 불교나 도교·샤머니즘 등도 존재하였으며, 이중문화·다중문화 적 측면이 있었던 것도 사실이나, 유교의 원리화·성교화聖教化를 추진하는 위에서부터의 압력은 집요한 것이었다. 특히 조선의 경우 재지사족이 향촌사 회에 강고하게 존재하였고, 유교의 원리화·성교화聖教化는 그들을 매개로하 여 일상적으로 추진되었다. 그에 비해 일본에서 유교는 어디까지나 세속화되 어, 학문으로서 혹은 통치 이데올로기로서 존재할 뿐이었다.[7] 이 같은 비교사 적 견해에서 바라볼 때, 오오시오의 유학자로서의 최대의 불행은, 유교가 원리화 된 여건 하에서 삶을 향유하지 못했던 점에 있었다고 하지 않을 수 없다.

4. 맺음말

이상에서 고찰한 바와 같이 조선에서 유교는 국가사회의 원리로서 존재하 였고, 민본주의는 당연히 사람들에게 내면화되어 있었다. 이러한 점은 전봉 준 포고문에도 분명히 나타난다. 그러나 일본에서는 그렇지 않았다. 유학 = 양명학자라는 점에 꽤나 자부심을 가지고, 이를 실천에 옮기려 했음이 분명한 오오시오 헤이하치로의 사상과 행동도, 비교사적으로 본다면 약간의 의문이 든다. 유교적 민본주의에 입각한 인정仁政주의는 일본에도 분명히 존

---

7 유교의 세속화라고는 해도, 그것은 일부 상층민중이나 무사에 한정되었고, 다수의 민중은 神佛을 신봉하는 세계 속에 안주하여, 신불신앙 또한 세속화되어갔다. 단, 유교적 仁政 이 데올로기는 민중운동의 세계 속에서 내면화되었고, 민중의 중요한 이데올로기적 무기가 되었다는 점은 후카야 카츠미(深谷克己)가 일찍이 논한 바 있으며, 정치문화사적으로는 근세 동아시아에서 공통되는 부분이다. 이러한 사실이 분명하게 인정될 필요가 있다.

재했으나, 그 내실은 조선과 달랐다는 것이 필자가 말하고자 하는 바이다.

별도의 논문에서 밝히기는 했으나(越景達 1995, 1997), 이러한 점은 조선 주자학의 영향 하에서 학문을 형성시킨 요코이 쇼난(橫井小楠) 예를 보더라도 그러하다. 쇼난의 경우 도道를 배우는 자는 모두 士라는 인식을 지니고 있었는데, 이는 조선 주자학의 방향성과는 다르다. 앞에서, 조선에서는 18~19세기에 신분과 직업을 분리하여, '효제충순'의 덕이 있는 자는 신분에 관계없이 일체적으로 사士라는 사상이 형성되었다는 점을 서술하였는데, 실은 이러한 사상이 형성되었던 대표적 인물이 박규수였다. 그는 주자학적 사유를 전제로 실학을 개화사상으로 전환시킨 인물이었으며, 쇼난과 동세대이기도 했는데, '배움을 통해 성인聖人이 되어야 할 것' 라는 주자학의 테제를 주자학적 논리 속에서 극복했다. 학문하지 않고도 도덕성의 유무에 따라 사士인지 아닌지가 결정된다는 생각을 가지게 되었던 것이다.

또한 쇼난은 '인의仁義의 나라' 임을 전제로 하여 '부국강병'을 주창하였고, '일대강국一大強國'을 목표로 하여 세계의 일꾼(世話役)이 되어야만 한다고 설파했다. 제멋대로의 민주주의를 강요하는 현재의 미국과 같은 나라를 이상화하고 있었던 것일까. 이러한 생각이 조선 주자학에서 나왔을 리가 없다. 조선에서 「부국강병」은 어디까지나 패도覇道라고 인식되어, 네거티브한 이미지를 띠고 있었다. 이는 민본에 반하는 것이라 이해되었던 것이다. 이를 대신하여 활발히 주장되었던 것이 바로 '자강'이다. '자강'이란 민본을 기초로 두고 내정과 교화를 충실히 도모하는 것으로서, 이것이 잘 시행된다면 침략 받을 일은 없을 것이라고 생각되었다. '부국강병'이라는 단어가 사용되는 경우라도, 이에 함의된 내용은 일반적으로 '자강'적 의미를 띠고 있었고, '자강'은 왕도王道라고 여겨졌다(越景達 2010).

쇼난은 하늘이 오직 일본 만을 후대하고 있다는 취지로 이야기하고 있었는데, 이 같은 사상은 선민의식 아닌 선민의식의 형태였다고도 생각된다. 그가 주관적으로는 유교를 국가의 원리로 하려는 인식을 가지고 있었다는 점이 확실하기는 하나, 조선의 유학자만큼 철저한 것은 아니었다. 조선에서는 도道를 위해서는 나라가 망한다 해도 상관없다, 라는 식으로 유교를 철저히 원리화하고 있었으나, 쇼난에게 있어서 이는 절대로 이해할 수 없는 이상적 영위營爲였음에 틀림없다.[8]

쇼난조차도 그러했다고 한다면, 결국 비교사상사적으로 볼 때 일본에서는 유교의 원리화가 이루어지지 않았다고 할 수 있다. 국체사상이라는 것은 이러한 원리를 가지지 않는, 일본의 사상적 특질로부터 나온 것이다. 요시다 쇼인(吉田松陰)은 웨스턴 임팩트의 위협을 느끼던 중, 일본이 원리를 가지고 있지 않았기 때문에, 호지護持해야 만할 무언가를 만들어 내야 할 의무감에 쫓기게 되었고, 국체사상을 구상하였다. 그리고 그것은 보편적 원리를 대신하는 일본 특유의 원리가 되었다.[9] 조선에서도 '국체'라는 단어가 사용된 적은 있으나, 그것은 나라의 체재라든지, 나라의 체면이라는 의미로 사용된 것이며, 또 서두에서 서술한 바와 같이, '민국民國'을 의미하는 경우가 일반적이었다. 일청전쟁(청일전쟁) 이후 일본의 국가형성 과정에서 배워 온 '만세불변의 전제정치'를 표방하여 대한국국제大韓國國制를 제정하게 되나(1899년 8월), 민중에게 이를 국체사상으로서 내면화시키는 것은 도저히 불가능했다. 대한제국은 '구본신참舊本新參'이라는 논리를 내걸고, 유교를 원리로 하는 근대국가를 만들려고 하였다가, 그에 실패하였다고 할 수 있으나(越景達 2010),

---

8 쇼난을 막부 말기가 낳은 매우 희귀한 사상가 = 평화주의자이며, 유교적 이상주의자였다고 평가하는 견해가 지금까지의 공통된 이해였다. 그러나 필자는, 이러한 견해는 일본사상사 속에서만 도출되는 견해이며, 비교적으로 본다면 도저히 이러한 견해를 검증해내기 어렵다고 생각한다. 필자는 일본사상사가 얼마나 일국사적으로 행해졌는지를 보여주는 가장 적절한 예증이 쇼난연구라고 본다. 나카에 쵸민(中江兆民)의 연구 등도 그렇다고 할 수 있다(越景達 1997). 이 연구에서는 쇼난 사상과 함께 쵸민 사상의 일본적 특질에 대해서도 논하고 있으니 참조해주길 바란다.

9 이러한 문제에 대해서는 거친 스케치이긴 하나,(越景達 2002) 나(越景達 2007)에서 논한 바가 있다.

반대로 일본은 천황과 국가 그 자체를 '국체'로 하는 것을 통해 근대국가형성에 '성공'했다.[10] 당시 만들어진 유교적인 교육칙어는 근대적 규범을 강제하기 위한 수단 = 장치일 뿐이었다. 그 결과는 비참하였다. 그러나 원리를 가지지 않은 일본사상의 특질은 과연 과거의 일일 뿐일까. 이는 지금도 이어지고 있는 문제라고 생각된다.

그러나 한편으로, 일원적 가치관을 강요하는 유교의 탈원리화 없이 근현대 국가와 사회가 성립되기는 어렵다는 사실도 분명하다. 오늘날 한반도의 유교는 세속화되었다고 할 수 있으나, 그것에 의해 규정된 정치문화는 지금도 여러가지 형태로 살아남아 있다. 그 빛과 그림자를 고찰하여 그것으로부터 역사를 구상해 가는 것도, 앞으로의 비교사 연구에서 중요한 과제가 될 것이라 생각한다.

---

10 주지하고 있는 바와 같이, 츠다 소우키치(津田左右吉)는 일본의 중국사상 수용을 거의 근본적으로 부정하고 있다(津田左右吉 1937). 이는 일본과 중국의 관계가 악화되어 있던 시기에 천황제 국가임을 전제로 쓰인 것으로서, 당시 시대정신을 대변하고 있는 듯한, 약간은 국수주의적인 의론이다. 필자의 의론은 그러한 츠다의 의론에 부합하고자 하는 것이 결코 아니다. 근세 일본의 위정자는 확실히 정치의 중국화, 유교화를 목표로 하고 있었다는 점을 인정하면서, 그에 성공하지는 못했다, 성공하지 못했기 때문에 오히려 근대국가형성에 '성공'할 수 있었다는 것이, 필자가 주장하고 싶은 부분이다.

사료 a. 오오시오 헤이하치로 격문

(『週刊朝日百科 82 日本の歷史』, 朝日新聞社, 新訂增補, 2003)

한국어 번역

① 사해四海가 곤궁하면 천연天緣이 오래 지속되지 않는다. 소인小人이 나라의 정치를 담당하고 있으면 재해가 닥친다고 옛 성인이 지적하였으며, 천하후세의 군신君臣이 될 자들을 깊이 경계하였다. 동조신군東照神君(도쿠가와 이에야스 : 역자 주)도 의지할 데 없는 환과고독鰥寡孤獨들을 가장 연민해야 하며 이것이 인정仁政의 근본이라고 말씀하셨다. ② 그러나 겨우 2백4, 5십년 의 태평성세 동안 상층에 있는 사람들이 사치를 극도로 하고, 중요한 정사를 담당하고 있는 여러 관리들이 요즘은 공공연히 뇌물을 수수하고 있다. 또 내전에 연줄을 놓아서 본래 도덕인의가 없는 변변치 않은 신분을 가진 자가 신분을 올려 중요한 역직에 임하게 되어, 자기 자신과 자기 집안을 부유하게 하는 데만 지술智術을 펼치고, 그들이 담당하는 영지의 민백성民百姓들에게 과분한 조세를 부과하고 있다. 지금까지 조세, 부역에 시달려 왔는데 이 같이 더 말도 안 되는 짓들을 하니 국가의 비용은 점점 더 늘어나고 사해四海의 세상은 더 곤궁해지고 있다. 때문에 요즘 사람들 모두 상층부를 원망하지 않는 이가 없다. 에도에서부터 제 지역에 이르기까지 모두 이런 풍조이다. 천자는 아시카가 시대이래 완전히 은거하고 있으며, 상벌을 권한을 잃었으므로 기대할 수 없으니, 하민들은 원망을 어디에도 호소할 수 없는 상태이다. 사람들의 원망이 하늘에 통했는지 근래에는 매년 지진, 화재, 산사태, 홍수 등 천재지변이 반복되고 있으며 오곡이 모두 흉년이다. 모두가 하늘로부터의 깊은 경계이며 고마운 계시이다. 그럼에도 상층에 있는 자들은 이를 걱정하지도 않고, 소인 간신배들이 중요한 정사를 맡아 오로지 아랫사람들을 걱정

시키고, 금은과 미곡을 징수할 생각만 하고 있다. 실로 백성들의 어려움은 우리 같이 초야에 있는 자들도 분명히 이해하고 있으며 슬퍼하고 있지만, 탕왕무왕의 위세도 없고, 공자맹자의 도덕도 없기에, 부질없이 칩거하고 있을 뿐이다. ③ 근래 미가米價가 날로 오르고 있는데, 오사카의 봉행奉行 및 제 역인役人들은 서민들이 고통을 받고 있음에도 불구하고, 만물일체萬物一體의 인仁을 저버리고 제멋대로의 정도政道를 행하여, 에도로는 회미廻米하면서, 천자가 거처하고 있는 쿄토(京都)로는 회미廻米하지 않으며, 그뿐 아니라 5승升 1두斗 정도의 쌀을 오사카에 사러 온 자를 체포하는 등의 가혹한 짓을 하고 있다. 실제로 예전에 갈백葛伯이라는 다이묘(大名)는 그 영지의 농민에게 도시락을 가져 온 아이를 죽였다고 하는 것처럼, 정말 말도 안 되는 일이다. 어느 땅에 있더라도, 인민은 도쿠가와 가문의 지배하에 있음에 틀림없는데도, 사람들이 흩어지는 것은 봉행奉行 등이 불인不仁하기 때문이다. 그리고 제멋대로의 명령을 내려 오사카 시중의 유민游民 만을 귀하게 여기는 것은 앞에서도 말했듯이 도덕인의를 지니지 못한 신분에서 올라온 자들이 일을 하고 있기 때문이며, 뻔뻔하고 괘씸하기 그지없다. ④ 또한 삼도三都 중에서 오사카의 부자들은 오랜 기간 동안 제 다이묘들에게 돈을 빌려주고 이자로서 금은 내지 녹미祿米를 갈취하여 일찍이 없었던 유복한 생활을 하고 있다. 그들은 쵸닌(町人) 신분이면서 다이묘의 가신급이 된다거나, 자기자신의 전답을 엄청나게 소유하고는 무엇 하나 부족할 것 없는 삶을 살고 있다. 요즘의 천재天災와 천벌天罰을 눈앞에서 보면서도 근신하지 않고, 빈민들이 아사하고 걸식하는 것을 구하려고도 하지 않으며, 그 입으로는 산해진미를 먹으면서, 첩의 집에 드나들거나, 유흥업소에 다이묘 집안사람을 유혹해 들여서는 고가의 술을 물마시듯 먹어 대고, 사민四民들이 고생하고 있는 시절을 아랑곳 않고 비단 옷을 입고는 연극배우를 기녀와 함께 맞아들여 평소와 같이 유락을 즐기는 것은 도대체 무슨 사태인가. 이는 주왕장야紂王長夜의 주연酒宴과 같다. 그곳의 봉행奉行과 제 역인役人들이 자신들이 운영하고 있는 정권의 힘으로 위와 같은 자들을 잡아들이고, 하민들을 구제하는 일도 어려우니, 그들은 해야만 할 일을 하지 않은 채 매일 쳐 박혀서 나오지 않고 있다. 정말이지 녹봉도둑이라고 할 만하니, 결코 천도성인天道聖人의 용서를 받지 못할 것이다. ⑤칩거해있던 우리들은 더 이상 참기가 힘들어졌다. 탕무湯武의 위세, 공맹孔孟의 인덕은 없으나, 어쩔 수 없이 천하를 위해서라는 생각으로, 혈족에 화가 미칠 것을 무릅쓰고, 뜻을 같이 하는 자들과 함께 하여 하민下民의 고통스럽게 하는 제 역인役人을 우선 주벌하고, 이어서 교만하고 방탕한 오사카 시중의 부자들을 주륙하기로 하였다. 그리고 그자들이 숨겨둔 금은과 돈, 그리고 녹미 등은 각각 분산해서 나누어주기로 하였다. 섭攝・하河・천泉・파播 제 지역의 전답을 가지지 못한 자들, 아니면 소지하고 있더라도 부모처자를 부양하기는 어려운 자들은 위의 금은과 미곡을 나눠줄테니, 언제라도 오사카 시중에서 소요가 일어났다는 소식을 듣거든 거리가 멀다고 꺼리지 말고 한시라도 빨리 오사카로 달려 와주길 바란다. 모두에게 위의 금은과 미곡을 분배하고, 방탕한 자의 유금遊金도 나눠줄 생각이다. 당면한 기근과 고통에서 구제하고, 만약 그 중에서 기량과 재주가 뛰어난 자가 있으면 발탁하여 무도한 자들을 정벌하는 군역軍役에 사용하고자 한다. ⑥이는 결코 잇키봉기(一揆蜂起)를 기획하는 것이 아니다. 매해 조세와 부역을 가볍게 하고, 중흥신무제어정도中興神武帝御政道와 같이 관인대도寬仁大道의 정사를 펼치고, 근래의 교사음일驕奢淫逸한 풍속을 깨끗이 바꾸고, 질박함으로 돌아가며, 사해의 만민이 언제까지라도 천은天恩에 감사하는 마음을 가지고, 부모처자를 부양하여, 생전의 지옥에서 구제하고 사후의 극락성불을 눈앞에 보여주어, 실로 지나(支那)에서는 요순, 일본에서는 아마테라스오오미카미(天照皇太神)의 시대로 돌아가기는 힘들지라도, 중흥의 기상까지는 회복하여 돌려보려는 생각이다. 이 문서를 여러 촌락에 일일이 알리고 싶으나 그 수가 많으므로 가장 가까이 있고 사람이 많이 사는 큰 촌락의 신전神殿에 붙이고, 오사카에서 순시하러 오는 감찰역에게는 들키지 않게 주의하도록 촌락들에 알려주길 바란다. ⑦ 만일 감찰역들의 눈에 띄어, 오사카 4개소의 간인奸人들에게 주진하려 한다면 주저하지 말고 서로 상의한 후 감찰역을 남기지 말고 죽이도록 하라. 만약 위와 같은 소동 계획을 듣고서도 의혹을 가지고 참여하지 않는다던가, 또는 늦게 온다면, 부자들의 금은 불속의 재가 되어 천하의 보물을 잃어버리게 될 것이다. 나중에 우리를 원망하여, 보물을 버리는 무도한 자다라는 등의 음언陰言을 하는 일은 없기를 바란다. 때문에 너희 일동들에게 이런 뜻을 포고하고 있는 것이다. 특히 지금까지 지두地頭, 촌락에 있었던 조세 등에 관계된 제 기록 장부류는 모두 파쇄하여 태워버릴 작정이다. 이는 깊은 생각에서 비롯된 것으로, 인민을 곤궁하게 하는 것과 같은 일이 앞으로 없기를 바라기 때문이다. ⑧그러는 한편으로 이번 거사가 일본에서는 다이라노 마사카도(平將門), 아케치 미츠히데(明智光秀), 중국에서는 류유劉裕, 주전충朱佺忠의 모반과 같은 류라고 말하는 것도 일리가 있는 말이나, 우리는 천하를 찬탈하기 위해 일어난 것이 아니며, 일월성신의 신감神鑑에 입각하여 행하는 일로서, 말하자면 탕湯·무武·한고조漢高祖·명태조明太祖가 민을 애도하여 군주를 주벌하고, 천토天討를 집행하였던 것과 같은 성심誠心일 뿐이다. 만약 의심이 든다면, 우리들 소업의 일부시종을 눈을 똑바로 뜨고 보도록 하라.

단, 이 문서를 영세한 소민들에게는 승려나 의사 등이 찬찬히 읽어주었으면 한다. 만약 마을 관리 등이 목전의 화를 두려워하여 이를 숨기려 한다면, 나중에라도 그 죄를 논단하겠다.

천명을 받들어 천토를 행한다.

天保八丁酉年(1837)　月日　某

攝河泉播村村의

마을관리, 백성 및 영세한 백성들에게

① 四海こんきういたし候はば天祿ながくたたん、小人に國家をおさめしめば災害並至と、昔の聖人深く天下後世人の君、人の臣たる者を御誠被置候ゆへ、東照神君にも鰥寡孤獨におひて尤あわれみを加ふへくは是仁政の基と被仰置候、② 然るに謹二百四五十年太平の間に、追々上たる人驕奪とておこりを極、大切の政事に携候諸役人とも、賄賂を公に授受とて贈貰いたし、奥向女中の因縁を以、道德仁義をもなき拙き身分にて立身重き役に経上り、一人一家を肥し候工夫而已に智術を運し、其領分知行所の民百姓共へ過分の用金申付、是迄年貢諸役の甚しき苦む上え、右の通無鉢の儀を申渡、追々入用かさみ候ゆへ、四海の困窮と相成候付、人々上を怨さるものなき樣に成行候得共、江戸表より諸國一同右の風儀に落入、天子は足利家己來別て御隱居御同樣、賞罰の柄を御失ひに付、下民の怨み何方へ告想とてつけ訴ふる方なき樣に亂れ候付、人々の怨氣天に通じ、年々地震火災山も崩、水も溢るより外、色々樣々の天災流行、終に五穀饑饉に相成候、是皆天より深く御誠の有かたき御告に候へとも、一向上たる人々心も付ず、猶小人好者の輩太切の政を執行、只下を惱し金米を取たてる手段斗に打懸り、實以小前百姓共のなんきを、吾等如きもの草の陰より常に察し悲候得とも、湯王武王の勢位なく、孔子孟子の道德もなければ、徒に蟄居いたし候處、③此節米価弥高直に相成、大坂の奉行並諸役人とも万物一体の仁を忘れ、得手勝手の政道をいたし、江戸へ廻來をいたし、天子御在所の京都へは廻米の世話も不致而已ならず、五升一斗位の米を買に下り候もの共を召捕杯いたし、實に昔葛伯といふ大名其農人の弁当を持運ひ候小兒を殺候も同樣、言語同斷、何れの土地にでも人民は德川家御支配のものに相違なき處、如此隔を付候は、全奉行等の不仁にて、其上勝手我儘の触書等を度々差出し、大坂市中游民斗を太切に心得候は、前

にも申通、道徳仁義を不存拙き身故にて、甚以厚ケ間敷不届の至、④且三都の内大坂の金持共、年來諸大名へかし付け候利德の金銀並扶持米等を莫大に掠取、未曾有の有福に暮し、丁人の身を以大名の家老用人之格等に被取用、又は自己の田畑新田等を移しく所持、何に不足なく暮し、此節の天災天罰を見ながら畏も不致、餓死の貧人乞食をも敢て不救、其身は膏粱の味とて結構の物を食ひ、妾宅等へ入込、或は揚屋茶屋へ大名の家來を誘引参り、高価の酒を湯水を呑も同様にいたし、此難澁の時節に絹服をまとひ候かわらものを妓女と共に迎ひ、平生同様に遊樂に耽り候は何等の事哉、紂王長夜の酒盛も同事、其所の奉行諸役人手に握居候政を以、右のもの共を取〆、下民を救候儀も難出來、日々堂島相場斗をいしり事いたし、實に祿盗にて、決て天道聖人の御心に難叶御赦しなき事に候、⑤蟄居の我等最早堪忍難成、湯武の勢孔孟の德はなけれ共、無據天下のためと存、血族の禍をおかし、此度有志のものと申合、下民を悩し苦め候諸役人を先誅伐いたし、引續き驕に長し居候大坂市中金持の丁人共を訴裁およひ可申候間、右の者共、穴藏に貯置候金銀錢等、諸藏屋敷内へ隠置候俵米、夫々分散配当いたし遣候間、攝河泉播の内田畑取持不致もの、たとへ所持いたし候共、父母妻子家内の養方難出來程の難澁者へは、右金米等取らせ遣候間、いつにでも大坂市中に騒動起り候と聞伝へ候はば、里數を不厭一刻も早く大坂へ向馳可参候面々へ、右米金を分け遣し可申候、鉅橋鹿台の金栗を下民へ被与候遺意にて、当時の機謹難儀を相救遺し、若又其內器量才力等有之者には夫々取立、無道の者共を征伐いたし候軍役にも遣ひ申へく候、⑥必一授峰起の企とは

　違ひ、追々年貢諸役に至迄輕くいたし、都て中興神武帝御政道の通、寛仁大度の取扱ひにいたし遺、年來騒奪淫逸の風俗を一洗相改、質素に立戻り、四海万民いつ迄も天恩を難有存、父母妻子を被養、生前の地獄を救ひ、死後の極樂成仏を眼前に見せ遣し、實舜天照皇太神の時代には復しか

たく共、中興の氣象に恢復とて立戻り申へく候、此書付村々へ一々しら
せ度候へとも數多の事に付、最寄の人家多候大村の神殿え張付置候問、大
坂より廻し有之番人ともにしられさる様に心懸、早々村々へ相觸可申
候、⑦万一番人とも眼付、大坂四ケ所の奸人共へ注進いたし候様子に候は
は、遠慮なく面々申合、番人を不殘打殺可申候、若右騒動起り候を承なか
ら疑惑いたし、馳參不申、又は遲參及候はは、金持の米金は皆火中の灰に
相成、天下の宝を取失ひ申へく候問、跡にて必我等を恨み、宝を捨る無道
者と陰言を不致様可致候、其爲一同へ觸しらせ候、尤是迄地頭村方にある
年貢等に力かわり候諸記録帳面類は都て引破燒捨可申候、是往々深き慮あ
る事にて、人民を困窮爲致不申積に候、⑧乍去此度の一擧、当朝平將門・
明智光秀・漢土の劉裕・朱佺忠の謀反に類し候と申者も、是非有之道理に有
之候得共、我等一同心中に天下國家を纂盗いたし候慾念より起し候事には
更無之、日月星辰の神鑑にある事にて、詰る處は湯・武・漢高祖・明太祖
民を吊、君を訴し、天討を執行候誠心而已にて、若し疑しく覺候はは、
我等の所業終る處を爾等眼を聞きて看、

　　但し此書付小前の者へは道場坊主或医者等より篤と讀聞せ可申、若庄
屋・年寄眼前の禍を畏、　　一己に隠し候

はは追て急度其罪可行候、

奉天命致天討候、

天保八丁酉年　月日　某

攝河泉播村村

庄屋年寄百姓並小前百姓共へ

① 세상에서 사람이 가장 귀하다고 여겨지는 것은 인륜이 있기 때문이다. 군신君臣·부자父子의 관계는 인륜을 가장 큰 것으로 여기며, 군주가 인하고 신하가 충직하며, 아비가 자애롭고 아들이 효도를 하여 비로소 국가를 이루어 한없는 복을 불러오게 되는 것이다. ② 지금 우리 성상聖上은 인효자애仁孝慈愛하여 신명성예神明聖叡하므로 현량賢良하고 정직한 신하가 잘 보좌한다면 요순과 문경의 교화와 정치가 오는 날을 바랄 수 있을 것이다. ③ 지금 신하가 된 자들은 보국報國할 생각을 하지 않고 한갓 작록을 훔치려 하고 임금의 총명을 가리고 아부를 일삼고 있다. 충성스런 선비의 말을 요언이라 하고, 정직한 사람을 비도匪徒라 한다. 안으로는 보국의 인재가 없고, 밖으로는 학정을 펼치는 관원만 많다. 인민의 마음은 뒤틀어져서 들어와서는 생업을 즐길 수 없고, 나가서는 몸을 보존할 대책이 없다. 학정은 날로 더해지고 원성이 이어지고 있다. 군신의 의리·부자의 인륜·상하의 분별은 무너져 남은 것이 없다. 관자管子는 '사유四維가 펼쳐지지 않으면 나라는 즉시 멸망한다.'고 말하였는데, 지금의 형세는 예전보다 더욱 심하다. 공경公卿에서 방백수령에 이르기까지, 국가의 위기는 생각지 않고 자기 몸을 살찌우고 집안을 윤택하게 할 계책만을 생각하여 관원을 뽑는 문은 돈을 벌어들이는 길로 여겨지고, 응시하는 시험장은 사고파는 시장이 되었다. 허다한 재물과 뇌물이 나라의 창고에 채워지지 않고, 도리어 사사로운 창고를 가득 채우고 있다. 나라에는 부채가 쌓였는데, 갚으려는 생각은 않고 교만과 사치와 음탕과 안일로 나날을 지새우며 두려움과 거리낌도 없다. 팔로八路(조선팔도)는 어육과 같이 되었고 만민이 도탄에 빠져 괴로워하는 것은 수령들의 탐학 때문이다. ④ 어찌하여 백성들이 곤궁하지 않겠는가. 민은 나라의 근본이다. 근본이 손상되면 나라가 망한다. 보민안민의 방책을 생각지 않고 밖으로는 제 고향의 저택을

짓고, 단지 혼자 만전을 기하려는 방책만을 생각하고, 녹위만을 도둑질하는 것이 어찌 리理이겠는가. ⑤ 우리 무리는 초야의 유민이나, 군주의 토지를 갈아먹고 군주의 옷을 받아 입으면서 국가가 위기에 처한 것을 좌시할 수 없다. 그래서 팔로八路가 한 마음으로 억조창생의 의논을 모아, 지금 의로운 깃발을 들어 보국안민을 들어 생사의 서약으로 삼는다. 오늘 광경이 놀랄 만한 일이겠으나, 결코 두려워할 것은 아니다. 각기 민업에 편안히 종사하며 함께 태평한 세월을 축하하고, 모두 임금의 교화를 누리게 된다면 천만다행일 것이다.

참고문헌

井上勝生, 『開国と幕末変革』, 講談社, 2002.

小川和也, 『牧民の思想－江戸の治者意識』, 平凡社, 2008.

島田虔次, 『朱子学と陽明学』, 岩波書店, 1967.

加地伸行, 『儒教とは何か』, 中央公論社, 1990.

越景達, 「朝鮮における実学から開化への思想的転回朴珪寿を中心に」, 『歴史学研究』678.

同, 「近代日本における道義と国家」(若桑みどりほか『歴史と真実』) 筑摩書房, 1997.

同, 『異端の民衆反乱－東学と甲午農民戦争』, 岩波書店, 1998.

同, 『朝鮮民衆運動の展開－士の論理と救済思想』, 岩波書店, 2002.

同, 「教科書問題と日本原理主義」, 『専修大学人文科学研究所月報』200, 2002.

同, 「日本/朝鮮におけるアジア主義の相克」, 『情況』 第三期 第八巻 第二號, 2007.

同, 「政治文化の変容と民衆運動－朝鮮民衆運動史研究の立場から], 『歴史学研究』 859, 2009.

同, 「朝鮮の国民国家構想と民本主義の伝統」(久留島浩・越景達 編, 『国民国家の比較史』), 有志舎, 2010.

同, 「危機に立つ大韓帝国」, 『岩波講座 東アジア近現代史』, 第二巻, 2010.

津田左右吉口, 『シナ思想と日本』, 岩波書店, 1938.

平川新, 『開国への道』, 小学館, 2008.

深谷克己, 「百姓一揆の思想」, 『思想』584, 1973.

同, 『百姓成立』, 塙書房, 1993.

同, 「東アジア法文明と教諭支配」, 『アジア地域文化学の発展』, 雄山閣, 2006.

李泰鎭, 『朝鮮王朝社会と儒教』, 法政大学出版局, 2000.

若尾政希, 『「太平記読み」の時仇 - 近世政治思想史の構想』, 平凡社, 1999.

渡辺浩, 『日本政治思想史－十七~十八世紀』, 東京大学出版会, 2010.

망원한국사연구실, 『1862년 농민항쟁』, 서울, 1988.

원 게재지 일람

(본서 게재 논문이 최초로 수록된 곳)

배항섭, 「임술민란의 민중상에 대한 검토 : 근대지향성에 대한 반성과 동아시아적 시각의 모색」, 『역사와 담론』 66, 2013.

쌰오쯔리·천야링, 「최근 10년간의 태평천국사 연구(十年來太平天國史研究綜述)」, 태평천국연구회 편, 『紀念太平天國起義160周年學術硏討會 : 太平天國与中國近代社會論文集』, 2011, 중국 광주.

쓰다 츠토무, 「'전후 역사학'에서 이야기된 민중이미지를 지양한다」, 신고.

손병규, 「19세기 '삼정문란'과 '지방재정위기'에 대한 재인식」, 『역사비평』 101, 2012.

송양섭, 「임술민란기 부세문제 인식과 三政改革의 방향」, 『한국사학보』 49, 2012.

김경란, 「임술민란 전후 全羅道의 軍政운영과 殖利문제」, 『한국사학보』 49, 2012.

송찬섭, 「1862년 三政釐整廳의 구성과 삼정이정책」, 『한국사학보』 49, 2012.

임혜련, 「철종대 정국과 권력 집중 양상 : 임술민란 배경과 관련하여」, 『한국사학보』 49, 2012.

권기중, 「단성민란과 향리층의 지속과 변동」, 『대동문화연구』 79, 2012.

홍성화, 「1841~1842년 鍾人杰의 亂을 통해서 본 청대 지방사회」, 『사림』 43, 2012.

조경달, 「조선의 민본주의와 민중운동 : 근세일본과의 비교(朝鮮の民本主義と民衆運動—近世日本との比較)」, 趙景達·須田努 編, 『比較史的にみた近世日本—「東アジア化」をめぐって』, 東京堂出版, 2011.

개념어 · 인명 색인

집필진(원고 게재 순)

배항섭裵亢燮 ㅣ 성균관대학교 동아시아학술원 인문한국(HK)연구소 교수

싸오쯔리肖子力 · 천야링陳亞玲 ㅣ 중국 화남사범대학 교수 · 화남사범대학 박사과정

쓰다 츠토무須田努 ㅣ 일본 메이지대학 교수

손병규孫炳圭 ㅣ 성균관대학교 동아시아학술원 인문한국(HK)연구소 교수

송양섭宋亮燮 ㅣ 충남대학교 국사학과 교수

김경란金京蘭 ㅣ 성균관대학교 대동문화연구원 수석연구원

송찬섭宋讚燮 ㅣ 한국방송통신대학교 문화교양학과 교수

임혜련林惠蓮 ㅣ 충남대학교 국사학과 강사

권기중權奇重 ㅣ 한성대학교 사학과 교수

홍성화洪成和 ㅣ 부산대학교 역사교육과 교수

조경달趙景達 ㅣ 일본 치바대학 교수

임술민란과 19세기 동아시아 민중운동

1판 1쇄 인쇄 2013년 4월 20일 ㅣ 1판 1쇄 발행 2013년 4월 30일

책임편집 배항섭 · 손병규 ㅣ **편집인** 신승운, 성균관대학교 동아시아학술원 02) 760-0781~4
펴낸이 김준영 ㅣ **펴낸곳** 성균관대학교 출판부 02) 760-1252~4 ㅣ **등록** 1975년 5월 21일
주소 110-745 서울특별시 종로구 성균관로 25-2 ⓒ 2013, 성균관대학교 동아시아학술원

값 20,000원 ISBN 978-89-7986-993-4 94910   978-89-7986-832-6(세트)

본 출판물은 2007년 정부(교육과학기술부)의 재원으로 한국연구재단(구 학술진흥재단)의
지원을 받아 수행된 연구임(NRF-2007-361-AL0014)